줄리아 프로그래밍 입문

Introduction to Julia Programming

이인호 지음

북스힐

Publisher
First printed in May 2025 by 북스힐

No matter what

No matter what they tell us
No matter what they do
No matter what they teach us
What we believe is true
No matter what they call us
However they attack
No matter where they take us
We'll find our own way back
I can't deny what I believe
I can't be what I'm not
I know I'll love forever
I know no matter what
If only tears were laughter
If only night was day
If only prayers were answered
Then we would hear God say
No matter what they tell you
No matter what they do
No matter what they teach you
What you believe is true
And I will keep you safe and strong
And shelter from the storm
No matter where it's barren
A dream is being born
No matter who they follow
No matter where they lead
No matter how they judge us
I'll be everyone you need
No matter if the sun don't shine
Or if the skies are blue
No matter what the end is
My life began with you
I can't deny what I believe
I can't be what I'm not
I know, I know
I know this love's forever
That's all that matters now
No matter what
No, no matter what (no no matter)
No, no matter what (no no matter)
No, no matter, that's all that matters to me (no no matter what)
No, no matter, that's all that matters to me (no no matter what)
No, no matter, that's all that matters to me (no no matter what)
No, no matter, that's all that matters to me (no no matter what)
And no, no matter what, that's all that matters to me (no no matter what)
And no, no matter what, that's all that matters to me

– Boyzone, 《Notting Hill》: "줄리아"가 나오는 영화.

서문

이 책은 이공계에서 활용 가능성이 매우 높은 줄리아(Julia) 컴퓨터 언어를 활용한 응용 프로그램 제작에 관심이 있는 독자를 위해 만들어졌다. 줄리아는 2012년에 발표되었기 때문에 비교적 최신 컴퓨터 언어에 속한다. 줄리아는 특히 고성능 수치 계산과 과학 계산에 최적화되어 있으며, 빠른 실행 속도와 사용의 편리성을 제공한다. 누구나 사용할 수 있도록 발표된 이후, 줄리아는 데이터 과학, 시뮬레이션, 인공지능 등 다양한 분야에서 주목받고 있다. 줄리아 언어가 단순히 향상된 계산 속도만을 추구하는 것은 아니다. 줄리아는 최종 출력 형식인 그림 그리기까지 지원한다. 빨리 계산하기(FORTRAN, C)와 최종 그림 그리기는 지금도 분리되어 있다. 그림 그리기는 Python 언어가 담당하는 경우가 많기 때문이다.

많은 응용의 경우, 부족한 메모리량을 극복하기 위해서, 또는 보다 빠른 계산을 위해서, 종국에는, 프로그래머들은 MPI(message passing interface)에 의존할 수밖에 없었다. MPI가 동원되기 전에 사람들은 더 빠른 계산을 위해서 FORTRAN, C를 이용하는 것은 어쩌면 피할 수 없는 선택지였다. 정말 놀랍게도 줄리아는 빠른 계산, 그림 그리기, 그리고 멀티코어 자원을 위한 병렬 계산(Thread, CUDA, MPI) 기능까지 모두 염두에 두고 있다. 나아가, 줄리아는 인공 신경망과 기계학습 작업을 위해서도 매우 유용한 컴퓨터 언어이다. 줄리아의 다양한 패키지를 사용하여 인공 신경망 모델을 구축하고 학습시킬 수 있다. 줄리아에서는 측정 장비와 통신하는 데 사용할 수 있는 여러 패키지까지 구비되어 있다.

다양한 프로그래밍 언어들은 각자의 고유한 강점을 지니고 있으며, 특정 분야나 목적에 최적화되어 개발되어 왔다. 다양한 패키지 생태계를 갖춘 프로그래밍 언어의 선택은 프로그래머에게 개발 효율성과 문제 해결 능력을 극대화하는 중요한 요소이다. 이공계 출신인 글쓴이는 FORTRAN, C, OpenMP, MPI, Python, TensorFlow, Keras, PyTorch, CUDA, PyVISA 등의 각종 컴퓨터 언어/패키지를 사용해왔다. 각각의 언어 또는 패키지가 특정한 목적에 잘 부합하고 필요로하는 일에 적합했기 때문에 그것들을 사용해왔다. 줄리아는 앞에서 언급한 다양한 요구 사항들을 모두 포함하고 있는 현대적인 컴퓨터 언어이다.

우리는 소위 제로샷 러닝(zero-shot learning) 방법으로 줄리아 언어를 쉽게 공부할 수 있다. 왜냐하면, 줄리아 언어는 사람이 알아보기 쉽게 작성되기 때문이다. 인공지능 분야에서 모델이 이전에 보지 못한 클래스나 태스크에 대해 학습된 정보만으로도 정확한 예측을 수행할 수 있는 것을 제로샷 러닝이라고 한다. 즉, 하나의 잘 만들어진 모델은 특정 태스크나 클래스에 대한 예제 데이터를 직접 학습하지 않고도 이를 이해하고 처리할 수 있는 능력을 가질 수 있다. 모델이 고양이와 강아지 이미지를 학습했다고 가정해보자. 이 모델은 '고양이'와 '강아지' 클래스를 정확히 분류할 수 있다. 이제 모델에게 '호랑이' 이미지를 제시하면, '호랑이' 클래스에 대한 데이터는 학습된 적이 없지만, 모델은 '고양이' 클래스와의 유사성을 바탕으로 '호랑이'를 고양이와 유사한 동물로 분류할 수 있다.

하나의 Python 함수가 있을 때 그것을 줄리아 함수로 변환하는 것은 인공지능 프로그램이 제일 잘 하는 일이다. 여기서, 우리는 ChatGPT, Claude, Perplexity, Copilot, Gemini같은 인공지능 프로그램의 도움을 받을 수 있다. 물론, 줄리아에 대한 기초 지식은 꼭 필요하다. 다시 말해서, 하나의 컴퓨터 언어에 익숙한 프로그래머는 그 어느 때 보다 부담 없이 컴퓨터 언어를 바꾸어 볼 수 있다. 인공지능 프로그램이 유행하는 시기 우리는 줄리아 언어를 공부할 수 있는 환상적인 기회를 가지고 있다. 따라서, 우리는 그 어느 때보다 더 언어 자체의 구체성보다 가속화된 논리의 흐름에 집중할 수 있게 되었다.

줄리아는 비교적 최신 언어로 최신 기술과 트렌드를 매우 잘 반영하고 있다. 줄리아는 이공계 분야 최신 연구 및 개발에 필요한 도구들을 폭 넓게 제공한다. 줄리아는 이공계 연구자에게 높은 성능, 사용 용이성, 풍부한 패키지 생태계, 상호 운용성 등 많은 이점을 제공한다. 따라서, 이 언어를 배우는 것이 매우 의미 있는 투자이다. 이 책은 줄리아 프로그래밍를 활용한 복잡한 계산, 시뮬레이션, 병렬 계산, 인공지능, 장비 제어, 그리고 다양한 이공학적 응용 문제 풀이가 가능함을 보여줄 수 있도록 준비되었다. 독자들은, 이 책의 내용이 제법 방대하기 때문에, 아주 당연하게도, 줄리아가 제공할 수 있는 모든 것을 순서대로 살펴볼 필요는 없다. 줄리아의 기초적인 내용을 가장 먼저 익힌 다음에 곧바로 필요한 항목으로 이동하여 해당 내용을 익히고 연습을 지속하면 될 것이다.

통상적인 연역적 사고를 뒷받침하는데에만 계산이 머물러 있으면 안된다. 새로운 발견과 창조의 바탕으로 요구되는 귀납적 사고가 줄리아 언어 내부에서 가능하다는 점에 주목해야 한다. 줄리아는 연역적 사고(운동 방정식)와 귀납적 사고(인공지능)가 하나의 언어에서 수행할 수 있도록 지원한다. 특히, 귀납적 사고는 세상에 없던 것을 발견하고 새로운 가치를 창출하는 데 필수적인 항목이다. 비판적 사고와 함께 귀납적 사고를 효과적으로 활용함으로써 우리는 더욱 창의적이고 혁신적인 이공학적 성공 사례를 만들어갈 수 있다. 줄리아는 과학 컴퓨팅과 데이터 과학 분야에서 높은 성능과 유연성을 제공하도록 설계되었기 때문에 이러한 다양한 사고 방식을 통합할 수 있다. 따라서, 다양한 정보 처리 기술의 융합을 가능하게 하는 줄리아는 새로운 이공학적 시장 가치를 창출하는 데 최적화된 도구이다. 이 책이 이공학적 혁신의 마당을 개척하고 새로운 가능성을 탐색하는 데 도움이 되길 바란다.

글쓴이: 한국표준과학연구원, 이인호, ihlee@kriss.re.kr, inholeemail@gmail.com, https://github.com/inholeegithub

Contents

List of Figures

List of Tables

줄리아 컴퓨터 언어의 탄생 1

1.1 줄리아 컴퓨터 언어란?

줄리아(Julia)는 과학 및 기술 컴퓨팅, 수치 분석, 데이터 과학, 기계학습, 데이터 마이닝 등 다양한 분야에서 사용되는 고성능 프로그래밍 언어이다. 줄리아는 다목적 언어로서, 수치 계산뿐만 아니라 다양한 분야에서 활용이 가능하다. 그 유연한 설계, 뛰어난 성능, 그리고 풍부한 패키지 생태계 덕분에 과학, 공학, 데이터 분석, 웹 개발, 장비 구동 등 여러 분야에서 매우 유용하게 사용할 수 있는 언어이다. 매사추세츠 공과대학교(MIT)에서 개발되었으며, 2012년에 처음 공개되었다. 오픈소스 프로젝트로 누구나 자유롭게 사용하고 기여할 수 있다. 줄리아는 무료로 사용할 수 있는 오픈소스 프로그래밍 언어이다. 줄리아는 MIT 라이선스에 따라 배포되므로 누구나 무료로 다운로드, 사용 및 수정할 수 있다. 줄리아는 특히 고성능 수치 계산과 과학 계산에 최적화되어 있으며, 빠른 실행 속도와 사용의 편리성을 제공하는 것이 특징이다. 줄리아는 Windows, macOS, Linux 등 다양한 운영체제를 지원한다.

줄리아는 2012년에 발표되었기 때문에 비교적 최신 컴퓨터 언어에 속한다. 우선 줄리아는 고성능(high performance) 언어이다. 줄리아는 JIT(just-in-time) 컴파일러를 사용하여 높은 실행 성능을 자랑한다. 이는 C 언어와 유사한 성능을 제공하면서도, 동적 타입 언어의 편리함을 유지한다. 줄리아는 다중 패러다임(multiple paradigms)을 지향한다. 절차적, 함수형, 객체지향 프로그래밍 등 다양한 프로그래밍 패러다임을 지원한다. 줄리아는 수학적 표현(mathematical notation)을 그대로 사용할 수 있다. 이는 수학 및 과학 계산을 위한 코드 작성의 편의성을 증대시킨다. 줄리아는 광범위한 패키지 생태계(extensive package ecosystem)를 확보하고 있다. 줄리아의 패키지 저장소는 Github이다. 줄리아는 다양한 오픈소스 패키지를 포함한 광범위한 생태계를 가지고 있다. 이를 통해 데이터 분석, 시뮬레이션, 기계학습, 시각화 등을 쉽게 수행할 수 있다. 줄리아는 병렬 처리 및 분산 컴퓨팅(parallel and distributed computing)을 지원한다. 줄리아는 병렬 처리와 분산 컴퓨팅을 지원하여 대규모 데이터 처리와 계산 작업을 효율적으로 수행할 수 있다. 줄리아는 고성능 컴퓨팅을 목표로 설계되었으며, GPU 가속을 위한 강력한 지원을 제공한다. 다양한 줄리아 라이브러리와 CUDA(compute unified device architecture) 기능을 통합하여 복잡한 GPU(graphics processing unit) 가속 애플리케이션을 개발할 수 있다. 줄리아는 수학과 과학적 계산 외에도, 데이터 분석, 웹 개발, 시스템 프로그래밍, 그리고 머신러닝(기계학습), 딥러닝(심층학습)과 인공지능 분야 등 여러 분야에서 유용하다. 아울러, 장비 제어를 위한 패키지까지 지원한다. 줄리아는 기본적으로 많은 수학적 기능, 통계 함수, 최적화 도구 등을 제공하며, 외부 패키지 의존성이 적다. 내장된 표준 라이브러리와 패키지들이 매우 강력하고, 다양한 기능을 수행할 수 있도록 도와준다. 줄리아는 인터프리터와 컴파일러의 장점을 결합한 형태이다. 코드를 인터프리터 방식으로 실행할 수 있으며, JIT 컴파일을 통해 높은 성능을 낼 수 있다. 이로 인해 빠른 프로토타이핑과 고성능 계산을 동시에 지원한다. 줄리아는 최신 계산 방식을 빠르게 수용하고 있으며, 앞으로도 과학 및 공학 분야에서 중요한 역할을 할 것으로 기대된다.

줄리아는 다른 인기 프로그래밍 언어(예: Python)에 비해 상대적으로 새로운 언어이다. 따라서 커뮤니티 규모가 작고, 사용 가능한 라이브러리나 패키지의 수가 제한적일 수 있다. 이는 특정 작업을 수행하는 데 필요한 도구를 찾거나, 문제를 해결하는 데 도움을 얻기가 어려울 수 있음을 의미한다. 줄리아는 JIT 컴파일을 사용하므로, 코드가 처음 실행될 때 컴파일 시간이 발생한다. 이는 특히 짧은 스크립트나 작은 프로그램을 실행할 때 성능 저하로 이어질 수 있다. 줄리아는 주로 학술 연구나 과학 컴퓨팅 분야에서 사용되며, 아직 산업계에서의 사용은 제한적이다. 따라서 줄리아를 사용하여 개발된 소프트웨어를 상용화하거나, 줄리아 개발자로 취업하는 데 어려움이 있을 수 있다. 하지만, 조만간, 줄리아의 인기는 줄리아의 성능을 기준으로 재평가 될 것이다. 특히, 이공계에서 줄리아의 인기는 급속도로 개선될 가능성이 있다. 왜냐하면, 다수의 인공지능 언어 모델들이 줄리아 언어 문법을 아주 잘 알고 있기 때문이다. 누구나 다양한 언어 모델을 활용하면 기존의 컴퓨터 프로그램을 줄리아 문법에 맞게 쉽게 변환할 수 있다.

1.2 줄리아 컴퓨터 언어 실행 방식

줄리아 언어는 JIT 컴파일 방식을 사용하여, 소스코드를 실행 시점에 컴파일한다. 이는 전통적인 사전 컴파일 방식과 다르다. 줄리아는 LLVM(low level virtual machine; 저수준 가상 머신)을 기반으로 한 JIT 컴파일러를 사용한다.[1]

◇ 숨겨지거나 준비된 컴파일: 줄리아는 소스코드를 실행할 때마다 즉시 컴파일한다. 즉, 프로그램이 실행되기 전에 모든 코드를 컴파일하는 것이 아니라, 실행 중에 필요한 부분만 컴파일한다. 필요한 부분만 기계어로 컴파일한다는 의미이다. 따라서 사용자가 명시적으로 컴파일 명령을 내리는 것이 아니라, 줄리아 실행 환경이 자동으로 컴파일을 수행한다. AOT(ahead-of-time) 컴파일: 줄리아는 AOT 컴파일도 지원한다. 이는 코드를 미리 기계어로 컴파일하여 실행 파일로 만드는 방식이다. 줄리아의 패키지 관리자인 Pkg.jl은 패키지 설치 시 자동으로 프리컴피레이션(precompilation) 과정을 수행한다. 따라서 사용자가 별도로 AOT 컴파일 명령을 내리지 않아도 패키지 설치 후 더 빠르게 코드를 실행할 수 있다. 이 사전 컴파일 과정은 줄리아 패키지를 효율적으로 관리하고 실행 속도를 향상시키는 데 중요한 역할을 한다.

◇ 성능 최적화: JIT 컴파일은 런타임 최적화를 통해 성능을 높인다. 필요한 부분만 컴파일하므로, 실행 시간이 빠르다.[2]

◇ 사용자를 위한 동적 타입 지원: 줄리아는 동적 타입 언어로, 변수의 타입을 실행 시점에 결정할 수 있다. 이를 통해 유연한 코딩이 가능해진다.

1: LLVM은 범용 컴파일러 프레임워크를 제공하는 오픈소스 프로젝트이다. 주로 컴파일러와 관련된 작업에서 사용되며, 다양한 프로그래밍 언어의 코드를 효율적이고 최적화된 기계어로 변환하는 데 도움을 준다. LLVM은 현대 컴파일러 설계와 개발에 필수적인 도구로 자리 잡았으며, 성능 최적화 및 이식성이 중요한 분야에서 널리 활용되고 있다.

2: C 또는 FORTRAN의 경우, 정적인 형식으로 변수 선언들이 진행된다. 그 다음 단계에서 소스코드 컴파일 과정이 이어진다. 최종적으로 실행 파일이 만들어진다.

다음은 줄리아 프로그래밍 과정을 요약한 것이다.

◇ 소스코드 작성: 줄리아 소스코드를 작성한다.[텍스트 편집기나 통합

개발 환경(IDE)에서 줄리아 코드를 작성하고 저장할 때 사용된다.]

◇ JIT 컴파일: 코드를 실행할 때, 줄리아 인터프리터가 소스코드를 분석하고 필요한 부분을 즉시 컴파일한다.

◇ 네이티브 코드 생성: 컴파일러는 최적화된 네이티브 코드를 생성한다.

◇ 코드 실행: 생성된 네이티브 코드가 실행된다.[3]

줄리아 프로그램 실행 과정은 아래 단계로 요약된다.

사용자가 작성한 줄리아 프로그램의 텍스트 코드는 소스코드 형태이다. 줄리아 프로그램의 일반적인 파일 확장자는 ".jl" 이다. 이 확장자는 줄리아 소스코드 파일임을 나타낸다. 이 코드는 줄리아 인터프리터에 전달된다.[4] 줄리아는 소스코드를 읽고 파싱(parsing; 어구의 해부, 문의 분석) 과정을 통해 이를 추상 문법 트리로 변환한다.

◇ JIT 컴파일(타입 추론, 최적화).

◇ 기계어로 변환 및 실행.

실행 중 줄리아는 내부적으로 코드 최적화를 수행하여 반복 호출되는 함수나 루프를 더욱 빠르게 실행하도록 개선한다.

◇ 결과 반환 및 메모리 관리.

줄리아의 이러한 구조는 동적 프로그래밍 언어의 유연성과 정적 언어의 성능을 동시에 제공한다. 줄리아는 가비지 컬렉션(garbage collection)을 통해 동적으로 생성된 객체를 관리한다.[5] 더 이상 사용되지 않는 메모리를 자동으로 해제한다. 줄리아의 가비지 컬렉터는 필요에 따라 자동으로 작동하며, 일반적으로 애플리케이션의 성능에 큰 영향을 미치지 않는다. 줄리아는 자동 가비지 컬렉션, 타입 기반 메모리 관리, 메모리 재사용, 메모리 할당 최소화 등 다양한 기술을 사용하여 효율적인 메모리 관리를 제공한다. 이를 통해 개발자는 메모리 관리에 대한 부담을 줄이고, 고성능 애플리케이션을 개발하는 데 집중할 수 있다. 프로그램이 더 이상 사용하지 않는 메모리를 제대로 해제하지 않으면, 해당 메모리는 계속해서 시스템에 남아있게 된다. 이러한 현상이 반복되면 사용 가능한 메모리가 점점 줄어들고, 결국에는 시스템이 메모리 부족으로 인해 멈추거나 오류를 발생시킬 수 있다. 메모리가 할당되고 해제되는 과정이 반복되면서, 사용 가능한 메모리 공간이 작은 조각들로 나뉘게 된다. 이러한 단편화는

3: IDE(integrated development environment, 통합 개발 환경)는 소프트웨어 개발을 위한 도구 모음이다. 코드 작성, 디버깅, 컴파일, 배포 등 개발의 전 과정을 하나의 환경에서 처리할 수 있도록 지원한다.

4: 소스코드 → 파싱 → 추상 문법 트리(AST: abstract syntax tree) 생성. AST는 코드의 구조를 나타내는 트리 형태의 자료 구조이다. 작성한 프로그램 실행을 위해서, 터미널에서, julia my_program.jl 처럼 명령어를 넣을 수 있다.

5: 가비지 컬렉션은 프로그래밍에서 더 이상 사용하지 않는 메모리 공간을 자동으로 정리하여 메모리 누수를 방지하고 효율적인 메모리 관리를 가능하게 하는 기술이다. 객체로부터 참조되어 도달 불가능한 객체들을 가비지(garbage)로 판단한다. 장점: 메모리 누수 방지. 개발 효율성 향상. 프로그램 안정성 확보. 단점: 성능 저하 가능성. 가비지 컬렉션 실행 시점 예측 어려움.

큰 메모리 블록을 할당해야 하는 경우에 문제를 일으킬 수 있다. 시스템에 충분한 총 메모리가 있더라도, 연속적인 메모리 공간이 부족하여 할당에 실패할 수 있다. 개발자는 메모리 관리에 더 많은 시간을 할애해야 하므로, 생산성이 저하될 수 있다.

1.3 줄리아 컴퓨터 언어의 계산 속도

줄리아 언어는 높은 계산 속도를 자랑하는 것으로 유명하다. 다음은 줄리아 언어의 계산 속도에 대한 주요 특징과 정보이다.

◇ 주요 특징

① JIT 컴파일러:

줄리아는 LLVM을 활용하여 고급 최적화(예: 루프 최적화, 인라인 확장)를 수행한다. 줄리아는 LLVM 기반의 JIT 컴파일러를 사용하여 실행 시 코드를 기계어로 변환하고 최적화한다. 이로 인해 C/C++에 준하는 높은 성능을 제공한다. 이 방식은 동적 언어의 유연성과 정적 언어의 컴파일 속도를 모두 제공하며, 런타임에 최적화된 코드를 생성한다.

② 멀티디스패치(multidispatch):

줄리아의 멀티디스패치 기능은 함수 호출 시 인수의 타입에 따라 최적화된 코드를 실행하여 성능을 향상시킨다. 예를 들어, AbstractVector는 앱스트랙 타입이다. 이는 Vector, SubArray, Range 등 다양한 구체적인 벡터 타입들을 포괄한다. 따라서, 함수를 g(x::AbstractVector)와 같이 정의하면, 이 함수는 다양한 종류의 1차원 배열 또는 벡터 형식의 데이터에 대해 별도의 코드를 작성할 필요 없이 동작하게 된다. 특정 타입에만 동작하게 하려면 g(x::Vector{Float64})처럼 콘크리트 타입을 명시할 수도 있다. 함수가 의도하지 않은 타입의 입력값을 받는 것을 방지한다. 만약 g(5) 와 같이 AbstractVector가 아닌 타입의 값을 전달하면, 함수 내부의 x[1] 같은 코드가 실행되기 전에 줄리아가 적합한 메서드(method)를 찾지 못해 MethodError를 발생시킨다. 이는 잘못된 연산을 시도하다가 발생하는 잠재적인 런타임 에러를 미리 방지해 준다. x::AbstractVector라고 명시하면, 이 함수 g는 입력 인수가 AbstractVector 타입(또는 그 하위 타입, 예: Vector{Float64}, Vector{Int})일 때 호출될 특정 메서드를 정의하는 것이다. 만약 다른 타입의 인수를 위한 g 함수를 정의하고 싶다면, g(x::Int) = ... 나 g(x::String) = ... 와 같이 별도의 메서드를 정의할 수 있다. 줄리아는 함수 호출 시점에 전달된 x의 실제 타입을 보고 가장 적합한 메서드를 선택하여 실행한다.

③ 성능 비교:

여러 벤치마크 결과에서 줄리아는 Python, R, MATLAB과 같은 다른 동적 언어보다 훨씬 빠른 속도를 보여준다. 특히 과학 기술 컴퓨팅, 데이터 분석, 머신러닝(기계학습) 등 수치 계산이 많은 분야에서 뛰어난 성능을 발휘한다. C/C++와 비교해도 비슷한 속도를 보여주는 경우가 많다. 타입 안정성을 유지하는 코드를 작성하면 성능이 크게 향상된다. 타입이 예측 가능하면 컴파일러가 효율적으로 최적화할 수 있기 때문이다. 줄리아는 JIT 컴파일러를 사용하기 때문에, 처음 실행 시에는 컴파일 과정이 포함되어 실행 시간이 길어질 수 있지만, 두 번째 실행 시에는 캐싱된 코드를 사용하여 실행 속도가 향상된다.

줄리아는 CPU(central processing unit)의 SIMD(vectorization) 명령어를 효율적으로 사용하여 벡터 연산을 최적화한다.[6] 또한, 기본적으로 멀티코어와 GPU를 활용할 수 있는 병렬 프로그래밍 기능을 제공한다. 효율적인 메모리 관리와 가비지 컬렉션을 통해 실행 중 불필요한 메모리를 해제하면서 성능을 유지한다. 줄리아는 수학, 과학, 엔지니어링에 최적화된 강력한 표준 라이브러리와 커뮤니티 패키지를 제공한다. 줄리아는 저수준 언어와 유사한 성능을 얻으면서도 고수준 언어의 가독성을 유지한다.

6: SIMD(single instruction multiple data)는 병렬 컴퓨팅의 한 형태로, 하나의 명령어로 여러 데이터 요소를 동시에 처리하는 기술이다. 이는 특히 동일한 연산을 많은 데이터에 동시에 적용해야 하는 멀티미디어 처리, 과학 계산, 그래픽 렌더링 등에서 성능 향상을 가져온다.

◇ 계산 속도 관련 정보

줄리아는 과학 및 공학 분야의 복잡한 계산을 처리하도록 설계되었으며, 성능이 중요한 애플리케이션에 적합하다. 병렬 처리 및 분산 컴퓨팅을 지원하여 대규모 데이터 처리 및 고성능 계산 작업을 효율적으로 수행할 수 있다. 줄리아의 빠른 속도는 데이터 과학, 머신러닝(기계학습), 시뮬레이션 등 다양한 분야에서 생산성을 향상시키는 데 기여한다. 줄리아 공식 웹사이트 및 관련 자료에서 다양한 벤치마크 결과와 성능 정보를 확인할 수 있다. 줄리아는 과학 계산에 특화되어 있어서 해당분야에선 최적의 성능을 낸다. 줄리아 언어는 높은 계산 속도를 요구하는 분야에서 강력한 도구가 될 수 있다. 줄리아의 전반적인 계산 속도는 Figure 1.1에서 확인할 수 있다.

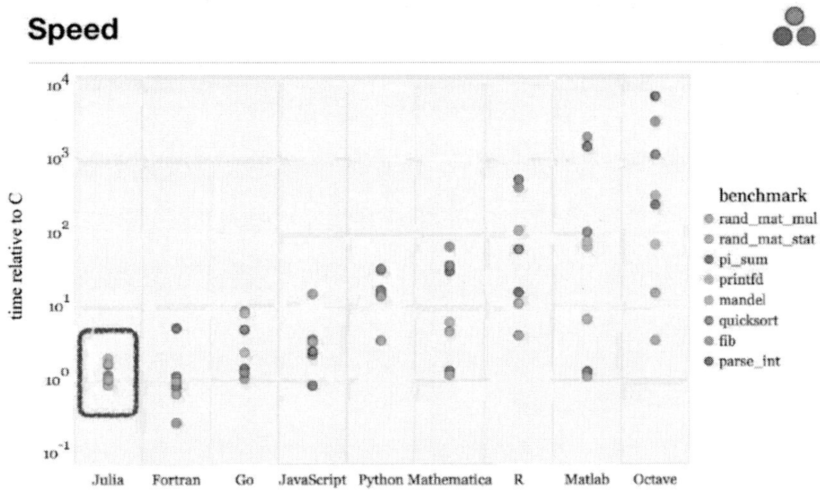

Figure 1.1: 줄리아 언어의 계산 속도. C언어의 계산 속도를 1로 두었을 때, 각각의 언어를 이용한 계산의 상대적인 속도를 표시하고 있다. *y*축이 지수 스케일(logarithmic scale)로 표시되어 있다. 출처: https://julialang.org/benchmarks/

줄리아는 높은 수준의 고성능 동적 프로그래밍 언어이다. 줄리아는 애플리케이션과 마이크로서비스를 구축하는 데 사용할 수 있다. 줄리아는 여러 플랫폼을 지원한다. 다른 프로그램에서 줄리아를 통합할 수 있다. 줄리아는 디자인 결정과 JIT 컴파일러로 인해 빠르다. 가장 빠른 언어가 되지 못하는 이유는 동적 언어이기 때문이다. C는 간단하고 어셈블리 언어에 매우 가깝다. C에서는 많은 명령어가 어셈블리 명령어에 직접 매핑된다. C는 널리 사용되는 언어 중 가장 많은 취약점을 가지고 있는 것으로 알려져 있다. 크로스 체킹 없이 안전하지 않은 명령어를 실행한다. C++와 마찬가지로 버퍼 오류도 발생한다. C에는 이러한 단점이 있지만 실행 속도가 빠르기 때문에 유용하다.[7]

7: 여기서, 고수준이란 사람에게 가까운 언어를 지칭하는 것이다. 마찬가지로, 저수준은 기계에 더 가깝운 언어로 정의된다.

1.4 줄리아 컴퓨터 언어를 만들어낸 사람들

줄리아 언어는 MIT의 컴퓨터 과학자들에 의해 개발되었다. 주요 개발자는 다음과 같다.

제프 베잔슨(Jeff Bezanson)

스테판 카르핀스키(Stefan Karpinski)

비랄 B. 샤(Viral B. Shah)

앨런 에델만(Alan Edelman)

이들은 C의 속도, Ruby의 동적 특성, Python의 사용 편의성, R의 통계적 능력, MATLAB의 수학적 표기법을 결합한 새로운 언어를 만들고자 했다[1]. 2012년에 처음 공개된 줄리아는 고성능 수치 계산 및 데이터 과학 분야에서 빠르게 성장하고 있다. 참고로 2012년은 딥러닝(심층학습)의 원년으로 볼 수 있는 해이다. 인공지능 기술이 비약적으로 발전할 수 있는 가능성을 제시한 해이다. 줄리아 언어 이름의 기원은 이 책 194페이지에서 확인할 수 있다.

[1]: Bezanson et al. (2017), *Julia: A Fresh Approach to Numerical Computing*

1.5 줄리아 컴퓨터 언어의 장점과 단점

줄리아는 과학 기술 컴퓨팅 및 데이터 과학 분야에서 성능과 사용 편의성을 모두 갖춘 언어로 주목받고 있다. 다음은 줄리아 언어의 주요 장점과 단점이다.

◇ 장점

① 높은 성능: 줄리아는 LLVM 기반의 JIT 컴파일러를 사용하여 C/C++에 준하는 높은 성능을 제공한다. 이는 특히 복잡한 수학적 계산이나 대규모 데이터 처리가 필요한 작업에서 강점을 발휘한다.

② 쉬운 문법: Python과 유사한 직관적인 문법을 가지고 있어 배우기 쉽고, 생산성이 높다. 수학적 표기법을 그대로 사용할 수 있어 과학 기술 분야의 사용자들이 쉽게 코드를 작성할 수 있다.

③ 멀티디스패치: 멀티디스패치 기능을 통해 코드의 유연성과 재사용성을 높일 수 있다. 이는 다양한 데이터 타입에 대한 처리를 효율적으로 수행할 수 있도록 해준다.

④ 풍부한 패키지 생태계: 과학 기술 컴퓨팅, 데이터 분석, 기계학습 등 다양한 분야의 패키지를 제공한다. 특히, 수치 계산 및 선형 대수 관련 패키지가 잘 갖춰져 있다.

⑤ 상호 운용성: C, FORTRAN, Python 등 다른 언어로 작성된 라이브러리를 쉽게 호출하여 사용할 수 있다. 이는 기존의 자산을 활용하면서 줄리아의 성능을 누릴 수 있도록 해준다.

◇ 단점

① 상대적으로 작은 커뮤니티: Python이나 R에 비해 커뮤니티 규모가 작아 자료나 정보가 부족할 수 있다. 하지만 커뮤니티는 빠르게 성장하고 있으며, 사용자들의 활발한 기여가 이루어지고 있다.

② 초기 컴파일 시간: JIT 컴파일 방식의 특성상 초기 실행 시 컴파일 시간이 소요될 수 있다. 하지만 이후 실행에서는 컴파일된 코드를 재사용하여 빠른 속도를 유지한다.

③ 패키지 성숙도: Python에 비해서 패키지의 성숙도가 떨어지는 부분도 존재 한다. 줄리아는 높은 성능과 쉬운 사용법을 동시에 제공하는 강력한 언어이다. 과학 기술 컴퓨팅 및 데이터 과학 분야에서 특히 유용하며, 앞으로 더욱 성장할 가능성이 높다. 이공계 관련된 분야로 한정할 경우, 매우 많은 패키지들이 잘 개발되어 있다. 또한 PyCall, RCall 등을 사용하여 Python, R을 비롯해 다른 언어의 패키지를 쉽게 사용할 수 있다.

◇ 동적 타이핑

동적 타이핑(dynamic typing)은 프로그래밍 언어에서 변수가 특정 타입(자료형)을 가지지 않고, 실행 시점에 할당된 값에 따라 타입이 결정되는 방식이다. 동적 타이핑을 사용하는 언어에서는 변수 선언 시에 타입을 명시할 필요가 없으며, 변수에 값을 할당할 때 자동으로 타입이 결정된다. Python, Ruby, JavaScript, PHP 등의 언어에서 채택한 동적 타이핑은 변수의 자료형을 실행 시간(runtime)에 결정한다. 즉, 변수를 선언할 때 자료형을 명시적으로 지정하지 않아도 되며, 변수에 어떤 값이 할당되느냐에 따라 자료형이 자동으로 결정된다. 변수를 선언할 때 타입을 명시하지 않는다. 변수의 타입을 자유롭게 변경할 수 있어, 다양한 타입의 값을 저장하고 처리할 수 있다. 이는 코딩의 유연성을 높여준다. 타입 검사는 실행 시점에 이루어지므로, 잘못된 타입 사용으로 인한 에러는 코드가 실행될 때 발생한다. 이는 컴파일 타임 에러와 다르게 런타임 에러를 초래할 수 있다. 타입 결정을 실행 시점에 하므로, 컴파일 타임에 타입이 결정되는 정적 타이핑 언어에 비해 성능이 다소 저하될 수 있다. 줄리아는 멀티디스패치라는 강력한 기능을 제공한다. 이는 함수의 동작이 인수의 자료형에 따라 달라질 수 있음을 의미한다. 멀티디스패치를 통해 코드의 가독성과 성능을 향상시킬 수 있다. 동적 타이핑 언어는 일반적으로 실행 속도가 느리다고 알려져 있지만, 줄리아는 JIT 컴파일러를 사용하여 C나 FORTRAN과 같은 정적 타이핑 언어에 버금가는 성능을 제공한다.

1.6 Python 언어와 줄리아 언어

Python에 익숙한 개발자가 줄리아를 배우는 것은 비교적 쉬운 일이다.[8] 최근 인공지능의 부각으로 최고 인기를 끌고 있는 요즘, Python 언어의 위상은 높을대로 높다. Python 그리고 줄리아, 두 언어는 여러 가지 유사점을 공유하며, Python 경험은 줄리아 학습 곡선을 완만하게 만드는 데 도움이 될 수 있다. 다음은 Python 사용자가 줄리아를 효과적으로 학습할 수 있는 방법이다.

8: Python은 1991년 네덜란드계 소프트웨어 엔지니어인 히도 판 로쉼이 발표한 고급 프로그래밍 언어로, '인터프리터를 사용하는 객체지향 언어'이자 플랫폼에 독립적인, 동적 타이핑(dynamically typed) 대화형 언어다. 인공지능 개발과 더불어 최고 인기 컴퓨터 언어가 되었다.

① 줄리아의 기본 문법 및 개념 이해

유사점 활용: 줄리아는 Python과 마찬가지로 동적 타이핑을 지원하며, 문법 또한 유사한 부분이 많다. 예를 들어, 반복문, 조건문, 함수 정의 등은 Python과 유사하게 작동한다. Python의 리스트와 딕셔너리에 해당하는 줄리아의 배열과 딕셔너리 자료형을 살펴본다. 차이점 파악: 줄리아는 멀티디스패치의 독특한 기능을 제공하며, 이는 Python과는 다른 방식으로 함수를 호출하고 실행한다. 줄리아는 성능을 위해 정적 타입 선언을 선택적으로 사용할 수 있으며, 이는 Python과는 다른 접근 방식이다. 줄리아는 1부터 배열의 인덱스가 시작하지만 Python은 0부터 시작한다. 자료형 및 연산: 줄리아의 기본 자료형(정수, 부동소수점, 문자열 등)과 연산자를 익히고, 배열, 튜플, 딕셔너리 등의 자료구조를 학습한다.

② 줄리아의 특징 및 장점 학습

고성능 컴퓨팅: 줄리아는 과학 계산, 데이터 분석, 머신러닝(기계학습) 등 고성능 컴퓨팅에 특화된 언어이다. 줄리아의 성능 최적화 기능을 학습하여 Python과의 차이점을 이해한다. 멀티디스패치: 줄리아의 핵심 기능인

멀티디스패치를 이해하고, 이를 활용하여 유연하고 효율적인 코드를 작성하는 방법을 학습한다. 줄리아에서 계층적 자료형과 멀티디스패치는 함께 사용될 때 강력한 시너지 효과를 낸다. 패키지 생태계: 줄리아의 풍부한 패키지 생태계를 탐색하고, 과학 계산, 데이터 분석, 시각화 등에 필요한 패키지를 익힌다.

③ 실습 및 프로젝트

코드 변환: Python으로 작성된 간단한 코드를 줄리아로 변환해 보면서 두 언어의 차이점을 익힌다.[9] 온라인 강의 및 튜토리얼: 줄리아 공식 문서, 온라인 강의, 튜토리얼 등을 활용하여 학습한다. 프로젝트 수행: 실제 프로젝트를 수행하면서 줄리아를 적용해 보고, 문제 해결 능력을 키운다. 커뮤니티 활용: 줄리아 커뮤니티에 참여하여 질문하고 정보를 공유하며, 다른 개발자들과 교류한다.

9: 간단한 Python 입출력 프로그램을 줄리아 언어로 변환해보자. 여기서 변환은 언어 모델을 활용하는 방법을 말한다.

④ 유용한 학습 자료

줄리아 공식 문서: 줄리아 언어에 대한 가장 정확하고 포괄적인 정보를 제공한다. 온라인 강의: Youtube 등에서 줄리아 관련 강의를 찾아볼 수 있다. 줄리아 한국어 커뮤니티: 한국어로 줄리아 관련 정보를 얻고 질문할 수 있다. 줄리아 관련 블로그 및 튜토리얼: 다양한 블로그와 튜토리얼에서 줄리아 학습에 유용한 정보를 얻을 수 있다. Python 활용 경험을 바탕으로 꾸준히 학습하고 실습하면 줄리아를 효과적으로 익힐 수 있을 것이다.

유니코드(unicode)는 전 세계의 모든 문자를 일관되게 표현하고 처리하기 위한 국제 표준이다. 유니코드 문자는 UTF-8 인코딩을 사용하여 저장된다. UTF-8은 유니코드를 기반으로 한 가변 길이 문자 인코딩 방식으로, 전 세계의 다양한 문자들을 효율적이고 호환성 있게 처리할 수 있도록 도와준다. 특히 웹, 데이터베이스, 이메일 등 다양한 시스템에서 기본 문자 인코딩 방식으로 널리 사용되고 있으며, 다양한 플랫폼과 언어 간의 데이터 호환성을 보장한다. 각 문자에 고유한 코드 포인트를 할당하여 다양한 언어와 특수 문자를 컴퓨터에서 사용할 수 있게 한다. 줄리아는 유니코드를 완벽하게 지원하며, 문자열 및 문자 리터럴에서 유니코드 문자를 사용할 수 있다. 줄리아 언어에서 문자 리터럴(character literals)은 작은따옴표(’’)로 묶인 단일 문자를 나타낸다. 큰따옴표("")는 문자열

리터럴을 나타낸다. 줄리아의 Char 타입은 광범위한 유니코드 문자를 지원한다. 이는 영어 알파벳뿐만 아니라 다양한 언어의 문자, 이모티콘, 특수 기호 등을 포함한다.

이스케이프(escape character) 시퀀스: \u 또는 \U 이스케이프 시퀀스를 사용하여 유니코드 코드 포인트를 지정할 수 있다. 이스케이프 문자는 문자열 내에서 특별한 의미를 갖는 문자를 표현하기 위해 사용되는 문자이다. 줄리아에서 이스케이프 문자는 백슬래시(\)이다.
주요 이스케이프 시퀀스
\' → 작은따옴표. \" → 큰따옴표. \\→ 백슬래시. \n → 줄 바꿈. \r → 캐리지 리턴. \t → 탭. \b → 백스페이스. \f → 폼 피드. \v → 수직 탭. \0 → 널 문자.

```
julia> name = "박갑동\uB2D8" # '님'
"박갑동님"

julia> message = "경고: \u26A0 오류 발생!" # 경고 기호
```

부동소수점(floating-point)은 실수를 컴퓨터에서 근사적으로 표현하는 방식이다.[10] Float64(64비트, 배정밀도)은 줄리아에서 기본으로 사용되는 부동소수점 타입이다. 소수점 리터럴(예: 1.0, 3.14)은 기본적으로 Float64로 간주된다. 약 15-16자리의 십진수 정밀도를 가진다. 대부분의 과학 계산 및 일반적인 용도에 충분한 정밀도와 범위를 제공한다.

10: 부동소수점 표현 방식은 매우 크거나 매우 작은 수를 효율적으로 표현하기 위해 가수(mantissa 또는 significand)와 지수(exponent)를 사용하여 수를 나타낸다. 예를 들어, 123,456,000은 과학적 표기법으로 1.23456×10^8로 표현할 수 있다. 여기서 1.23456은 가수, 8은 지수에 해당한다. 부동소수점 방식도 이와 비슷한 원리로 수를 표현한다. 부동소수점은 유한한 비트 수로 실수를 표현하기 때문에 대부분의 실수는 정확하게 표현될 수 없고 근사값으로 저장된다. 이는 정밀도 손실을 야기할 수 있다.

Float32(32비트, 단정밀도)은 Float64보다 메모리를 절반만 사용하고 연산 속도가 더 빠를 수 있다(특히 GPU). 약 7자리의 십진수 정밀도를 가진다. 정밀도가 덜 중요하거나 메모리/속도가 중요할 때 사용된다(예: 머신러닝, 그래픽스). 리터럴 뒤에 f0를 붙이거나 Float32()로 변환하여 사용한다.

```
# Float32 리터럴 및 변환
d = 1.0f0
```

```
e = Float32(3.14159) # Float64에서 변환 시 정밀도 손실 발생 가능
f = -0.005f0
```

입력(input), 산수(arithmetic, 또는 더 넓게는 처리/processing), 선택(selection), 반복(repetition), 그리고 출력(output)은 컴퓨터 프로그램을 구성하는 가장 기본적인 핵심 요소들을 잘 요약한 것이다. 이 다섯 가지 기본 요소들이 순서대로 실행되거나(sequencing), 선택과 반복 구조를 통해 흐름이 제어되면서 조합되어 우리가 사용하는 다양한 프로그램들이 만들어지는 것이다. 현대 컴퓨터 프로그래밍에서는 여기에 데이터 구조(data structures), 함수/모듈(functions/modularity), 객체(objects), 오류 처리(error handling) 등 프로그램을 더 체계적이고 효율적으로 만들기 위한 여러 개념들이 추가된다.[11]

논의된 입력, 처리(산수), 선택, 반복, 출력은 프로그램이 무엇으로 이루어지는지에 대한 원론적이고 근본적인 원리에 해당한다. 하지만 현실의 프로그래밍, 특히 현대 소프트웨어 개발에서는 이러한 기본 요소들을 직접 하나하나 낮은 수준에서 구현하기보다는, 이미 만들어진 패키지(packages), 라이브러리(libraries), 프레임워크(frameworks)를 가져와 사용하는 것이 훨씬 일반적이며 효율적이다.

◇ 현실 프로그래밍이 패키지 사용으로 귀결되는 이유는 다음과 같다.

① 생산성 및 효율성: 복잡한 기능(예: 웹 서버, 데이터베이스 연동, graphical user interface, 암호화, 복잡한 수학 연산 등)을 처음부터 직접 구현하는 것은 시간과 노력이 엄청나게 소요된다. 잘 만들어진 패키지를 사용하면 이러한 기능을 빠르고 안정적으로 구현할 수 있다. "바퀴를 재발명할 필요가 없는 것"이다.

② 추상화 및 복잡성 관리: 패키지는 복잡한 내부 구현을 숨기고, 사용하기 쉬운 인터페이스(API, application programming interface)를 제공한다. 개발자는 패키지가 제공하는 기능의 상세한 내부 동작 원리를 모두 알지 못해도, 해당 기능을 가져다 쓰면서 자신의 애플리케이션 로직 개발에 더 집중할 수 있다.

③ 전문성 및 품질: 특정 분야(예: 머신러닝, 데이터 분석, 그래픽 처리)

11: 줄리아에서 Number는 모든 수치형 타입의 추상적인 상위 타입이다. Integer, Float64, Bool, Complex, Rational 등이 모두 Number의 하위 타입이다. Int8, Int16, Int32, Int64, UInt8, UInt16, UInt32, UInt64, BigInt 등이 Integer의 하위 타입이다. Float16, Float32, Float64 등이 AbstractFloat의 하위 타입이다. 사용자는 앱스트랙 타입(abstract type) 키워드를 사용하여 자신만의 추상 타입을 정의하고, struct 키워드를 사용하여 하위의 구체적인 타입을 정의할 수 있다.

에 특화된 패키지들은 해당 분야 전문가들에 의해 개발되고 테스트되어 높은 수준의 성능과 안정성을 보장하는 경우가 많다.

④ 표준화 및 생태계: 인기 있는 패키지나 프레임워크는 사실상의 표준 역할을 하여, 개발자 간의 협업을 용이하게 하고, 관련 자료나 커뮤니티 지원을 얻기 쉽게 만든다.

⑤ 유지보수: 잘 관리되는 오픈소스 패키지의 경우, 버그 수정이나 성능 개선, 보안 업데이트가 지속적으로 이루어지므로 직접 구현하는 것보다 유지보수 측면에서 유리할 수 있다.

◇ 어떤 컴퓨터 프로그래밍 언어든 마찬가지겠지만, 줄리아 역시 이론 학습만으로는 능숙해지기 어렵다. 다양한 예제 코드를 직접 작성하고 실행해 보면서 오류를 해결하는 과정을 통해 프로그래밍 실력을 향상시켜야 한다. 개인적인 프로젝트를 진행하면서 줄리아를 실제 문제 해결에 적용해 보는 것이 학습 효과를 높이는 데 도움이 된다. 이러한 주의 사항들을 염두에 두고 꾸준히 학습한다면 줄리아 언어의 강력한 기능을 효과적으로 활용할 수 있을 것이다. 컴퓨터 언어 습득은 마치 씨앗을 심고 가꾸는 일과 같다. 당장 눈에 띄는 큰 변화나 결과가 나타나지 않을 수 있지만, 꾸준한 노력과 시간을 투자하면 언젠가 아이디어라는 비옥한 토양, 강력한 태양을 만났을 때, 그 잠재력이 엄청난 결실로 이어질 수 있다. 지금 당장의 노력은 미래의 강력한 무기가 된다.

① 아이디어 구현의 자유: 머릿속에 떠오르는 혁신적인 아이디어를 현실로 만들 수 있는 실질적인 도구를 갖게 된다. 복잡한 데이터 분석, 자동화 시스템 구축, 운동 방정식 풀이, 새로운 서비스 개발 등 상상하는 것을 코드로 표현할 수 있게 된다.

② 문제 해결 능력의 확장: 컴퓨터 언어는 단순히 코드를 작성하는 것을 넘어, 논리적(연역적, 귀납적) 사고, 체계적인 분석, 효율적인 문제 해결 능력을 길러준다. 이는 프로그래밍뿐만 아니라 다양한 분야의 문제 해결에도 적용될 수 있는 핵심 역량이다.

③ 융합적 사고의 촉진: 다양한 분야의 지식과 컴퓨터 언어 능력을 융합하여 새로운 가치를 창출할 수 있다. 예를 들어, 생물학 지식과 데이터 분석 능력을 결합하여 새로운 질병 진단 방법을 개발하거나, 예술적 감각과 프로그래밍 능력을 활용하여 인터랙티브 미디어 아트를 창작할 수 있다.

④ 끊임없는 성장 가능성: ICT(information and communication technologies)는 빠르게 발전하고 있으며, 새로운 언어와 도구가 계속 등장한다. 컴퓨터 언어 습득은 이러한 변화에 능동적으로 적응하고 새로운 기회를 포착할 수 있는 기반을 마련해 준다.
⑤ 자기 주도 학습 능력 향상: 컴퓨터 언어 학습은 종종 스스로 문제를 해결하고 새로운 지식을 탐구하는 과정을 요구한다. 이 과정에서 자기 주도 학습 능력이 향상되어, 평생에 걸쳐 끊임없이 배우고 성장할 수 있는 힘을 길러준다.
마치 잠재적인 에너지가 응축되어 있다가 특정한 계기를 통해 폭발적으로 발휘되는 것처럼, 지금의 줄리아 프로그래밍 언어 습득 노력은 미래에 여러분의 아이디어를 현실로 만들고, 복잡한 문제를 해결하며, 혁신적인 가치를 창출하는 데 결정적인 역할을 할 것이다. 다시 한 번 강조하면, 분야를 가리지 않고 프로그래밍 능력 그 자체는 매우 소중하다. 꾸준히 배우고 익히는 과정을 즐기시길 바란다.

줄리아 언어 학습에 인공지능 언어 모델(artificial intelligence language model)은 매우 큰 도움이 될 수 있다. 마치 숙련된 튜터나 경험 많은 동료 프로그래머와 대화하는 것과 비슷한 방식으로 학습 과정을 지원받을 수 있다. 인공지능 언어 모델은 컴퓨터 언어 학습의 효율성과 접근성을 크게 향상시키는 강력한 도구이다. 하지만 이를 효과적으로 활용하기 위해서는 스스로 학습하려는 적극적인 자세와 비판적인 사고 능력을 함께 갖추는 것이 중요하다. 언어 모델의 도움에만 의존하면 기본적인 프로그래밍 원리나 개념에 대한 깊이 있는 이해가 부족해질 수 있다. 핵심 개념은 스스로 학습하고 이해하는 것이 중요하다. 언어 모델을 똑똑한 조력자이자 학습 파트너로 활용한다면 컴퓨터 언어 실력을 빠르게 향상시킬 수 있을 것이다.

2 줄리아 컴퓨터 언어 사용하기

2.1 줄리아 프로그래밍 언어 설치

줄리아 언어 자체는 개인적 또는 상업적 목적을 포함한 어떤 용도로든 완전히 무료로 사용할 수 있으며, 사용에 대한 어떠한 비용도 발생하지 않는다. 또한 오픈소스이기 때문에 누구나 기여하여 언어의 발전에 참여할 수 있다. 줄리아 프로그래밍 언어를 시스템에 설치하는 방법은 운영체제에 따라 다르다. 자신의 운영체제(Windows, macOS, Linux)와 CPU 아키텍처(예: 64-bit x86/amd64, 64-bit ARM/aarch64)에 맞는 설치 파일을 정확히 다운로드해야 한다. 대부분 현대의 컴퓨터는 64-bit x86(Intel/AMD)이다. Apple Silicon Mac(M1/M2/M3/M4) 사용자는 ARM/aarch64 버전을 받아야 한다. 다음은 각 운영체제별 설치 방법이다.

```
Windows
줄리아 공식 웹사이트(julialang.org)의 다운로드 페이지에서
Windows용 설치 파일을 다운로드한다.
다운로드한 설치 파일을 실행하고 설치 마법사의 지침을 따른다.

macOS
줄리아 공식 웹사이트에서 macOS용 .dmg 파일을 다운로드한다.
.dmg 파일을 열고 줄리아 앱을 Applications 폴더로 드래그 앤 드롭한다.

Linux
줄리아 공식 웹사이트에서 Linux용 압축 파일(.tar.gz)을 다운로드한다.
다운로드한 압축 파일을 원하는 위치에 압축 해제한다.

터미널 또는 명령 프롬프트를 열고 julia 명령어를 실행한다.
설치가 완료되면 터미널(Windows의 경우 PowerShell
또는 cmd, macOS/Linux의 경우 터미널)을 열고
다음 명령어를 입력하여 줄리아 REPL(Read-Eval-Print Loop)이
실행되는지 확인한다.
```

```
줄리아 REPL(read-eval-print loop)이 시작되면
줄리아 프로그래밍 언어 설치가 성공적으로 완료된 것이다.
간단한 프로그램 작성, 패키지 설치가 가능하다.
줄리아 REPL에서 ] 키를 누르면 Pkg 모드로 진입한다.
아래와 같이 두 개의 패키지를 설치할 수 있다.
Pkg 모드에서 원래의 줄리아 REPL로 돌아가려면
<Ctrl> + C 또는 <Backspace> 키를 누른다.
줄리아를 처음 설치하면 기본 환경이 활성화된다.
여기에 설치하는 패키지는 전역적으로 사용할 수 있다.
특정 프로젝트 디렉토리에서 Pkg 모드로 들어가면 해당 디렉토리에
Project.toml 파일이 생성된다.
이 파일은 해당 프로젝트에 필요한 패키지 목록과 버전을 기록한다.
이 프로젝트 디렉토리에서 add 명령어를 사용하면
해당 프로젝트 환경에만 패키지가 설치된다.
여러 프로젝트가 서로 다른 버전의 패키지에 의존하는 경우,
프로젝트 환경을 사용하면 충돌을 방지할 수 있다.
add DataFrames Plots
```

Figure 2.1에서 줄리아 REPL이 실행된 화면을 확인할 수 있다. 줄리아 프로그래밍 여정의 확실한 첫걸음은 바로 줄리아 언어 설치부터 시작하는 것이다. 줄리아 언어를 설치해야 실제로 코드를 작성하고 실행해 볼 수 있으며, 다양한 기능과 패키지를 활용하며 학습을 진행할 수 있다.

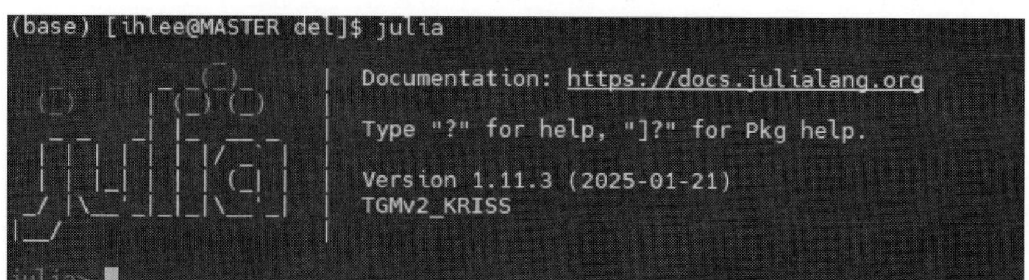

Figure 2.1: 줄리아 프로그래밍 언어 설치 후, "julia" 명령어 실행 상황. exit() 또는 Ctrl+D: 줄리아 REPL을 종료한다. include("파일명.jl"): 지정된 줄리아 스크립트 파일을 실행할 수 있다. ?함수명: 특정 함수의 도움말 및 문서 정보를 표시한다. ;쉘 명령어: 줄리아 REPL 내에서 쉘 명령어를 실행 할 수 다.(예: ;ls, ;cd) using 패키지명: 특정 패키지를 현재 세션에 불러올 수 있다. 많이 활용되는 패키지 IJulia, Plots, GLMakie, LaTeXStrings, LinearAlgebra, MultivariateStats, Statistics, DSP, Distributions, OPtim, MLJ, MLJLinearModels, Flux, CUDA, cuDNN, MLDatasets, Distributed, MPI, ThreadsX, Test, BenchmarkTools, ProgressMeter, Distances, NearestNeighbors, Random, CSV, DataFrames, LightGBM, DecisionTree, DifferentialEquations 등을 하나 하나 add 해 볼 수 있다.

2.2 변수명

줄리아 언어에서 변수명에 대한 규칙은 다음과 같다.

① 알파벳, 숫자, 밑줄(_)로 구성

변수명은 알파벳으로 시작해야 한다. 숫자로 시작할 수 없지만, 알파벳 뒤에는 숫자를 포함할 수 있다.

② 대소문자 구분:

즉, myVar와 MyVar는 서로 다른 변수로 인식된다.

③ 예약어 사용 금지

줄리아의 예약어(reserved keywords)는 변수명으로 사용할 수 없다. 예: if, else, while 등.

④ 유니코드 변수 지원:

줄리아는 유니코드 문자를 변수명으로 사용할 수 있다. 예: α = 2, δ = 5. 수학 및 과학적 표현에서 특히 유용하다.

```
\alpha<TAB> # α
\pi<TAB>    # π
\delta<TAB> # δ

#유니코드 문자를 웹사이트나 다른 문서에서 복사한 후
#줄리아 코드에 붙여넣을 수도 있다.

x = '\u03B1' # α
println(x)
```

Visual studio code 같은 IDE는 유니코드 기호 입력을 도와주는 플러그인이나 확장 기능을 제공한다. 유니코드를 사용하면 코드가 보다 수학적이고 가독성 있게 작성될 수 있어 특히 과학 및 공학 분야에서 유용하다.

⑤ 특수문자 사용 불가

밑줄(_)을 제외한 특수문자(예: @, #, ! 등)는 변수명에 포함될 수 없다.

⑥ 관습(컨벤션)

줄리아 커뮤니티에서는 일반적으로 소문자와 밑줄로 구분하는 스네이크

케이스(snake_case)를 변수명에 사용한다. user_name, account_balance, number_of_items와 같이 소문자와 밑줄(_)을 활용해 변수명을 작성했다. 스네이크 케이스는 가독성이 뛰어나고 변수의 의미를 직관적으로 전달하는 데 유용하다. 상수(Constant)는 대문자로 작성하는 경우가 많다.

줄리아 REPL에서 ? 뒤에 함수명, 변수명, 타입명 등을 입력하면 해당 항목에 대한 도움말을 표시한다(예: ? println(println 함수에 대한 도움말 표시).
이 기능은 줄리아의 내장 문서 시스템에 접근하여 함수 사용법, 인자, 반환값 등에 대한 정보를 빠르게 확인할 수 있도록 도와준다.

2.3 주석과 들여쓰기

줄리아 언어에서 주석(코멘트)과 들여쓰기는 코드의 가독성을 높이고 유지 관리를 용이하게 하는 중요한 요소이다.
◇ 주석(코멘트)
줄리아에서 주석은 코드에 대한 설명을 추가하는 데 사용되며, 프로그램 실행 시 무시된다. 줄리아는 다음과 같은 두 가지 유형의 주석을 지원한다.
한 줄 주석:
기호로 시작하며, 해당 줄의 나머지 부분은 주석으로 처리된다. 여러 줄 주석:
#=와 =# 사이에 위치하며, 여러 줄에 걸쳐 주석을 작성할 수 있다.

```
# 이것은 한 줄 주석이다.
#=
이것은
두 줄 주석이다.
=#
```

◇ 주석 사용법
코드의 목적과 기능을 설명한다. 복잡한 알고리즘이나 로직을 설명한다.

코드의 특정 부분을 임시로 비활성화한다. 다른 개발자에게 코드에 대한 정보를 제공한다.

◇ 들여쓰기(띄어쓰기)

들여쓰기는 문법적 요구사항이 아니다. 줄리아는 코드 블록을 구분하기 위해 end 키워드를 사용한다. 따라서 들여쓰기는 코드의 가독성을 높이는 데 도움이 되지만, 필수는 아니다. 하지만 줄리아에서도 코드의 가독성을 높이기 위해 일관된 들여쓰기를 권장한다. 줄리아에서 들여쓰기는 코드 블록을 구분하는 데 사용된다. 줄리아는 들여쓰기를 통해 코드의 구조를 명확하게 표현하므로, 일관된 들여쓰기를 유지하는 것이 중요하다.

◇ 들여쓰기 규칙

줄리아는 일반적으로 4칸 들여쓰기를 권장한다. if, for, while, function, module 등의 코드 블록 내부는 들여쓰기를 통해 구분한다. 들여쓰기는 스페이스 또는 탭을 사용할 수 있지만, 일관성을 위해 하나의 방식을 선택하는 것이 좋다.

◇ 코드 블록 예시

```
x = 1.0
if x > 0
    println("x는 양수이다.") # 4칸 들여쓰기
else
    println("x는 음수 또는 0이다.") # 4칸 들여쓰기
end

function my_function(a, b)
    result = a + b     # 4칸 들여쓰기
    return result      # 4칸 들여쓰기
end
```

줄리아에서 컴퓨팅 속도를 향상시키기 위해 명시적 자료형을 지정하는 것은 매우 효과적인 방법이다. 줄리아는 기본적으로 동적 타이핑 언어이지만, 명시적 자료형을 사용하면 컴파일러가 코드의 유형을 미리 알 수 있어 최적화를 수행하고 실행 속도를 높일 수 있다. 지금이야말로 줄리아 언어의 놀라운 계산 속도를 직접 경험하고, 그 과정에서 많은 것을 동시에

배울 수 있는 최적의 시점이다. 이론만으로는 그 성능을 실감하기 어렵고, 직접 코드를 작성하고 실행하면서 속도를 체감하는 것이 줄리아 언어의 강력함을 이해하는 가장 좋은 방법이다.

```
# 명시적 자료형을 사용하지 않은 경우
function sum_implicit(arr)
    s = 0
    for x in arr
        s += x
    end
    return s
end
# 명시적 자료형을 사용한 경우
function sum_explicit(arr::Vector{Float64})
    s::Float64 = 0.0
    for x::Float64 in arr
        s += x
    end
    return s
end
# 테스트 데이터 생성
arr = rand(1000000)
# 성능 비교
@time sum_implicit(arr)
@time sum_explicit(arr)
# 0.018978 seconds
# 0.000594 seconds
```

위 예제에서 볼 수 있듯이, 명시적 자료형을 사용하면 줄리아 코드의 실행 속도를 크게 향상시킬 수 있다. 특히, 반복문이나 수치 연산이 많은 코드에서는 명시적 자료형을 사용하는 것이 좋다. 자료형을 명시적으로 지정하면 컴파일러가 더 많은 최적화를 수행할 수 있으며, 이는 더 빠른 코드 실행으로 이어진다. 줄리아 계산 성능을 단 번에 보여주기 위해서 제시된 코드이다. 핵심 항목은 함수 선언에서 자료형이 구체적으로 정의된다는 것이다. 일반적으로 sum_explicit 함수가 sum_implicit 함수보다 훨씬 빠른 실행 속도를 보여준다. 이 실험에서는 약 32배 정도 빠르다. 매크로 @time을 사용하여 두 함수의 실행 시간을 측정하고 비교한다. 자료형과 시간 측정 매크로에 대해서는 추후 설명할 기회가 있을 것이다. 갑자기 자료형이 중요함을 알 수 있다. 아울러, 계산 속도 향상을 위해서 C/FORTRAN 스타일로 돌아가는 것처럼 보인다. 다시 말해서, Python 스타일처럼 보이는 것은 줄리아 언어에서 느리다는 것을 확인할 수 있다. 여러분도 당장 실험해 보시기 바란다. 여기서 중요한 사실은 프로그래머가 컴파일을 하지 않았다는 사실이다. 프로그래머는 프로그램을 작성하고 단지 실행을 했을뿐이다. 벡터 및 행렬 연산 외에도 일반적인 프로그래밍 구조에서 명시적 자료형을 사용하는 것이 줄리아 코드의 성능을 향상시키는 데 도움이 된다. 반복문, 재귀 함수, 함수 호출 등 다양한 상황에서 명시적 자료형을 사용하면 컴파일러가 더 많은 최적화를 수행할 수 있으며, 이는 더 빠른 코드 실행으로 이어진다.[1]

1: rand() 함수는 0.0 이상 1.0 미만의 값을 갖는 균등 분포(uniform distribution)의 부동소수점 숫자(Float64)를 생성하여 반환하는 함수이다. a 이상 b 미만의 실수: a + rand() * (b - a), 길이가 n인 1차원 배열(벡터): rand(n), m × n 2차원 행렬: rand(m, n).

```
# 명시적 자료형을 사용하지 않은 경우
function matrix_multiply_implicit(A, B)
    C = zeros(size(A, 1), size(B, 2))
    for i in 1:size(A, 1)
        for j in 1:size(B, 2)
            for k in 1:size(A, 2)
                C[i, j] += A[i, k] * B[k, j]
            end
        end
    end
    return C
end
# 명시적 자료형을 사용한 경우
function matrix_multiply_explicit(A::Matrix{Float64},
    B::Matrix{Float64})
    C::Matrix{Float64} = zeros(Float64, size(A, 1), size(B, 2))
    for i::Int in 1:size(A, 1)
        for j::Int in 1:size(B, 2)
            for k::Int in 1:size(A, 2)
                C[i, j] += A[i, k] * B[k, j]
            end
```

```
        end
    end
return C
end
# 테스트 데이터 생성
A = rand(100, 100)
B = rand(100, 100)
# 성능 비교
@time matrix_multiply_implicit(A, B)
@time matrix_multiply_explicit(A, B)
# 0.042541 seconds
# 0.001422 seconds
# 명시적 자료형을 사용하지 않은 피보나치 수열
function fibonacci_implicit(n)
    a, b = 0, 1
    for i in 1:n
        a, b = b, a + b
    end
    return a
end
# 명시적 자료형을 사용하지 않은 팩토리얼
function factorial_implicit(n)
    if n == 0
        return 1
    else
        return n * factorial_implicit(n - 1)
    end
end
# 명시적 자료형을 사용한 팩토리얼
function factorial_explicit(n::Int)
    if n == 0
        return 1
    else
        return n * factorial_explicit(n - 1)
    end
end
# 성능 비교
```

```
@time factorial_implicit(200)
@time factorial_explicit(200)
# 명시적 자료형을 사용하지 않은 함수
function calculate_implicit(x, y)
    return x^2 + y^2
end
# 명시적 자료형을 사용한 함수
function calculate_explicit(x::Float64, y::Float64)
    return x^2 + y^2
end
# 성능 비교
x, y = 3.14, 2.71
@time calculate_implicit(x, y)
@time calculate_explicit(x, y)
# 명시적 자료형을 사용한 피보나치 수열
function fibonacci_explicit(n::Int)
    a::Int, b::Int = 0, 1
    for i::Int in 1:n
        a, b = b, a + b
    end
    return a
end
# 성능 비교
@time fibonacci_implicit(4000)
@time fibonacci_explicit(4000)
```

이 예제에서도 명시적 자료형을 사용하면 행렬 곱셈과 같은 복잡한 연산에서 줄리아 코드의 실행 속도를 크게 향상시킬 수 있다는 것을 확인할 수 있다. 특히, 행렬 연산과 같이 많은 수치 연산이 포함된 코드에서는 명시적 자료형을 사용하는 것이 중요하다. 자료형을 명시적으로 지정하면 컴파일러가 더 많은 최적화를 수행할 수 있으며, 이는 더 빠른 코드 실행으로 이어진다.

```
using Statistics
# 데이터 생성
data = randn(1000000)
```

```
# 표본 평균 계산(명시적 자료형 사용)
function mean_explicit(arr::Vector{Float64})
    s::Float64 = 0.0
    for x::Float64 in arr
        s += x
    end
    return s / length(arr)
end
# 표본 표준편차 계산(명시적 자료형 사용)
function std_explicit(arr::Vector{Float64}, mean::Float64)
    s::Float64 = 0.0
    for x::Float64 in arr
        s += (x - mean)^2
    end
    return sqrt(s / (length(arr) - 1))
end
# 성능 비교
@time sm_explicit = mean_explicit(data)
@time s_explicit = std_explicit(data, m_explicit)
# 내장 함수를 사용한 경우
@time m_builtin = Statistics.mean(data)
@time s_builtin = Statistics.std(data)
# 0.000610 seconds (1 allocation: 16 bytes)
# 0.000708 seconds (1 allocation: 16 bytes)
# 0.000465 seconds (1 allocation: 16 bytes)
# 0.000653 seconds (1 allocation: 16 bytes)
```

일반적으로 명시적 자료형을 사용한 함수도 내장 함수에 비해 크게 느리지 않으며, 특정 경우에는 더 빠른 성능을 보일 수도 있다. 줄리아는 통계학 계산에서도 높은 성능을 제공하며, 특히 대규모 데이터셋을 처리할 때 그 장점이 더욱 두드러진다. 명시적 자료형을 사용하면 코드의 성능을 더욱 향상시킬 수 있으며, 줄리아의 내장 통계 함수들도 높은 성능을 제공한다. 줄리아는 다양한 통계 관련 패키지(예: Distributions.jl, StatsBase.jl)를 제공하여 복잡한 통계 분석도 효율적으로 수행할 수 있다. 줄리아에서 배열 관련 계산 속도를 높이기 위해서는 포트란과 유사한

열-우선 메모리 레이아웃을 갖는 기본적인 Array 타입을 사용하는 것 외에도, 문제의 특성에 맞는 LinearAlgebra의 특수 행렬 타입을 활용하고, 타입 안정성, 벡터화, 인-플레이스 연산, 병렬 처리 등의 최적화 기법을 적용하는 것이 중요하다. 줄리아 컴파일러가 변수의 타입을 정확히 추론할 수 있도록 코드를 작성하는 것이 중요하다. 타입이 불안정하면 컴파일러 최적화가 어려워져 성능 저하를 유발할 수 있다. 함수 인자와 변수의 타입을 명시적으로 선언하는 것이 도움이 될 수 있다. BLAS(basic linear algebra subprograms) 및 LAPACK(linear algebra package)과 같은 고성능 백엔드 라이브러리를 활용하는 LinearAlgebra와 같은 줄리아 표준 라이브러리 및 커뮤니티 라이브러리를 적극적으로 사용하는 것이 좋다. 줄리아는 이러한 라이브러리와 효율적으로 연동된다.

줄리아 계산이 빠른 이유는 다음과 같이 정리할 수 있다.[2] 각각의 항목들은 이 책을 통해서 계속해서 연습할 것이다. 하지만, 앞에서 살펴 본 예제들에서 알 수 있는 것 이외에 몇 가지를 먼저 나열해 보는 것도 의미가 있다. 왜냐하면, 이러한 항목들이 이 책에서 언급하고자 하는 줄리아 프로그래밍의 학습 목표가 될 수 있기 때문이다. 줄리아 컴파일러가 변수의 타입을 정확히 추론할 수 있도록 코드를 작성하는 것이 중요하다. 타입이 불안정하면 컴파일러 최적화가 어려워져 성능 저하를 유발할 수 있다. 함수 인자와 변수의 타입을 명시적으로 선언하는 것이 도움이 될 수 있다. 결과를 새로운 배열에 할당하는 대신 기존 배열을 직접 수정하는 연산(.=, +=, !)을 사용하면 불필요한 메모리 할당을 줄여 성능을 개선할 수 있다. 여러 개의 element-wise 연산을 하나의 루프로 결합하여 중간 결과를 저장하는 오버헤드를 줄일 수 있다. @. 매크로를 사용하여 자동으로 퓨즈드 연산을 수행할 수 있다. 명시적인 루프 대신 벡터화된 연산이나 브로드캐스팅(.=, .+, .* 등)을 사용하여 성능을 향상시킬 수 있다. 이는 SIMD 연산을 활용하여 여러 데이터 요소를 동시에 처리하기 때문이다. 여러 코어를 활용하여 계산을 병렬로 수행하면 대규모 배열 연산의 속도를 크게 향상시킬 수 있다. Threads.@threads 매크로나 Distributed 모듈, MPI 모듈을 사용할 수 있다(346페이지).

2: 가능하면 함수 시그니처에 인자와 반환 값의 타입을 명시하여 컴파일러가 타입을 추론하는 부담을 줄여준다. AbstractArray보다는 Vector{Float64}와 같이 명확한 타입을 사용한다. 상수(constant)가 아닌 전역 변수는 가능한 한 피한다. 가능하면 새로운 객체 할당을 피한다. 새로운 배열을 할당하는 대신, 미리 할당된 버퍼를 재사용한다. 여러 번의 루프를 한 번의 루프로 합쳐서 불필요한 중간 연산을 줄인다. 최적화된 기본 함수들(표준 라이버러리)을 활용하는 것이 성능 면에서 유리하다. 프로파일링 도구(Profile, PProf, ProfileView, @profile, @profview)를 활용한다. 멀티코어 시스템에서는 병렬 처리를 통해 성능을 향상시킬 수 있다.

```
A = [1.0 2.0; 3.0 4.0]  # 2x2 실수 행렬
B = Array{Float64}(undef, 3, 4)
# 3x4 초기화되지 않은 실수 행렬

A = [1, 2, 3, 4, 5]
scalar_value = 10
# A의 각 요소에 scalar_value를 더하여 결과를 A에 할당
A .= A .+ scalar_value
println(A)
# 출력: [11, 12, 13, 14, 15]

B = [10, 20, 30, 40, 50]
C = [1, 2, 3, 4, 5]
# B의 각 요소와 C의 해당 요소를 곱하여 결과를 B에 할당
B .= B .* C
println(B)
# 출력: [10, 40, 90, 160, 250]

D = [1.0, 2.0, 3.0, 4.0, 5.0]

# D의 각 요소에 제곱근 함수를 적용하여 결과를 D에 할당
D .= sqrt.(D)
println(D)
# 출력: [1.0, 1.4142135623730951, 1.7320508075688772,
#  2.0, 2.23606797749979]

E = [1, -2, 3, -4, 5]
F = zeros(Int, length(E))
# E의 요소가 양수이면 F에 해당 값을 할당하고, 아니면 0을 할당
F .= ifelse.(E .> 0, E, 0)
println(F)
# 출력: [1, 0, 3, 0, 5]
```

◇ 들여쓰기 중요성

코드의 가독성을 높여 코드의 구조를 쉽게 이해할 수 있도록 한다. 코드 블록의 범위를 명확하게 하여 오류를 줄인다. 다른 개발자와의 협업 시

코드의 일관성을 유지하는 데 도움이 된다.

◇ 참고 자료

줄리아 공식 문서: 줄리아 언어에 대한 자세한 정보를 제공한다. 줄리아 스타일 가이드: 줄리아 코드 작성 시 권장되는 스타일을 제공한다. 올바른 주석과 들여쓰기 사용은 유지 관리가 쉽고 협업에 용이한 코드를 작성하는 데 필수적이다. 줄리아 프로그램 작성에서 들여쓰기는 가독성을 위한 것이다. 들여쓰기는 주로 코드의 가독성을 높이기 위한 목적으로 사용된다. 이는 강제적이지 않지만, 권장된다. Python 프로그램에서 들여쓰기는 구문 구조를 정의하는 데 필수적이며, 코드 블록을 구분하는 역할을 한다. 줄리아에서는 긴 줄의 코드를 여러 줄로 나누기 위해 backslash(\) 문자를 사용할 수 있다. C와 같은 다른 언어에서 줄 바꿈을 나타내는 데 사용되는 backslash(\)도 줄리아에서 작동하지만, 가독성을 떨어뜨리고 다른 방법이 더 권장되므로 일반적으로 사용하지 않는다. 일반적으로 쉼표 뒤, 연산자 뒤, 괄호 안에서 줄을 바꾸는 방식을 사용하는 것이 가독성 면에서 좋다.

◇ end 키워드

줄리아에서 end 키워드는 코드 블록의 종료를 나타내기 위해 사용된다. 즉, 반복문(for, while), 조건문, 함수 정의 등의 끝을 표시한다. end를 적절한 위치에 배치하여 코드 블록을 명확하게 구분할 수 있다. 결국, 실제 프로그램에서 end가 매우 많이 분포하게 된다. 줄리아에서 배열의 마지막 원소를 지칭하려면 end 키워드를 사용한다. end 키워드는 배열의 마지막 인덱스를 나타내며, 이를 통해 배열의 마지막 원소를 참조할 수 있다.

◇ 변경자 함수

줄리아에서 함수 이름 뒤에 !를 붙이는 관습은 해당 함수가 인수로 전달된 객체를 직접 수정하는 "변경자 함수"(mutating function)임을 나타낸다. 즉, 함수가 호출된 후 원래 객체의 값이 변경된다는 것을 의미한다. 이는 함수가 새로운 객체를 반환하는 "비변경자 함수"(non-mutating function)와 구분하기 위해 사용된다. !를 사용하는 관습은 함수의 동작을 명확하게 이해하고 코드의 가독성을 높이는 데 도움이 된다. 필요한 경우 새로운 객체를 생성하지 않고 직접 기존 객체를 수정할 때 주로 사용된다. 함수명, 매크로명, 변수명은 통상 소문자를 사용한다. 모듈명은 대문자로 시작한다.

Python에서 들여쓰기는 문법의 핵심 요소이다. 따라서, Python에서 들여쓰기가 잘못되면 Python 인터프리터는 오류를 발생시키고 코드가 실행되지 않는다. 일반적으로 공백 4칸을 사용하여 들여쓰기를 한다. PEP 8은 Python 코드의 스타일 가이드라인이다. Python 코드의 가독성과 일관성을 높여 협업을 원활하게 하고 유지 보수를 용이하게 하는 것을 목표로 한다. PEP 8을 준수하면 코드의 가독성이 향상되어 다른 개발자와의 협업이 쉬워지고 코드 유지 보수에도 도움이 된다.

Python에서 들여쓰기를 사용해 블록을 구분하는 문법을 사용하고 있다. Python에서 들여쓰기는 한 가지 스타일이 아니라 필수적인 문법에 속한다. 쓰는 사람에 관계 없이 통일성을 유지하게 하며, 그 결과 가독성이 향상될 수 있는 장점이 있다. 이러한 독특한 문법은 Python에 익숙한 사용자나 기존 프로그래밍 언어에서 들여쓰기의 중요성을 높이 평가하는 사용자에게는 잘 받아들여지고 있다. 하지만, 일부 사용자들은 프로그래머의 코딩 스타일을 제한한다고 비판하기도 한다.

줄리아에서 Range는 일련의 규칙적인 값을 효율적으로 표현하는 객체이다. 실제 모든 값을 메모리에 저장하는 대신, 시작 값, 끝 값, 그리고(선택적인) 증가 값만 저장하여 메모리 사용량을 최적화한다. 이는 특히 큰 범위의 숫자를 다룰 때 유용하다. 줄리아의 Range는 규칙적인 숫자 시퀀스를 표현하는 강력하고 효율적인 도구이다. 콜론(:) 연산자와 LinRange 함수를 통해 다양한 형태의 범위를 생성할 수 있으며, 지연 평가, 반복 가능, 인덱싱 가능 등의 특징을 통해 메모리 효율적인 작업과 편리한 순회를 지원한다. 1:5는 1부터 5까지(1 포함, 5 포함)의 정수 범위를 생성한다. 1:2:10은 1부터 10까지 2씩 증가하는 범위를 생성한다(1, 3, 5, 7, 9). LinRange(0, 1, 5)는 0.0, 0.25, 0.5, 0.75, 1.0 을 의미한다. 콜론 연산자를 이용하여 슬라이싱 가능(slicable)이 가능하다. Range 객체의 일부분을 슬라이싱하여 새로운 Range를 만들 수 있다. r = 1:10; r[2:5] 같은 표현을 사용할 수 있다. 줄리아는 설계 단계부터 과학 기술 컴퓨팅 분야에서 널리 사용되는 Python 언어의 편리성과 생산성을 염두에 두고 개발되었으며,

실제로 많은 부분에서 Python의 영향을 받은 것이 분명하다. 줄리아는 개발 초기부터 과학 기술 컴퓨팅에 특화된 강력한 표준 라이브러리를 제공하며, Python의 NumPy, SciPy, Matplotlib 등과 유사한 기능을 제공하는 패키지들이 활발하게 개발되고 있다. Pkg라는 강력한 패키지 관리 시스템 또한 Python의 pip과 유사한 역할을 수행한다.

반복문을 즉시 탈출할 수 있도록 하는 것은 break이다. 반복문에서 다시 그 아래쪽을 실행하지 않고 곧바로, 다음 항목으로, 반복문 초기로 돌아가게 하는 것이 continue이다. continue는 즉시 다음 반복으로 진행한다. 루프 자체를 종료하지는 않는다. 레이블이 있는 break가 있을 수 있다. 중첩된 루프에서 특정 레이블이 붙은 외부 루프를 탈출한다. 결국, 반복문 탈출은 조건문 형식으로 탈출 여부를 결정하게 되어 있다. 물론, 중도 탈출의 경우가 그렇다.

2.4 패키지 설치없이 간단한 프로그램 작성

줄리아 프로그래밍 언어를 시스템에 설치해야 한다. 그 다음 줄리아 작업 환경(julia working environment)을 먼저 알아야 한다. 줄리아의 최신 버전을 공식 웹사이트에서 다운로드할 수 있다. 운영 체제에 맞는 설치 파일을 선택하고 설치 과정을 따라가면 된다. 줄리아 REPL(read-eval-print loop)은 줄리아 코드를 인터랙티브하게 실행할 수 있는 명령줄 인터페이스이다. 터미널에서 julia 명령어를 실행하여 REPL을 시작할 수 있다. 줄리아 로고가 나온다. 여기에서 IJulia 패키지를 설치할 수 있다. IJulia는 줄리아 프로그래밍 언어를 jupyter 노트북 환경에서 사용할 수 있도록 해주는 커널이다. jupyter 노트북은 코드, 텍스트, 이미지, 비디오 등 다양한 요소를 포함하는 대화형 컴퓨팅 환경을 제공하며, IJulia를 통해 줄리아 코드를 jupyter notebook(주피터 노트북)에서 작성하고 실행할 수 있다. exit() 명령어로 REPL을 종료할 수 있다. REPL에서 아래와 같은 연습을 할 수 있다. 주피터(jupyter)는 주피터 노트북이 지원하는 세 가지 핵심 언어인 Julia, Python, R의 앞 글자를 조합하여 만들어졌다.

줄리아 문법을 익히는 가장 좋은 방법은 꾸준히 코드를 작성하고 실습하는 것이다. 예제 코드를 직접 실행해보고 수정해보면서 실습하는 것이 좋다. 다른 사람의 줄리아 코드를 읽는 것은 이론적인 학습을 넘어 실제 프로그래밍 능력을 향상시키는 데 필수적인 과정이다. 꾸준히 다양한 코드를 접하고 분석하는 노력을 통해 줄리아 언어에 대한 깊이 있는 이해와 숙련도를 높일 수 있다.[3]

3: 대부분의 컴퓨터 언어에서 시스템 명령어 수행을 지원한다. 줄리아 run 함수는 시스템 명령어를 실행하고 결과를 반환한다. 예를 들면, run(‘python myscript.py‘), run(‘./myprogram‘), run(‘myprogram.exe‘)

```
# 동적 타이핑 예제
x = 42   # x는 정수 타입
println(typeof(x))
# 출력: Int64

x = "Hello, World!"
# x는 문자열(string) 타입으로 변경, 동적 변경
println(typeof(x))  # 출력: String
println(length(x))

x = [1, 2, 3]    # x는 배열 타입으로 변경
println(typeof(x))  # 출력: Array{Int64, 1}

using Statistics
# 배열 이해, Array comprehension
array1 = [(2n+1)^2 for n in 1:50]   # ^2 는 2승을 나타낸다.
array2 = [sqrt(n) for n in array1]
println(size(array1))
println(size(array2))
println(sum(array1))
println(mean(array1))
println(std(array1))
println(maximum(array1))
println(minimum(array1))
# 문자열로 명령어 실행, 두 가지 방법: run, 백틱(‘) 사용
run(‘ls -l‘)
# Cmd 객체로 명령어 실행
cmd = ‘ls -l‘
run(cmd)
```

```
# 명령어 실행 결과 확인
result = run('ls -l')
println(result.exitcode) # 반환 코드
```

julia 프롬프트에서 간단한 줄리아 프로그래밍 연습할 수 있다. 연습 내용을 마우스로 캡쳐해서 script.jl 처럼 특정한 이름을 가진 파일에 저장할 수 있다. 이렇게 작성된 프로그램(스크립트)은 아래와 같이 프롬프트에서 실행될 수 있다.

```
julia  script.jl
```

.jl: 줄리아 소스코드 파일의 표준 확장자이다. 이 확장자는 줄리아 스크립트 또는 모듈을 저장하는 데 사용된다. .jld 또는 .jld2: 줄리아 데이터 파일의 확장자이다. 이 확장자는 줄리아에서 생성된 데이터를 저장하고 로드하는 데 사용된다. .jld 파일은 줄리아에서 생성된 데이터를 저장하고 불러오는 데 최적화되어 있다. .jld 파일은 바이너리 파일이므로 텍스트 편집기로 열어서 내용을 확인할 수 없다. JLD.jl 패키지를 사용하여 .jld 파일을 생성하고 읽을 수 있다. .jld2는 줄리아 프로그래밍 언어에서 데이터를 저장하고 불러오는 데 사용되는 파일 형식이다. 기존의 .jld 형식을 대체하기 위해 개발되었으며, 몇 가지 중요한 개선 사항을 제공한다. HDF5(hierarchical data format version 5)는 대용량의 과학 및 공학 데이터를 효율적으로 저장하고 관리하기 위해 설계된 개방형 파일 형식이다. 계층적인 구조를 사용하여 다양한 형태의 데이터를 그룹화하고, 각 데이터셋에 메타데이터를 첨부할 수 있어 데이터의 의미와 맥락을 명확하게 파악하는 데 도움을 준다. .jld2는 HDF5 파일 형식의 하위 집합을 사용하여 줄리아 데이터 구조를 저장한다. 따라서 HDF5를 지원하는 다른 도구에서도 .jld2 파일을 읽을 수 있다. .jld2는 기존 .jld 형식에 비해 성능이 향상되었다. 특히 대용량 데이터 처리 시 더욱 효율적이다. JLD2.jl: .jld2 파일 형식을 처리하기 위한 줄리아 패키지이다. 이 패키지를 사용하여 데이터를 저장하고 불러올 수 있다. CSV.jl은 CSV(comma-separated values) 및 기타 구분된 텍스트 데이터를 효율적으로 읽고 쓰는 데 사용되는 줄리아 패키지이다. MAT.jl은 MATLAB MAT 파일 형식의 데이터를 읽고 쓰는 데 사용되는 줄리아 패키지이다.

2.5 패키지 설치 그리고 간단한 프로그램 작성

프로젝트 A는 패키지 X 버전 1.0을 사용하고, 프로젝트 B는 패키지 X 버전 2.0을 사용할 수 있다. 이러한 독립적인 패키지 의존성 집합을 "프로젝트 환경"이라고 한다. 줄리아에서 프로젝트 환경을 관리하면, 프로젝트마다 다른 패키지 버전을 사용할 수 있어 매우 유용하다. 줄리아에서 activate는 프로젝트 환경을 활성화하거나 가상 환경을 사용하는 방법을 의미한다. 활성화하고자 하는 줄리아 프로젝트의 디렉토리 경로를 입력한다. 프로젝트가 활성화되면, 해당 환경에서 패키지를 설치하거나 사용할 수 있다. 만약 프로젝트를 처음 설정하는 경우, Pkg.activate(".")을 사용하여 현재 디렉토리를 새 프로젝트 환경으로 만들 수 있다. instantiate는 줄리아 패키지 관리 시스템에서 프로젝트 환경을 설정하고 필요한 패키지를 설치하는 명령어이다. 이 명령어는 Project.toml 파일과 Manifest.toml 파일에 지정된 패키지와 해당 버전을 설치하여 프로젝트 환경을 완전히 재현한다.

Pkg.status() 명령을 실행하여 패키지의 종속성을 확인하고, 누락된 종속성 패키지를 설치한다. Pkg.update() 명령을 실행하여 패키지 저장소를 업데이트하고, 패키지들을 최신 버전으로 업데이트한다. Pkg.update()는 현재 활성화된 환경(Project.toml과 Manifest.toml 파일이 있는 디렉토리)에 설치된 모든 패키지에 영향을 미친다. 사용 중인 줄리아 버전이 패키지와 호환되는지 확인하고, 필요한 경우 줄리아를 업데이트하거나 다운그레이드한다. Pkg.resolve() 함수는 줄리아의 패키지 관리자인 Pkg 모듈에서 사용되며, 현재 환경(Project.toml과 Manifest.toml 파일)에 명시된 패키지들의 의존성을 다시 해결하려고 시도하는 함수이다.

한 번에 패키지 하나씩 추가(add)하는 것이 좋다. 왜냐하면, 패키지 설치할 때 메시지를 잘 살펴 볼 필요가 있기 때문이다. Adding dependency ... for ...: 설치하려는 패키지가 특정 라이브러리(다른 패키지)에 의존하고 있어, 해당 의존성 패키지를 함께 설치하는 경우에 나타난다. 이는 정상적인 동작이며, 의존성 관리가 자동으로 이루어지고 있음을 보여준다. Updating ...: 이미 설치된 의존성 패키지의 새 버전이 필요한 경우, 해당 패키지를 업데이트하는 과정이다. Warning: Some packages had conflicts during package resolution:: 설치하려는 패키지 또는 그 의존성이 이미 설치된 다른 패키지와 버전 충돌을 일으킬 수 있는 경우 나타나는 경고이다. 이 경우 Pkg는 가능한 해결책을 찾으려고 시도하지만, 사용자의 개입이 필요할 수도 있다. 줄리아의 Pkg는 패키지 설치 시 의존성을 자동으로 관리하고 호환성 문제를 확인하려고 노력하지만, 항상 "전혀 문제 없다"는 메시지만 나오는 것은 아니다. 의존성 추가 및 업데이트와 같은 정상적인 과정에 대한 정보 메시지가 나올 수 있으며, 때로는 버전 충돌과 같은 잠재적인 문제를 경고하거나 오류 메시지로 알릴 수도 있다.[4]

4: ERROR: Unsatisfiable requirements detected:: Pkg가 패키지 버전 간의 호환성을 만족시키는 조합을 찾지 못한 경우 발생하는 오류이다. 이 경우 어떤 패키지 간에 충돌이 발생하는지 자세한 정보가 함께 출력된다. 사용자는 충돌하는 패키지의 버전을 조정하거나, 특정 패키지 설치를 포기해야 할 수 있다. 다른 폴더에서 독립적으로 설치하는 방법이 있을 수 있다.

처음 실행되는 코드는 컴파일 과정을 거쳐야 하므로 약간의 지연이 발생할 수 있다. 특히 패키지를 처음으로 using하거나, 오랫동안 사용하지 않던 패키지를 다시 사용할 때 이러한 지연이 두드러질 수 있다. 프리컴피레이션은 이러한 초기 지연을 해결하기 위해 도입된 기능이다. 프리컴피레이션 처리된 파일들은 일반적으로 줄리아 설치 경로 내의 특정 디렉토리(예: ~/.julia/compiled)에 저장된다. 컴파일된 결과물(기계어 코드 등)은 프리컴필일레이션 캐시라는 특정 위치에 저장된다. 이 캐시에는 패키지 이름, 환경 정보, 컴파일된 코드 등이 포함된다. 프리컴필일레이션(precompilation)은 자주 사용되는 코드(주로 패키지)를 실행 전에 미리 컴파일하여 저장해두는 기능이다. 이를 통해 해당 코드를 처음 실행할 때 발생하는 컴파일 시간을 줄여 프로그램의 초기 로딩 속도와 전반적인 실행 성능을 향상시킨다. 패키지를 using하거나 동일한 함수를 호출할 때, 줄리아는 먼저 프리컴피레이션 캐시에 해당 코드가 있는지 확인한다. 캐시에 유효한 프리컴피레이션 처리된 코드가 있다면, 컴파일 과정을 다시 거치지 않고 캐시된 코드를 바로 로드하여 실행한다. 패키지 개발자는 패키지 로딩 시점에 필요한 기본적인 컴파일 작업을 미리 수행하도록 지시할 수 있다. 이는 패키지 사용자의 초기 로딩 시간을 더욱 단축하는 데 도움이 된다. 줄리아의 프리컴피레이션 기능은 JIT 컴파일의 장점을 유지하면서 초기 성능 저하를 완화하는 중요한 메커니즘이다. 개발자와 사용자 모두에게 더 빠르고 효율적인 줄리아 경험을 제공하는 데 기여한다.

```
versioninfo()  # 현재 줄리아 버전 정보 확인
using Pkg
Pkg.add("IJulia")
#Pkg.update("IJulia")
# 이 명령어는 IJulia 패키지를 설치하고,
# 필요한 모든 종속성도 함께 설치한다.
# 패키지 설치 명령, 또 다른 방법:
# "]" 키를 입력하여 새로운 프롬프트에서 -->
# add IJulia --> "backspace" 키로 다시 돌아옴.
# up IJulia는 업그레이드

using IJulia
notebook()
# 이 명령어는 웹 브라우저에서 jupyter notebook 인터페이스를 실행한다.
# 여기서 새로운 줄리아 노트북을 생성하거나, 기존 노트북을 열 수 있다.

using Pkg
Pkg.add("Plots")
```

줄리아에서 특정 패키지를 설치하고 프로그램을 개발하는 순서는 다음과 같다. 먼저, 개발하려는 프로그램을 위한 폴더(MyJuliaProject)를 생성한다. 생성 폴더로 이동한다. 줄리아 REPL을 열고, 프로젝트 폴더에서 환경을 활성화한다. Pkg.activate(".")을 이용한다. 현재 디렉토리(MyJuliaProject)에 Project.toml 파일이 생성된다. 이 파일은 프로젝트의 패키지 관리를 위한 설정 파일이다. 계속해서 필요한 패키지를 설치한다. 예를 들면, Pkg.add("Plots")
설치한 패키지를 사용하여 코드를 작성할 수 있다.

예를 들면, using Plots

줄리아 REPL에서 프로그램을 실행한다.

예를 들면, include("main.jl")

또는 터미널에서 julia main.jl

다른 개발자와 프로젝트를 공유하려면 Manifest.toml 파일을 생성하여

모든 패키지와 종속성을 기록한다.

예를 들면, Pkg.instantiate()

```
터미널에서,
mkdir MyJuliaProject
cd MyJuliaProject
julia -e 'using Pkg; Pkg.activate(".")'

using Pkg
Pkg.add("Plots")
# Project.toml 파일 생성 및 패키지 설치 완료

using Pkg
Pkg.activate(".")  # 프로젝트 환경 활성화
using Plots
# 구체적인 프로그램 완성
# 프로젝트 폴더로 이동
cd /path/to/MyJuliaProject
# 프로젝트 환경에서 줄리아 스크립트 실행, 터미널에서
julia script.jl

# 개발한 프로그램 최상단에 아래와 같은 문구가 필요하다.
# 프로그램에서 있을 수도 있는 using 앞에 위치할 수도 있다.
# 프로그램 파일에서,
apath = pwd()  # "print working directory"의 약자
println(pwd())
cd(@__DIR__)
# 스크립트 파일이 위치한 디렉토리로 작업 디렉토리를 변경한다.
# 여기에서 @__DIR__는 스크립트 파일이 위치한 디렉토리의 경로를 나타낸다.
# 이 매크로는 스크립트 파일이 있는
# 디렉토리로 이동하여 환경을 맞추는 데 사용된다.
```

```
using Pkg
Pkg.activate(@__DIR__)
# 현재 디렉토리(@__DIR__)를 활성화하여 패키지 환경을 설정한다.
# 지정한 디렉토리를 프로젝트 환경으로 활성화한다.
# 스크립트 파일이 위치한 디렉토리를 활성화한다.
# 스크립트가 실행될 때 필요한 패키지와 환경을 올바르게 설정할 수 있다.
# 일반으로, 프로그램 실행은 또 다른 디렉토리(폴더)에서 진행된다.

cd(@__DIR__)
using Pkg
Pkg.activate(".") #  프로젝트 환경을 활성화한 후,
Pkg.instantiate() #  모든 필요한 패키지를 설치한다.
#Pkg.precompile() #  패키지들을 미리 컴파일

위와 같은 프로그램 문구를 가진 프로그램을 실행 할 경우 확인할 사항이 있다.
"Activating project at"라는 문구는 줄리아에서
Pkg.activate 명령어를 실행할 때 출력되는 메시지이다.
이 메시지는 현재 디렉토리를 활성화하여 프로젝트 환경을 설정할 때 나타난다.
```

매크로 @time은 줄리아에서 코드 실행 시간을 측정하고 메모리 할당 정보를 제공하는 데 사용된다. 줄리아에서 @time begin ... end 구문은 코드 블록의 실행 시간을 측정하고 결과를 출력하는 데 사용된다. 매크로 @time은 코드 성능을 분석하고 최적화하는 데 유용한 도구이며, begin ... end 블록을 사용하여 여러 줄의 코드를 한 번에 측정할 수 있다.[5] 실행 시간: 코드 블록 실행에 걸린 시간이다. 메모리 할당량: 코드 블록 실행 중 할당된 메모리 양이다. 가비지 컬렉션 시간: 가비지 컬렉션에 소요된 시간이다.

5: 줄리아 언어에는 다양한 목적을 위한 매크로가 있다. 매크로는 새로운 코드를 생성하는 기능을 가진다. 줄리아 매크로는 줄리아 언어의 강력한 기능 중 하나이며, 특히 고급 프로그래밍 영역에서 중요한 역할을 한다. 모든 줄리아 사용자가 필수적으로 사용해야 하는 기능은 아니지만, 줄리아의 강력함을 보여주는 핵심 기능이다.

```
# @time begin을 이용한 코드 실행 시간 측정 예제
@time begin
    total = 0
    for i in 1:1000000
        total += i
    end
    println("Total: ", total)
```

```
end
#Total: 500000500000
# 0.071671 seconds(2.03 M allocations: 31.969 MiB, 17.79% gc time,
# 35.81% compilation time)

# 간단한 함수 정의
function simple_function()
    sum = 0
    for i in 1:1000000
        sum += i
    end
    return sum
end
# 함수 호출 시 실행 시간 측정
@time simple_function()

# 배열 생성
arr = rand(1000000)
# 배열의 요소를 제곱하는 코드의 실행 시간 측정
@time arr_squared = arr .^ 2

# 행렬 생성
A = rand(1000, 1000)
B = rand(1000, 1000)
# 행렬 곱셈의 실행 시간 측정
@time C = A * B

# 복소수 배열 생성
complex_array=[complex(rand(),rand()) for _ in 1:1000000]
# 복소수의 절댓값 계산 실행 시간 측정
@time abs_complex_array = abs.(complex_array)

# 재귀적인 Fibonacci 함수 정의
function fibonacci(n)
    if n <= 1
        return n
    else
```

```
        return fibonacci(n-1) + fibonacci(n-2)
    end
end
# Fibonacci 함수의 실행 시간 측정
@time fibonacci(30)
```

2.6 프로젝트 및 패키지 관리

줄리아에서 "프로젝트"는 코드 구성 및 관리, 패키지 관리, 환경 격리를 위한 개발 환경의 개념과 줄리아를 사용하여 수행하는 특정 작업 또는 애플리케이션의 개념을 포괄하는 용어이다. 확장자 .toml 파일은 줄리아 언어에서 프로젝트 및 패키지 관리에 사용된다. TOML(Tom's obvious, minimal language) 형식은 사람이 읽기 쉬운 구성 파일 형식으로, 줄리아의 프로젝트 파일(Project.toml)과 매니페스트 파일(Manifest.toml)을 작성할 때 사용된다. 줄리아는 TOML 파일의 가독성, 간결성, 그리고 다양한 프로그래밍 언어에서의 표준화된 사용을 이유로 채택했다. TOML은 특히 줄리아의 패키지 관리 시스템에서 프로젝트의 의존성을 효율적으로 관리하는 데 중요한 역할을 한다. 이 두 파일을 통해 줄리아 프로젝트의 패키지 관리가 효율적이고 일관되게 이루어질 수 있다. 이러한 파일들은 주로 프로젝트의 패키지 의존성과 버전을 관리한다.

◇ Project.toml 파일은 프로젝트의 기본 정보 및 의존성을 정의한다.
uuid: 프로젝트의 고유 식별자에 해당한다. deps: 프로젝트의 의존성 목록, 패키지 이름과 버전을 지정한다. compat: 호환성 정보, 줄리아 버전 및 의존성 패키지의 호환 버전을 지정한다. Project.toml 파일은 프로젝트 개발자가 직접 작성하고 편집할 수 있다. 이는 프로젝트에 필요한 패키지와 버전을 관리하는 데 사용된다.

◇ Manifest.toml 파일은 프로젝트의 정확한 환경을 재현할 수 있도록 모든 패키지의 구체적인 버전 정보를 포함한다.
이 파일은 일반적으로 패키지 관리자가 자동으로 생성하고 관리한다. Manifest.toml 파일은 자동으로 생성되고 관리된다. 이는 프로젝트의 의존성 그래프 전체를 포함하여, 프로젝트에 필요한 모든 패키지와 해당 패키지의 정확한 버전을 기록한다. Project.toml과 Manifest.toml 파일은 줄리아 프로젝트의 환경을 정의하고 관리하는 데 중요한 역할을 한다. 이를 통해 프로젝트의 의존성을 명확히 하고, 다른 개발자나 시스템에서 동일한 환경을 재현할 수 있다.

◇ 두 파일의 역할과 필요성

일관성 유지: Project.toml 파일은 프로젝트의 의존성을 정의하고, Manifest.toml 파일은 의존성 그래프와 구체적인 버전을 기록한다. 이를 통해 프로젝트의 환경을 일관되게 유지할 수 있다. 재현 가능성: Manifest.toml 파일은 프로젝트의 패키지 환경을 정확히 재현하는 데 사용된다. 이를 통해 다른 개발자나 시스템에서 동일한 환경을 쉽게 설정할 수 있다. 버전 관리: 이는 패키지 충돌을 방지하고, 프로젝트의 안정성을 높인다. Manifest.toml 파일은 프로젝트의 모든 의존성을 포함하므로, 파일 크기가 커질 수 있다. Manifest.toml 파일은 자동으로 생성되므로, 직접 편집하는 것은 권장되지 않는다.

줄리아 패키지를 하나씩 설치할 수도 있지만, 상황에 따라서, add 명령어를 사용하여 여러 패키지를 한 번에 설치하는 것이 더 편리할 수도 있다. 특히 프로젝트별로 독립적인 환경을 만들어 패키지 의존성을 관리하는 것이 좋다.

◇ 권장하는 일반적인 워크플로우

① 새로운 프로젝트를 시작할 때는 해당 프로젝트 디렉토리로 이동한다.

② Pkg 모드로 진입한다(]).

③ activate . 명령어를 사용하여 현재 디렉토리를 프로젝트 환경으로 설정한다.(처음인 경우 Project.toml 파일이 생성된다.)

④ add 명령어를 사용하여 필요한 패키지들을 설치한다.

⑤ 프로젝트 작업을 진행한다.

이렇게 하면 프로젝트별로 필요한 패키지들만 관리하여 더욱 깔끔하고 재현 가능한 개발 환경을 유지할 수 있다. 줄리아 언어를 이용하여 프로젝트를 진행할 때, 각 프로젝트마다 새로운 디렉토리를 활용하는 것은 매우 유리하며 권장되는 방법이다. 새로운 디렉토리를 사용하면 각 프로젝트가 완전히 격리된 환경을 가지므로, 프로젝트 간의 설정이나 패키지 충돌 가능성을 최소화할 수 있다. 프로젝트 관련 파일(소스코드, 데이터, 설정 파일, 결과물 등)을 별도의 디렉토리에 보관함으로써 다른 프로젝트의 파일과 섞이는 것을 방지하고, 프로젝트별로 파일을 쉽게 관리할 수 있다.

2.7 프로그램 실행에서 사용되는 정보

줄리아 프로그램을 실행할 때 여러 가지 정보를 활용한다. 실행 성능을 최적화하기 위해 프리컴파일레이션 처리된 파일을 사용할 수 있다. 줄리아 언어는 JIT 컴파일을 사용하여 성능을 높이지만, 종종 프리컴파일레이션 처리된 파일을 활용하여 초기 컴파일 시간을 줄일 수 있다.
◇ 사용되는 정보
소스코드: 줄리아 프로그램의 소스코드 파일은 .jl 확장자를 가지며, 코드의 주된 내용이 포함되어 있다. 프로젝트 파일: 프로젝트의 의존성과 환경을 정의하는 Project.toml 파일. 매니페스트 파일: 정확한 패키지 버전과 의존성 그래프를 포함하는 Manifest.toml 파일. 프리컴파일레이션 처리된 이미지: 특정 패키지나 프로젝트에 대해 프리컴파일레이션 처리된 이미지가 존재할 수 있으며, 이는 초기 실행 시간을 줄이는 데 도움이 된다.
◇ 프리컴파일레이션 처리된 코드 파일
줄리아는 패키지를 사용할 때 패키지를 프리컴파일레이션한다. 이 프리컴파일레이션 처리된 파일은 .ji 확장자를 가지며, 이러한 파일은 다음 경로에 저장된다:

```
사전 컴파일된 파일은 이 경로 아래의 compiled 디렉토리 내에
특정 줄리아 버전 및 패키지 이름과 관련된 하위 디렉토리에 저장됩니다.
예를 들어, 특정 패키지 MyPackage의 경우
다음과 유사한 경로에 저장될 수 있다.
Linux/macOS: ~/.julia/compiled/vX.Y/MyPackage/
Windows: C:\Users\<YourUsername>\.julia\compiled\vX.Y\MyPackage\
```

여기서 vX.Y는 줄리아의 버전을 나타낸다. 정확한 저장 위치는 줄리아 버전에 따라 내부적으로 관리되며, 사용자가 직접 접근하거나 수정할 필요는 거의 없다.

2.8 일반적인 프로그램 작성과 생산적 실행

줄리아 파일 example.jl이 특정 디렉토리에 위치해 있다고 가정하자. 이 파일이 어느 디렉토리에서 실행되더라도 cd(@__DIR__)를 사용하면 항상 example.jl 파일이 위치한 디렉토리로 이동하게 된다. cd(@__DIR__)를 사용하는 주된 이유는 코드의 실행 위치에 상관없이 항상 현재 스크립트 파일이 위치한 디렉토리로 이동할 수 있도록 하기 위함이다. 이렇게 함으로써 경로 관련 문제를 방지하고, 코드가 유연성/이식성을 가지게 된다. 구체적으로 말하면 다음과 같은 이점이 있다.

① 경로 문제 방지: 스크립트가 어디서 실행되든(프로그램이 설치된 디렉토리가 아닌 전혀 다른 디렉토리) 항상 스크립트 파일이 있는 디렉토리로 이동하게 되므로, 경로 문제로 인한 오류를 방지할 수 있다.

② 코드 이식성 향상: 다른 위치로 스크립트를 이동시키거나 다른 사용자가 스크립트를 실행할 때에도 경로 문제 없이 동작한다.

③ 파일 접근 용이: 데이터 파일이나 다른 스크립트 파일을 같은 디렉토리에 놓고 접근하기 쉽게 할 수 있다.

④ 일관된 환경: 다양한 환경에서 동일하게 동작하도록 보장할 수 있다.

이렇게 하면 코드가 더욱 안정적이고 일관성 있게 동작할 수 있다.

프로그램 개발이 완료되면, 일반적으로 생산적 실행을 수행하는데, 일반적으로 완전히 새로운 디렉토리에서 작업을 한다. 프로그램이 실행된 곳에는 입력과 출력이 쌍으로 존재한다. 소스코드는 한 곳에 있고 생산적 실행은 여러 디렉토리에서 진행될 수 있다.

◇ 프로젝트별 독립적인 환경 관리

줄리아의 Pkg 시스템은 패키지 버전 관리 및 호환성 문제를 자동으로 해결하려고 노력하지만, 때로는 사용자가 프로젝트 환경을 설정하거나 버전을 수동으로 지정해야 할 필요가 있다. 프로젝트별 환경을 잘 관리하면, 다양한 버전의 패키지들 간에 충돌 없이 호환성을 유지할 수 있다. 패키지 충돌을 예방하기 위한 전략은 여러 가지가 있으며, 주로 환경 관리, 버전 고정, 의존성 관리와 같은 방법을 통해 해결할 수 있다. 이들 전략은 패키지 간 호환성 문제를 예방하고, 충돌을 최소화하는 데 도움을 준다. 가장 중요한 전략은 프로젝트별로 독립적인 패키지 환경을 관리할 수 있다는 사실에서 출발한다. 각 프로젝트에서 사용하는 패키지 버전과 의존성이 독립적으로 관리되어, 다른 프로젝트 간 충돌을 방지할 수 있다.

```
apath = pwd()
println(apath)
# 프로그램이 실행되는 곳. 이곳에서 명령 수행: julia /경로/read.jl
cd(@__DIR__)
bpath = pwd()    #  read.jl 프로그램이 있는 곳으로 이동함.
println(bpath)
# 데이터 파일 읽기
filename = apath * "/data.txt"
# 실제 인풋 파일의 위치를 지정함. 절대 경로로 지정함.
# 일반으로, 프로그램 실행하는 위치와 관계가 있다.
# 통상, 실행하는 곳에 데이터가 있다.
println(filename)
open(filename, "r") do file
    for line in eachline(file)
        println(line)
    end
end
```

```
apath = pwd()
println(pwd())
cd(@__DIR__)
using Pkg
Pkg.activate(@__DIR__)
using Plots
```

2.9 주피터 노트북(jupyter notebook)

주피터 노트북은 데이터 과학, 머신러닝(기계학습), 교육 등 다양한 분야에서 널리 사용되는 대화형 컴퓨팅 환경이다. 주피터 노트북은 셀 단위의 대화형 프로그래밍 환경을 제공하여 기존의 스크립트 기반 개발 방식과는 다른 독특한 개발 경험을 선사한다. 이러한 셀 단위 개발 방식은 장단점을 모두 가지고 있으며, 특정 유형의 작업에 특히 유용하다. 주피터 노트북의 셀 단위 개발 방식은 즉각적인 피드백, 탐색적 프로그래밍, 문서화 용이성 등 다양한 장점을 제공하지만, 코드 관리, 실행 순서 의존성, 성능 문제 등 단점도 존재한다. 따라서 작업의 특성에 따라 주피터 노트북과 기존의 스크립트 기반 개발 방식을 적절히 선택하여 사용하는 것이 중요하다. 먼저, 주피터 노트북은 다음과 같은 여러 가지 특징이 있다.

① 대화형 코딩 및 시각화: 코드 셀 단위로 코드를 작성하고 실행하여 결과를 즉시 확인할 수 있다. 데이터 시각화 라이브러리(matplotlib, seaborn 등)를 사용하여 결과를 시각적으로 표현하고 분석할 수 있다. 탐색적 데이터 분석 및 프로토타이핑에 매우 유용하다.

② 다양한 언어 지원: Python뿐만 아니라 R, Julia, Scala 등 다양한 프로그래밍 언어를 지원한다. 여러 컴퓨터 언어를 혼합하여 사용할 수 있어 다양한 분석 및 개발 작업에 활용할 수 있다.

③ 풍부한 멀티미디어 기능: 코드, 텍스트, 이미지, 비디오, 수식(LaTeX) 등 다양한 콘텐츠를 하나의 문서에 통합할 수 있다.[6] 마크다운 문법을 사용하여 문서화된 코드를 작성하고 공유할 수 있다. 보고서, 프레젠테이션, 교육 자료 등을 작성하는 데 유용하다.

④ 쉬운 공유 및 협업: 주피터 노트북 파일을 쉽게 공유하고 다른 사용자와 협업할 수 있다. Github, google colab 등 다양한 플랫폼에서 주피터 노트북을 공유하고 실행할 수 있다. 팀 프로젝트 및 연구 협업에 효과적이다.

⑤ 교육 및 학습 도구: 코드를 단계별로 실행하고 결과를 시각적으로 확인할 수 있어 교육 및 학습에 매우 유용하다. 컴퓨터 언어 교육, 데이터 과학 교육, 머신러닝(기계학습) 교육 등 다양한 분야에서 활용된다. 학생들이

6: LaTeX 문법에 익숙하지 않다면, 온라인 LaTeX 편집기나 수식 편집기를 활용하여 수식을 미리 작성해보고 주피터 노트북에 복사-붙여넣기하는 것도 좋은 방법이다. 간단한 이미지 삽입 및 문서화: Markdown 셀을 사용하는 것이 가장 쉽고 일반적이다. 텍스트와 이미지를 함께 설명하기에 좋다.

코드를 직접 실행하고 결과를 확인함으로써 학습 효과를 높일 수 있다.

⑥ 다양한 확장 기능: 다양한 확장 기능을 통해 주피터 노트북의 기능을 확장할 수 있다. 코드 자동 완성, 디버깅, 버전 관리 등 다양한 개발 도구를 사용할 수 있다. 사용자 정의 기능을 추가하여 개인화된 개발 환경을 구축할 수 있다. 이러한 장점들 덕분에 주피터 노트북은 데이터 과학, 머신러닝(기계학습), 교육 등 다양한 분야에서 필수적인 도구로 자리 잡았다.

◇ 주피터 노트북 셀 단위 개발의 장점

① 즉각적인 피드백: 셀 단위로 코드를 실행하고 결과를 즉시 확인할 수 있어 코드의 정확성을 빠르게 검증하고 오류를 수정할 수 있다. 데이터 분석, 머신러닝(기계학습) 모델링, 시각화 등 결과가 중요한 작업에서 효율성을 높인다.

② 탐색적 프로그래밍: 코드를 점진적으로 개발하고 실험하면서 아이디어를 탐색하고 발전시킬 수 있다. 데이터 과학, 연구 개발 등 불확실성이 높은 작업에 적합하다.

③ 문서화 및 공유 용이성: 코드, 텍스트 설명, 이미지, 시각화 결과 등을 하나의 노트북에 통합하여 문서화할 수 있다. 연구 결과, 분석 과정, 교육 자료 등을 공유하고 협업하는 데 유용하다.

④ 유연성 및 확장성: 다양한 프로그래밍 언어(Python, R, Julia 등)를 지원하고 다양한 라이브러리와 확장 기능을 사용할 수 있다. 다양한 분야의 작업에 유연하게 적용할 수 있다.

◇ 주피터 노트북 셀 단위 개발의 단점

① 코드 관리의 어려움: 셀 단위로 코드를 작성하다 보면 코드의 재사용성이 떨어지고 관리가 어려워질 수 있다. 대규모 프로젝트나 복잡한 로직을 개발하는 데는 적합하지 않을 수 있다.

② 실행 순서 의존성: 셀의 실행 순서에 따라 결과가 달라질 수 있어 코드의 예측 가능성이 떨어질 수 있다. 셀을 재실행하거나 순서를 변경할 때 예상치 못한 결과가 발생할 수 있다.

③ 성능 문제: 대규모 데이터 처리나 복잡한 계산을 수행하는 경우 성능 문제가 발생할 수 있다. 주피터 노트북은 대화형 환경이므로 성능 최적화에는 한계가 있다.

④ 디버깅의 어려움: 셀 단위로 실행하여 디버깅을 하기가 어려울 수 있다.

코드 전체의 흐름을 파악하기 힘들 수 있다.

◇ 주피터 노트북 셀 단위 개발의 활용 분야

① 데이터 과학 및 분석: 데이터 탐색, 전처리, 모델링, 시각화 등

② 기계학습 및 딥러닝(심층학습): 모델 개발, 학습, 평가, 실험 등

③ 연구 개발: 아이디어 검증, 실험 설계, 결과 분석 등

④ 교육 및 학습: 코딩 교육, 데이터 과학 교육, 머신러닝(기계학습) 교육 등

⑤ 보고서 작성 및 프레젠테이션: 연구 결과 보고, 분석 결과 발표 등

2.10 실습

줄리아 프로그래밍 언어에 익숙해지기 위해서는 꾸준한 연습이 필수적이다. 줄리아는 다른 언어들과는 차별화된 특징들을 가지고 있기 때문에, 이러한 특징들을 이해하고 활용하는 데 시간이 필요하다. 자신이 관심 있는 분야의 작은 프로젝트부터 시작하여 점차 규모를 늘려가는 것이 좋다. 실제 프로젝트를 진행하면서 줄리아의 다양한 기능들을 익히고, 문제 해결 능력을 키울 수 있다. 프로젝트를 통해 얻은 경험은 포트폴리오를 구성하는 데에도 도움이 된다. 이 책에 수록된 모든 연습 프로그램들은 https://github.com/inholeegithub에서 찾을 수 있다.

◇ 줄리아 언어를 설치하는 방법은 운영체제에 따라 약간의 차이가 있지만, 기본적으로 다음 단계를 따른다.

① 줄리아 공식 웹사이트 방문: 먼저 줄리아 공식 다운로드 페이지(https://julialang.org/downloads/)에 접속한다.

② 운영체제에 맞는 설치 파일 다운로드: 웹사이트에서 자신의 운영체제(Windows, macOS, Linux 등)에 맞는 최신 버전의 설치 파일을 다운로드한다. Windows 사용자는 64비트 또는 32비트 설치 파일을 선택해야 한다. 대부분의 최신 컴퓨터는 64비트를 지원한다. 줄리아는 애플 실리콘 아키텍처를 완벽하게 지원하므로, M4 칩에서도 최적의 성능을 발휘한다.

③ 설치 파일 실행 및 설치 진행: 다운로드한 설치 파일을 실행하고, 설치 마법사의 안내에 따라 설치를 진행한다. 설치 과정에서 필요한 경우 환경

변수 설정을 자동으로 추가할 수 있다.

④ 설치 확인: 설치가 완료되면 터미널(Windows의 경우 명령 프롬프트 또는 PowerShell)을 열고 “julia” 명령어를 입력한다. 줄리아 REPL(read-eval-print loop)이 실행되면 설치가 정상적으로 완료된 것이다.

◇ 패키지 관리자를 통한 설치: Linux 사용자는 운영체제의 패키지 관리자를 사용하여 줄리아를 설치할 수도 있다.

◇ 주피터 노트북 연동: 줄리아를 주피터 노트북에서 사용하려면 IJulia 패키지를 설치해야 한다. 주피터 노트북 환경에서 다음 명령어를 실행하여 IJulia를 설치할 수 있다.

```
using Pkg
Pkg.add("IJulia")
```

add 대신에, 같은 자리에 remove가 올 수 있다. 이것은 당연히 해당 패키지를 지우는 명령이다.[7] status를 사용하여 존재하는 패키지들의 상태를 볼 수 있는 명령어가 있다. Pkg.status()은 설치된 패키지와 그 버전을 확인해준다. 존재하는 패키지들을 최신 버전으로 갱신할 때 update를 사용할 수 있다. Pkg.update("Flux")와 같은 명령어는 특정 패키지만 업데이트함을 의미한다. Pkg.add(PackageSpec(name="Flux", version="0.12.0"))와 같은 명령어는 특정 버전의 패키지를 추가함을 의미한다.

7: 터미널 프롬프터에서 ‘jupyter notebook‘ 명령어 실행 또는 juila 진입후 julia> 프롬프터 다음에 using IJulia 엔터, julia> 프롬프트 다음에 notebook() 엔터.

줄리아 공식 웹사이트의 설치 가이드를 참고하면 더욱 자세한 정보를 얻을 수 있다. 줄리아 커뮤니티에서는 다양한 설치 및 사용 관련 정보를 제공하므로, 필요시 커뮤니티를 활용하는 것도 좋다. vscode를 이용한다면 vscode 확장프로그램에서 julia extension을 설치하여 사용하는 방법도 있다. 줄리아 설치는 비교적 간단하며, 공식 웹사이트의 안내를 따르면 쉽게 설치할 수 있다.

줄리아는 과학 계산 및 데이터 분석에 특화된 고성능 프로그래밍 언어이다. 간결하고 직관적인 문법을 제공하며, 동적 타이핑과 다양한 데이터 타입을 지원한다. 다음은 줄리아의 기본적인 문법을 보여주는 예제이다. 보다 자세한 설명보다 직관적으로 프로그램을 해석할 수 있는 부분이 있는지 먼저 살펴 볼 필요가 있다. ‘.’을 이용한 브르드캐스트 개념은 다시 언급될 것이다. 그 다음, 벡터 내적과 행렬 곱하기가 다른 컴퓨터 언어와는 상당히 다르다는 점도 특이하다. 두 벡터의 외적은 패키지를 활용하고 패키지에서 제공하는 함수를 이용하는 점에 집중할 필요가 있다. LinearAlgebra 표준 라이브러리는 행렬과 벡터의 생성, 조작, 분해, 고유값 계산, 선형 시스템 해 풀이 등 선형 대수학의 핵심적인 기능들을 포함하고 있다. 줄리아는 고성능 컴퓨팅에 최적화되어 있어 대규모 벡터 및 행렬 연산도 빠르게 처리할 수 있다. 줄리아 언어 기본 문법을 익힌 후에는 하나의 프로젝트에 필요한 패키지를 순차적으로 익히는 것이 효율적인 학습 방법이다. 줄리아 기본 문법을 다시 한번 복습하고, 다양한 예제 코드를 작성하여 익숙해지는 것이 중요하다. 줄리아 공식 문서 및 온라인 자료를 참고하여 기본 문법을 확실히 익혀야한다. 줄리아 패키지 레지스트리 웹사이트(https://julialang.org/packages/)는 공식적으로 등록된 줄리아 패키지들의 정보를 제공한다. 여기서 키워드 검색 또는 카테고리별 탐색을 통해 필요한 패키지를 찾을 수 있다. 패키지 문서, 사용 예제, 설치 방법 등 유용한 정보를 얻을 수 있다.

줄리아에서 배열과 배열을 붙이는 방법은 여러 가지가 있다. 배열의 차원과 붙이는 방향에 따라 다른 함수를 사용해야 한다. 다음은 다양한 예제를 통해 배열을 붙이는 방법을 설명한다.

① 1차원 배열 붙이기(vcat, append!)

② 2차원 배열 붙이기(vcat, hcat, cat)

③ 어레이 컴프리헨션(Array comprehension)

④ ... 연산자(splatter operator)[55페이지]

줄리아의 배열 순서는 포트란과 같다. 두 언어 모두 열 우선(column-major) 순서를 사용한다. 이는 다차원 배열이 메모리에 저장될 때, 가장 왼쪽의 인덱스가 가장 빠르게 변하는 방식을 의미한다. 예를 들어, 2 × 3 배열 A가 있다고 가정해 보자. 포트란과 줄리아에서 메모리 순서: A[1, 1], A[2, 1], A[1, 2], A[2, 2], A[1, 3], A[2, 3]

반면에, 많은 다른 언어(예: C, C++, Python의 NumPy)는 행 우선(row-major) 순서를 사용한다. 행 우선 순서에서는 가장 오른쪽의 인덱스가 가장 빠르게 변한다. 행 우선 순서(예시):A[1, 1], A[1, 2], A[1, 3], A[2, 1], A[2, 2], A[2, 3]

8: 이 지점에서 이 책의 차례를 한 번 살펴 볼 필요가 있다. 우리는 하나씩 하나씩 순서대로 줄리아의 핵심 사항들을 익혀갈 것이다. 컴퓨터 언어에 대한 이해도에 따라서 난이도가 높을 수 있다.

배열 연산에서 쓰레드를 활용하는 것은 대규모 배열 데이터에 대한 계산을 병렬로 수행하여 성능을 향상시키는 데 매우 효과적이다.[8] 특히 멀티코어 프로세서를 가진 시스템에서 여러 쓰레드를 사용하여 배열의 각 부분을 동시에 처리함으로써 전체 연산 시간을 크게 줄일 수 있다. 특히, 줄리아 언어를 활용할 때 더욱 그렇다. 쓰레드(thread)는 하나의 프로세스 내에서 실행되는 흐름의 단위이다. 프로세스가 운영체제로부터 할당받은 자원(메모리 공간 등)을 공유하면서 독립적으로 실행되는 작은 실행 단위라고 생각할 수 있다. 하나의 프로세스는 하나 이상의 쓰레드를 가질 수 있다. 메인 쓰레드는 프로세스가 시작될 때 자동으로 생성되며, 필요에 따라 추가적인 쓰레드를 생성하여 병렬적인 작업을 수행할 수 있다. 동일한 프로세스 내의 여러 쓰레드는 프로세스가 할당받은 메모리 공간(코드, 데이터, 힙 영역 등)과 시스템 자원(파일, 소켓 등)을 공유한다. 이는 쓰레드 간의 데이터 공유 및 통신을 용이하게 한다. 각 쓰레드는 자신만의 독립적인 실행 스택(stack)을 가진다. 이 스택에는 함수의 호출 정보, 지역 변수 등이 저장된다. 따라서 각 쓰레드는 독립적인 함수 호출 흐름을 가질 수 있다. 여러 개의 쓰레드를 사용하여 작업을 분할하고 동시에 실행함으로써 프로그램의 전체 실행 시간을 단축할 수 있다. 특히 멀티코어 환경에서 각 코어가 독립적인 쓰레드를 처리하여 성능 향상을 극대화할 수 있다. 줄리아는 네이티브 코드 생성, 명시적인 쓰레드 관리, 낮은 GIL(global interpreter lock) 영향, 효율적인 공유 메모리 모델 및 다양한 병렬 프로그래밍 도구를 통해 멀티쓰레딩 환경에서 상당한 이점을 제공한다. 과학기술 컴퓨팅, 데이터 분석, 고성능 컴퓨팅 등 병렬 처리가 중요한 분야에서 줄리아는 강력한 선택지가 될 수 있다. 여러 쓰레드가 실제로 동시에 여러 CPU 코어를 활용하여 작업을 수행할 수 있다. 이는 CPU 바운드 작업에서 상당한 성능 향상을 가져올 수 있다. 줄리아의 쓰레드는 동일한 주소 공간을 공유하므로, 프로세스 간 통신(IPC)에 비해 데이터 공유 및 통신 비용이 저렴하다. 이는 복잡한 데이터 구조를 공유하고 협업하는 병렬 알고리즘을 구현하는 데 유리하다. 사용자가 명시적으로 쓰레드를 생성하고 관리할 수 있도록 Threads 모듈을 제공한다. 이를 통해 개발자는 병렬성을 세밀하게 제어하고 작업 부하를 효율적으로 분산할 수 있다. 각 쓰레드가 효율적인 네이티브 코드를 실행할 수 있다.

줄리아는 @threads, @spawn, Channel, DistributedArrays 등 다양한 병렬 프로그래밍 도구를 제공하여 개발자가 다양한 병렬 처리 패턴을 쉽게 구현할 수 있도록 지원한다. 쓰레드의 활용 예시는 다음과 같은 것을 들 수 있다. 웹 서버: 여러 클라이언트의 요청을 동시에 처리하기 위해 각 요청을 별도의 쓰레드로 처리한다. GUI 애플리케이션: 사용자 인터페이스 업데이트와 백그라운드 작업을 분리하여 응답성을 유지한다. 다운로드 매니저: 여러 파일을 동시에 다운로드하기 위해 각 다운로드를 별도의 쓰레드로 처리한다. 이미지/비디오 처리: 이미지나 비디오의 여러 부분을 동시에 처리하여 작업 시간을 단축한다.

```
?println
?sum
!true
println(!false)  # 한 줄 프린트

x = 4.0
y = 4x    # 곱하기
z = 4*x  # 곱하기
println(x,' ', y,' ', z)

x = 4.0
y = x^2 # 제곱
println(x, ' ' , y)

x = zeros(3)  # 배열, 0.0으로 채우기
x[1] = 0.0
x[2] = 1.0
x[3] = 2.0
y = ones(3)        # 배열, 1.0으로 채우기
y = fill(0.0, 3)  # 배열, 0.0으로 채우기
```

```
y[1] = 0.0
y[2] = 1.0
y[3] = 2.0
tmp = x.* y  # 성분별로 곱하기 [0.0, 1.0, 4.0]
println(tmp)
tmq = x'*y   # 내적을 수행함 5.0
# x'는 x의 전치(transpose)를 나타낸다.
println(tmq)

x = [1, 2, 3]
y = [4, 5, 6]
using LinearAlgebra
# dot() 함수 사용
result1 = dot(x, y)
println(result1) # 32
#  연산자 사용
result2 = x  y
println(result2) # 32
# '* 연산자 사용
result3 = x' * y
println(result3) # 32

using LinearAlgebra
u = [1, 2, 3]
v = [4, 5, 6]
result = cross(u, v)
println(result) # [-3, 6, -3]

A = [1 2; 3 4]
B = [5 6; 7 8]
# 행렬 곱셈
result = A * B
println(result)

a = [1, 2, 3]
b = [4, 5, 6]

```

```
# vcat 사용
c = vcat(a, b)
println(c) # 출력: [1, 2, 3, 4, 5, 6]

# append! 사용
append!(a, b)
println(a) # 출력: [1, 2, 3, 4, 5, 6]

a = [1 2; 3 4]
b = [5 6; 7 8]

# vcat 사용
c = vcat(a, b)
println(c) # [1 2; 3 4; 5 6; 7 8]
# cat 사용(세로 방향)
e = cat(a, b, dims=1)
println(e) # [1 2; 3 4; 5 6; 7 8]

# hcat 사용
d = hcat(a, b)
println(d) # [1 2 5 6; 3 4 7 8]
# cat 사용(가로 방향)
f = cat(a, b, dims=2)
println(f) # [1 2 5 6; 3 4 7 8]

a = [1, 2, 3]
b = [4, 5, 6]

# 배열 컴프리헨션 사용
c = [a; b]
println(c) # 출력: [1, 2, 3, 4, 5, 6]

a = [1, 2, 3]
b = [4, 5, 6]

# ... 연산자 사용
c = [a...; b...]
```

```
println(c) # 출력: [1, 2, 3, 4, 5, 6]

function greet(name, age)
    println("안녕하세요, $(name)님! $(age)살이시군요.")
end

person = ["철수", 30]
greet(person...)
# person 배열의 요소들을 greet 함수의 인수로 펼쳐서 전달

point = (10, 20)
function move(x, y)
    println("현재 위치는 ($x, $y)입니다.")
end
move(point...)
# point 튜플의 요소들을 move 함수의 인수로 펼쳐서 전달

function sum_all(numbers...)
    total = 0
    for num in numbers
        total += num
    end
    return total
end

result1 = sum_all(1, 2, 3)
result2 = sum_all(10, 20, 30, 40, 50)
println("합계 1: $(result1)")
println("합계 2: $(result2)")

function print_info(name, hobbies...)
    println("이름: $(name)")
    if !isempty(hobbies)
        println("취미:")
        for hobby in hobbies
            println("- $(hobby)")
        end
```

```
    else
        println("취미가 없습니다.")
    end
end

print_info("영희", "독서", "등산", "영화 감상")
print_info("길동")
```

줄리아에서 ...(세 개의 점)으로 표현되는 splatter 연산자는 컬렉션(배열, 튜플 등)의 요소들을 개별적인 인수로 "펼쳐서" 함수에 전달하거나, 함수 정의 시 여러 개의 인수를 하나의 컬렉션으로 "모아서" 받을 수 있게 해주는 연산자이다. 마치 스프링클러에서 물이 여러 방향으로 흩뿌려지듯이, 컬렉션의 요소들이 개별적인 값으로 펼쳐진다고 생각하시면 이해하기 쉽다.

◇ Python 언어 경험이 줄리아 학습에 도움이 되는 주요 이유는 다음과 같다.

① 문법의 유사성: 변수 할당 방식(= 사용), 기본적인 제어 흐름 구조(if, else, for, while), 함수 정의 방식(def 대신 function 키워드 사용), 리스트와 유사한 배열(Array) 및 튜플, 딕셔너리와 유사한 자료 구조(Dict), 기본적인 입출력 방식(print()).

높은 수준의 추상화: 줄리아 역시 Python처럼 높은 수준의 추상화를 제공하여 사용자가 복잡한 내부 구현보다는 문제 해결에 집중할 수 있도록 한다.

② 동적 타이핑: 줄리아는 기본적으로 동적 타이핑 언어이므로, Python 사용자는 타입 선언에 대한 부담 없이 빠르게 코드를 작성하고 실행해 볼 수 있다.(물론 줄리아는 선택적인 타입 어노테이션을 제공하여 성능 향상을 도모할 수 있다.)

③ REPL(read-eval-print loop) 환경: Python과 마찬가지로 줄리아도 대화형 REPL 환경을 제공하여 즉각적인 코드 실행 및 결과 확인이 가능하다. 이는 학습 및 실험에 매우 유용하다.

④ 패키지 생태계: 과학 기술 컴퓨팅 분야에서 Python의 NumPy, SciPy,

Matplotlib 등에 익숙하다면, 줄리아의 유사한 기능을 제공하는 패키지들(Base, LinearAlgebra, Plots)을 이해하는 데 도움이 될 것이다. Pkg라는 패키지 관리 시스템 또한 pip과 유사한 개념이다.

◇ 하지만 줄리아가 Python과 다른 점도 분명히 존재하며, 학습 시 주의해야 할 부분이 있다.

① 인덱싱: Python은 0-based 인덱싱을 사용하는 반면, 줄리아는 1-based 인덱싱을 사용한다. 이는 처음 줄리아를 접하는 Python 사용자에게 혼란을 줄 수 있는 부분이다.

② 함수 정의: Python은 def 키워드를 사용하는 반면, 줄리아는 function 키워드를 사용하며, 함수 끝에 end 키워드를 명시해야한다.

③ 타입 시스템: 줄리아는 동적 타이핑을 기본으로 하지만, 강력한 멀티디스패치라는 특징적인 타입 시스템을 가지고 있다. 이는 Python의 싱글디스패치와는 다른 개념이며, 줄리아의 성능과 유연성을 높이는 핵심 요소이다. 이를 이해하고 활용하는 데 약간의 학습이 필요할 수 있다.

④ 성능: 줄리아는 고성능 컴퓨팅을 목표로 설계되었으며, JIT 컴파일을 통해 Python보다 훨씬 빠른 실행 속도를 제공한다. 이러한 성능 최적화를 위해 줄리아는 Python보다 더 엄격한 타입 규칙이나 최적화 기법을 요구할 수 있다.

⑤ 브로드캐스팅: 줄리아의 브로드캐스팅 규칙은 Python의 NumPy와 유사하지만, 더 강력하고 일반화되어 있다. 익숙해지면 매우 편리하지만, 처음에는 약간의 학습이 필요할 수 있다.

결론적으로, Python 사용 경험은 줄리아의 기본적인 문법과 프로그래밍 개념을 이해하는 데 큰 도움이 되어 학습 곡선을 완만하게 만들어 줄 것이다. 하지만 줄리아의 고유한 특징인 1-based 인덱싱, 멀티디스패치, 성능 최적화 관련 개념 등은 별도의 학습과 적응이 필요하다. 다양한 인공지능 언어 모델을 활용하면, 두 언어 사이의 변환은 아주 자연스럽게 수행될 수 있다. 언어 모델을 이용한 코드 변환은 강력한 도구이지만, 기본적인 줄리아 언어에 대한 이해가 선행되어야 그 진정한 가치를 발휘할 수 있다.

자료 보관/변경, 읽기, 그리고 쓰기 3

대부분의 프로그램은 데이터를 읽고, 데이터를 수정하고, 최종적으로 수정된 데이터를 새로운 파일에 저장한다.[1] 컴퓨터 프로그램의 기본 단위를 명확하게 정의하는 것은 맥락에 따라 다를 수 있다. 일반적으로 다음과 같은 단위를 고려할 수 있다.

① 파일(file): 파일은 프로그램 구성의 기본 단위이다. 실행 가능한 프로그램, 이미지, 문서 등 다양한 형태의 데이터를 포함할 수 있다. 운영체제에서 데이터를 저장하고 관리하는 기본 단위이다.

② 함수(function): 특정 작업을 수행하는 코드 블록이다. 반환값이 없을 수도 있다. 두 개 이상의 반환 값을 가질 수도 있다. 함수 이름 바로 뒤에 . 이 찍히고 괄호가 열리고 인수들이 오고 괄호가 닫힐 수 있다. 프로그램의 논리적 구조를 구성하는 기본 단위이다. 코드의 재사용성을 높이고 유지 관리를 용이하게 하다.

③ 명령어(instruction):
CPU가 실행하는 가장 기본적인 작업 단위이다. 메모리에서 데이터를 읽거나 쓰는 작업, 산술 연산, 논리 연산 등을 수행한다.

④ 비트(bit)와 바이트(byte): 비트는 컴퓨터가 처리하는 정보의 최소 단위 (0 또는 1)이다. 바이트는 8개의 비트로 구성되며, 문자를 표현하는 기본 단위이다.

따라서 어떤 관점에서 보느냐에 따라 프로그램의 기본 단위는 달라질 수 있다. 일반적으로는 '파일'을 프로그램 구성의 기본 단위로 보는 경향이 있다. 줄리아는 멀티디스패치라는 강력한 기능을 제공하기 때문에, 함수의 동작이 인수의 자료형에 따라 달라질 수 있다. 이러한 특성 때문에 줄리아에서는 함수와 타입이 프로그램의 중요한 구성 요소가 된다.

함수 이름 뒤의 !는 줄리아에서 해당 함수가 호출될 때 인수의 내용이 변경될 수 있다는 중요한 신호이며, 코드의 의도를 명확하게 전달하고

1: 줄리아는 활발하고 빠르게 성장하는 커뮤니티를 가지고 있다. 전 세계의 개발자, 과학자, 엔지니어들이 줄리아를 사용하고 있으며, 다양한 온라인 및 오프라인 커뮤니티 활동을 통해 서로 지식을 공유하고 협력한다. 줄리아 Discourse 포럼, Slack, Zulip, Discord 등의 채팅 플랫폼.

잠재적인 혼란을 줄이는 데 기여하는 핵심적인 코딩 스타일 규칙이다. 인수의 상태를 변경하지 않고 새로운 값을 반환하는 함수에는 !를 붙이지 않는다. 대부분의 경우, 줄리아 함수 이름 뒤에 .이 오는 것은 브로드캐스팅을 나타낸다. 이는 배열의 각 요소에 대해 스칼라 연산이나 함수를 효율적으로 적용하는 핵심적인 기능이다. 구조체 필드 접근과 관련된 경우는 주로 변수 이름 뒤에 사용되며, 함수 이름 바로 뒤에 붙는 형태는 연산자 오버로딩과 같은 특수한 상황에서 드물게 볼 수 있다. 따라서 함수 이름 뒤에 .을 보았다면, "이 함수 또는 연산이 뒤따르는 배열의 각 요소에 대해 독립적으로 수행될 것이다"라고 이해하는 것이 가장 일반적이고 정확한 해석이다.

익명 함수(anonymous function) 또는 람다 함수(lambda function)를 정의하고, 이를 map, filter, reduce와 같은 고차 함수(higher-order function)와 함께 사용할 수 있다. 익명 함수는 이름을 따로 지정하지 않고 정의하여 사용하는 함수이다. 주로 다른 함수의 인자로 전달하거나, 간단한 작업을 한 번만 수행할 때 유용하다. map, filter, reduce는 함수를 인자로 받는 대표적인 고차 함수이다.

```
numbers = [1, 2, 3, 4, 5]
# 1. 짝수 필터링
evens = filter(x -> x % 2 == 0, numbers) # [2, 4]
# 2. 제곱 계산
squares = map(x -> x^2, evens) # [4, 16]
# 3. 합계 계산
result = reduce(+, squares; init=0) # 4 + 16 = 20
println("짝수 제곱의 합: ", result) # 출력: 짝수 제곱의 합: 20
# 파이프(|>) 연산자를 사용한 체이닝(더 간결하게 표현 가능)
result_piped = numbers |>
(nums -> filter(x -> x % 2 == 0, nums)) |>
(evens -> map(x -> x^2, evens)) |>
(squares -> reduce(+, squares; init=0))
println("파이프 사용 결과: ", result_piped)
# 출력: 파이프 사용 결과: 20
```

3.1 자료형

줄리아에서는 다양한 데이터 자료형을 제공한다. 이러한 자료형은 변수에 저장되는 값의 종류를 나타낸다. 대표적인 것으로 숫자(Number), 문자열(String), 부울(Bool), 배열(Array), 튜플(Tuple), 사전(Dictionary), 셋(Set) 등이 있다. 숫자는 다시 Int, Float64, Complex와 같이 분류될 수 있다. push!는 단일 원소를 추가할 때, append!는 여러 원소를 한 번에 추가할 때, vcat은 두 배열을 결합할 때 사용된다. append! 함수는 배열(Array)의 끝에 하나 이상의 요소를 추가하는 데 사용되는 함수이다. 중요한 점은 이름 뒤에 붙은 !(느낌표)인데, 이는 줄리아에서 in-place modification을 수행하는 함수라는 것을 나타낸다. 즉, append!는 원본 배열 자체를 변경하며, 새롭게 별도의 배열을 만들지 않는다. 여러 개의 요소를 한 번에 추가하거나 다른 배열의 모든 요소를 추가하고 싶을 때는 append!를 사용하는 것이 더 편리하다. 단일 요소를 추가할 때는 push!를 사용하는 것이 일반적이다.

```
z1 = Complex(2, 3)
# 결과: 2 + 3im (자료형은 Complex{Int64})
z2 = Complex(2.0, 3.0)
# 결과: 2.0 + 3.0im (자료형은 Complex{Float64})
z3 = Complex{Float32}(2, 3)
# 결과: 2.0f0 + 3.0f0im (자료형은 Complex{Float32})

z = 2 + 3im
println("실수부: ", real(z))    # 출력: 실수부: 2
println("허수부: ", imag(z))    # 출력: 허수부: 3
println("절댓값: ", abs(z))     # 출력: 절댓값: 3.605551275463989
println("편각: ", angle(z))    # 출력: 편각: 0.982793723247329
println("켤레 복소수: ", conj(z)) # 출력: 켤레 복소수: 2 - 3im
```

줄리아의 자료형(data type) 시스템에 대한 설명이다. 줄리아의 타입 시스템은 매우 유연하고 강력하며, 언어의 핵심 기능인 멀티디스패치와 깊은 관련이 있다. 동적 타이핑 기반, 선택적 정적 타입 명시: 변수 선언 시

타입을 반드시 명시할 필요는 없지만, 원한다면 타입을 명시하여 코드의 명확성을 높이고 특정 메서드를 정의할 수 있다. 계층적 구조: 모든 타입은 Any라는 최상위 앱스트랙 타입의 하위 타입(Subtype)이다. <: 연산자를 사용하여 타입 간의 상속 관계를 확인할 수 있다.

◇ 앱스트랙 타입(Abstract type)과 콘크리트 타입(Concrete type)
앱스트랙 타입: 인스턴스(실제 값)를 직접 만들 수 없으며, 타입 계층 구조를 정의하고 관련 타입들을 묶는 역할을 한다.(예: Number, AbstractArray)
콘크리트 타입: 실제 인스턴스를 생성할 수 있는 타입이다.(예: Int64, Float64, Vector{Int})
파라메트릭 타입(Parametric Type): 타입을 매개변수화하여 유연성을 높인다. 예를 들어 Array{T, N}에서 T는 요소의 타입, N은 차원을 나타내는 매개변수이다. Array{Float64, 2}는 64비트 부동소수점 요소를 갖는 2차원 배열 타입이다.
사용자 정의 타입: struct 키워드를 사용하여 사용자가 직접 새로운 타입을 쉽게 정의할 수 있다.

다음은 줄리아에서 자주 사용되는 주요 내장 자료형들이다. 숫자형(numeric types): Number라는 앱스트랙 타입 아래에 다양한 숫자형이 있다. Int: 시스템 아키텍처에 따른 기본 정수형(보통 Int64). UInt: 부호 없는 기본 정수형(보통 UInt64). Int8, UInt8, Int16, UInt16, Int32, UInt32, Int64, UInt64, Int128, UInt128: 비트 크기가 명시된 정수형. BigInt: 임의 정밀도 정수형(매우 큰 정수 표현). 부동소수점형(floating-point types): Float16, Float32, Float64: IEEE 754 표준 부동소수점 수. Float64가 기본 실수형. BigFloat: 임의 정밀도 부동소수점 수. 유리수형(rational types): Rational{T}(예: Rational{Int}) 형태로, 두 정수의 비율(분수)로 정확한 유리수를 표현한다. 유리수 1/3을 표현하는 가장 정확하고 일반적인 방법은 // 연산자를 사용하는 것이다. 1//3. 복소수형(complex types): Complex{T}(예: Complex{Float64}) 형태로, 실수부와 허수부로 복소수를 표현한다. 1 + 2im. Bool: 논리값 true 또는 false를 가진다. Char: 단일 유니코드 문자를 나타낸다. 작은따옴표(')로 감싼다. 예, 'A', '한'. String: UTF-8 인코딩된 문자열을 나타낸다. 큰따옴표(")로 감싼다. 불변(immutable) 객체이다. 예: "Hello, Julia!". SubString{String}: 문자열의 일부분을 원본 메모리 할당 없이 참조하는 타입. 컬렉션(collections): 여러 값을 담는 자료 구조이다. 배열(Arrays): AbstractArray{T, N}의 하위 타입들. Array{T, N}: 기본적인 다차원 배열. 가변(mutable) 객체. Vector{T}: 1차원 배열(Array{T, 1}의 별칭). Matrix{T}: 2차원 배열(Array{T, 2}의 별칭). 튜플(Tuples): (1, "hello", true) 와 같이 소괄호로 묶어 표현. 불변(immutable) 객체이며, 크기가 고정된다. 다양한 타입의 요소를 가질 수 있다. 이름 있는 튜플(NamedTuples): (a=1, b="hello") 와 같이 각 요소에 이름을 부여한 튜플. 불변 객체. 필드 이름으로 접근 가능(nt.a). 딕셔너리(Dictionaries): AbstractDict{K,V}의 하위 타입. Dict{K,V}: 키(key)-값(value) 쌍을 저장하는 컬렉션. 가변 객체. 키는 유일해야 한다. 예, Dict("a" => 1, "b" => 2). 집합(sets): AbstractSet{T}의 하위 타입. Set{T}: 중복되지 않는 유일한 요소들을 저장하는 컬렉션. 가변 객체. 순서가 중요하지 않다. 예, Set([1, 2, 3]). 쌍(Pairs): Pair{A, B} key => value 형태로 하나의 키-값 쌍을 나타낸다. 딕셔너리 등을 구성할 때 사용된다. Symbol: 콜론(:)으로 시작하는 식별자(예, :name). 메타프로그래밍 등에서 코드 자체를 표현하거나 식별자로 사용된다. Symbol은 불변의 고유한 문자열 식별자이다. 문자열과 비슷해 보이지만, 몇 가지 중요한 차이점을 가지고 있으며, 특정 상황에서 Symbol을 사용하는 것이 더 효율적이고 의미론적으로 적절하다. 구조체(struct) 필드 이름, 딕셔너리(Dictionary) 키, 함수 키워드 인자, 매크로(macros)와 메타프로그래밍, 상태 머신(state machines)의 상태 표현. Nothing: 값이 없음을 나타내는 특별한 타입. 인스턴스는 nothing 하나뿐이다. 함수가 명시적으로 값을 반환하지 않을 때 반환된다. Missing: 데이터 분석 등에서 결측값(missing value)을 나타내는 타입. 인스턴스는 missing 하나뿐이다. DataType: 타입 자체를 나타내는 타입이다. 예를 들어 Int64의 타입은 DataType이다. Function: 함수도 줄리아에서는 객체이며, Function이라는 타입을 가진다. Type{T}: 타입 T 자체를 값으로 다룰 때 사용되는 타입이다. 예를 들어 Int64는 DataType의 인스턴스이지만, Type{Int64} 타입의 인스턴스이기도 하다. 사용자 정의 타입(user-defined types): struct, 여러 필드를 묶어 새로운 복합 타입을 정의한다. 기본적으로 불변(immutable)이다. 가변형이 별도로 준비되어 있다.

줄리아의 타입 시스템은 계층 구조(hierarchy)를 가지고 있다. 이는 모든 타입들이 Any라는 최상위 타입을 루트(root)로 하는 트리(tree)와 유사한 구조로 연결되어 있음을 의미한다. 특정 타입은 다른 타입의 서브타입(subtype)이 될 수 있으며, 반대로 다른 타입의 슈퍼타입(supertype)이 될 수 있다. 이 계층 구조는 줄리아의 멀티디스패치 시스템과 코드 재사용성의 핵심 기반이 된다. 줄리아의 타입 계층 구조는 놀랍게도 유연성, 재사용성, 확장성 및 고성능을 가능하게 하는 핵심적인 언어 설계 요소이다. <: 연산자를 사용하여 타입 간의 서브타입 관계를 정의한다. true 또는 false를 반환한다. 타입A <: 타입B는 "타입A는 타입B의 서브타입이다"(또는 "타입B는 타입A의 슈퍼타입이다")라는 관계를 나타낸다. Any 타입은 모든 타입 계층 구조의 최상위 루트이다. 줄리아의 모든 타입은 명시적으로든 암묵적으로든 Any의 서브타입이다. supertype(Any)는 Any 자신이다. 앱스트랙 타입을 사용하여 함수를 작성하면, 해당 앱스트랙 타입의 모든 콘크리트 서브타입에 대해 함수가 동작한다.(예: Number 타입 인자를 받는 함수는 Int, Float64, Complex 등 모든 숫자에 작동). 사용자가 새로운 타입을 정의하고 기존의 앱스트랙 타입을 서브타입으로 지정함으로써, 자신의 타입을 줄리아 생태계와 자연스럽게 통합하고 기존 함수들을 활용할 수 있다. 어떤 메서드를 호출할지 결정할 때 인자들의 타입을 이 계층 구조 내에서 비교하여 가장 적합하고 구체적인 메서드를 선택한다. 관련된 타입들을 논리적으로 그룹화하고 관계를 명확히 하여 코드의 이해도를 높인다. 앱스트랙 타입(Abstract type)은 타입 계층 구조에서 개념적인 그룹화 역할을 한다. 관련된 콘크리트 타입들의 공통 슈퍼타입으로 사용된다. 함수 시그니처에서 타입을 제한하거나, 특정 인터페이스를 정의하는 데 사용된다 콘크리트 타입(Concrete type)은 인스턴스(객체)를 직접 생성할 수 있다. 실제로 메모리에 데이터가 어떻게 저장될지를 정의한다. 예시: Int64, Float64, String, Bool, Vector{Int}(Array{Int, 1}), 사용자가 정의한 struct 등.

◇ 줄리아 자료형에 대한 이해를 돕기 위한 예제 문제와 해답 10개를 만들어 보았다.

① 다음 코드의 실행 결과(x의 타입)는 무엇인가요?

x = 10 / 4

typeof(x)

② 다음 중 줄리아에서 부호 없는 8비트 정수(Unsigned 8-bit Integer)를 나타내는 타입은 무엇인가요?

Int8

UInt

UInt8

Integer

③ 문자열 "Hello"와 문자 'H'의 줄리아 타입은 각각 무엇인가요?

④ 정수 1부터 5까지의 숫자를 요소로 가지는 Vector(1차원 배열)를 생성하는 코드를 작성하세요.

⑤ ("name", 2025, 3.14) 와 같이 정의된 자료 구조의 타입은 무엇이며, 이 구조는 변경 가능한가요(mutable)?

⑥ 키는 Symbol 타입이고 값은 String 타입인 딕셔너리(Dict)를 생성하고, :city 키에 "Daejeon" 값을 추가하는 코드를 작성하세요.

⑦ `[ 1, "two", 3.0 ]` 와 같이 다양한 타입의 요소를 가지는 배열의 타입은 무엇일까요?(힌트: eltype 함수 또는 typeof 결과를 생각해 보세요. eltype은 컬렉션이 다루는 기본 요소의 타입이 무엇인지 알려주는 유용한 함수이다.)

⑧ Int64 타입이 Signed 타입의 하위 타입(subtype)인지 확인하는 코드를 <: 연산자를 사용하여 작성하세요.

⑨ Matrix{Float32}는 어떤 종류의 데이터를 나타내는 타입인지 설명하세요.

⑩ 다음 코드에서 y의 타입은 무엇이며, 이 타입은 변경 가능한가요(mutable)?

x = (a=1, b="Julia")

y = x.a

◇ 위에서 언급한 10개 문항에 대한 해답들은 아래와 같다.

① Float64

줄리아에서 정수 간의 나눗셈 결과는 기본적으로 부동소수점 수(Float64)이다. 10 / 4는 2.5가 된다.

② UInt8

UInt는 부호 없는(Unsigned)을 의미하고, 8은 비트 수를 의미한다.

③ String, Char

"Hello"는 여러 문자로 이루어진 문자열이므로 String 타입이다. 'H'는 단일 문자이므로 Char 타입이다.

④ `[ 1, 2, 3, 4, 5]` 또는 collect(1:5)

`[ 1, 2, 3, 4, 5]`는 Vector{Int}(구체적으로는 Vector{Int64})를 생성한다. 1:5는 UnitRange{Int64} 타입의 범위를 나타내며, collect() 함수를 사용하여 이를 Vector{Int64}로 변환할 수 있다.

⑤ Tuple(튜플), 변경 불가능(immutable)

소괄호()로 묶인 고정된 순서의 요소들의 집합은 Tuple 타입이다. 튜플은 한 번 생성되면 내용을 변경할 수 없다.

⑥ my_dict = Dict{Symbol, String}() # 빈 딕셔너리 생성

my_dict `[:city]` = "Daejeon" # 요소 추가

또는 생성과 동시에 초기화

my_dict = Dict(:city => "Daejeon")

Vector{Any} 또는 Array{Any, 1}

⑦ 배열의 요소들이 서로 다른 구체적인 타입(Int, String, Float64)을 가질 때, 줄리아는 이들을 모두 포함할 수 있는 가장 상위의 공통 타입인 Any를 요소 타입(element type)으로 추론한다. 따라서 배열의 타입은 Vector{Any}가 된다.

⑧ 코드: Int64 <: Signed 이 코드는 true를 반환하며, Int64가 Signed(부호 있는 정수를 나타내는 앱스트랙 타입)의 하위 타입임을 나타낸다. 32비트 부동소수점 수(Float32)를 요소로 가지는 2차원 배열(Matrix)

⑨ Matrix{T}는 Array{T, 2}의 별칭(alias)이다. 따라서 Matrix{Float32}는 Float32 타입의 요소들로 구성된 행렬(2차원 배열)을 의미한다. y의 타입은 Int64(또는 시스템에 따라 Int32), 변경 불가능(immutable)

⑩ x는 NamedTuple 타입이다. x.a는 NamedTuple의 a 필드 값인 정수 1

에 접근한다. 따라서 y의 값은 1이고, 타입은 Int64(또는 Int32)이다. 기본 숫자 타입인 Int64 자체는 변경 불가능한(immutable) 값이다.(변수 y에 다른 값을 할당할 수는 있지만, 숫자 1 자체를 변경할 수는 없다.)

```
# 1. 배열(Arrays)
v_int = [1, 2, 3]
v_float = [1.0, 2.0, 3.0]
v_mixed = [1, "hello", 3.0]
v_empty = [] # 내용이 없는 배열
v_typed_empty = Int[] # 타입을 지정한 빈 배열

println(eltype(v_int))
# 출력: Int64 (또는 Int32)
println(eltype(v_float))
# 출력: Float64
println(eltype(v_mixed))
# 출력: Any (서로 다른 타입의 요소를 포함하므로 공통 상위 타입인 Any 반환)
println(eltype(v_empty))
# 출력: Any (요소가 없어 타입을 추론할 수 없으므로 Any 반환)
println(eltype(v_typed_empty))
# 출력: Int64 (타입이 Int로 지정되었으므로)

println(eltype(Vector{String}))
# 출력: String (타입 자체에 적용)
println(eltype(Array{Float32, 2}))
# 출력: Float32

# 2. 튜플(Tuples)
t_int = (1, 2, 3)
t_mixed = (1, "hello")

println(eltype(t_int))
# 출력: Int64
println(eltype(t_mixed))
# 출력: Any

# 3. 딕셔너리(Dictionaries)
```

```
d = Dict("a" => 1, "b" => 2)

# 딕셔너리의 요소는 Key-Value 쌍(Pair)이다.
println(eltype(d))
# 출력: Pair{String, Int64}
println(eltype(Dict{Symbol, Float64}))
# 출력: Pair{Symbol, Float64}

# 4. 범위(Ranges)
r = 1:5
println(eltype(r))
# 출력: Int64
```

줄리아에서 콜론(:) 다음에 오는 식별자(변수 이름과 유사한 형태)는 심볼(Symbol)이라고 부른다. 심볼은 텍스트 기반의 고유한 식별자이며, 주로 다음과 같은 특징을 가진다. 불변성(immutable): 한번 생성된 심볼은 그 값을 변경할 수 없다. 고유성(unique): 같은 이름의 심볼은 메모리 상에서 단 하나의 객체로 존재한다. 이는 문자열과는 다른 점이다. 같은 내용을 가진 문자열은 여러 번 생성될 수 있지만, 같은 이름의 심볼은 항상 같은 객체를 가리킨다. 빠른 비교: 심볼은 메모리 주소를 비교하는 방식으로 동일성 여부를 판단하기 때문에, 문자열 비교보다 훨씬 빠르다. 메타데이터 표현에 유용: 주로 데이터의 의미나 구조를 나타내는 메타데이터, 키워드, 열 이름 등을 표현하는 데 많이 사용된다. 문자열과 심볼 중에서 무엇을 사용할지는 상황에 따라 다르지만, 심볼은 고유성과 빠른 비교라는 장점 덕분에 많은 곳에서 유용하게 활용된다.

3.2 nothing

줄리아에서 nothing은 "값이 없음" 또는 "특별히 할당되지 않은 상태"를 표현하는 데 사용되는 객체이다. 이는 다른 프로그래밍 언어의 null, nil, 또는 None과 비슷한 역할을 한다. 하지만 줄리아에서는 nothing은 자체적으로 정의된 객체로, 다음과 같은 특징과 사용 사례를 가지고 있다. 자료형: nothing의 타입은 Nothing이다. 표현: 줄리아에서 nothing은 특정 값이 없음을 명시적으로 나타낼 때 사용된다. 예를 들어, 함수가 아무런 값을 반환하지 않을 때 nothing을 반환할 수 있다. 비교: nothing은 다른 값과 직접 비교할 수 있다. 변수나 객체를 초기화할 때 "아직 값이 할당되지 않음"을 표시하기 위해 사용한다. 함수가 실행되었지만 반환할 값이 없는 경우 사용할 수 있다. 예를 들어, 오류를 처리하거나 데이터가 없음을 나타낼 때 활용한다. 특정 상태나 조건을 확인할 때 사용한다. 이를 통해 유연한 로직을 작성할 수 있다. nothing은 값이 존재하지 않는 경우를 명시적으로 표시할 수 있다. 이는 함수에서 선택적 입력을 처리하거나, 기본값이 없는 설정을 표현할 때 유용하다. nothing은 "값 없음"을 나타내지만, 줄리아에서 "객체가 존재하지 않음"을 뜻하는 것은 아니다. 실제로, nothing 자체는 줄리아의 객체이며, 특정 타입을 가지고 있다. nothing을 사용하려면 논리적인 의미를 고려하여 명확하게 "값 없음" 상태를 표현하도록 해야 한다. nothing은 조건문에서 "false와 유사하게" 동작한다. nothing을 데이터가 아직 설정되지 않았음을 명확히 나타낼 때 사용하는 경우가 많다.[2]

2: nothing: Nothing이라는 싱글톤 타입의 유일한 인스턴스이다. 이는 nothing이 오직 하나의 값만 가질 수 있는 특별한 타입임을 의미한다. 사용하던 배열(x)이 더 이상 필요 없는 경우에 x = nothing처럼 새로운 할당을 해버리면 해당 배열은 나중에 가비지 컬렉터에 의해 회수될 수 있다. 배열은 여전히 메모리에 남아있게 된다. 줄리아는 명시적인 메모리 해제 함수를 제공하지 않는다.

```
typeof(nothing)  # 결과: Nothing
function example()
    return nothing
end
result = example()
println(result)  # 결과: nothing

x = nothing
println(x == nothing)  # 결과: true

value = nothing
if value == nothing
    println("값이 아직 설정되지 않았다.")
end

x = nothing
```

```
println(x == nothing)  # 출력: true
```

줄리아의 nothing과 Python의 None은 개념적으로 비슷하지만, 두 언어의 철학과 사용 방식의 차이로 인해 약간 다르게 작동한다. 줄리아에서는 nothing이 더 명시적으로 사용되는 경향이 있으며, Python의 None은 더 넓은 범위의 동작을 포괄한다. 줄리아에서 참(true)과 거짓(false)은 불리언(Boolean) 타입으로 표현된다. 불리언 타입은 Bool로 정의되며, 참은 true, 거짓은 false로 나타낸다. Python에서는 첫 글자를 각각 대문자를 사용한다. 줄리아에서는 다음과 같은 불리언 연산을 수행할 수 있다. 불리언 값 표현을 알아 보았다.

아래와 같은 불리언 연산들에 주목할 필요가 있다. &&: 논리곱(AND) 연산, | |: 논리합(OR) 연산, !: 논리 부정(NOT) 연산. !true 는 false이다.

비교 연산의 결과는 불리언 값으로 반환된다. == 같음, != 다름, < 작음, > 큼, <= 작거나 같음, >= 크거나 같음.

삼항 연산자는 프로그래밍에서 조건에 따라 값을 선택하는 간결한 방법을 제공하는 연산자이다. 일반적으로 조건 ? 참일 때 값 : 거짓일 때 값의 형태로 사용된다.

```
x = 10
result = x > 0 ? "양수" : "음수 또는 0"
println(result) # 출력: 양수

y = -5
result = y > 0 ? "양수" : "음수 또는 0"
println(result) # 출력: 음수 또는 0

z = 0
result = z > 0 ? "양수" : "음수 또는 0"
println(result) # 출력: 음수 또는 0

# 삼항 연산자 중첩 사용
```

```
a = 15
result = a > 10 ? "10보다 큼" : a > 5 ? "5보다 큼" : "5 이하"
println(result) # 출력: 10보다 큼

# 삼항 연산자를 활용한 최대값 찾기
num1 = 20
num2 = 30
max_value = num1 > num2 ? num1 : num2
println("최대값: ", max_value) # 출력: 최대값: 30

# 삼항 연산자를 활용한 짝수/홀수 판별
number = 7
parity = iseven(number) ? "짝수" : "홀수"
println("$number 은(는) $parity 이다.")
# 출력: 7 은(는) 홀수 이다.
```

타입 안정성(type stability)은 줄리아에서 고성능 코드를 작성하기 위한 매우 중요한 개념이다. 간단히 말해, 함수의 출력(반환) 값의 타입이 입력 값들의 타입에 의해서만 결정될 수 있을 때 그 함수는 타입 안정적이라고 한다. 즉, 실제 입력 값이 무엇인지 몰라도 입력 타입만 알면 반환될 값의 타입을 컴파일러가 예측할 수 있어야 한다. 타입 안정성은 줄리아 코드의 성능을 극대화하기 위한 핵심 원칙이다. 컴파일러가 함수의 입출력 타입을 명확히 추론할 수 있게 함으로써, 매우 효율적인 기계 코드를 생성하도록 돕는다. 모든 코드가 항상 타입 안정적일 필요는 없지만, 성능이 중요한 부분에서는 타입 안정성을 확보하는 것이 매우 중요하다. 만약 함수가 타입 안정적이어서 컴파일러가 입력 타입만 보고도 반환 타입을 정확히 예측할 수 있다면, 컴파일러는 매우 효율적인 코드를 생성할 수 있다. 반환될 데이터의 종류(타입)를 미리 알기 때문에, 메모리 사용 방식이나 이어지는 연산들을 최적화할 수 있다. 매크로 @code_warntype은 줄리아에서 함수 호출 시 컴파일러의 타입 추론(type inference) 결과를 확인하고, 잠재적인 타입 불안정성(type instability)을 진단하는 데 사용되는 매우 유용한 매크로(macro)이다. 타입 불안정성은 줄리아 코드의 성능 저하를 일으키는 주요 원인 중 하나이므로, 성능 최적화 시 이 매크로를 자주 사용하게 된다. 아래와 같이 함수 이름 앞에 붙이는 매크로 형식으로 사용된다.

@code_warntype addstable(1, 2)

이 매크로는 특정 입력 타입 조합에 대한 분석이므로, 함수가 다른 타입의 인자를 받을 때에는 타입 안정성이 다를 수 있다는 점에 유의해야 한다. 만약 컴파일러가 특정 변수나 표현식의 타입을 콘크리트 타입(Concrete type)으로 명확하게 추론하지 못한 경우(즉, 타입이 불안정한 경우), 해당 부분을 경고의 의미로 강조 표시한다.[3]

3: 매크로 @code_typed는 컴파일러가 추론한 타입을 더 자세하게 보여준다. 타입 안정적인 코드를 작성하는 것은 프로그램의 성능을 크게 향상시키는 중요한 기술이다. @code_warntype과 같은 도구를 활용하여 코드의 타입 안정성을 꾸준히 확인하고 개선하는 것이 좋다. 조건문, 전역 변수, 앱스트랙 타입, Any 타입, 가변 배열이 있을 때 특히 주의가 필요하다.

다음 섹션에서부터는 줄리아 언어의 컬렉션(collections)에 대해서 알아볼 것이다. 컬렉션(collection)은 여러 개의 값(데이터 요소)들을 하나의 단위로 묶어서 저장하고 관리하는 자료구조를 의미한다. 다양한 종류의 컬렉션이 내장되어 있어 데이터의 특성과 사용 목적에 따라 적합한 것을 선택하여 사용할 수 있다. 배열은 순서가 있는(ordered) 변경 가능한(mutable) 시퀀스이다. 가장 기본적이고 널리 사용되는 컬렉션이다. 튜플은 순서가 있는 변경 불가능한(immutable) 시퀀스이다. 한번 생성되면 요소의 값을 바꾸거나 길이를 변경할 수 없다. 네임드튜플은 튜플과 유사하게 순서가 있고 변경 불가능하지만, 각 요소에 이름(키)이 부여된다. 인덱스뿐만 아니라 이름으로도 요소에 접근할 수 있다. 딕셔너리는 순서가 보장되지 않거나(버전별 상이), 삽입 순서가 유지되는 키-값(key-value) 쌍의 변경 가능한 컬렉션이다. 키는 고유해야 하며, 해시 가능(hashable)해야 한다. 세트는 순서가 없는 고유한(unique) 요소들의 변경 가능한 컬렉션이다. 중복된 요소는 허용되지 않는다. 문자열(string)은 문자(char)들의 시퀀스로 볼 수 있으며, 변경 불가능한 컬렉션의 일종이다. UTF-8 인코딩을 사용한다.

@test 단언문(assertion)들은 코드의 정확성을 확인하고, 코드를 수정한 후에도 기존 기능이 잘 동작하는지(회귀 테스트, regression testing) 확인하는 데 필수적이다. 보통 별도의 테스트 파일(예: test/runtests.jl)에 작성하여 관리한다.

매크로 @assert는 코드의 특정 조건이 참(true)인지 확인하는 데 사용된다. 이 매크로는 디버깅 및 테스트 과정에서 코드의 예상 동작을 검증하고, 예상치 못한 오류를 조기에 발견하는 데 유용하다.

```
function divide(x, y)
    @assert y != 0 "0으로 나눌 수 없다."
    return x / y
end
println(divide(10, 2)) # 출력: 5.0
println(divide(10, 0)) # AssertionError: 0으로 나눌 수 없다.
```

```
using Test
# --- 간단한 @test 단언문 예제 ---

# 1. 기본적인 참/거짓 확인
@test true          # 항상 통과 (true는 참)
# @test false       # 항상 실패 (false는 거짓)

# 2. 동등성(Equality) 비교 (==)
@test 1 + 1 == 2    # 1+1의 결과가 2와 같으므로 통과
@test 5 * 10 == 50  # 통과
# @test 1 + 1 == 3  # 실패 (결과가 다르므로)

# 3. 부등성(Inequality) 비교 (!=)
@test 1 + 1 != 3    # 1+1은 3과 다르므로 통과
# @test 2 * 3 != 6  # 실패 (결과가 같으므로)

# 4. 대소 비교 (<, >, <=, >=)
@test 5 > 3         # 통과
@test 10 <= 20      # 통과

# 5. 불리언(Boolean) 함수 결과 확인
@test iseven(4)     # iseven(4)는 true를 반환하므로 통과
@test isodd(5)      # isodd(5)는 true를 반환하므로 통과
# @test isempty([]) # isempty([])는 true를 반환하므로 통과(주석 해제 시)
# @test isempty([1, 2]) # isempty([1, 2])는 false를 반환하므로 실패
```

```

# 6. 부동소수점 근사 비교(isapprox 또는 ≈)
# 부동소수점 연산은 미세한 오차가 있을 수 있어 == 대신 isapprox 사용 권장
@test 0.1 + 0.2 ≈ 0.3   # isapprox(0.1 + 0.2, 0.3)와 동일. 통과
# @test 0.1 + 0.2 == 0.3 # 실패할 수 있음(부동소수점 표현 오차 때문)

# 7. 함수 결과 테스트
function multiply(a, b)
return a * b
end

@test multiply(3, 4) == 12 # 함수 호출 결과 테스트. 통과
@test multiply(-2, 5) == -10 # 통과

# --- 테스트 세트(@testset) 사용 예 ---
# 관련된 여러 테스트를 그룹화하고 결과를 요약해준다.
@testset "기본 산술 연산 테스트" begin
@test 1 + 2 == 3
@test 5 - 1 == 4
@test 2 * 6 == 12
@test 10 / 2 == 5.0 # 나눗셈 결과는 보통 Float
end

@testset "문자열 테스트" begin
s = "Hello"
@test s * " Julia" == "Hello Julia"
@test length(s) == 5
end

# 테스트 실행 시 결과가 요약되어 나온다.
# 모든 @test가 통과하면 "Test Summary: | Pass" 메시지가 표시된다.
# 실패하는 테스트가 있으면 실패 정보와 함께 요약된다.
```

```
using PrecompileTools
@setup_workload begin
# 프로그램 시작 시 미리 실행하고 컴파일할 코드
    x = 5
```

```
    y = 2.0
    my_function(x, y)
end
function my_function(a::Int, b::Float64)
    return a * b
end
```

위 예시에서 @setup_workload 블록 안의 코드는 패키지 설치 시(또는 명시적으로 미리 컴파일을 요청했을 때) 실행되고 컴파일된다. 사용자가 만든 줄리아 프로그램은 기본적으로 JIT 컴파일 방식으로 실행 시점에 필요한 코드가 동적으로 선행 컴파일된다. 하지만 PrecompileTools.jl 패키지를 사용하여 프로그램의 초기 실행 성능을 최적화하기 위해 선택적으로 미리 컴파일을 수행할 수도 있다. 줄리아의 이러한 하이브리드 컴파일 방식은 개발의 편리성과 높은 실행 성능을 동시에 추구하는 전략이라고 볼 수 있다.

패키지 개발자는 초기 로딩 시간 단축 및 성능 향상을 위해 PrecompileTools 표준 라이브러리를 사용하여 프리컴피레이션 과정을 세밀하게 제어할 수 있다. PrecompileTools는 다음과 같은 매크로와 함수를 제공한다. @setup_workload begin ... end: 패키지가 로드될 때 미리 실행하고 컴파일할 코드 블록을 정의한다. 이 블록 안에는 패키지의 주요 기능들을 대표하는 함수 호출이나 객체 생성 등을 포함할 수 있다. @compile_workload begin ... end: 특정 함수 호출 조합이나 코드 패턴을 명시적으로 컴파일하도록 지시한다. 이는 특정 사용 시나리오에서 성능을 최적화하는 데 유용하다. 줄리아 컴파일러가 정의된 코드를 분석하고 컴파일하여 캐시 파일에 저장한다. 이후 패키지 로딩 시 컴파일된 코드를 재사용하여 초기 실행 시간을 단축한다.

줄리아에서는 타입 계층 구조, 모듈 계층 구조, 이렇게 두 가지 계층 구조가 있다. 줄리아는 코드를 조직하고 이름 충돌을 방지하기 위해 모듈 시스템을 제공한다. 모듈은 네임스페이스를 형성하며, 다른 모듈을 포함하여 계층적인 구조를 만들 수 있다.

3.3 배열, ., 그리고 !

줄리아 언어에서 배열(Array)은 매우 유용한 데이터 구조이다. 배열은 동일한 타입의 요소들을 순서대로 저장하는 컨테이너이다. 줄리아 언어에서 배열을 생성하고, 요소를 접근하고, 연산하고, 함수 적용, 슬라이싱 및 결합하는 방법을 이해해야 한다.[4] 슬라이싱 결과는 원본 배열의 뷰(view)가 아닌 복사본이 생성된다. 배열 뷰(Array views)는 기존 배열의 데이터를 복사하지 않고 참조하는 메커니즘이다. 뷰를 사용하려면 매크로 @view 를 사용해야 한다. 뷰는 원본 배열의 데이터를 공유하므로, 뷰를 수정하면 원본 배열도 함께 수정된다. 배열 슬라이싱은 데이터를 효율적으로 접근하고 조작하는 데 매우 유용한 도구이다. 다양한 슬라이싱 방법을 익혀두시면 줄리아로 데이터를 다루는 작업이 훨씬 편리해질 것이다.[5]

4: 줄리아의 배열 인덱스는 1부터 시작한다. 슬라이싱 범위는 시작 인덱스를 포함하고 끝 인덱스를 포함한다. end 키워드를 사용하여 마지막 인덱스를 간편하게 참조할 수 있다. arr[2:2:8], 2부터 8까지 2씩 증가. arr[2:2:8]. arr[end:-1:1], 끝에서 처음까지 역순으로.

5: view 함수는 효율적인 배열 처리를 위한 핵심적인 도구 중 하나이다. sub_-view = view(data, 3:7)처럼 사용될 수 있다. 원본 데이터를 복사하지 않으므로 메모리 사용량을 줄일 수 있다. 특히, 큰 배열을 다룰 때 중요하다. 물론, two_-d_view = reshape(view(linear_array, :), (2, 3)) 처럼 1차원에서 2차원으로 변신이 가능하다.

```
# Array comprehension
arr_original = [1, 2, 3, 4, 5]
arr_view = @view arr_original[2:4]
println("arr_original: $arr_original") # [1, 2, 3, 4, 5]
println("arr_view: $arr_view")       # [2, 3, 4]

arr_view[1] = 100 # 뷰의 첫 번째 요소 수정
println("arr_original after view modification: $arr_original")
# [1, 100, 3, 4, 5]
println("arr_view after view modification: $arr_view")
# [100, 3, 4]
```

```
# Array comprehension
arr1 = [i^2 for i in 1:4]

# 1차원 배열 생성
arr1 = [1, 2, 3, 4, 5]
println(arr1)

# 2차원 배열 생성
arr2 = [1 2 3; 4 5 6; 7 8 9]
```

```
println(arr2)

# 5개의 0으로 초기화된 배열 생성
zeros_array = zeros(5)
println(zeros_array)

# 3x3 단위 행렬 생성
identity_matrix = I(3)
println(identity_matrix)

arr = [10, 20, 30, 40, 50]
println(arr[1])  # 첫 번째 요소: 10
println(arr[3])  # 세 번째 요소: 30

arr[2] = 25  # 두 번째 요소를 25로 수정
println(arr)

arr = [1, 2, 3, 4, 5]
squared_arr = map(x -> x^2, arr)  # 각 요소를 제곱
println(squared_arr)

arr = [1, 2, 3, 4, 5]
doubled_arr = arr .* 2  # 각 요소를 두 배로
println(doubled_arr)

arr = [10, 20, 30, 40, 50]
sub_arr = arr[2:4]  # 두 번째부터 네 번째 요소까지 추출
println(sub_arr)

arr = [10, 20, 30, 40, 50]
filtered_arr = arr[arr .> 25]  # 25보다 큰 요소들만 추출
println(filtered_arr)

a = [1, 2, 3]
b = [4, 5, 6]
combined = vcat(a, b)  # 수직 결합
println(combined)
```

```

# 배열 생성
arr = [1, 2, 3]
# 배열의 끝에 요소 추가
push!(arr, 4)
println(arr)  # [1, 2, 3, 4]

# 두 개의 배열 생성
arr1 = [1, 2, 3]
arr2 = [4, 5, 6]
# arr2의 모든 요소를 arr1의 끝에 추가
append!(arr1, arr2)
println(arr1)  # [1, 2, 3, 4, 5, 6]

# 비파괴적 함수
function add_one(arr)
    return arr .+ 1
end
# 파괴적 함수,   !가 사용됨.
function add_one!(arr)
    for i in 1:length(arr)
        arr[i] += 1
    end
end
arr = [1, 2, 3]
# 비파괴적 함수 사용
new_arr = add_one(arr)
println(new_arr)  # [2, 3, 4]
println(arr)      # [1, 2, 3]
# 파괴적 함수 사용
add_one!(arr)
println(arr)      # [2, 3, 4]

# !가 not의 의미로 사용된 경우
is_even(n) = n % 2 == 0
# 홀수인지를 확인하는 함수
is_odd(n) = !is_even(n)
```

```
println(is_odd(3))  # true
println(is_odd(4))  # false
```

```
# 1부터 3까지의 행과 열 인덱스를 사용하여 배열 생성
matrix = [ i + j  for i in 1:3,  j in 1:3 ]
println(matrix)
3×3 Matrix{Int64}:
2  3  4
3  4  5
4  5  6

# 1부터 3까지의 행과 열 인덱스를 사용하여 조건에 맞는 요소 선택
selected_elements = [ i * j  for i in 1:3, j in 1:3 if i + j > 3 ]
println(selected_elements)
[4, 6, 6, 9]

# 두 개의 배열 생성
a = [1, 2, 3]
b = [4, 5, 6]

# 한 줄에 두 개의 인덱스를 사용하는 for loop
result = [a[i] * b[j] for i in 1:length(a), j in 1:length(b)]
println(result)

3×3 Matrix{Int64}:
4  5  6
8 10 12
12 15 18
```

3.4 브로드캐스팅

브로드캐스팅(broadcasting)은 줄리아 언어에서 매우 강력하고 유용한 기능 중 하나이다. 브로드캐스팅을 사용하면 배열이나 컬렉션에 대해 요소별(element-wise)로 연산을 간편하게 수행할 수 있다. 줄리아에서 브로드캐스팅은 주로 "." 연산자를 통해 구현된다. 브로드캐스팅은 크기가 다른 배열이나 스칼라 값을 서로 연산할 때, 작은 배열이나 스칼라 값을 큰 배열의 각 요소에 맞춰 확장시키는 과정이다. 이를 통해 복잡한 루프를 작성하지 않고도 배열 간의 연산을 간단하게 수행할 수 있다.

◇ 브로드캐스팅의 장점

① 코드 간결화: 복잡한 루프를 작성하지 않아도 요소별 연산을 간단하게 수행할 수 있다.

② 성능 향상: 줄리아의 브로드캐스팅은 내부적으로 최적화되어 있어 성능이 우수하다.

③ 가독성 향상: 브로드캐스팅을 사용하면 코드가 더 직관적이고 읽기 쉬워진다.

```
a = [1, 2, 3]
b = 2
c = a .+ b  # [3, 4, 5]

a = [1, 2, 3]
b = [4, 5, 6]
c = a .+ b  # [5, 7, 9]

a = [1, 2, 3]
b = [4, 5, 6]
c = broadcast(+, a, b)  # [5, 7, 9]

ff(x) = x^2 + 1
a = [1, 2, 3]
b = ff.(a)  # [2, 5, 10]

A = [1 2; 3 4]
B = [5 6; 7 8]
C = A .+ B  # [6 8; 10 12]

a = [1, 2, 3, 4, 5]
b = (a .% 2 .== 0) .+ 0.5  # [1.0, 2.5, 3.0, 4.5, 5.0]
```

```

[1, 2, 3].^2
```

줄리아에서 점(.)을 사용하는 브로드캐스팅(broadcasting) 또는 벡터화(vectorization) 문법은 배열(Array)이나 컬렉션의 각 요소에 대해 동일한 연산(함수 호출, 산술 연산 등)을 간결하고 효율적으로 적용하기 위해 사용된다. 이는 명시적인 반복문(for loop)을 작성하는 것보다 코드를 짧게 만들고, 종종 최적화된 연산을 통해 성능상 이점도 가질 수 있다.

```
println("--- 줄리아 브로드캐스팅(.) 예제 통합 코드 ---")

# --- 예제용 데이터 정의(모든 예제에서 필요한 것들) ---
A = [1, 2, 3, 4]
B = [10, 20, 30, 40]
C_compare = [0, 3, 2, 5] # 예제 4 비교용
scalar = 100

X = [0.0, pi/2, pi, 3*pi/2] # 예제 2 (sin) 용
Y = [1.2, 2.7, 3.5]       # 예제 2 (round) 용
Z = [-1.0, 0.5, 2.0]       # 예제 2 (exp/abs) 용

data_user_func = [-10, 5, 0, -2, 8] # 예제 3 용

M = [1 2 3; 4 5 6] # 예제 5 용 (2x3 행렬)
V_col = [10, 20]      # 예제 5 용 (2x1 열벡터)
V_row = [100 200 300] # 예제 5 용 (1x3 행벡터)

# 예제 6 용(Float 타입으로 정의하여 결과가 정수가 아니어도 되도록 함)
A_inplace = [1.0, 2.0, 3.0]
B_inplace = [10.0, 20.0, 30.0]

# --- 예제 1: 요소별 산술 연산 ---
println("\n--- 예제 1: 요소별 산술 연산 ---")
C_add = A .+ B
println("1. 요소별 덧셈 (A .+ B): ", C_add)
D_add_scalar = A .+ scalar
```

```
println("2. 각 요소에 스칼라 덧셈 (A .+ scalar): ", D_add_scalar)
E_multiply = A .* B
println("3. 요소별 곱셈 (A .* B): ", E_multiply)
F_multiply_scalar = A .* scalar
println("4. 각 요소에 스칼라 곱셈 (A .* scalar): ", F_multiply_scalar)
G_power = A .^ 2
println("5. 요소별 거듭제곱 (A .^ 2): ", G_power)

# --- 예제 2: 요소별 함수 적용 (내장 함수) ---
println("\n--- 예제 2: 요소별 함수 적용 (내장 함수) ---")
sin_X = sin.(X)
println("6. 요소별 sin 함수 (sin.(X)): ", sin_X)
rounded_Y = round.(Y)
println("7. 요소별 반올림 함수 (round.(Y)): ", rounded_Y)
exp_abs_Z = exp.(abs.(Z)) # 체이닝: abs 적용 후 exp 적용
println("8. 요소별 함수 연속 적용 (exp.(abs.(Z))): ", exp_abs_Z)

# --- 예제 3: 요소별 함수 적용 (사용자 정의 함수) ---
println("\n--- 예제 3: 요소별 함수 적용 (사용자 정의 함수) ---")
# 사용자 정의 함수 정의
function my_transform(x)
    if x > 0
        return x * 2
    else
        return x / 2
    end
end
transformed_data = my_transform.(data_user_func)
println("9. 요소별 사용자 정의 함수 적용
    (my_transform.(data_user_func)): ",
    transformed_data)

# --- 예제 4: 요소별 비교 연산 ---
println("\n--- 예제 4: 요소별 비교 연산 ---")
is_greater = A .> C_compare
println("10. 요소별 비교 (A .> C_compare): ", is_greater)
is_equal_scalar = A .== 3 # 각 요소를 3과 비교 (A = [1, 2, 3, 4])
```

```
println("11. 요소별 스칼라 비교 (A .== 3): ", is_equal_scalar)

# --- 예제 5: 다른 차원 배열 간 브로드캐스팅 ---
println("\n--- 예제 5: 다른 차원 배열 간 브로드캐스팅 ---")
println("원본 행렬 M:\n", M)
println("열벡터 V_col: ", V_col)
println("행벡터 V_row: ", V_row)

M_plus_V = M .+ V_col # 행렬의 각 열에 열벡터 더하기
println("12. 행렬 + 열벡터 (M .+ V_col):\n", M_plus_V)

M_plus_Vr = M .+ V_row # 행렬의 각 행에 행벡터 더하기
println("13. 행렬 + 행벡터 (M .+ V_row):\n", M_plus_Vr)

# --- 예제 6: 요소별 할당 (In-place Assignment) ---
println("\n--- 예제 6: 요소별 할당 (In-place Assignment) ---")
println("수정 전 A_inplace: ", A_inplace)
A_inplace_original_id = objectid(A_inplace) # 원본 객체 ID 저장

# A_inplace의 내용을 A_inplace .* 2 .+ B_inplace 결과로 직접 업데이트
A_inplace .= A_inplace .* 2 .+ B_inplace

A_inplace_modified_id = objectid(A_inplace) # 수정 후 객체 ID 저장

println("14. 요소별 할당 후 A_inplace: ", A_inplace)
println("   원본 A_inplace와 동일 객체인가? ",
    A_inplace_original_id == A_inplace_modified_id)
```

```
fname = "ifile.txt"
x = []
y = []
z = []
jl = 0
afile = open(fname, "r")
for line in eachline(afile)
    jl += 1
    if jl == 1
```

```
            continue
        end
        push!(x, parse(Float64, split(line)[1]))
        # 문자열을 숫자로 변환
        push!(y, parse(Float64, split(line)[2]))
        # 줄리아에서는 push! 함수를 사용하여 값을 추가
        push!(z, parse(Float64, split(line)[3]))
    end
    close(afile)
```

```
str1 = "Hello"
str2 = "World"
result = str1 * " " * str2 # "Hello World"
println(result)

str1 = "Hello"
num = 123
result = string(str1, " ", num) # "Hello 123"
println(result)

name = "Julia"
age = 5
result = "이름: $name, 나이: $age" # "이름: Julia, 나이: 5"
println(result)

arr = ["apple", "banana", "cherry"]
result = join(arr, ", ") # "apple, banana, cherry"
println(result)

arr = ["apple", "banana", "cherry"]
result = string(arr...) # "applebananacherry"
println(result)
println(length(result))

buffer = IOBuffer()
write(buffer, "Hello")
write(buffer, " ")
```

```
write(buffer, "World")
result = String(take!(buffer)) # "Hello World"
println(result)

str = "apple,banana,cherry"
arr = split(str, ",") # ["apple", "banana", "cherry"]
println(arr)

str = "apple banana cherry"
arr = split(str) # ["apple", "banana", "cherry"]
println(arr)
```

```
arr = [1, 2, 3]
push!(arr, 4)
println(arr)  # [1, 2, 3, 4]

arr1 = [1, 2, 3]
arr2 = [4, 5, 6]
append!(arr1, arr2)
println(arr1)  # [1, 2, 3, 4, 5, 6]

arr1 = [1, 2, 3]
arr2 = [4, 5, 6]
result = vcat(arr1, arr2)
println(result)  # [1, 2, 3, 4, 5, 6]

arr = [1, 2, 3, 4, 5]
last_element = pop!(arr)
println(arr)  # [1, 2, 3, 4]
println(last_element)  # 5

arr = [1, 2, 3, 4, 5]
deleteat!(arr, 2)  # 인덱스 2에 있는 원소 제거
println(arr)  # [1, 3, 4, 5]

arr = [1, 2, 3, 4, 5]
filter!(x -> x > 2, arr)  # 2보다 큰 원소만 남김
```

```
println(arr)  # [3, 4, 5]

arr = [1, 2, 3, 4, 5]
empty!(arr)
println(arr)  # []

function sum_numbers(start::Int, finish::Int)::Int
    sum = 0
    for i in start:finish
        sum += i
    end
    return sum
end
# 1에서 100까지의 합계를 계산하고 출력한다.
total_sum = sum_numbers(1, 100)
println("1에서 100까지의 합계: ", total_sum)
```

줄리아는 선택적 형식 주석 시스템을 운영한다. 함수 인자에 형식을 지정하면 컴파일러가 특화된 메서드 버전을 생성하며, 이는 C++의 템플릿과 유사한 다형성 구현 방식이다. 멀티디스패치 시스템은 Python의 단일 배분(클래스 기반)보다 알고리즘 확장성에서 우수하며, 과학 계산 패키지 개발 시 대략 40% 이상의 코드 축소 효과를 제공한다. 점 표기법(dot syntax)은 함수 적용 시에도 동일하게 작동하여

sin.(A)

와 같이 배열 요소 전체에 함수를 매핑할 수 있다.[6]

6: 에디터 vi에서 이전 명령을 한 번 더 반복할 때, 커맨드 모드에서 .를 한 번 타이핑한다.

empty! 함수는 변경 가능한(mutable) 컬렉션의 모든 요소를 제거하여 빈 상태로 만드는 함수이다. 함수 이름 끝에 붙은 느낌표(!)는 줄리아의 관례상 함수가 자신의 인자(이 경우, 컬렉션)를 제자리에서(in-place) 수정한다는 것을 의미한다. Vector(즉, Array), Dict, Set 과 같이 내부 요소를 변경할 수 있는 뮤터블 컬렉션에 사용된다. 튜플(Tuple)이나 문자열(String)과 같은 이뮤터블(immutable) 컬렉션에는 사용할 수 없다. 동작 방식: 컬렉션에 포함된 모든 요소를 제거한다. 반환 값: 모든 요소가 제거된 후, 비어 있는 상태가 된 원본 컬렉션 자체를 반환한다. empty!(collection):

원본 컬렉션 collection의 내용을 직접 비운다. 원본 객체가 수정된다.
empty(collection): 원본 컬렉션 collection과 같은 종류의 새로운 빈 컬렉션을 생성하여 반환한다. 원본 컬렉션은 변경되지 않는다.

3.5 튜플

줄리아에서 튜플(Tuple)은 순서가 있는 불변의 데이터 구조이다. 즉, 튜플에 저장된 요소들의 순서를 변경하거나 요소를 추가/삭제할 수 없다. 튜플은 소괄호()를 사용하여 생성하며, 쉼표(,)로 요소들을 구분한다. 튜플은 서로 다른 데이터 타입의 요소들을 함께 저장할 수 있다. 예를 들어, 정수, 문자열, 불리언 등을 하나의 튜플에 담을 수 있다. 튜플은 여러 개의 값을 하나의 변수에 할당하거나, 하나의 튜플을 여러 개의 변수에 나누어 할당하는 패킹 및 언패킹 기능을 제공한다. 함수가 여러 개의 값을 반환해야 할 때 튜플을 사용하여 반환할 수 있다. 튜플은 불변이지만, 배열은 가변이다. 즉, 배열은 요소를 추가, 삭제, 변경할 수 있다. 튜플은 주로 서로 다른 데이터 타입의 요소들을 함께 저장하는 데 사용되며, 배열은 동일한 데이터 타입의 요소들을 저장하는 데 사용된다. 네임드튜플(NamedTuple)은 일반적인 튜플과 유사하지만, 각 요소에 이름을 부여할 수 있다. 이를 통해 코드의 가독성을 높이고, 각 요소의 의미를 명확하게 전달할 수 있다.

```
tup1 = (1, 2, 3)
tup2 = ("apple", 3.14, true)
tup3 = () # 빈 튜플

tup = (10, 20, 30)
println(tup[1]) # 10 출력
println(tup[2]) # 20 출력

# 패킹
tup = 1, 2, 3

```

```
# 언패킹
a, b, c = tup
println(a) # 1 출력
println(b) # 2 출력
println(c) # 3 출력

function get_point()
    return 3, 4
end

x, y = get_point()
println(x) # 3 출력
println(y) # 4 출력

person = (name="John", age=30, city="New York")
println(person.name) # John 출력
println(person.age) # 30 출력
```

```
# for 루프를 사용하여 요소를 생성하고 배열에 담기
my_array = []
for i in 1:5
    push!(my_array, i * 2)
end
# 생성된 배열을 튜플로 변환
my_tuple = Tuple(my_array)
println(my_tuple)
println(typeof(my_tuple))

my_array = [i * 3 for i in 1:4]
my_tuple = Tuple(my_array)
println(my_tuple)
println(typeof(my_tuple))
```

줄리아에서 for 루프를 사용하여 직접적으로 튜플을 생성하는 것은 불가능하지만, for 루프나 컴프리헨션을 사용하여 배열을 먼저 생성한 후 Tuple() 생성자를 통해 튜플로 변환하는 방식으로 원하는 결과를 얻을 수

있다. 튜플의 불변성 때문에 이러한 간접적인 방법을 사용해야 한다는 점을 기억해 주세요. Tuple() 생성자를 사용하여 my_array의 모든 요소를 포함하는 새로운 튜플 my_tuple을 생성한다.

3.6 사전

줄리아에서 사전(Dictionary)은 키(key)와 값(value)의 쌍으로 이루어진 자료구조이다. 다른 프로그래밍 언어의 맵(map) 또는 해시 테이블(hash table)과 유사하며, 키를 사용하여 값을 효율적으로 검색하고 관리할 수 있다. 줄리아에서 사전은 데이터를 효율적으로 관리하고 검색하는 데 유용한 자료구조이다. 키-값 쌍: 사전은 키와 값의 쌍으로 데이터를 저장한다. 각 키는 고유해야 하며, 키를 통해 연결된 값을 검색할 수 있다. 가변성: 사전은 생성된 후에도 키-값 쌍을 추가, 삭제, 또는 변경할 수 있다. 다양한 데이터 타입: 키와 값은 다양한 데이터 타입을 가질 수 있다. 해시 테이블 기반: 사전은 해시 테이블을 기반으로 구현되어 있어, 키를 통한 값 검색이 매우 빠르다. push! 함수를 사용하여 사전 수정할 수 있다.

해시 테이블은 키(key)와 값(value)의 쌍을 저장하고 검색하는 데 최적화된 자료 구조이다. 다른 이름으로는 해시 맵(hash map), 딕셔너리(Dictionary)라고도 불린다. 핵심 아이디어는 해시 함수(hash function)를 사용하여 키를 특정 인덱스 또는 주소로 변환하고, 이 위치에 값을 저장하거나 검색하는 것이다. 키(key): 각 값은 고유한 키와 연결된다. 이 키는 값을 식별하고 검색하는 데 사용된다. 다양한 자료형(문자열, 숫자, 객체 등)이 키로 사용될 수 있다. 해시 함수(hash function): 주어진 키를 특정 범위의 정수 값(보통 배열의 인덱스 범위 내)으로 변환하는 함수이다. 이 정수 값을 해시 값(hash value) 또는 해시 코드(hash code)라고 한다. 좋은 해시 함수는 서로 다른 키에 대해 가능한 한 고유한 해시 값을 생성하여 충돌(collision)을 최소화하는 것이 중요하다. 배열(Array) 또는 버킷(bucket): 해시 테이블은 내부적으로 데이터를 저장하기 위해 배열과 유사한 구조를 사용한다. 이 배열의 각 요소는 버킷이라고 불리며, 키-값 쌍(또는 충돌

처리 방식에 따라 여러 쌍)을 저장할 수 있다. 서로 다른 키가 동일한 해시 값을 생성하는 경우가 발생할 수 있다. 해시 충돌은 해시 테이블의 성능을 저하시키는 주요 원인이다. 좋은 해시 함수의 핵심은 입력 키를 가능한 한 균등하게 해시 테이블의 인덱스 범위 내로 분산시켜 충돌(collision)을 최소화하는 것이다. 해시 함수의 설계는 키의 특성과 해시 테이블의 크기에 따라 달라질 수 있다. 해시 테이블은 키-값 쌍을 효율적으로 저장하고 검색하기 위한 핵심적인 자료 구조이다. 평균적으로 빠른 성능을 제공하지만, 해시 충돌 및 해시 함수 설계와 같은 고려 사항이 중요하다. 이해하고 적절하게 활용하면 다양한 프로그래밍 문제 해결에 큰 도움이 된다. 간단한 예를 들면, 키 k를 해시 테이블 크기 m으로 나눈 나머지를 해시 값으로 사용한다.

$$h(k) = k \bmod m. \tag{3.1}$$

해시 테이블 크기가 10이고 키가 23인 경우, $h(23) = 23 \bmod 10 = 3$이 된다. 그런데, 키가 33인 경우, $h(33) = 33 \bmod 10 = 3$가 되어 하나의 충돌이 발생한다. 이 방법은 간단하고 빠르다. 하지만, m의 선택에 따라 성능이 크게 달라질 수 있다. 일반적으로 2의 거듭제곱에 가깝지 않은 소수를 사용하는 것이 좋다.

```
#사전 생성
# 빈 사전 생성
dict1 = Dict()
# 초기값을 가진 사전 생성
dict2 = Dict("apple" => 1, "banana" => 2, "orange" => 3)

#값 접근
println(dict2["apple"]) # 1 출력

#값 추가 및 수정
dict2["grape"] = 4 # 값 추가
dict2["banana"] = 5 # 값 수정

#키 및 값 목록 가져오기
keys(dict2) # 사전의 모든 키 목록 반환
```

```
values(dict2) # 사전의 모든 값 목록 반환

#키 존재 여부 확인
haskey(dict2, "apple") # true 반환
haskey(dict2, "melon") # false 반환

#키-값 쌍 삭제
delete!(dict2, "orange")

d = Dict("apple" => 1, "banana" => 2)
push!(d, "orange" => 3)

d = Dict("apple" => 1, "banana" => 2)
d["orange"] = 3
```

```
my_dict = Dict()
for i in 1:5
    key = string("key_", i)
    value = i * 10
    my_dict[key] = value
end
println(my_dict)
println(typeof(my_dict))

my_dict = Dict(string("item_", i) => i^2 for i in 1:3)
println(my_dict)
println(typeof(my_dict))
```

줄리아에서 for 루프를 사용하여 딕셔너리를 생성하는 것은 가능하며 일반적인 방법이다. 또한, 딕셔너리 컴프리헨션을 사용하면 더 간결하고 표현력 있는 코드로 딕셔너리를 생성할 수 있다. 어떤 방법을 사용하든 for 루프 내에서 키와 값을 생성하고 딕셔너리에 할당하는 기본적인 원리는 동일하다.

3.7 추가, 제거, 나열

줄리아에서 자료를 추가, 제거, 나열하는 방법은 자료 구조의 종류에 따라 크게 달라진다.[7] 튜플은 불변(immutable) 자료 구조이므로, 요소를 추가하거나 제거하는 연산을 직접 지원하지 않는다. 새로운 튜플을 생성하여 원하는 결과를 얻어야 한다. 추가/제거(새로운 튜플 생성): 튜플을 연결하거나 기존 튜플에 단일 요소를 추가/제거하여 새로운 튜플을 만들 수 있다.

!로 끝나는 함수(push!, pop!, delete!, splice!, filter!, union!, setdiff!)는 원본 컬렉션을 직접 수정하는 in-place 연산이다. 자료 구조의 특성에 따라 지원하는 연산이 다르다. 예를 들어, Set은 순서가 없고 중복을 허용하지 않는다. Dict는 키를 기반으로 값을 저장하고 검색한다. 튜플은 불변이기 때문에 한 번 만들어지면 직접 변경할 수 없다. 다만, 새롭게 만들어 내는 방법이 있다. 생성자가 별도로 준비되어 있다.

```
my_vector = [1, 2, 3]
push!(my_vector, 4)          #  [1, 2, 3, 4]
push!(my_vector, 5, 6)       #  [1, 2, 3, 4, 5, 6]
println(my_vector)           # [1, 2, 3, 4, 5, 6]
result = push!(my_vector, 7)
println(result === my_vector)
# 출력: true (원본 벡터를 반환)

my_set = Set([1, 2, 3])
push!(my_set, 4)             # Set([1, 2, 3, 4])가 된다.
push!(my_set, 2)             # Set([1, 2, 3, 4])
# (중복 요소는 추가되지 않음)
println(my_set)              # Set([1, 2, 3, 4])
# (순서는 보장되지 않음)

my_dict = Dict("a" => 1, "b" => 2)
push!(my_dict, "c" => 3)
# my_dict는 Dict("a" => 1, "b" => 2, "c" => 3)이 된다.
```

7: float_array = Float64[], int_array = Int64[], string_array = String[]처럼 빈 배열을 생성할 때 요소의 자료 형식을 직접 지정하는 것이 일반적이다. typeof() 함수를 사용하여 배열의 자료 형식을 확인할 수 있다. empty_float_array = Array{Float64}(undef, 0)처럼 사용해도 빈 배열이 생성된다.

```
push!(my_dict, "d" => 4, "e" => 5)
# 여러 쌍을 한 번에 추가 (Julia 1.6 이상)
println(my_dict)
# 출력: Dict("c" => 3, "b" => 2, "a" => 1, "d" => 4, "e" => 5)
# (순서는 보장되지 않음)

mutable struct MyContainer
    data::Vector{Int}
end
Base.push!(container::MyContainer,val::Int)=push!(container.data,val)
my_container = MyContainer([10, 20])
push!(my_container, 30)
println(my_container.data) # [10, 20, 30]

# Vector
my_vector = [1, 2, 3]
last_element = pop!(my_vector)
# last_element는 3, my_vector는 [1, 2]
println(my_vector)

# Set
my_set = Set([1, 2, 3])
removed_element = pop!(my_set)
# removed_element는 1, 2, 또는 3 (순서 보장 없음), my_set에서 제거됨
println(my_set)

# Dict
my_dict = Dict("a" => 1, "b" => 2)
removed_value = pop!(my_dict, "a")
# removed_value는 1, my_dict는 Dict("b" => 2)
println(my_dict)

# Dict에서 키가 없는 경우 오류 발생 (두 번째 인자로 기본값 지정 가능)
missing_value = pop!(my_dict, "c", nothing)
# missing_value는 nothing, my_dict는 그대로
println(missing_value)
```

enumerate 함수는 줄리아에서 컬렉션을 순회하면서 요소의 인덱스와 값을 동시에 쉽게 얻을 수 있도록 해주는 강력하고 편리한 도구이다. 루프 내에서 요소의 위치 정보가 필요할 때 유용하게 활용할 수 있다. 기본적으로 1부터 시작하는 인덱스를 제공하며, 필요에 따라 시작 인덱스를 변경할 수도 있다. zip 함수는 여러 개의 컬렉션(예: 배열, 튜플, 문자열 등)을 병렬로 순회하면서 각 컬렉션의 해당 위치에 있는 요소들을 묶어 튜플로 생성하는 이터레이터를 반환한다.

```
my_tuple = ("red", "green", "blue")
for (i, color) in enumerate(my_tuple)
    println("색상 $i: $color")
end

fruits = ["apple", "banana", "cherry"]
colors = ["red", "yellow", "red"]
prices = [1.0, 0.5, 1.5]
for (fruit, color, price) in zip(fruits, colors, prices)
    println("$fruit is $color and costs \$$price.")
end
```

줄리아에는 Array, Dict, Set, 사용자 정의 mutable struct 등 가변(mutable) 자료형도 존재한다. 가변 자료형은 생성 후에도 내용을 변경할 수 있다. Set은 순서가 없고 중복된 요소를 허용하지 않는 컬렉션이다(예, Set([10, 20, 30])). push! 함수를 사용하여 Set에 새로운 요소를 추가한다. 중복된 요소를 추가하려고 하면 아무런 변화가 없다. delete! 함수를 사용하여 Set에서 특정 요소를 제거한다. in() 함수(또는 ∈ 연산자)를 사용하여 특정 요소가 Set에 포함되어 있는지 확인한다. length() 함수를 사용하여 Set에 포함된 요소의 개수를 확인한다. Set 관련 유용한 함수들이 있다. union(s1, s2, ...): 여러 Set의 합집합을 담는 새로운 Set을 반환한다. intersect(s1, s2, ...): 여러 Set의 교집합을 담는 새로운 Set을 반환한다. setdiff(s1, s2): s1에는 속하지만 s2에는 속하지 않는 요소들로 이루어진 새로운 Set을 반환한다.

3.8 함수(부 프로그램)

특정 작업을 수행하는 코드 블록으로, 프로그램의 논리적 구조를 구성하는 핵심 단위이다. 코드의 재사용성을 높이고 모듈화를 가능하게 한다. 개별 함수를 테스트하면, 특정 기능이 올바르게 동작하는지 쉽게 확인할 수 있다. 단위 테스트를 통해 함수 단위로 테스트를 수행할 수 있어, 프로그램의 신뢰성을 높일 수 있다. 각 함수가 독립적으로 동작하므로, 특정 문제가 발생했을 때 어떤 함수에서 오류가 발생했는지 쉽게 추적할 수 있다. 이는 디버깅 과정을 단순화한다. 각 함수는 특정 작업을 수행하도록 설계되어 있어, 다른 프로그램이나 프로젝트에서 재사용할 수 있다. 이는 코드의 중복을 줄이고, 개발 시간을 절약할 수 있게 한다. 각 함수는 하나의 작업을 수행하므로, 코드의 논리적 구조를 명확하게 정의할 수 있다. 이는 코드의 구조화된 설계를 가능하게 한다.

줄리아에서 파이프 연산자 |>는 함수 호출을 연결하여 데이터 처리 파이프라인을 구축하는 데 사용된다. 이 연산자를 사용하면 코드를 더 간결하고 읽기 쉽게 만들 수 있다. 파이프 연산자는 왼쪽의 값을 오른쪽의 함수에 전달한다. 즉, x |> f는 f(x)와 동일한 결과를 반환한다. 여러 개의 파이프 연산자를 연결하여 데이터 처리 단계를 순차적으로 표현할 수 있다. 함수 호출을 중첩하는 대신 파이프 연산자를 사용하면 코드를 순차적으로 읽을 수 있어 가독성이 향상된다. 중간 변수를 사용하지 않고 여러 함수 호출을 연결하여 코드를 간결하게 작성할 수 있다. 복잡한 데이터 처리 단계를 파이프 연산자를 사용하여 명확하게 표현할 수 있다.

```
[1,2,3,4,5] |> (x -> map(y -> y + 2, x)) |> (x -> map(y -> y^2, x))

map(x -> x^2, map(x -> x + 2, [1, 2, 3, 4, 5]))

[1, 2, 3, 4, 5] |> sum

"hello world" |> uppercase |> split |> reverse
```

줄리아 언어에서 배열 연산의 핵심 기능 중 하나인 브로드캐스팅(broadcasting)은 배열뿐만 아니라 함수에도 적용하여 매우 강력하고 유연한 코드를 작성할 수 있게 해준다. 줄리아의 함수 브로드캐스팅은 배열 연산을 더욱 강력하고 효율적으로 만들어주는 핵심 기능이다. 이를 통해 복잡한 배열 기반 계산을 간결하고 빠르게 처리할 수 있으며, 데이터 분석, 과학 기술 컴퓨팅 등 다양한 분야에서 생산성을 크게 향상시킬 수 있다.[8]

8: 가장 빠른 배열 선언의 핵심은 다음과 같다. 배열의 데이터 타입을 명확하게 지정한다(Vector{T}, Matrix{T}, Vector{Float64}(undef, 1_000_000)). 배열의 크기를 미리 결정하여 선언 시에 지정한다. 필요하다면 undef를 사용하여 초기화 오버헤드를 줄이고, 나중에 값을 할당한다. 특정 값으로 초기화해야 한다면 타입과 크기를 명시한 후 zeros() 또는 ones()를 사용한다. 외부 데이터로부터 배열을 생성할 때는 가능한 한 데이터의 타입과 크기를 미리 파악하여 배열을 선언한다. 타입 안정성 확보, 메모리 사전 할당, in-place 연산, 뷰 사용, 구조체 활용을 통해서 계산 속도 향상을 유도할 수 있다.

3.9 주 프로그램은 항상 한 개

주 프로그램은 항상 한 개만 존재한다. 줄리아에서 사용하는 함수는 프로그램 내에서 특정 작업을 수행하도록 정의된 코드 블록이다. 함수는 function 키워드를 사용하여 정의되며, 함수 이름, 매개변수 목록, 함수 본문, 그리고 반환 값으로 구성된다. 반환값이 없을 수도 있다. 즉, 파일 형식으로 필요한 정보를 모두 출력해 버릴 수도 있다.

```
using Printf
# 파일을 읽어서 내용을 저장하는 함수
function read_and_store_file(filename::String)
    # 파일 열기
    file = open(filename, "r")
    # 파일 내용을 읽어서 줄 단위로 벡터에 저장
    lines = readlines(file)
    # 파일 닫기
    close(file)
    return lines
end
# 저장된 내용을 출력하는 함수
function print_contents(contents::Vector{String})
    for line in contents
        println(line)
    end
end
```

```
# 두 숫자를 더하는 함수
function add(a::Int, b::Int)::Int
    return a + b
end
# 함수 호출
result = add(3, 4)
println(result) # 출력: 7
# 메인 함수
function main()
    # 파일 이름 설정
    filename = "input.txt"
    # 파일 읽어서 저장
    contents = read_and_store_file(filename)
    # 이 부분에서 특정한 계산을 수행할 수 있다.
    # 저장된 내용 출력
    print_contents(contents)
end
# 프로그램 실행
main()
```

3.10 기초적인 입력과 출력

사용자로부터 데이터를 입력받고, 프로그램을 통해 결과를 출력하는 것은 대부분의 프로그래밍 작업에서 필수적인 요소이다. 데이터를 읽는 것과 생성된 데이터를 파일에 보관하는 것은 매우 중요한 기술이다. 다른 컴퓨터 언어에 이미 익숙할 경우 줄리아를 이용한 입력/출력 프로그램 작성이 큰 문제가 되지 않는다. 왜냐하면, 인공지능 프로그램(ChatGPT, Claude, Perplexity, Copilot, Gemini)을 이용할 수 있기 때문이다. 변환 후 몇 가지 테스트를 해 보는 것이 더 효율적이다. 기본적인 입력 및 출력 기능을 숙지하면 줄리아 언어로 다양한 프로그램을 개발할 수 있다.

```
# 가장 먼저 println() 함수 사용법을 알아야 한다.
name = "In-Ho"
```

```
age = 30
println("Hello, $name")
println("You are $age years old.")
println("This is a new line.")
print("This is ")
print("on the same line.")

# 파일 경로(실제 파일 경로로 변경해야 한다.)
file_path = "example.txt"
# 파일 읽기
try  # 블록을 사용하여 파일 읽기 중 발생할 수 있는 오류를 처리한다.
    file = open(file_path, "r")
    # 함수를 사용하여 파일을 읽기 모드(r)로 연다.
    for line in eachline(file)  # 각 줄을 순회
        println(line)           # 각 줄을 출력
    end
    close(file)   # 함수를 사용하여 파일을 닫는다.
catch e
    println("파일을 읽는 동안 오류가 발생했다: ", e)
end
    # 파일 쓰기
try
    file = open(file_path, "w")
    # 함수를 사용하여 파일을 쓰기 모드(w)로 연다. 덮어쓰기
    write(file, "Hello, Julia!\n")
    # 함수를 사용하여 파일에 문자열을 쓴다.
    write(file, "This is a simple example.\n")
    close(file)
    println("파일 쓰기 완료.")
catch e
    println("파일에 쓰는 동안 오류가 발생했다: ", e)
end
# 문자열을 분리하는 방법, 분리자를 선언한다.
str = "Hello, Julia, World"
result = split(str, ", ")
println(result)  # ["Hello", "Julia", "World"]
# 기본 분리자는 빈칸이다. 명시적으로 분리자를 선언하지 않을 경우
```

```
str = "Hello Julia World"
result = split(str)
println(result)
```

```
filename = "output.txt"
numbers = [1, 2, 3, 4, 5]
open(filename, "w") do file
    for num in numbers
        write(file, string(num) * "\n")
    end
end
# 파일 객체와 문자열을 인수로 받아 파일에 데이터를 쓴다.
# 문자열1 과 문자열2를 붙여 쓸 때: * 기호를 이용한다.

using Printf
filename = "output.txt"
numbers = [1.1, 2.2, 3.3, 4.4, 5.5]
open(filename, "w") do file
    for num in numbers
        @printf(file, "%.2f\n", num)
    end
end
# 부동소수점 숫자를 소수점 이하 두 자리까지 포맷팅하여 파일에 쓴다.
function append_lines_to_file(file_path::String,lines::Vector{String})
"""
    주어진 문자열 리스트를 파일에 줄 단위로 추가하는 함수.
    인수:
    file_path (String): 파일 경로.
    lines (Vector{String}): 파일에 추가할 문자열 리스트.
"""
    try
        open(file_path, "a") do file
            for line in lines
                println(file, line)
            end
        end
        println("파일, 데이터 추가 완료.")
```

```
        catch e
            println("파일 추가 중 오류 발생: ", e)
        end
    end
    # 사용 예시
    file_path = "example.txt"
    lines_to_append = ["새로운 줄 1", "새로운 줄 2", "새로운 줄 3"]
    append_lines_to_file(file_path, lines_to_append)
```

3.11 모듈이 포함할 수 있는 것들

모듈은 함수뿐만 아니라 변수를 포함한 모든 종류의 코드를 포함할 수 있다. 아울러 데이터를 정의할 때에도 유용하다. 모듈은 변수뿐만 아니라 함수, 타입, 상수 등 코드의 다양한 구성 요소를 담는 네임스페이스(namespace)이자 코드 구성 단위이다. 필요하면 모듈 코드 내에서 사용할 패키지(using, import)를 가져와야 한다. using 키워드: 패키지의 모든 export된 이름(함수, 타입, 상수 등)을 현재 모듈의 스코프 내로 가져온다. import 키워드: 패키지 이름만 현재 모듈의 스코프 내로 가져온다. 패키지 내의 이름을 사용하려면 패키지 이름을 앞에 붙여야 한다. 이는 이름 충돌을 방지하고 코드의 출처를 명확히 하는 데 유용하다. 모듈 안에는 변수 외에도 다음과 같은 다양한 요소들을 포함할 수 있다.

① 변수(variables): 모듈 스코프 내의 전역 변수.

② 상수(constants): const 키워드로 선언된 값.

③ 함수(functions): 새로운 함수 정의.

④ 타입(types): struct, mutable struct, abstract type 등을 이용한 사용자 정의 타입 선언.

⑤ 다른 모듈(other modules): 모듈 내부에 또 다른 모듈을 중첩하여 정의.

⑥ using/import 문: 다른 모듈의 기능을 현재 모듈 스코프로 가져오기.

⑦ export 문: 모듈 외부에서 사용할 수 있도록 특정 이름(변수, 함수, 타입 등)을 공개(내보내기).

⑧ 매크로(macros): @ 기호로 시작하는 매크로 정의.

⑨ 최상위 코드(top-level code): 모듈이 로드될 때 실행되는 코드(예: 초기화 작업).

```
module VariablesModule
    export username, score
    username = Ref("In-Ho")  #  초기값
    score = Ref(95)  #  초기값
end
using .VariablesModule
println(username[]) # 출력: In-Ho
println(score[])   # 출력: 95
username[] = "Jin-Hee"
score[] = 98
println(username[]) # 출력: Jin-Hee
println(score[])   # 출력: 98

module VariablesModule
    export user
    mutable struct User
        username::String
        score::Int
    end
    user = User("In-Ho", 95)
end

using .VariablesModule
println(user.username) # 출력: In-Ho
println(user.score)    # 출력: 95
user.username = "Jin-Hee"
user.score = 98
println(user.username) # 출력: Jin-Hee
println(user.score)    # 출력: 98
```

이렇게 함수를 사용하지 않고도 모듈 내에 변수를 정의하고 사용할 수 있다. 이 방법은 데이터의 중앙 집중 관리를 쉽게 해주고, 코드의 네임스

페이스 충돌을 방지하는 데 유용하다. 특정한 컴퓨터 알고리즘의 흐름에 따라서 계산을 하다 보면 지금은 당장 사용되지 않는 변수이지만, 아주 나중에 사용될 수 있는 변수들을 계속해서 전달하게 된다. 왜냐하면, 변수들이 알고리즘의 순서에 따라서 계속해서 순서대로 전달되어야 하기 때문이다. 하지만, 특정한 변수들은 진작 필요할 때에만 사용할 수 있어야 편리하다. 사실, 변수들은 특정한 목적에 연관된 것들로 잘 분류할 수도 있다. 변수들을 끼리끼리 잘 분류하는 것은 아주 좋은 아이디어이다.

줄리아에서 Ref는 변수를 참조 형태로 저장하고, 그 값을 변경할 수 있게 해주는 타입이다. Ref를 사용하면 함수의 인수로 전달된 변수의 값을 함수 내부에서 변경하거나, 모듈 변수를 외부에서 변경하는 등 다양한 상황에서 유용하게 사용할 수 있다. 모듈 변수를 Ref 타입으로 정의하면, 모듈 외부에서 변수 값을 변경할 수 있다. Ref(value)를 사용하여 Ref 객체를 생성하고 초기값을 설정한다. ref[]와 같이 [] 연산자를 사용하여 Ref 객체 내부의 값에 접근한다. ref[] = new_value와 같이 [] 연산자를 사용하여 Ref 객체 내부의 값을 변경한다. 함수 내부에서 Ref 타입의 인수를 변경하면, 함수 외부의 원래 변수 값도 변경된다.

모듈 내의 변수는 해당 모듈 내의 함수에서 global 키워드를 사용하여 값을 변경할 수 있다. global 변수를 사용하지 않고 모듈 간 또는 함수 간에 데이터를 공유하고 수정하는 방법은 여러 가지가 있다. global 변수의 과도한 사용은 코드의 가독성을 떨어뜨리고, 상태 추적을 어렵게 만들며, 예상치 못한 부작용을 야기할 수 있으므로, 가능한 한 global 변수를 피하는 것이 좋다. 여러 함수에서 공유하고 수정해야 하는 상태가 있다면, 구조체를 정의하고 해당 구조체의 필드에 데이터를 저장하는 것이 좋다. 함수는 이 구조체의 인스턴스를 받아서 필드 값을 읽거나 수정할 수 있다.[9] 여러 함수에서 공유하고 수정하는 상태: mutable struct를 사용하여 상태를 캡슐화하고 메서드를 통해 관리한다. ! 접미사: 구조체의 상태를 변경하는 함수 이름에 !를 붙이는 것은 줄리아의 관례이다.

9: 관련된 데이터를 하나의 구조체로 묶으면 메모리 접근 패턴이 개선되고 가비지 컬렉션 부담을 줄일 수 있다.

줄리아에서 struct 구조체를 활용한 데이터 수정은 구조체가 가변인지 불변인지에 따라 다른 방식으로 이루어진다. 불변 구조체는 생성 후에는 필드 값을 직접 수정할 수 없으므로, 수정된 값을 반영하려면 새로운 인스턴스를 생성해야 한다. 반면, 가변 구조체는 필드 값을 직접 수정할 수 있으며, 함수 내에서 가변 구조체 인스턴스를 수정하면 원래 인스턴스의 값도 변경된다. 필요에 따라 깊은 복사를 통해 원래 데이터를 보존하면서 수정된 데이터를 다룰 수도 있다.[10]

10: mutable struct는 Python의 클래스와 상당히 유사한 개념을 가지고 있다. 둘 다 데이터와 해당 데이터를 조작하는 메서드(함수)를 묶어서 표현하는 데 사용된다. 특정 구조체의 인스턴스에 작용하는 메서드를 만들 수 있다. 객체 또는 구조체의 인스턴스는 내부 상태를 가질 수 있으며, 이 상태는 메서드를 통해 변경될 수 있다. 객체(인스턴스)를 생성하고, 그 객체의 속성과 행위를 정의하는 데 사용될 수 있다. 줄리아의 경우, 메서드는 일반적으로 구조체 정의 외부에서 정의된다. Python의 경우, 클래스 정의 내부에 메서드를 정의한다. Python의 경우, 첫 번째 인자로 항상 self를 받는다.

```
struct Point  # 구조체 선언
    x::Float64
    y::Float64
end
# Point 구조체의 인스턴스 생성
p1 = Point(1.0, 2.0)
println(p1) # 출력: Point(1.0, 2.0)

# 필드 값 수정(기본적으로 구조체는 불변(immutable)이다.)
# p1.x = 3.0 # 오류 발생!
# 새로운 인스턴스를 생성하여 수정된 값을 반환한다.
p2 = Point(3.0, p1.y)
println(p2) # 출력: Point(3.0, 2.0)

mutable struct Rectangle
    width::Float64
    height::Float64
end
# Rectangle 구조체의 인스턴스 생성
r1 = Rectangle(5.0, 10.0)
println(r1) # 출력: Rectangle(5.0, 10.0)
# 필드 값 직접 수정
r1.width = 7.5
println(r1) # 출력: Rectangle(7.5, 10.0)
r1.height = 12.0
println(r1) # 출력: Rectangle(7.5, 12.0)
function increase_x(p::Point, val::Float64)
    return Point(p.x + val, p.y) # 새로운 Point 인스턴스
end
p3 = Point(2.0, 4.0)
```

```
p4 = increase_x(p3, 1.5)
println(p3)
# 출력: Point(2.0, 4.0) (인스턴스는 변경되지 않음)
println(p4) # 출력: Point(3.5, 4.0) (새로운 인스턴스 반환)
function scale_rectangle!(r::Rectangle, factor::Float64)
    r.width *= factor
    r.height *= factor
end
r2 = Rectangle(3.0, 6.0)
scale_rectangle!(r2, 2.0)
println(r2)
# 출력: Rectangle(6.0, 12.0) (인스턴스의 값이 변경됨)

p5 = Point(5.0, 5.0)
p6 = deepcopy(p5) # 깊은 복사
p7 = Point(p5.x + 1.0, p5.y + 1.0) # 새로운 인스턴스 생성
println(p5) # 출력: Point(5.0, 5.0)
println(p6)
# 출력: Point(5.0, 5.0) (p5와 동일하지만 독립적인 객체)
println(p7) # 출력: Point(6.0, 6.0)
```

3.12 변수와 함수로 구성된 모듈 사용하기

줄리아의 모듈은 변수와 함수 모두를 포함할 수 있는 구조체이다. 모듈은 변수를 정의하고 데이터를 저장하는 것뿐만 아니라, 관련된 함수들을 함께 포함하여 코드의 재사용성과 가독성을 높일 수 있도록 도와준다. 모듈을 사용하면 네임스페이스를 분리하고, 코드의 충돌을 방지하며, 조직적인 코드 구조를 유지할 수 있다.

```
module ExampleModule
# 변수 정의
    const pi_approximation = 3.14
    radius = 5.0

```

```
# 함수 정의
    function calculate_area(r)
        return pi_approximation * r^2
    end

    function calculate_circumference(r)
        return 2 * pi_approximation * r
    end
end # module ExampleModule

using .ExampleModule
# 변수 값 참조
println(ExampleModule.pi_approximation)  # 출력: 3.14
println(ExampleModule.radius)            # 출력: 5.0
# 함수 호출
println(ExampleModule.calculate_area(ExampleModule.radius))
# 출력: 78.5
println(ExampleModule.calculate_circumference(ExampleModule.radius))
# 출력: 31.4
```

다양한 실제 사용 사례를 통해 모듈의 유용성을 이해할 수 있다.

```
module PlotModule
    using Plots
    export plot_data
    # 데이터 플롯 함수
    function plot_data(x, y)
        plot(x, y, title="Data Plot", xlabel="X-axis",
                      ylabel="Y-axis")
    end
end # module PlotModule

using .PlotModule
x = 1:10
y = rand(10)
plot_data(x, y)
```

```
module DataProcessing
    export process_data, filter_data
# 데이터 처리 함수
    function process_data(data)
        return [x * 2 for x in data]
    end
# 데이터 필터링 함수
    function filter_data(data, threshold)
        return [x for x in data if x > threshold]
    end
end
using .DataProcessing
data = [1, 2, 3, 4, 5]
processed_data = process_data(data)
# 출력: [2, 4, 6, 8, 10]
filtered_data = filter_data(data, 3)
# 출력: [4, 5]
println(processed_data)
println(filtered_data)
```

특정 모듈의 모든 기능을 가져오는 대신, 특정 변수만 선택적으로 가져와서 사용하고 싶을 때는 using 키워드 뒤에 모듈 이름과 콜론(:)을 사용하고, 괄호() 안에 가져오고 싶은 변수들의 이름을 쉼표로 구분하여 나열한다.
using $MyModule$: $(CONSTANT\_VALUE, variable\_b)$
괄호 안에는 가져오고 싶은 변수들의 이름만 나열해야 한다. 함수 이름은 포함되지 않는다. 함수를 특정 이름으로 가져오고 싶다면 import 키워드를 사용해야 한다. 가져온 변수는 현재 스코프에서 직접 사용할 수 있다. 모듈 이름을 앞에 붙이지 않아도 된다. 만약 같은 이름의 변수가 현재 스코프에 이미 존재한다면 이름 충돌이 발생할 수 있다. 이 경우, 변수 이름을 바꾸거나 모듈 이름을 통해 접근하는 방식을 고려해야 한다. 이러한 방식으로 using 문구를 사용하면 필요한 변수만 명시적으로 가져와 코드의 가독성을 높이고 이름 충돌의 가능성을 줄일 수 있다.

import는 모듈의 기능을 현재 스코프로 가져오는 데 사용되는 중요한 키워드이다. using과 비슷해 보이지만, 가져오는 방식과 사용 방식에 차이가 있다. 가장 기본적인 형태는 import 뒤에 모듈 이름을 쓰는 것이다. 이렇게 하면 해당 모듈의 모든 기능(변수, 함수, 타입 등)이 현재 스코프로 이름만 가져와진다. 따라서 모듈의 기능을 사용하려면 모듈 이름을 앞에 붙여야 한다.

```
import LinearAlgebra
identity_matrix = LinearAlgebra.I(3)
determinant_value = LinearAlgebra.det([1 2; 3 4])
```

using과 마찬가지로, import 뒤에 모듈 이름과 콜론(:)을 사용하여 특정 항목만 선택적으로 가져올 수 있다. 이 경우, 가져온 항목은 모듈 이름 없이 직접 사용할 수 있다.

```
import LinearAlgebra: det, norm
matrix = [1 2; 3 4]
determinant_value = det(matrix)
vector = [1, 2, 3]
norm_value = norm(vector)
```

모듈 이름이 길거나 다른 이름으로 사용하고 싶을 경우, as 키워드를 사용하여 별칭을 지정할 수 있다.

```
import LinearAlgebra as LA
identity_matrix = LA.I(2)
eigenvalues = LA.eigvals([4 1; 2 5])
```

특정 항목에 대해서도 별칭을 사용할 수 있다. import LinearAlgebra: det as determinant

```
matrix = [1 2; 3 4]
result = determinant(matrix)
```

결론적으로, using은 편리하게 모듈의 기능을 직접 사용하고 싶을 때, import는 이름 충돌을 방지하거나 코드의 출처를 명확히 하고 싶을 때, 또는 특정 항목에 별칭을 부여하고 싶을 때 유용하게 사용된다. using

키워드를 사용하면 모듈에서 export된 모든 이름이 현재 스코프에 직접 포함된다.

가장 간단하고 대화형으로 함수 출처를 확인하는 방법은 줄리아 REPL에서 ?를 입력하여 도움말 모드로 들어간 후, 확인하고 싶은 함수 이름을 입력하는 것이다. @which 매크로는 주어진 함수 호출이 실제로 어떤 메서드에 디스패치되는지, 그리고 해당 메서드가 정의된 위치를 알려준다. 이를 통해 함수의 출처 모듈을 간접적으로 확인할 수 있다.

export는 모듈의 공개 인터페이스(API)를 정의하는 역할을 한다. 모듈 사용자는 export된 이름만 신경 쓰면 되므로 모듈의 내부 구현에 대한 부담을 줄일 수 있다. 모듈을 사용하면 서로 다른 모듈에서 같은 이름을 가진 변수나 함수가 정의되어 있어도 이름 충돌을 방지할 수 있다. using보다는 import를 사용하여 필요한 이름만 명시적으로 접근하는 것이 더 안전한 방법일 수 있다. 모듈을 통해 코드를 논리적인 단위로 분리하고 관리함으로써 코드의 가독성을 높이고 재사용성을 향상시킬 수 있다.

3.13 모듈 그리고 위상학적 정렬

11: 수학적으로 모든 문제를 풀어내는 일반적이고 기계적인 절차란 있을 수 없다.

모듈은 특정한 업무와 관련된 함수, 타입, 변수 등을 그룹화하는 단위이다.[11] 코드의 조직화와 관리를 용이하게 하며, 이름 충돌을 방지한다. module 키워드를 사용하여 모듈을 정의하고, 관련된 함수, 변수, 타입을 모듈 내에 포함한다. 이렇게 정의된 모듈은 파일 단위로 저장되어 관리된다. 각 모듈은 독립적인 이름 공간을 가지므로, 다른 모듈에서 동일한 이름의 함수나 변수를 사용하더라도 이름 충돌을 방지할 수 있다. 이를 통해 대규모 프로젝트나 여러 개발자가 협업하는 환경에서 코드의 안정성을 확보할 수 있다. 모듈은 특정 기능을 수행하는 코드 블록을 캡슐화하여 다른 프로그램이나 모듈에서 재사용할 수 있도록 지원한다. export 키워드를 사용하여 모듈 외부에서 사용할 함수나 변수를 지정한다. 이를 통해 코드의 중복을 줄이고 개발 효율성을 높일 수 있다.

import *aModule*: 모듈을 가지고 와서, *aModule*.[함수명]으로 사용한다.
using *aModule*: 현재의 namespace에서 *aModule*의 모든 함수를 사용할 수 있다.

각 줄리아 모듈은 일반적으로 하나의 .jl 파일에 정의된다. 모듈을 파일 단위로 관리함으로써 코드의 구성이 명확해지고, 유지 관리가 용이해진다. 또한, 모듈별로 코드를 분리하여 개발함으로써 코드의 재사용성을 높일 수 있다. 줄리아 패키지는 하나 이상의 모듈을 포함할 수 있으며, 패키지 관리 시스템을 통해 모듈을 설치하고 사용할 수 있다. 패키지는 여러 개의 모듈을 포함하고 패키지 관리 시스템을 통해 관리된다.

모듈을 사용하면 큰 프로젝트를 작은 부분으로 나눠서 관리할 수 있어 매우 유용하다. 줄리아 모듈은 일반적으로 특정 목적이나 주제에 맞게 변수와 함수들로 구성된다. 모듈은 관련된 함수, 타입, 상수 등을 그룹화하여 하나의 논리적 단위로 묶는 역할을 한다. 이를 통해 코드의 가독성과 유지보수성이 향상되며, 재사용도 용이해진다. 일반적으로 모듈은 하나의 파일에 저장된다. 두 개의 모듈 A, 모듈 B가 있다고 가정한다. 이 때, 모듈 A가 모듈 B를 이용하고(using B) 동시에 모듈 B가 모듈 A를 이용할 (using A) 수는 없다. 통상 모듈은 데이터와 그 데이터와 연관된 함수들로 구성된다. 하지만, 데이터만으로 구성된 모듈도 당연히 가능하다. 이 경우 순전히 데이터 저장소로 사용될 수 있다.

모듈은 독립적으로 테스트할 수 있는 단위이므로, 단위 테스트를 통해 각 모듈의 기능을 개별적으로 검증할 수 있다. 이는 코드의 신뢰성을 높이는데 도움이 된다. 모듈은 특정 기능을 캡슐화하여 다른 프로젝트에서도 쉽게 재사용할 수 있다. 이는 코드의 중복을 줄이고, 개발 시간을 절약한다. 모듈은 독립적인 단위로 분리되어 있으므로, 특정 모듈을 수정하거나 업데이트할 때 다른 모듈에 미치는 영향을 최소화할 수 있다. 이는 코드의 유지보수를 용이하게 만든다.

```
# MyModule.jl 파일 내용
module MyModule
```

```
    export say_hello  # 이 함수를 내보내기로 했다.
    function say_hello(name::String)
        println("Hello, $name")
    end
end # 모듈 끝

# main.jl 파일 내용
# 모듈 파일 경로 지정
push!(LOAD_PATH, ".") # 현재 디렉토리(.)를 LOAD_PATH에 추가한다.
# 파일이 현재 디렉토리에 있을 때 이를 찾을 수 있다.
using .MyModule        # 모듈을 가져온다.
# 모듈의 함수 호출
say_hello("In-Ho")  # 함수를 호출하여 모듈의 기능을 사용할 수 있다.
```

```
# MathUtils.jl 파일
module MathUtils
    export add, subtract, multiply, divide
#  모듈 외부에서 사용할 함수들을 지정
# 두 숫자를 더하는 함수
    function add(a::Number, b::Number)::Number
        return a + b
    end
# 두 숫자를 빼는 함수
    function subtract(a::Number, b::Number)::Number
        return a - b
    end
# 두 숫자를 곱하는 함수
    function multiply(a::Number, b::Number)::Number
        return a * b
    end
# 두 숫자를 나누는 함수
    function divide(a::Number, b::Number)::Number
        return a / b
        end
end # 모듈 끝

# main.jl 파일
```

```
using .MathUtils
# 모듈의 함수 호출
println(add(10, 5))       # 출력: 15
println(subtract(10, 5))  # 출력: 5
println(multiply(10, 5))  # 출력: 50
println(divide(10, 5))    # 출력: 2.0

module MathUtils1
    const VERSION = v"1.0.0"
end

# 첫 번째 모듈 정의, 하나의 파일 속에 두 개의 모듈
module ModuleA
    export funcA
    function funcA(x)
        return x * 2
    end
end
# 두 번째 모듈 정의
module ModuleB
    export funcB
    function funcB(y)
        return y + 10
    end
end

# 모듈 사용
using .ModuleA
using .ModuleB
# 각 모듈의 함수 호출
resultA = funcA(5)
resultB = funcB(3)
println("Result A: ", resultA) # 출력: Result A: 10
println("Result B: ", resultB) # 출력: Result B: 13

# 내부 모듈 정의
module InnerModule
```

```
    export inner_function
    function inner_function(x)
        return x * 2
    end
end
# 외부 모듈 정의 및 내부 모듈 재내보내기
module OuterModule
    export outer_function, inner_function
    # inner_function을 다시 export
    using ..InnerModule # 내부 모듈 사용
    function outer_function(y)
        return inner_function(y) + 10
    end
end
# 외부 모듈 사용
using .OuterModule
# 외부 모듈의 함수 및 내부 모듈의 함수 호출
result_outer = outer_function(5)
result_inner = inner_function(3)
println("Outer Result: ", result_outer) # 출력: Outer Result: 20
println("Inner Result: ", result_inner) # 출력: Inner Result: 6
```

줄리아에서 모듈을 로드하는 주요 방법은 using과 import 키워드를 사용하는 것이다. '모듈이름.함수이름' 또는 '모듈이름.변수이름'과 같은 방식으로 모듈 내의 특정 함수나 변수에 접근할 때 점(.)을 사용한다. 예를 들어, *MyModule.myFunction*() 과 같이 사용할 수 있다. using 키워드를 사용하면 모듈의 모든 export된 함수와 변수를 현재 작업 공간으로 가져온다. 따라서 모듈 이름을 접두사로 붙이지 않고도 해당 함수나 변수를 사용할 수 있다. import 키워드를 사용하면 특정 모듈 또는 모듈 내의 특정 함수나 변수만 가져온다. 이 경우, 해당 함수나 변수를 사용하려면 모듈 이름을 접두사로 붙여야 한다.

using .*MyModule*의 의미:

이 구문은 줄리아에게 *MyModule*을 현재 작업 환경 또는 현재 모듈과 동일한 위치에서 찾아서 로드하도록 지시한다. 이는 모듈이 현재 작업

디렉토리 또는 현재 모듈과 동일한 디렉토리에 있는 경우에 유용하다. 이는 모듈의 상대적인 경로를 명시하는것이다. 동일한 파일 안에서 두 개 이상의 모듈을 정의하고 사용할 수 있다.

위상학적 정렬과 모듈의 의존성은 소프트웨어 개발에서 중요한 개념이다. 이를 통해 의존성 그래프를 관리하고, 모듈 간의 관계를 효율적으로 다룰 수 있다.

◇ 위상학적 정렬(topological sorting, 位相整列)

위치(位)나 자리의 관계(相)를 정렬하는 것을 의미한다. 위상학적 정렬은 방향성이 있는 비순환 그래프(DAG, directed acyclic graph)의 모든 정점을 각 정점이 가지는 선행 관계를 유지하면서 선형으로 정렬하는 것이다. 즉, 어떤 작업을 수행하기 위해 먼저 수행해야 할 작업이 있는 경우, 그 순서를 정하는 데 사용된다. 그래프 내에서 노드들의 순서 관계를 나타내는 의미로 위상이 사용되었다. 예를 들어, 여러 작업이 서로 의존성이 있을 때, 작업들을 어떤 순서로 처리해야 하는지 결정할 수 있다. 작업 A가 작업 B에 의존하고, 작업 B가 작업 C에 의존하는 경우, 위상학적 정렬은 $C \to B \to A$의 순서로 작업을 정렬한다. 이 경우, 작업 C를 가장 먼저 수행해야만 한다. 물론, 작업 B를 만들 때, 작업 C의 결과를 사전에 정의하여 작업 B를 가상적으로 완성할 수 있다. 일상 생활에서 경험하는 양말, 구두, 내의, 외의 등을 입는 순서 또는 벗는 순서를 생각하면 쉽게 위상학적 정렬을 이해할 수 있다.

◇ 모듈 의존성(module dependency)

모듈 의존성은 한 모듈이 다른 모듈에 의존하는 관계를 나타낸다. 이는 소프트웨어 개발에서 코드의 재사용성과 유지 보수성을 높이기 위해 매우 중요하다. 모듈 의존성을 관리하면 코드의 변화를 최소화하고, 다른 모듈에 미치는 영향을 줄일 수 있다.

```
@which println("hello")

using LinearAlgebra
A = [1 2; 3 4];
@which det(A)
```

```

@which sum([1, 2, 3])

module MyModule
    # 내부에서만 사용되는 변수
    internal_variable = 10
    # 외부로 공개할 변수
    export exported_variable
    exported_variable = 20
    # 내부에서만 사용되는 함수
    function internal_function(x)
        return x * 2
    end
    # 외부로 공개할 함수
    export exported_function
    function exported_function(y)
        return y + 5
    end
end
```

줄리아에서 주피터 노트북과 REPL 환경 모두 기본적으로 명시적인 표시 없이 변수를 할당하면 해당 변수는 global 스코프를 갖게 된다. 모듈의 최상위 레벨이나 REPL에서 정의된 변수는 전역 스코프를 갖는다. 이는 프로그램 전체 또는 현재 REPL 세션 어디에서든 접근할 수 있다. 함수, let 블록, for 루프, while 루프, try-catch 블록 등 특정 코드 블록 내에서 정의된 변수는 해당 블록 내에서만 접근 가능한 지역 스코프를 갖는다.[12] 전역 스코프에서 변수를 선언할 때 global 키워드를 사용하는 것이 필수는 아니다. 하지만 지역 스코프 내에서 전역 변수의 값을 수정하거나, 지역 스코프 내에서, 전역 변수와 이름이 같은 새로운 지역 변수를 정의하지 않고, 전역 변수를 사용하고 싶을 때는 global 키워드를 명시적으로 사용해야 한다.

12: try-catch 블록은 예외(exception)가 발생할 수 있는 코드를 안전하게 처리하는 데 사용되는 기본적인 오류 처리 메커니즘이다. try 블록 안의 코드를 실행하는 동안 예외가 발생하면, 실행 흐름은 즉시 해당 catch 블록으로 이동하여 예외를 처리하는 코드를 실행한다. 이를 통해 프로그램이 예외로 인해 갑자기 종료되는 것을 방지하고, 보다 안정적인 코드를 작성할 수 있다.

```
# REPL 또는 주피터 노트북의 최상위 레벨에서 변수 할당 (전역 변수)
my_global_var = 10
println(my_global_var)
```

```

function my_function()
    println(my_global_var)
    global my_global_var = 20
    local my_local_var = 5
    println(my_local_var)
end

my_function()
println(my_global_var)

if true
    another_global = "hello"
# if 블록 내에서 처음 할당해도 최상위 레벨이면 전역 변수
end
println(another_global) # 출력: hello

# for 루프 내에서 처음 할당하면 지역 변수
for i in 1:3
    local yet_another_local = i * 2
    global yet_another_global_outside
# 루프 외부의 전역 변수 사용을 명시
    yet_another_global_outside = yet_another_local
end
println(yet_another_global_outside)
# 출력: 6 (루프의 마지막 값)
```

let 블록은 특정 범위 내에서만 유효한 지역 변수를 생성하고 사용할 때 유용하다. let 블록 내에서 정의된 변수는 블록이 끝나면 자동으로 소멸된다. 이는 변수의 이름 충돌을 방지하고 코드의 가독성을 높이는 데 도움이 된다. 필요하다면 명시적으로 global 또는 local 키워드를 사용하여 변수의 스코프를 제어한다.

```
x = 10 # 전역 변수 x
let
    x = 5
```

```
    # let 블록 내의 지역변수 x(전역변수 x와 이름은 같지만 다른 변수)
    y = 20
    # let 블록 내의 지역변수 y
    println("x in let block: ", x)
    # 출력: x in let block: 5
    println("y in let block: ", y)
    # 출력: y in let block: 20
end
println("x outside let block: ", x)
# 출력: x outside let block: 10 (전역변수 x는 변경되지 않음)
# println("y outside let block: ", y)
# 오류: y는 let 블록 내에서만 정의됨

a = 1
b = 2
let temp = a
    global a = b
    global b = temp
end
println("a after swap: ", a)
# 출력: a after swap: 2
println("b after swap: ", b)
# 출력: b after swap: 1

function process_data(arr)
    result = []
    for x in arr
        let squared_x = x^2
            if squared_x > 10
                push!(result, sqrt(squared_x))
            end
        end # squared_x는 이 블록이 끝나면 소멸
    end
    return result
end
data = [1, 2, 3, 4, 5]
processed = process_data(data)
```

```
println("Processed data: ", processed)
# 출력: Processed data: [ 4.0, 5.0]
```

```
function process_vectors_without_let(a, b, c)
    temp1 = a .* b
    result = temp1 .+ c
    return result
end

function process_vectors_with_let(a, b, c)
    n = length(a)
    let temp = similar(a)
        @. temp = a * b
        result = @. temp + c
        return result
    end
end

# 입력 벡터 생성
a = rand(10^6)
b = rand(10^6)
c = rand(10^6)

# 성능 비교
using BenchmarkTools

println("Without let:")
@btime process_vectors_without_let($a, $b, $c)

println("\nWith let:")
@btime process_vectors_with_let($a, $b, $c)
#Without let:
#2.695 ms (6 allocations: 15.26 MiB)

#With let:
#2.538 ms (6 allocations: 15.26 MiB
```

위의 예제는 줄리아에서 let 구문을 활용한 지역 벡터화(local vectorization)에 대한 것이다. 특정 코드 블록 내에서 임시 배열 생성을 피하고 더 세밀하게 성능을 조정하고 싶을 때 let 구문을 활용한 지역 벡터화가 유용할 수 있다. let 구문은 새로운 스코프를 만들고, 이 스코프 내에서만 유효한 변수를 선언할 수 있게 해준다. 이를 활용하여 특정 연산에 필요한 임시 배열을 let 블록 내에서 할당하고 재사용함으로써 메모리 할당 부담을 줄이고 성능을 향상시킬 수 있다. process_vectors_without_let 함수는 중간 결과 $temp1$을 저장하기 위해 새로운 배열을 할당한다. process_vectors_with_let 함수는 let 블록 내에서 $temp$라는 지역 배열을 한 번만 할당하고, 요소별 곱셈 결과를 이 배열에 저장한 후 덧셈 연산에 재사용한다. 벤치마크 결과를 비교해보면, 큰 벡터에 대해 let 구문을 사용한 버전이 임시 배열 할당을 줄여 잠재적으로 더 나은 성능을 보일 수 있다. let 구문이 항상 성능 향상을 보장하는 것은 아니다. 배열의 크기가 작거나 연산이 단순한 경우에는 오히려 약간의 오버헤드가 발생할 수 있다. 코드의 가독성과 유지보수성을 고려하여 적절한 상황에 let 구문을 사용하는 것이 중요하다.[13]

13: 함수 내부, let 블록, for 루프, while 루프, try-catch 블록 등 특정 코드 블록 내에서 정의된 변수는 지역 스코프(local scope)를 가진다. 루프 변수는 해당 루프 블록의 지역 변수이다. 해당 코드 블록 내부에서만 접근할 수 있다. 외부에서는 접근할 수 없다. 해당 코드 블록의 실행이 끝나면 변수는 소멸된다. 함수 내부에서 전역 변수를 수정하려면 global 키워드를 사용해야 한다.

매크로 @btime는 주어진 표현식을 여러 번 실행하여 평균 실행 시간, 메모리 할당량 등을 측정해 준다. 이때, 측정하려는 함수에 외부 변수를 전달할 때 변수 이름 앞에 $ 기호를 붙인다. @btime이 함수를 실제로 실행할 때 현재 스코프에 있는 a, b, c 변수의 값을 함수에 전달하게 된다. 만약 $ 없이 외부 변수를 직접 전달하면, 벤치마크가 실행되는 시점의 변수 값을 사용하지 않고, 벤치마크 표현식이 파싱되는 시점의 변수 값을 사용할 수 있다. 이는 예기치 않은 결과를 초래하거나 정확한 성능 측정을 방해할 수 있다. $를 사용함으로써 벤치마크를 실행할 때마다 현재 변수의 값을 사용하도록 보장하여 더 신뢰할 수 있는 결과를 얻을 수 있다.

루프 벡터화와 지역 벡터화는 서로 다른 목표와 방식으로 성능을 최적화하는 기법이다. 루프 벡터화는 이 책 382페이지에서 확인할 수 있다. 루프 벡터화는 계산 집약적인 작업에서 데이터 병렬성을 활용하여 연산 속도를 높이는 데 초점을 맞춘다. 지역 벡터화는 메모리 관리를 최적화하여 특히 복잡한 연산 파이프라인에서 성능 병목 현상을 해소하는 데 유용하다. 실제 코드에서는 이 두 가지 기법이 상호 보완적으로 사용될 수 있다. 예를 들어, 루프 내에서 복잡한 계산을 수행할 때 let 구문을 사용하여 임시 배열 생성을 줄이면서, 해당 루프 자체가 컴파일러에 의해 벡터화되거나 LoopVectorization.jl을 통해 명시적으로 벡터화될 수 있다. 어떤 최적화 기법을 적용할지는 해결하려는 문제의 특성, 코드 구조, 그리고 성능 병목 지점에 따라 신중하게 결정해야 한다.

Table 3.1에서 루프 벡터화와 지역 벡터화를 직접 비교했다.

Table 3.1: 루프 벡터화와 지역 벡터화 비교.

특징	루프 벡터화(loop vectorization)	지역 벡터화(local vectorization)
주요 목표	루프의 반복 연산을 병렬로 처리	배열 생성을 줄여줌
작동 방식	SIMD 명령어를 활용	`let` 구문, 배열 재사용
적용 대상	배열/컬렉션의 각 요소에 대한 반복 연산	중간 결과, 임시 배열 생성 패턴
제어 방식	주로 컴파일러 자동 최적화, 패키지 활용	`let` 구문, 수동 제어
성능 향상 요인	데이터 병렬성 활용, 병렬성 증가	메모리 할당 감소

3.14 멀티디스패치(multidispatch), 앱스트랙 타입(abstract type)

줄리아에서 멀티디스패치는 함수의 동작을 결정하는 과정에서 인수의 타입에 따라 다른 메서드를 선택하는 기능이다. 이는 줄리아의 핵심적인 특징 중 하나이며, 코드의 유연성과 성능을 향상시키는 데 중요한 역할을 한다.

◇ 멀티디스패치의 개념

메서드: 줄리아에서 메서드는 특정 타입의 객체에 대해 수행할 수 있는 함수이다. 줄리아에서 함수는 하나 이상의 메서드로 구성된다. 각 메서드는 특정 타입의 인수에 대해 정의된 함수의 구현이다. 디스패치: 함수가 호출될 때, 줄리아는 제공된 인수의 타입에 가장 적합한 메서드를 선택하여 실행한다. 멀티디스패치: 다른 언어와는 달리, 줄리아는 함수의 모든 인수의 타입을 고려하여 메서드를 선택한다. 이는 첫 번째 인수의 타입만을 고려하는 싱글디스패치(single dispatch)와 대조된다. 메서드는 function 키워드를 사용하여 정의하며, 함수 이름 뒤에 인수의 타입 시그니처를

명시한다. 줄리아는 함수 호출 시 인수의 타입에 따라 적절한 메서드를 자동으로 선택하여 실행한다. 멀티디스패치라는 강력한 특징을 통해 인수의 타입에 따라 실행될 구현체가 결정된다. 이는 코드의 유연성, 확장성, 성능을 향상시키는 중요한 메커니즘이며, 줄리아 언어의 핵심적인 장점 중 하나이다. 메서드를 이해하고 활용하는 것은 줄리아 프로그래밍 능력을 향상시키는 데 필수적이다.

```
# 타입 어노테이션이 없는 함수 정의 (모든 타입에 대해 적용)
operate(a, b) = println("Generic operation on $a and $b")

# 첫 번째 인수가 Int 타입일 때의 메서드 정의
operate(a::Int, b) = println("Integer spec op on $a and $b")

# 두 번째 인수가 Float64 타입일 때의 메서드 정의
operate(a, b::Float64)=println("Float64 spec op on $a and $b")

# 두 인수 모두 String 타입일 때의 메서드 정의
operate(a::String, b::String) =
 println("String spec op: $(uppercase(a)) and $(uppercase(b))")
operate(a::Int, b::Float64) =
  println("Specific operation for Int and Float64: $a and $b")
# 함수 호출
operate(10, 3.14)
# 출력: Integer specific operation on 10 and 3.14
operate("hello", "world")
# 출력: String specific operation: HELLO and WORLD
operate(5, "text")
# 출력: Generic operation on 5 and text
operate(2.71, 1.618)
# 출력: Generic operation on 2.71 and 1.618
operate(10, 2.0)
# 출력: Integer specific operation on 10 and 2.0
operate("data", 3.14)
# 출력: Generic operation on data and 3.14
operate(5.0, 3.14)
# 출력: Float64 specific operation on 5.0 and 3.14
```

```

function greet(name::String)
    println("안녕하세요, ", name, "님!")
end
function greet(number::Int)
    println("숫자 ", number, "를 환영한다!")
end

greet("abc")
greet(10)
#함수가 호출될 때,
#줄리아는 인수의 타입에 따라 적절한 메서드를 선택하여 실행한다.
#줄리아의 멀티디스패치는 강력하고
#유연한 프로그래밍을 가능하게 하는 핵심 기능이다.
```

```
function my_add(a::Int, b::Int)
    println("정수 덧셈 수행")
    return a + b
end

function my_add(a::Float64, b::Float64)
    println("부동소수점수 덧셈 수행")
    return a + b
end

function my_add(a::Int, b::Float64)
    println("정수와 부동소수점수 덧셈 수행 (Int 먼저)")
    return Float64(a) + b
end

function my_add(a::Float64, b::Int)
    println("정수와 부동소수점수 덧셈 수행 (Float64 먼저)")
    return a + Float64(b)
end

println(my_add(5, 3))
println(my_add(2.5, 7.1))
```

```
println(my_add(10, 3.14))
println(my_add(1.618, 8))

abstract type Shape end

struct Circle <: Shape
    radius::Float64
end

struct Rectangle <: Shape
    width::Float64
    height::Float64
end

function area(c::Circle)
    return π * c.radius^2
end

function area(r::Rectangle)
    return r.width * r.height
end

my_circle = Circle(5.0)
my_rectangle = Rectangle(4.0, 6.0)

println("원의 넓이: ", area(my_circle))
println("사각형의 넓이: ", area(my_rectangle))

struct Vec2D
    x::Float64
    y::Float64
end

function Base.:+(v1::Vec2D, v2::Vec2D)
    return Vec2D(v1.x + v2.x, v1.y + v2.y)
end
```

```
v1 = Vec2D(1.0, 2.0)
v2 = Vec2D(3.0, 4.0)
v3 = v1 + v2

println("v1: ", v1)
println("v2: ", v2)
println("v1 + v2: ", v3)

abstract type AudioFile end

struct WAVFile <: AudioFile
    filepath::String
end

struct MP3File <: AudioFile
    filepath::String
end

function play(file::WAVFile)
    println("WAV 파일 재생 시작: ", file.filepath)
# WAV 파일 재생 로직
end

function play(file::MP3File)
    println("MP3 파일 재생 시작: ", file.filepath)
# MP3 파일 디코딩 및 재생 로직
end

function play_audio(filepath::String)
    if endswith(lowercase(filepath), ".wav")
        play(WAVFile(filepath))
    elseif endswith(lowercase(filepath), ".mp3")
        play(MP3File(filepath))
    else
        println("지원하지 않는 오디오 파일 형식: ", filepath)
    end
end
```

```

play_audio("sound.wav")
play_audio("music.mp3")
play_audio("speech.ogg")
```

◇ abstract type ... end 구문은 줄리아에서 타입 시스템의 핵심적인 부분을 담당하며, 다음과 같은 중요한 이유로 필요하다.

① 타입 계층 구조 정의 및 관계 설정

공통된 속성 및 동작 정의: 앱스트랙 타입은 관련된 여러 구체적인 타입들의 공통된 속성이나 동작을 묶어서 정의하는 역할을 한다. 예를 들어, 앞선 예시의 *Shape* 앱스트랙 타입은 모든 도형이 가질 수 있는 일반적인 개념을 나타낸다. 상속(subtyping) 관계 형성: 앱스트랙 타입을 기반으로 구체적인 타입을 정의할 때 :< 연산자를 사용하여 상속 관계를 설정할 수 있다. 예를 들어 struct *Circle* <: *Shape* ... end는 *Circle* 타입이 *Shape* 타입의 하위 타입임을 명시한다. 이는 *Circle*이 *Shape*의 모든 속성과 동작을 "상속"받는다는 의미는 아니지만, 타입 시스템 내에서 논리적인 관계를 형성하고 다형성을 구현하는 데 중요한 역할을 한다.

② 다형성(polymorphism) 구현

일반적인 인터페이스 제공: 앱스트랙 타입을 사용하면 여러 구체적인 타입을 동일한 방식으로 처리할 수 있는 일반적인 인터페이스를 정의할 수 있다. 앞선 예시의 area(s::*Shape*)와 같이, *Shape* 타입의 인수를 받는 함수는 *Circle*, *Rectangle* 등 *Shape*의 하위 타입이라면 어떤 인스턴스든 처리할 수 있다. 코드의 유연성 및 확장성 향상: 새로운 도형 타입(*Triangle* <: *Shape*)이 추가되더라도, area(s::*Shape*) 함수는 별도의 수정 없이 이 새로운 타입을 처리할 수 있다. 이는 코드의 유연성을 높이고 유지보수를 용이하게 한다.

③ 타입 안정성 및 디스패치 최적화

타입 어노테이션 및 검사: 앱스트랙 타입을 사용하여 함수 인수의 타입을 명시하면, 컴파일러는 타입 안정성을 검사할 수 있다. 잘못된 타입의 인수가 함수에 전달될 경우 에러를 발생시켜 런타임 오류를 줄일 수 있다. 더욱 정밀한 멀티디스패치: 줄리아의 멀티디스패치 기능은 함수 인수의 가장 구체적인 타입을 기반으로 실행할 메서드를 결정한다. 앱스트랙 타입을 중간 계층으로 사용하면, 더욱 의미 있고 효율적인 디스패치가 가능해진다. 일반적인 함수 대신, 더 구체적인 메서드를 정의하여 각 타입에 최적화된 처리를 수행할 수 있다.

요약하자면, abstract type ... end 구문은 다음과 같은 목적으로 줄리아의 강력한 타입 시스템을 구축하는 데 필수적인 요소이다. 관련된 타입들을 묶어 계층 구조를 형성한다. 다양한 구체적인 타입을 일관된 방식으로 처리할 수 있는 기반을 제공한다. 코드의 유연성, 확장성 및 유지보수성을 향상시킨다. 타입 안정성을 높이고 런타임 오류를 줄이는 데 기여한다. 더욱 정밀하고 효율적인 멀티디스패치를 가능하게 한다. 앱스트랙 타입이 없다면 타입 간의 관계를 명확하게 정의하기 어렵고, 다형성을 효과적으로 구현하기 어려워 코드의 구조가 복잡해지고 유지보수가 어려워질 수 있다.

앱스트랙 타입은 멀티디스패치가 작동할 수 있는 타입 계층 구조와 공통 인터페이스를 제공하며, 멀티디스패치는 이러한 앱스트랙 타입을 기반으로 다양한 구체적인 타입에 대해 다형적인 동작을 효율적으로 구현하는 핵심 메커니즘이다. 이 두 가지 개념은 줄리아의 강력하고 유연한 프로그래밍 패러다임을 가능하게 하는 중요한 토대이다. 멀티디스패치는 함수 인수의 타입에 따라 호출할 메서드를 결정한다. 앱스트랙 타입은 여러 구체적인 타입을 묶어주는 역할을 하므로, 함수 정의 시 인수의 타입을 앱스트랙 타입으로 지정함으로써 해당 앱스트랙 타입의 모든 하위 타입에 대해 작동하는 일반적인 메서드를 정의할 수 있다. 앱스트랙 타입을 사용하면 더욱 정교하고 계층적인 디스패치가 가능해진다. 예를 들어, 일반 함수를 정의했을 때, 인수의 하위 타입이 두 개 있다면 두 개의 타입에 각각 특화된 메서드 두 개를 정의할 수 있다. 줄리아는 런타임에 인수의 실제 타입을 확인하여 가장 구체적인 메서드를 자동으로 선택한다. 멀티디스패치를 통해 각 구체적인 타입에 대해 최적화되거나 특화된 동작을 구현할 수 있다. 앞선 예시처럼, $Circle$ 타입에 대한 area 계산과 $Rectangle$ 타입에 대한 area 계산은 서로 다른 방식으로 이루어질 수 있다. 예를 들어, "동물"이라는 앱스트랙 타입은 "개", "고양이", "새"와 같은 구체적인 타입을 포함한다. 멀티디스패치는 어떤 "동물"이 들어왔는지 확인하고, 그 "동물"에 맞는 "행동 방식"(짖기, 야옹 소리내기, 지저귀기)을 자동으로 선택하는 것과 같다. 다른 많은 컴퓨터 언어들이(주로 첫 번째 인수의 타입에 기반한) 싱글디스패치를 사용하는 반면, 줄리아는 모든 인수의 타입을 고려하여 가장 적절한 메서드를 선택한다.

abstract type 키워드를 사용하여 선언한다. 일반적인 형식은 다음과 같다.
abstract type $AbstractTypeName$ end
abstract type $AbstractTypeName$ <: $SuperAbstractTypeName$ end
abstract type $AbstractTypeName$ <: Any end
명시적으로 Any의 하위 타입으로 선언(기본 동작)
타입 이름은 대문자로 시작하는 것이 관례이다. end 키워드는 추상 타입 선언의 끝을 나타낸다. 추상 타입은 다른 추상 타입이나 최상위 타입인 Any의 하위 타입으로 선언할 수 있다. 이를 통해 타입 계층 구조를 만들 수 있다. 상위 타입을 지정하려면 <: 연산자를 사용한다.

```
abstract type Shape end

abstract type TwoDimensionalShape <: Shape end
abstract type ThreeDimensionalShape <: Shape end

abstract type CircleLike <: TwoDimensionalShape end
abstract type Polygonal <: TwoDimensionalShape end

struct Circle <: CircleLike
    radius::Float64
end
struct Rectangle <: Polygonal
    width::Float64
    height::Float64
end
struct Sphere <: ThreeDimensionalShape
    radius::Float64
end
```

"데이터 타입과 그 타입에 대한 연산을 정의했을 때, 기존 코드를 크게 수정하지 않고 새로운 연산이나 새로운 데이터 타입을 쉽게 추가할 수 있는 방법은 무엇인가?" 컴퓨터 언어에서의 표현 문제(expression problem)는 프로그래밍 언어 설계 및 타입 시스템과 관련된 오랜 난제이다. 표현 문제는 본질적으로 데이터 타입의 확장과 연산의 확장이라는 두 가지 차원 사이의 trade-off를 보여준다. 객체 지향 프로그래밍(OOP)는 새로운 데이터 타입을 쉽게 추가할 수 있지만(새로운 클래스), 새로운 연산을 추가하려면 기존 클래스들을 수정해야 한다. 함수형 프로그래밍(FP)는 새로운 연산을 쉽게 추가할 수 있지만(새로운 함수), 새로운 데이터 타입을 추가하려면 기존 함수들을 수정해야 한다.

줄리아의 멀티디스패치는 표현 문제의 두 가지 핵심 측면, 즉 새로운 연산 추가와 새로운 데이터 타입 추가에 대해 뛰어난 유연성을 제공한다. 함수형 프로그래밍(FP)의 접근 방식과 유사하게, 줄리아에서는 새로운 연산을 추가하기 위해 새로운 함수를 정의하기만 하면 된다. 이 새로운 함수는 기존의 모든 데이터 타입에 대해 특정 동작을 정의하는 여러 개의 메서드를 가질 수 있다. 기존의 데이터 타입 정의나 기존 연산 함수는 수정할 필요가 없다. 객체 지향 프로그래밍(OOP)의 접근 방식과 유사하게, 줄리아에서는 새로운 데이터 타입을 추가하기 위해 새로운 구조체(struct)를 정의하기만 하면 된다. 이 새로운 데이터 타입에 대한 연산 동작을 정의하려면, 기존 연산 함수에 새로운 데이터 타입에 특화된 새로운 메서드를 추가하면 된다. 기존의 데이터 타입 정의나 다른 연산 함수는 수정할 필요가 없다.

새로운 데이터 타입이나 연산을 추가할 때 기존 코드를 수정할 필요 없이 확장이 가능하다. 기존 코드는 변경에 대해 닫혀 있고, 확장에 대해 열려 있다. 각 연산은 독립적인 함수로 정의되고, 각 데이터 타입의 동작은 해당 타입에 특화된 메서드로 정의되므로 코드의 모듈성이 높아지고 유지보수가 용이해진다. 공통된 동작을 여러 데이터 타입에 대해 쉽게 정의하고 재사용할 수 있다. 컴파일 시점에 메서드 호출의 유효성을 검사하여 런타임 오류를 줄인다.

줄리아는 멀티디스패치라는 핵심 메커니즘과 강력한 타입 시스템, 덕 타이핑, 확장 가능한 함수 등의 기능을 결합하여 표현 문제를 효과적으로 해결한다. 새로운 타입과 연산을 기존 코드를 크게 수정하지 않고 안전하게 추가할 수 있도록 설계되어 있어, 코드의 유지 보수성, 재사용성, 확장성을 높이는 데 기여한다. 이러한 특징 덕분에 줄리아는 과학 기술 컴퓨팅, 데이터 분석, 인공지능 등 다양한 분야에서 복잡한 변경 요구 사항에 유연하게 대응할 수 있는 강력한 언어로 평가받고 있다.

3.15 struct

줄리아에서 struct는 사용자 정의 복합 데이터 타입을 생성하는 데 사용된다. struct를 사용하면 관련된 여러 개의 필드(field)를 하나의 객체로 묶어 표현할 수 있다. 이는 코드의 가독성을 높이고, 데이터 관리를 용이하게 해준다. 줄리아에서 struct는 사용자 정의 데이터 타입을 정의하는 데 사용되는 구조체이다. struct를 사용하면 관련된 데이터를 하나의 단위로 묶어 객체 지향 프로그래밍에서 사용하는 객체처럼 처리할 수 있다. 기본적으로 struct는 불변(immutable) 데이터 구조이다. 즉, struct로 정의된 객체는 생성 후에 그 값을 변경할 수 없다. 그러나 mutable struct를 사용하면 값을 변경할 수 있는 구조체를 정의할 수도 있다. C, C++ 등의 언어에서 구조체와 유사한 개념이며, 객체 지향 프로그래밍의 기본적인 building block 중 하나이다.

struct는 다음과 같은 특징이 있다.

① 데이터 그룹화: 여러 개의 서로 다른 타입의 데이터를 하나의 의미 있는 단위로 묶을 수 있다. 예를 들어, 2차원 점을 표현하기 위해 x 좌표와 y 좌표를 하나의 Point 구조체로 묶을 수 있다.

② 사용자 정의 타입: struct를 정의함으로써 새로운 데이터 타입을 생성할 수 있다. 이 사용자 정의 타입은 줄리아의 다른 내장 타입과 마찬가지로 변수를 선언하고 사용할 수 있다.

③ 불변성(immutable by default): 줄리아의 struct는 기본적으로 불변

(immutable)이다. 이는 struct 객체가 생성된 후에는 그 필드의 값을 변경할 수 없다는 의미이다. 불변성은 코드의 안정성을 높이고 예측 가능성을 향상시키는 데 도움이 된다.

④ 가변성(mutable): 필요에 따라 mutable 키워드를 사용하여 가변(mutable) struct를 정의할 수 있다. 가변 struct의 필드 값은 객체가 생성된 후에도 변경할 수 있다.

⑤ 생성자(constructor): struct의 객체를 생성하는 방법을 정의하는 생성자를 직접 정의할 수 있다. 이를 통해 객체 생성 시 필드 값을 초기화하거나 추가적인 로직을 수행할 수 있다.

⑥ 메서드 연결: struct 타입에 특정 기능을 수행하는 메서드를 연결하여 객체 지향적인 프로그래밍을 지원한다.

```
struct Point
    x::Int
    y::Int
end
p = Point(3, 4)
println(p.x) # 3.0 출력
println(p.y) # 4.0 출력

# 변경 가능한 struct
mutable struct Counter
    value::Int
end
c = Counter(0)
c.value += 1
println(c.value) # 1 출력

struct Point
    x::Float64
    y::Float64
end
function distance(p1::Point, p2::Point)
    return sqrt((p1.x - p2.x)^2 + (p1.y - p2.y)^2)
end
```

```
p1 = Point(1.0, 2.0)
p2 = Point(4.0, 6.0)
dist = distance(p1, p2)
println("두 점 사이의 거리: ", dist)
```

```
using Dates

mutable struct BankAccount
    account_number::String
    owner_name::String
    balance::Float64
    transaction_history::Vector{String}

    # 내부 생성자 (선택 사항)
    function BankAccount(account_number,owner_name,initial_balance)
        if initial_balance < 0
            error("초기 잔액은 0 이상이어야 합니다.")
        end
        new(account_number,owner_name,initial_balance,String[])
# new() 키워드를 사용하여
# 실제 구조체 인스턴스를 생성하고 필드 값을 초기화한다.
    end
end

function deposit!(account::BankAccount, amount::Float64)
    if amount <= 0
        println("입금액은 0보다 커야 합니다.")
        return
    end
    account.balance += amount
    push!(account.transaction_history,
        "$(Dates.now()) - 입금: +$amount")
    println("계좌 $(account.account_number)에
        $amount 원이 입금되었습니다.
        현재 잔액: $(account.balance) 원")
end

```

```
function withdraw!(account::BankAccount, amount::Float64)
    if amount <= 0
        println("출금액은 0보다 커야 합니다.")
        return
    elseif account.balance < amount
        println("잔액이 부족합니다.")
        return
    end
    account.balance -= amount
    push!(account.transaction_history,
        "$(Dates.now()) - 출금: -$amount")
    println("계좌 $(account.account_number)에서
        $amount 원이 출금되었습니다.
        현재 잔액: $(account.balance) 원")
end

function check_balance(account::BankAccount)
    println("계좌 $(account.account_number)의
        현재 잔액: $(account.balance) 원")
end

function view_transaction_history(account::BankAccount)
    println("계좌 $(account.account_number)의 거래 내역:")
    if isempty(account.transaction_history)
        println("거래 내역이 없습니다.")
    else
        for transaction in account.transaction_history
            println(transaction)
        end
    end
end

# 계좌 생성
my_account=BankAccount("123-456-7890", "박갑동", 10000.0)

# 입금
deposit!(my_account, 5000.0)
```

```

# 출금
withdraw!(my_account, 2000.0)

# 잔액 확인
check_balance(my_account)

# 거래 내역 확인
view_transaction_history(my_account)

# 추가 출금 시도 (잔액 부족)
withdraw!(my_account, 20000.0)
```

줄리아는 클래스 기반 상속 대신 타입 시스템과 멀티디스패치를 통해 코드 재사용성과 다형성을 달성한다. 앱스트랙 타입과 콘크리트 타입을 정의하고, 함수의 동작을 인수의 타입에 따라 다르게 정의함으로써 상속과 유사한 효과를 낼 수 있다. 전통적인 객체 지향 프로그래밍에서는 메서드가 특정 클래스에 속하지만, 줄리아에서는 함수가 타입과 독립적으로 존재한다. 멀티디스패치를 통해 함수 호출 시 인수의 타입에 따라 적절한 메서드가 선택된다. mutable struct는 줄리아에서 객체의 상태를 변경 가능하게 만드는 중요한 도구이다. 이는 객체 지향 프로그래밍의 상태 관리 및 캡슐화 개념과 연관될 수 있지만, 줄리아의 객체 지향적 기능은 주로 강력한 타입 시스템과 멀티디스패치를 중심으로 이루어진다는 점을 이해하는 것이 중요하다. mutable struct는 필요한 경우에 유용하게 활용될 수 있지만, 불변성을 기본으로 하는 줄리아의 철학을 고려하여 신중하게 사용하는 것이 좋다. 객체 지향 프로그래밍의 주요 특징으로는 캡슐화(encapsulation), 상속(inheritance), 다형성(polymorphism) 등이 있다. 줄리아는 엄밀히 말하면 전통적인 의미의 객체 지향 프로그래밍 패러다임을 따르는 언어는 아니다. 물론, 줄리아가 객체 지향적인 특징들을 일부 가지고 있고, 객체 지향 스타일로 프로그래밍하는 것이 가능하지만, 핵심 설계 철학은 객체 지향 프로그래밍과는 다르다. 데이터를 담는 데 사용되는 경량 구조체는 클래스와 유사하지만, 메서드를 직접 포함하지 않는다. 메서드는 구조체 타입의 인수를 받아 동작하는 별도의 함수로 정의된다. 줄리아는 객체 지향 프로그래밍의 핵심 개념인 클래스 기반 상속, 캡슐화 등을 다른 방식으로 구현하거나 강조하지 않는다는 점에서 전통적인 객체 지향 프로그래밍 언어와는 분명한 차이를 가지고 있다.

줄리아는 클래스 기반의 객체지향 방식을 따르지 않는다. 대신, 사용자 정의 타입(struct)과 멀티디스패치를 조합하여 객체지향적인 구조를 흉내낼 수 있다. 객체지향 프로그래밍에서는 보통 메서드가 클래스에 속하지만, 줄리아에서는 함수는 독립적으로 정의되며 특정 타입에 속하지 않는다. 이는 줄리아의 멀티디스패치(다중 배분) 설계 철학에 기반한다. 클래스를 계층적으로 상속받는 기능은 없다. 대신, 줄리아는 앱스트랙 타입(Abstract type) 및 콘크리트 타입(Concrete type)으로 타입 계층을 구성한다. 줄리아는 객체지향적인 개념 중 일부(타입, 다형성 등)를 제공하지만, 클래스와 상속 같은 전통적 의미의 객체지향 요소는 없으며, 대신 멀티디스패치를 중심으로 독특하고 강력한 프로그래밍 모델을 채택하고 있다. 줄리아의 객체지향적인 구조가 충분하지 않다고 느낄 경우, 다른 프로그래밍 패러다임을 혼합하여 더욱 강력한 코드를 작성할 수 있다.

```
mutable struct MyData
    data1::Vector{Float64}
    data2::Vector{Int64}
    factor::Float64

# 내부 생성자 (inner constructor)
    function MyData()
        new(Float64[], Int64[], 0.0)
    end

    function MyData(initial_data1::Vector{Float64},
        initial_data2::Vector{Int64}, initial_factor::Float64)
        new(initial_data1, initial_data2, initial_factor)
    end
end

function initialize_data!(my_data::MyData,
```

```
    initial_values1::Vector{Float64},
    initial_values2::Vector{Int64}, initial_factor::Float64)
# data1 초기화
    if !isempty(my_data.data1)
        empty!(my_data.data1)
    end
    append!(my_data.data1, initial_values1)
println("initialize_data! 내부 - data1 초기화: $(my_data.data1)")

# data2 초기화
    if !isempty(my_data.data2)
        empty!(my_data.data2)
    end
    append!(my_data.data2, initial_values2)
println("initialize_data! 내부 - data2 초기화: $(my_data.data2)")

# factor 초기화
    my_data.factor = initial_factor
println("initialize_data! 내부 - factor 초기화: $(my_data.factor)")
end

function modify_data!(my_data::MyData, multiplier1::Float64,
    adder2::Int64, factor_change::Float64)
# data1 수정
    for i in eachindex(my_data.data1)
        my_data.data1[i] *= multiplier1
    end
println("modify_data! 내부 - 수정된 data1: $(my_data.data1)")

# data2 수정
    for i in eachindex(my_data.data2)
        my_data.data2[i] += adder2
    end
println("modify_data! 함수 내부 - 수정된 data2: $(my_data.data2)")

# factor 수정
    my_data.factor += factor_change
```

```
println("modify_data! 함수 내부 - 수정된 factor: $(my_data.factor)")
end

function main()
# MyData 구조체 인스턴스 생성 (기본 생성자 사용)
my_instance1 = MyData()
println("main 내부 (기본) - 초기 data1: $(my_instance1.data1)")
println("main 내부 (기본) - 초기 data2: $(my_instance1.data2)")
println("main 내부 (기본) - 초기 factor: $(my_instance1.factor)")

# 첫 번째 함수를 호출하여 배열들과 변수 초기화
initial_values1 = [1.0, 2.5, 3.7]
initial_values2 = [10, 20, 30, 40]
initial_factor = 1.5
initialize_data!(my_instance1, initial_values1,
    initial_values2, initial_factor)
println("main내부 (기본) - 초기화 data1: $(my_instance1.data1)")
println("main내부 (기본) - 초기화 data2: $(my_instance1.data2)")
println("main내부 (기본) - 초기화 factor: $(my_instance1.factor)")

# 두 번째 함수를 호출하여 배열들과 변수 수정
multiplier1 = 2.0
adder2 = 5
factor_change = 0.3
modify_data!(my_instance1, multiplier1, adder2, factor_change)
println("main내부 (기본) - 수정 data1: $(my_instance1.data1)")
println("main내부 (기본) - 수정 data2: $(my_instance1.data2)")
println("main내부 (기본) - 수정 factor: $(my_instance1.factor)")

println("\n--- 다른 인스턴스 생성 ---")

# MyData 구조체 인스턴스 생성 (파라미터를 받는 생성자 사용)
initial_data1 = [0.5, 1.0]
initial_data2 = [5, 10, 15]
initial_factor_val = 2.0
my_instance2 = MyData(initial_data1,
    initial_data2, initial_factor_val)
```

```
println("main내부 (생성자) - 초기 data1: $(my_instance2.data1)")
println("main내부 (생성자) - 초기 data2: $(my_instance2.data2)")
println("main내부 (생성자) - 초기 factor: $(my_instance2.factor)")

# modify_data! 함수를 호출하여 두 번째 인스턴스 수정
modify_data!(my_instance2, 1.5, 10, -0.1)
println("main내부 (생성자) - 수정 data1: $(my_instance2.data1)")
println("main내부 (생성자) - 수정 data2: $(my_instance2.data2)")
println("main내부 (생성자) - 수정 factor: $(my_instance2.factor)")
end

main()
```

각 생성자가 받는 인자의 개수나 타입이 다르기 때문에 줄리아는 어떤 생성자를 호출해야 하는지 정확히 파악하여 해당 생성자를 실행한다. 따라서 내부 생성자의 이름이 중복되어도 괜찮으며, 메서드 디스패치를 활용하여 객체 생성의 유연성을 높일 수 있다. 중요한 것은 각 내부 생성자가 고유한 인자 시그니처(타입과 개수의 조합)를 가져야 한다는 점이다. 구조체 이름은 타입을 정의하는 데 사용되는 반면, 구조체 내부에 정의된 함수는 해당 타입의 인스턴스에 작용하는 메서드를 정의하는 데 사용된다. 이들은 이름 공간이 다르기 때문에 충돌이 발생하지 않는다. mutable struct 이름과 내부 함수의 이름이 같더라도 줄리아의 이름 공간 관리 시스템 덕분에 코드의 의미가 명확하게 유지될 수 있다. 하지만 코드의 가독성을 높이기 위해서는 이름 충돌을 피하거나, 의미를 명확하게 드러내는 다른 이름을 사용하는 것을 고려해 볼 수도 있다.

3.16 매크로

줄리아에서 매크로(macro)는 코드를 생성하는 코드이다. 즉, 매크로는 컴파일 시간에 실행되어 다른 코드를 생성하고, 생성된 코드는 프로그램의 일부로 컴파일된다. 매크로는 코드를 생성하는 코드, 즉 메타프로그래밍의 강력한 도구이다. 매크로는 코드의 반복을 줄이고, 복잡한 작업을 단순화하며, 새로운 언어 기능을 추가하는 데 유용하다. 줄리아에서 매크로는 코드 생성 및 변환을 위한 메커니즘이다. 매크로는 컴파일 시간에 코드의 일부를 동적으로 생성하거나 수정하는 데 사용된다. 매크로는 실행 시점이 아니라 파싱 및 컴파일 시점에 실행되어 새로운 줄리아 코드를 생성한다. 매크로는 주어진 입력 표현식을 받아서 원하는 형태의 새로운 표현식으로 변환한다. 이를 통해 코드의 반복을 줄이고, 더 간결하고 효율적인 코드를 작성할 수 있다. 매크로는 주로 코드 전처리(code generation)와 메타프로그래밍(metaprogramming) 목적으로 활용된다. 매크로는 매크로 확장(macro expansion)이라는 과정을 통해 동작한다. 즉, 매크로는 코드가 실행되기 전에 해당 코드의 일부를 다른 코드로 치환하는 방식으로 작동한다. 매크로는 컴파일 시점에 코드를 변경하므로, 과도하게 사용하면 코드의 흐름을 파악하기 어려워질 수 있다. 매크로를 너무 많이 사용하면 코드의 가독성을 떨어뜨리고 디버깅을 어렵게 만들 수 있다.[14]

14: 매크로는 단순히 복잡한 프로그램을 축약해 놓은 편리한 도구일 뿐만 아니라, 컴파일 시점 메타프로그래밍을 통해 언어의 표현력을 확장하고, 특정 도메인에 최적화된 코드를 생성하며, 코드 구조 자체를 변환하는 강력한 메커니즘이다.

```
macro square(x)
    return :($x * $x)
end
result = @square(5)
println(result) # 25 출력
```

줄리아에는 유용한 매크로들이 많이 있다. 몇 가지 예는 다음과 같다.

@time: 코드 실행 시간, 할당된 메모리, 가비지 컬렉션 통계를 측정

@elapsed: 코드 실행 시간(초)만을 반환

@assert: 주어진 조건이 true인지 확인하고, false이면 AssertionError를 발생시킨다. 디버깅에 유용

@which: 주어진 메서드와 인수의 타입에 대해 어떤 메서드 정의가 호출될지 보여줌

@const: 전역 변수를 상수로 선언

@allocated: 주어진 줄리아 코드를 실행하기 전후의 힙 메모리 사용량을 비교하여,[15] 코드 실행 동안 새롭게 할당된 바이트 수를 반환한다. 만약 코드 실행 중에 힙 메모리 할당이 전혀 발생하지 않았다면 0을 반환한다.

15: 과도한 메모리 할당은 가비지 컬렉션(garbage collection)을 유발하여 프로그램의 실행 속도를 저하시킬 수 있다.

@code_warntype은 주어진 함수나 표현식을 실행하기 전에 줄리아 컴파일러가 수행하는 타입 추론 과정을 시뮬레이션하고, 그 결과를 사람이 읽기 쉬운 형태로 출력한다. 출력 결과에서 타입이 명확하게 추론되지 않거나, Any 타입으로 추론되는 부분을 강조 표시하여 개발자가 타입 불안정성을 쉽게 식별하고 수정할 수 있도록 돕는다.

@.: 뒤에 오는 전체 표현식을 평가하여 브로드캐스팅을 적용한다.(381페이지 참조.)

@__FILE__, @__DIR__, @__LINE__, @__MODULE__:코드 실행 시 현재 파일 경로, 디렉터리 경로, 줄 번호, 모듈 이름 등의 정보를 제공

@inbounds: 배열 접근 시 경계 검사를 비활성화하여 성능을 향상시킬 수 있다. 주의해서 사용해야 한다. 배열 인덱스가 유효하지 않으면 예기치 않은 동작이나 오류가 발생

@simd: 루프를 벡터화하도록 컴파일러에 힌트를 제공하여 SIMD 병렬 처리를 활용할 수 있게 한다. 수치 연산이 많은 루프에서 성능 향상을 기대할 수 있다. 매크로 @simd는 루프 내의 독립적인 연산을 병렬로 처리하도록 컴파일러에 지시한다. @inbounds와 함께 사용

@testset: 관련된 테스트들을 하나의 그룹으로 묶어주고, 각 테스트 그룹의 실행 결과와 요약 정보를 깔끔하게 보여주는 매크로이다.

@test: 뒤에 오는 표현식이 true로 평가되면 테스트는 성공하고, false로 평가되면 실패한다.

@test all: 컬렉션의 각 요소가 주어진 조건(표현식)을 만족하는지를 검사한다.

@test collect: 이터레이터나 제너레이터의 결과를 collect() 함수를 사용하여 배열로 모은 후, 그 배열이 예상한 결과와 같은지 테스트하는 데 사용되는 매크로이다.

@test norm, length, abs: 벡터나 행렬의 놈(norm, length, abs) 값을 특정 값과 비교하여 테스트하는 데 사용되는 매크로이다.

@threads: Threads.@threads 매크로는 루프의 각 반복을 여러 쓰레드에 분산시켜 병렬로 실행

@async: 현재 쓰레드에서 비동기적 실행

@spawn: 다른 프로세스에서 비동기적 실행

@sync: @async 또는 @spawn으로 시작된 모든 비동기 작업이 완료될 때까지 기다림[16]

@everywhere: 함수 정의, 모듈 로딩 등에 주로 사용되며, 변수 정의 시에는 각 프로세스(worker process)에 독립적인 복사본이 생성된다는 점을 이해하는 것이 중요하다.

16: 비동기적으로 실행된 계산 결과를 사용하기 전에 wait를 호출하여 계산이 완료되었는지 확인한다. 이는 fetch를 호출하기 전에 필요한 단계이다. fetch 호출은 주로 @spawn으로 병렬 실행된 작업의 실제 결과 값을 얻기 위한 필수적인 단계이다. @async로 시작된 비동기 작업이 특정 값을 계산하거나 반환해야 할 때, fetch를 사용하여 그 결과를 기다리고 얻을 수 있다.

예시들은 주요 내장 매크로들의 기본적인 사용법을 보여준다. 이러한 매크로들을 적절히 활용하면 코드의 성능을 최적화하고 디버깅을 용이하게 하며, 줄리아의 강력한 기능을 더 효과적으로 사용할 수 있다. 항상 사용 목적과 잠재적인 부작용을 이해하고 사용하는 것이 중요하다.

```
function fibonacci(n)
    if n <= 1
        return n
    else
        return fibonacci(n-1) + fibonacci(n-2)
    end
end

@time fibonacci(20)

elapsed_time = @elapsed sleep(2)
println("Sleep 시간: ", elapsed_time, " 초")

function check_positive(x)
    @assert x > 0 "입력값은 양수여야 합니다."
    println("$x 는 양수입니다.")
end

check_positive(5)
# 출력: 5 는 양수입니다.
# check_positive(-2)
# 오류 발생: AssertionError: 입력값은 양수여야 합니다.

```

```
function sum_array_inbounds(arr)
    s = 0
    @inbounds for i in 1:length(arr)
        s += arr[i]
    end
    return s
end

a = [1, 2, 3, 4, 5]
result = sum_array_inbounds(a)
println("배열 합 (inbounds): ", result)

function add_arrays_simd!(result, a, b)
    @simd for i in eachindex(a, b, result)
        @inbounds result[i] = a[i] + b[i]
    end
    return result
end

a = rand(10^6)
b = rand(10^6)
result = similar(a)

@time add_arrays_simd!(result, a, b)
@time result .= a .+ b # 벡터화된 연산 (비교용)

function process_array_threaded!(result, arr)
    Threads.@threads for i in eachindex(arr, result)
        result[i] = arr[i] * 2
    end
    return result
end

arr = rand(10^6)
result = similar(arr)

@time process_array_threaded!(result, arr)
```

```
@time result .= arr .* 2 # 브로드캐스팅 (비교용)
```

3.17 점진적으로 개발

여러 가지 이유들로 인해 현대 소프트웨어 개발에서는 워터폴(waterfall) 모델과 같은 일괄적인 방식보다는 애자일(agile) 방법론과 같이 테스트를 통합하고 점진적으로 개발을 수행하는 방식이 선호되고 있다.[17] 기존의 워터폴 모델은 계획, 설계, 개발, 테스트, 배포 단계를 순차적으로 진행하는 방식이다. 개발 초기 단계에서 작은 기능 단위별로 테스트를 수행하면, 결함이 발생한 지점을 정확하게 파악하고 빠르게 수정할 수 있다. 애자일 방법론은 소프트웨어 개발을 포함한 다양한 프로젝트 관리 방식 중 하나로, 작업을 작고 반복적인 사이클(iteration 또는 sprint)로 나누어 진행하고, 각 사이클마다 고객의 피드백을 반영하여 변화에 유연하게 대응하는 것을 핵심으로 한다.

17: https://www.agilealliance.org/

◇ 애자일 방법론은 다음 네 가지 핵심 가치를 중요하게 생각한다.
① 개인과 상호작용이 프로세스와 도구보다 중요하다.(Individuals and interactions over processes and tools)
② 작동하는 소프트웨어가 포괄적인 문서보다 중요하다.(Working software over comprehensive documentation)
③ 고객과의 협력이 계약 협상보다 중요하다.(Customer collaboration over contract negotiation)
④ 변화에 대응하는 것이 계획을 따르는 것보다 중요하다.(Responding to change over following a plan)
◇ 이러한 접근 방식은 개발 과정에서 발생할 수 있는 다양한 문제를 조기에 발견하고, 품질을 높이며, 개발 효율성을 향상시키는 데 도움이 된다. 구체적인 장점는 다음과 같다.
① 조기 문제 발견: 프로그램을 개발하면서 지속적으로 테스트를 수행하면, 코드의 결함이나 버그를 조기에 발견할 수 있다. 이는 나중에 발견되어 수정하는 것보다 훨씬 적은 비용과 시간으로 문제를 해결할 수 있게 한다.

② 높은 코드 품질: 지속적인 테스트는 코드의 품질을 높이는 데 기여한다. 테스트를 통해 코드가 의도한 대로 동작하는지 확인하고, 예상치 못한 동작을 방지할 수 있다.
③ 안정성 및 신뢰성 향상: 테스트는 코드의 안정성과 신뢰성을 높이는 데 중요한 역할을 한다. 점진적으로 테스트를 수행하면, 새로운 기능이나 변경 사항이 기존 기능에 미치는 영향을 최소화할 수 있다.
④ 지속적인 피드백 제공: 지속적인 테스트는 개발자에게 즉각적인 피드백을 제공하여, 코드의 문제가 발생했을 때 즉시 수정할 수 있도록 도와준다. 이는 개발 주기를 단축하고, 효율성을 높인다.
⑤ 기능 요구사항 검증: 테스트를 통해 기능 요구사항이 제대로 구현되었는지 검증할 수 있다. 이는 고객이나 사용자의 요구를 충족시키는 데 중요한 역할을 한다.
⑥ 리팩토링 용이성: 리팩토링(refactoring)은 기존 코드를 기능상의 변화 없이 더 읽기 쉽고 유지보수하기 쉽게 구조를 개선하는 과정이다. 주로 코드의 중복을 제거하고, 가독성을 높이며, 코드의 논리적 구조를 개선하는 데 목적이 있다. 리팩토링은 소프트웨어 개발의 중요한 부분으로, 코드 품질을 높이고 장기적으로 개발 생산성을 향상시키는 데 기여한다. 테스트 코드는 리팩토링 과정에서 코드의 기능이 올바르게 유지되는지 확인하는 데 도움이 된다. 이를 통해 코드 구조를 개선하면서도 기능이 손상되지 않도록 할 수 있다.
⑦ 협업 효율성 향상: 테스트 코드를 작성하면 팀 내 다른 개발자들이 코드의 의도를 더 쉽게 이해하고, 협업이 원활해진다. 이는 프로젝트의 전체적인 품질을 높이는 데 기여한다.
⑧ 배포 신뢰성 증가: 테스트를 통해 코드가 예상대로 동작하는지 확인하면, 배포 시 발생할 수 있는 문제를 미리 방지할 수 있다. 이는 배포의 신뢰성을 높이고, 사용자에게 보다 안정적인 소프트웨어를 제공할 수 있게 한다.

이러한 이유들로 인해 프로그램 개발은 테스트를 겸하면서 점진적으로 수행하는 것이 매우 중요하다. 이 접근 방식은 코드의 품질과 안정성을 높이고, 개발 과정을 효율적으로 관리하는 데 큰 도움이 된다. 신속하고 정확한 프로그램 개발은 완성된 프로그램 요소들이 얼마나 쉽게 테스트가 될 수 있는지에 크게 의존한다. 따라서, 정답을 알고 있는 문제를 찾아서 그 정답이 프로그래밍으로 구현되는 것을 확인하는 방식이 유용하다. 정해진 답을 향해 코드를 작성하는 과정에서 문제 해결 능력이 자연스럽게 향상된다. 어떤 자료 구조를 사용해야 할지, 어떤 알고리즘을 적용해야 효율적인지 등을 고민하고 실험하면서 문제 해결 전략을 익힐 수 있다. 자신이 구현한 코드가 정확한 답을 낼 때, 성취감을 느끼고 프로그래밍에 대한 자신감을 얻을 수 있다. 작은 성공 경험들이 꾸준한 학습 동기가 된다. 개발 초기 단계부터 테스트를 진행하면 요구사항 분석, 설계 단계에서 발생하는 오류를 조기에 발견하고 수정할 수 있다. 초기 결함은 후반 단계에서 발견하는 것보다 수정 비용과 시간을 훨씬 절약할 수 있다.

3.18 프로그램 저장 장치 활용하기

Github는 소프트웨어 개발자들이 협업하고, 코드 저장소를 관리하며, 버전 관리를 수행할 수 있는 강력한 플랫폼이다.[18] 계정 생성 후 플랜을 선택하는 페이지로 이동할 수 있다. Github는 무료 플랜과 유료 플랜을 제공한다. 대부분의 개인 사용자는 무료 플랜으로 충분하다. 필요에 따라 유료 플랜을 선택할 수 있다. Github에 가입하여 코드를 저장하고 관리하고, 다른 개발자들과 협업하고, 오픈소스 프로젝트에 참여하는 등 다양한 활동을 할 수 있다. Github를 활용하여 프로그램을 개발하는 과정은 여러 가지 단계로 나눌 수 있다. 다음 단계의 작업이 필요하다. Github 계정 생성 → 새로운 저장소 만들기 → 로컬 개발 환경 설정 → 코드 작성, 스테이징, 및 커밋 → 변경사항 푸시 → 협업 및 풀 리퀘스트 → 코드 리뷰 및 병합.

통상, 코드 작성, 스테이징, 및 커밋 → 변경사항 푸시, 이렇게 두 단계를 반복하게 된다.

18: 컴퓨터 언어에 상관없이 어느 정도 프로그래밍에 제법 익숙해지면 자연스럽게 프로그램 저장 장치가 필요해지기 시작한다. 프로그래밍 처음부터 저장 장치 사용법이 필요한 것은 절대 아니다. 어느 정도 정해진 학습 순서가 있다는 사실에 주목해야 한다.

스테이징(staging)은 버전 관리 시스템에서 커밋(commit)하기 전에 변경된 파일들을 준비하는 과정을 말한다. 스테이징을 통해 변경된 파일들

중 어떤 파일을 커밋할지 선택할 수 있다. 이는 불필요한 파일이 커밋되는 것을 방지한다. 스테이징 영역은 커밋된 파일들이 저장되는 공간이다. 스테이징 영역에 있는 파일들을 커밋하여 로컬 저장소에 저장한다. git add 명령어를 사용하여 변경된 파일을 스테이징 영역에 추가한다. git status 명령어를 사용하여 스테이징 상태를 확인할 수 있다. git commit 명령어를 사용하여 스테이징된 파일들을 커밋한다. 이때 변경내역을 잘 설명하는 간단한 메시지를 옵션으로 넣어 준다.

커밋(commit)은 버전 관리 시스템에서 소스코드나 문서의 변경 사항을 저장소에 기록하는 작업을 의미한다. 커밋을 통해 코드의 특정 상태를 저장하고, 이후 변경 사항을 추적할 수 있다. 커밋은 코드의 특정 시점을 저장하므로, 문제가 발생했을 때 이전 버전으로 쉽게 되돌릴 수 있다. 이는 버그 수정이나 문제 해결에 도움이 된다. 여러 개발자가 공동으로 작업할 때, 커밋은 각각의 변경 사항을 독립적으로 관리하고 병합할 수 있게 한다. 이는 협업의 효율성을 높이고, 충돌을 최소화하는 데 기여한다. 각 커밋은 고유한 해시 값을 가지며, 이를 통해 특정 커밋을 식별할 수 있다.

각 커밋은 커밋 메시지를 가진다. 변경 사항을 설명하는 간단한 텍스트이다. 명확하고 구체적인 커밋 메시지는 코드 변경의 의도를 이해하는 데 도움이 된다. git status, 이 명령어는 현재 작업 디렉토리의 상태를 보여준다. 스테이징되지 않은 변경 사항, 스테이징된 변경 사항, 그리고 커밋되지 않은 파일들을 확인할 수 있다. git log, 이 명령어는 저장소의 커밋 기록을 확인할 수 있다. 각 커밋의 해시, 작성자, 날짜, 그리고 커밋 메시지를 포함한 로그를 출력한다. git show, 이 명령어는 특정 커밋의 상세 정보를 보여준다. 커밋 메시지, 변경된 파일, 그리고 파일의 변경 내용 등을 확인할 수 있다. 특정 커밋으로 전환(체크아웃)하는 것은 git에서 매우 유용한 기능이다. 이를 통해 특정 커밋의 상태로 코드를 되돌려서 해당 시점의 코드를 확인하거나 변경할 수 있다. 다음은 특정 커밋으로 전환하는 방법이다. 먼저, 이동하려는 커밋의 해시 값을 확인해야 한다. git log 명령어를 사용하여 저장소의 커밋 로그를 확인할 수 있다. 이 명령어를 실행하면 커밋 해시, 작성자, 날짜, 그리고 커밋 메시지를 포함한 커밋 로그가 출력된다. 여기서 이동하려는 커밋의 해시 값을 복사한다. git checkout 명령어를 사용하여 특정 커밋으로 전환할 수 있다. 복사한 커밋 해시 값을 사용한다. 이 명령어를 실행하면 해당 커밋의 상태로 코드가 전환된다.

프로그램을 복제하는 것이 아니라, 완전히 새로운 프로그램을 개발 할 경우, 아래와 같이 특정 디렉토리에서 init 명령어를 사용할 수 있다. 특정 디렉토리에서 init 명령어를 사용하는 것은 새로운 프로젝트를 초기화 하는 일반적인 패턴이다. git init 명령어를 특정 디렉토리에서 실행하면 해당 디렉토리를 새로운 git 저장소로 초기화한다. 이는 버전 관리를 시작하기 위한 첫 번째 단계이다. git init 명령어를 실행하면 현재 디렉토리에 .git 이라는 숨겨진 디렉토리가 생성된다. 이 .git 디렉토리는 git 저장소의 핵심이며, 버전 관리에 필요한 모든 정보와 설정이 저장되는 곳이다.

```
# git 저장소 초기화, 작업 폴더에서 명령어 수행
git init
# 파일 생성 및 수정, 프로그램 개발이 완료됨.
echo "print('Hello, World!')" > hello.py
# 파일을 스테이징 영역에 추가, 커밋 준비 과정, 커밋할 파일들만 취급한다.
git add hello.py
# 스테이징 상태 확인
git status
# 커밋 명령어, 스테이징 영역에 올라간 것들만 커밋할 수 있다.
git commit -m "Add hello.py with a simple print statement"
```

프로그램 개발이 완료되면, 웹페이지에 공개 또는 저장할 수 있다. 물론, 공개 또는 비공개를 선택할 수 있다. Github 웹페이지에서 리포지토리 (원격 저장소, 결과물 발표 URL)를 생성하는 방법을 단계별로 정리하면 다음과 같다.

① Github 계정 생성 및 로그인

먼저, Github에 접속하여 계정을 생성하고 로그인한다.

② 새로운 리포지토리 생성

로그인 후, 우측 상단의 "+" 버튼을 클릭하고 "New repository"를 선택한다.

리포지토리 이름을 입력한다.(예: my-new-repo)

선택 사항으로, 리포지토리에 대한 설명을 입력할 수 있다.

③ 리포지토리의 공개 여부를 선택한다.

Public: 누구나 리포지토리를 볼 수 있다.

Private: 선택한 사람들만 리포지토리를 볼 수 있다.

초기화 옵션을 선택한다.

Initialize this repository with a README: 리포지토리를 생성할 때 README 파일을 포함한다.

Add .gitignore: 특정 파일이나 디렉토리를 git에서 무시하도록 설정한다.

Choose a license: 리포지토리에 적용할 라이선스를 선택한다.

"Create repository" 버튼을 클릭하여 리포지토리를 생성한다.

자유 소프트웨어 생태계에 기여하고 싶다면 GNU 라이선스를, 상업적 활용을 극대화하고 싶다면 MIT 라이선스, BSD 라이선스를 선택할 수 있다. MIT 라이선스와 BSD 라이선스는 오픈소스 소프트웨어 프로젝트에서 널리 사용되는 두 가지 라이선스이다. 이들 라이선스는 소프트웨어를 자유롭게 사용하고, 수정하며, 배포할 수 있는 권한을 제공하는 동시에, 일정한 조건을 충족해야 한다.

◇ MIT 라이선스(MIT License)

MIT 라이선스는 Massachusetts Institute of Technology(MIT)에서 유래한 매우 간단하고 관대한 오픈소스 라이선스이다. 주요 특징은 다음과 같다.

자유로운 사용: 소프트웨어를 누구나 자유롭게 사용, 복제, 수정, 병합, 배포할 수 있다. 저작권 고지: 배포할 때 원래의 저작권 고지와 라이선스 문구를 포함해야 한다. 책임 면제: 소프트웨어는 "있는 그대로" 제공되며, 사용에 따른 모든 책임은 사용자에게 있다. 저작권자는 소프트웨어의 사용으로 인해 발생하는 어떠한 문제에 대해서도 책임을 지지 않는다. MIT 라이선스는 소프트웨어를 상업적인 목적으로 자유롭게 사용할 수 있도록 허용한다.

◇ BSD 라이선스(BSD License)

BSD 라이선스는 Berkeley software distribution에서 유래한 라이선스이다. BSD 라이선스에는 여러 버전이 있지만, 여기서는 가장 널리 사용되는 2절(BSD 2-Clause) 라이선스를 설명한다.

BSD 2-Clause 라이선스

자유로운 사용: 소프트웨어를 자유롭게 사용, 복제, 수정, 병합, 배포할 수 있다. 저작권 고지: 배포할 때 원래의 저작권 고지와 라이선스 문구를 포함해야 한다. 책임 면제: 소프트웨어는 "있는 그대로" 제공되며, 사용에 따른 모든 책임은 사용자에게 있다. 저작권자는 소프트웨어의 사용으로 인해 발생하는 어떠한 문제에 대해서도 책임을 지지 않는다. BSD 2-Clause 라이선스는 소프트웨어를 상업적인 목적으로 자유롭게 사용할 수 있도록 허용한다.[19]

19: 파생 제품의 광고 또는 홍보에 원 저작자의 이름이나 기여자의 이름을 명시적인 서면 허가 없이 사용할 수 없다.(3-Clause BSD에서는 이 조항이 있다.)

두 라이선스 모두 상업적인 목적으로 소프트웨어를 자유롭게 사용할 수 있도록 허용하지만, 저작권 고지와 라이선스 문구를 포함해야 하는 조건이 있다. 또한, 소프트웨어는 "있는 그대로" 제공되며, 사용에 따른 모든 책임은 사용자에게 있다. Dev 버전은 실험적이고 최신 상태의 코드로, 개발 중인 기능을 포함한다. stable 버전은 안정적이고 최종 사용자에게 제공할 준비가 된 코드이다. 일반적으로 릴리스 번호(예: v1.0.0)로 태그가 지정된다.

리누스 토발즈(Linus Torvalds)는 2005년 4월 7일 깃의 첫번째 커밋을 했다.[20] 당시까지 Linux 커널 개발에 사용하던 비트키퍼(Bitkeeper)를 더 이상 쓸 수 없게 된 리누스 토발즈는 열흘만에 깃을 개발했다. 첫 커밋에도 깃을 사용할 정도로 쓰기에 충분했다. 토발즈는 깃 명령 언어를 사용할 뿐 편집기 통합 기능을 사용하지 않는다고 한다. 그가 사용하는 깃의 명령어는 'git merge', 'git blame', 'git log', 'git commit', 'git pull'이라면서 "나는 아주 라이트한 깃 사용자"라고 한다.

20: 리누스 토발즈는 혁신적인 기술 개발과 개방적인 철학을 통해 현대 디지털 세계에 큰 영향을 미친 인물이다. 그의 Linux 커널과 git은 수많은 개발자와 사용자에게 필수적인 도구가 되었으며, 오픈소스 생태계 발전에 크게 기여했다. "Talk is cheap, Show me the code."라는 말을 남기기도 했다.

3.19 패키지를 사용하는 이유

줄리아에서 패키지를 사용하는 이유는 여러 가지가 있다. 패키지는 개발 생산성을 높이고, 코드의 재사용성을 증대시키며, 복잡한 문제를 쉽게 해결할 수 있도록 도와준다. 구체적으로 다음과 같은 이유들이 있다.

◇ 기능 확장: 패키지를 사용하면 기본 줄리아 설치만으로는 제공되지 않는 추가 기능을 사용할 수 있다. 예를 들어, 데이터 분석, 기계학습, 시각화 등 다양한 분야에 특화된 패키지가 있다.

◇ 코드 재사용: 많은 패키지가 이미 널리 사용되고 검증된 코드로 구성되어 있어, 직접 작성할 필요 없이 신뢰성 있는 코드를 사용할 수 있다. 이를 통해 코드 재사용이 가능해지고, 시간과 노력을 절약할 수 있다.

◇ 커뮤니티와 협업: 줄리아 커뮤니티는 매우 활발하며, 많은 개발자가 다양한 패키지를 개발하고 공유하고 있다. 이 패키지들을 사용함으로써 다른 개발자들과 협업이 용이해지고, 문제를 해결하는 데 있어 더 많은 아이디어와 해결책을 얻을 수 있다.

◇ 성능 최적화: 많은 패키지가 최적화된 성능을 제공하여, 성능 문제를 해결하고 프로그램의 효율성을 높이는 데 도움이 된다. 예를 들어, 고성능 연산을 지원하는 패키지나 병렬 처리, GPU 연산을 지원하는 패키지가 있다.

◇ 표준화된 방법 제공: 패키지를 사용하면 일정한 표준에 따라 코드 작성이 가능해져, 코드의 일관성과 가독성이 향상된다. 이는 코드 유지보수와 확장성을 높이는 데 크게 기여한다.

◇ 간단한 설치 및 관리: 줄리아의 패키지 관리 시스템(Pkg)은 패키지 설치, 업데이트, 의존성 관리 등을 매우 간단하고 편리하게 할 수 있게 해준다.

패키지를 사용하면 복잡한 작업도 간단하게 수행할 수 있다. 줄리아 패키지를 사용함으로써 효율적인 개발이 가능해진다.

Pkg.update()

Pkg.status()

줄리아에서 패키지들은 기본적으로 사용자의 홈 디렉토리에 있는 ~/.julia

폴더에 저장된다. 이 폴더는 줄리아의 패키지 관리 시스템(Pkg.jl)이 패키지를 설치하고 관리하는 데 사용된다.

◇ 주요 디렉토리 구조

~/.julia 폴더는 다양한 하위 디렉토리를 포함하며, 주요 디렉토리는 다음과 같다.

~/.julia/packages/

이 디렉토리는 설치된 패키지들이 저장되는 곳이다. 각 패키지는 고유의 디렉토리에 저장되며, 패키지의 각 버전은 별도로 관리된다.

~/.julia/environments/

프로젝트와 연관된 환경 파일들이 저장된다. 기본 환경(예: v1.x)에는 사용자가 설치한 패키지 목록과 의존성 정보가 포함된 Project.toml 및 Manifest.toml 파일이 들어 있다.

~/.julia/registries/

패키지 레지스트리(예: 기본 general 레지스트리)의 데이터가 저장된다. 레지스트리는 패키지의 메타데이터를 포함하여 패키지 검색과 설치를 돕는다.

~/.julia/artifacts/

패키지 의존성 중에 외부 바이너리 또는 리소스가 필요한 경우, 이 디렉토리에 저장된다.

~/.julia/compiled/

패키지가 컴파일된 바이너리가 저장되는 곳으로, 성능을 향상시키기 위해 사용된다.

~/.julia 폴더를 삭제하면 패키지와 관련된 모든 데이터가 제거되므로, 삭제 전에 반드시 중요 데이터를 백업하는 것이 좋다.

~/.julia 폴더는 설치된 모든 줄리아 패키지, 환경(Project.toml/Manifest.toml), 캐시를 포함한다. 삭제 시 이 데이터가 완전히 제거되며, 재설치 없이는

기존 프로젝트 실행이 불가능하다. 삭제 당시 줄리아 프로세스가 실행 중이거나 ~/.julia 폴더 내 파일을 사용 중인 경우, 시스템 오류가 발생할 수 있다.[21]

21: Windows의 경우 다음과 같은 곳에 해당한다. C:\Users\Inho Lee\.julia

```
module SubModule
    export foo
    foo() = println("Hello from SubModule")
end
module MainModule
    using ..SubModule  # SubModule의 심볼을 가져옴
    export foo         # 가져온 심볼을 다시 외부에 노출
end

using .MainModule  # MainModule을 로드
foo()              # MainModule을 통해 SubModule의 함수 호출 가능
```

인텔의 MKL(math kernel library)은 인텔 프로세서에 최적화된 수학 라이브러리이다. 줄리아에서 MKL은 인텔의 고성능 수학 라이브러리로, 주로 선형 대수 연산을 가속화하는 데 사용된다. MKL은 벡터, 행렬 연산, FFT(fast Fourier transform) 등을 포함한 다양한 수학적 연산을 최적화하여 성능을 극대화한다. 줄리아에서 MKL을 사용하면 기본적으로 제공되는 OpenBLAS보다 더 빠른 성능을 얻을 수 있다. AMD는 AMD 자체의 최적화 라이브러리인 AMD Optimized BLAS와 AMD Optimized LAPACK을 제공하며, 이는 AMD 프로세서에 최적화된 수학 라이브러리이다.

```
using Pkg
Pkg.add("MKL")
using LinearAlgebra
using MKL
# MKL이 제대로 활성화되었는지 확인하려면 다음 명령어를 실행한다.
println(BLAS.vendor())
#출력 결과가 :mkl이면 MKL이 성공적으로 활성화된 것이다.

# 행렬 생성
```

```
A = rand(1000, 1000)
B = rand(1000, 1000)
# 행렬 곱셈
C = A * B
println("Matrix multiplication completed.")
```

줄리아에서 Python 패키지를 사용하려면 PyCall.jl 패키지를 이용하면 된다. PyCall.jl을 사용하면 줄리아 코드 내에서 다양한 Python 패키지와 함수를 호출할 수 있어, 줄리아와 Python간의 강력한 상호 운용성을 제공한다. 파이선 언어에 익숙하며, Python 패키지 사용 경험이 있다면 PyCall을 사용하는 것이 좋다. @pyimport 매크로를 사용하여 Python 모듈을 줄리아로 가져올 수 있다. using PyCall 명령어를 사용하여 PyCall.jl을 사용할 수 있다. PyCall.jl은 Python 라이브러리를 사용하기 위해 Python이 설치되어 있어야 한다. Python 언어에 익숙하지 않으면 아래에 표시된 PyCall.jl 패키지 관련된 예제들은 모두 건너 뛰어도 좋다. 왜냐하면, 이것은 단순히 Python 언어로 잘 개발된 다양한 패키지들을 줄리아에서도 사용할 수 있다는 것을 보여주기 위한 것이다. Python은 데이터 과학, 머신러닝, 웹 개발 등 다양한 분야에서 널리 사용되며, 수많은 검증된 라이브러리와 패키지를 보유하고 있다. 이러한 Python의 생태계를 줄리아가 완전히 대체하기는 어렵다. 모든 Python 패키지가 줄리아로 대체되는 것은 아니다. 과학 컴퓨팅 분야에서는 줄리아 고유의 강력한 패키지들이 개발되고 있다.

PyCall 패키지를 사용하여 Python 패키지를 활용하기 전에 먼저 해당 기능을 제공하는 줄리아 패키지가 있는지 확인하는 것이 좋다. 줄리아는 과학 컴퓨팅, 데이터 분석, 머신러닝 등 다양한 분야에서 강력하고 효율적인 자체 패키지 생태계를 가지고 있다. 많은 경우, Python 패키지와 유사하거나 더 나은 성능과 기능을 제공하는 줄리아 패키지를 찾을 수 있다.

◇ 줄리아 패키지를 먼저 찾아봐야 하는 이유

성능: 줄리아 패키지는 줄리아로 작성되어 줄리아의 고성능 컴퓨팅 기능을 최대한 활용할 수 있다. 일반적으로 Python 패키지를 PyCall을 통해

호출하는 것보다 더 빠르고 효율적이다. 언어 통합성: 줄리아 패키지는 줄리아의 문법과 스타일을 따르므로 줄리아 코드와의 통합이 더 자연스럽고 편리하다. 타입 안정성: 줄리아는 강력한 타입 시스템을 가지고 있어 줄리아 패키지를 사용하면 타입 관련 오류를 미리 방지하고 더 안정적인 코드를 작성할 수 있다. 종속성 관리: 줄리아 패키지 관리 시스템(Pkg)은 종속성 관리를 효율적으로 처리해 준다. 줄리아 생태계 기여: 줄리아 패키지를 사용하고 기여함으로써 줄리아 생태계를 더욱 발전시키는 데 동참할 수 있다.

◇ 줄리아 패키지를 찾는 방법

Julia Package Registry: 줄리아의 공식 패키지 레지스트리 웹사이트(https://pkg.julialang.org/)에서 키워드 검색이나 카테고리 탐색을 통해 원하는 기능을 제공하는 패키지를 찾아볼 수 있다. JuliaHub: Julia Computing에서 운영하는 JuliaHub(https://juliahub.com/)에서도 다양한 패키지와 예제 코드를 검색할 수 있다. DuckDuckGo, Google 등의 검색 엔진: "Julia [원하는 기능]"과 같은 검색어로 검색한다. Julia Discourse 포럼: 줄리아 사용자 커뮤니티 포럼(https://discourse.julialang.org/)에 질문하여 도움을 받을 수 있다. NumPy와 유사한 기능: 줄리아에는 LinearAlgebra 표준 라이브러리와 Arrays 패키지 등이 강력한 배열 및 선형대수 연산을 제공한다. Pandas와 유사한 기능: DataFrames.jl 패키지는 데이터 조작 및 분석에 특화된 강력한 기능을 제공한다. Matplotlib과 유사한 기능: Plots.jl 패키지는 다양한 백엔드를 지원하며 유연하고 강력한 시각화 기능을 제공한다. 결론적으로, Python 패키지를 사용해야 할 특별한 이유(예: 해당 기능을 줄리아에서 찾을 수 없거나, 특정 Python 라이브러리의 고유한 기능을 활용해야 하는 경우)가 아니라면, 먼저 줄리아 생태계에서 해당 기능을 제공하는 패키지를 찾아보고 사용하는 것을 적극적으로 고려해야 한다. 이는 성능, 통합성, 유지보수성 등 여러 측면에서 이점을 제공한다. 새로운 가능성에 대한 열린 마음으로, 깊이 있는 이해를 향한 꾸준한 탐구를 즐길 필요가 있다. 실패를 두려워하지 않고, 다양한 문제 해결 방식에 도전하며, 커뮤니티와의 적극적인 소통을 통해 성장하는 경험을 쌓을 필요가 있다.

3.20 특정한 프로젝트 시작하기

줄리아에서는 특정 프로젝트를 수행하기 위해 별도의 디렉토리를 선정하고 필요한 패키지를 그곳에서 관리하는 것이 권장되는 방식이다. 이를 통해 프로젝트별 환경을 독립적으로 설정할 수 있어, 다른 프로젝트와 패키지 충돌이 없고 버전 관리도 쉽게 할 수 있다. 줄리아의 프로젝트 환경(project environment) 기능을 활용하면 이를 구현할 수 있다. Pkg.activate(".")는 현재 디렉토리를 활성화된 환경으로 설정한다. 새로운 프로젝트를 시작하거나 기존 프로젝트(path/to/project)를 불러올 때 사용된다. 이는 Project.toml 파일을 생성하여 현재 환경을 초기화한다. Pkg.activate("path/to/project")

Pkg.instantiate()는 Manifest.toml에 기반해 필요한 패키지를 자동으로 설치한다. Manifest.toml 파일에 기록된 패키지 의존성을 복원한다. 프로젝트 환경 내에서 필요한 패키지들을 다운로드하고 설치한다. 협업 시, 다른 사람이 Project.toml과 Manifest.toml 파일을 공유했을 때 해당 파일을 기반으로 환경을 복원한다. 새로운 컴퓨터 환경에서, 두 파일을 하나의 디렉토리에 복사하고 instantiate 명령어를 수행할 수 있다. instantiate는 Project.toml 파일에 정의된 외부 패키지들을 패키지 레지스트리로부터 다운로드하여 현재 프로젝트 환경을 구성하는 역할을 수행하기 때문에 인터넷 연결이 필수적이다.

프로젝트 환경은 명시적으로 설정된다. 줄리아에서 새 프로젝트를 시작하려면 Pkg.activate()를 사용해 환경을 활성화하거나 초기화해야 한다. 예를 들어, 두 디렉토리가 있다면 각각에서 Pkg.activate(".")를 실행해야 서로 다른 환경으로 간주된다. 디렉토리 내부에 Project.toml 파일이 있다면, 해당 디렉토리를 줄리아가 프로젝트 환경으로 인식한다. 만약 환경 파일이 없다면, 해당 디렉토리는 특별한 프로젝트로 간주되지 않고 전역 환경(global environment)을 사용한다. 줄리아의 전역 환경은 줄리아 세션 시작 시 자동으로 로드되는 최상위 수준의 환경이며, Main 모듈과 동일하게 생각할 수 있다. 기본적인 내장 기능과 사용자가 최상위 수준에서 정의하는 것들이 여기에 속한다. Pkg.activate()를 통해 명시적으로 환경을 활성화해야만 새로운 프로젝트가 생성된다. 환경 격리(environment isolation)에 해당한다. 즉, 활성화 이후 추가로 새로운 패키지를 추가할 수 있다. 프로젝트 환경 관리를 위해서 Pkg.jl을 사용하여 각 프로젝트별로 독립적인 환경을 관리하고, 필요한 패키지들을 프로젝트 환경에 설치하여 전역 환경과의 잠재적인 충돌을 방지하는 것이 좋다.

```
julia> ]
pkg> activate .  # 현재 디렉터리를 프로젝트 환경으로 활성화
(MyProject) pkg> # 프로젝트 이름이 표시될 수 있습니다.

pkg> activate MyProject
# "MyProject"라는 이름의 환경 활성화
# (일반적으로 ~/.julia/environments/에 위치)

pkg> activate /path/to/your/project
# 특정 경로에 있는 프로젝트 환경 활성화
(/path/to/your/project) pkg>

pkg> activate --shared
# 공유 환경 활성화 (기본적으로 ~/.julia/environments/v1.x)
(v1.x) pkg>

pkg> activate --temp # 임시 환경 활성화 (현재 세션 동안만 유효)
(jl_...) pkg>
```

```
# 디렉토리 A에서 새 환경 활성화
cd DirectoryA
using Pkg
Pkg.activate(".")
Pkg.add("Plots")  # 이 디렉토리만의 환경에 Plots 추가
# DirectoryA의 Project.toml에는 Plots 패키지만 기록된다.

# 디렉토리 B에서 새 환경 활성화
cd ../DirectoryB
using Pkg
```

```
Pkg.activate(".")
Pkg.add("DataFrames")  # 이 디렉토리만의 환경에 DataFrames 추가
# DirectoryB의 Project.toml에는 DataFrames 패키지만 기록된다.
# 서로 다른, 각각이 독립된 프로젝트로 관리된다.
```

```
# 1 새 프로젝트 생성:
using Pkg
Pkg.activate(".")  # 새로운 환경 활성화
Pkg.add("Plots")   # 필요한 패키지 추가
# 2 생성된 Project.toml과 Manifest.toml을 저장소에 커밋하여 공유.
# 3 협업자가 프로젝트를 복원:
using Pkg
Pkg.activate("path/to/project")  # 환경 활성화
Pkg.instantiate()                # 패키지 복원
```

◇ 새로운 프로젝트를 시작한다고 가정해 보자. 디렉터리 생성 → 이동 → julia 실행 → 패키지 모드 진입 → 활성화 → 패키지 추가 → 다운로드 및 구성

mkdir $MyNewProject$

cd $MyNewProject$

julia

julia>]

pkg> activate .

($MyNewProject$) pkg>

($MyNewProject$) pkg> add DataFrames

($MyNewProject$) pkg> instantiate

프로젝트의 종속성을 모두 설치하려면 instantiate 명령어를 사용한다.

Pkg.update()는 의존성 해결(dependency resolution)과 연관있다. Project.toml의 제약 조건과 모든 패키지(직간접 의존성 포함)들 간의 호환성 요구사항을 만족하는 가장 최신의 패키지 버전 조합을 찾으려고 시도한다. 예를 들어, 패키지 A가 $Bv1$을 요구하고 패키지 C가 $Bv2$를 요구한다면 충돌이

발생하여 업데이트가 실패할 수 있다. 패키지 다운로드 및 설치: 새로운 최신 호환 버전 조합이 발견되면, 해당 버전의 패키지 코드를 다운로드하고 설치(업데이트)한다. 패키지를 최신 버전으로 업데이트해 본다. 종속성 문제도 함께 해결될 수 있다. 가장 먼저 시도해 볼 것은 Pkg.update()이다. 대부분의 경우 패키지 버전 불일치 문제가 해결되면서 이 에러가 사라진다. 그래도 문제가 지속된다면, 어떤 코드를 실행할 때 에러가 발생하는지 더 자세한 정보가 필요하다. Pkg.resolve()는 의존성 재계산을 시도한다. 이를 위해 내부적으로 의존성 해결(dependency resolution) 알고리즘을 다시 실행한다. 하지만 Pkg.update()와는 달리, 최신 버전을 찾는 것이 주 목적이 아니라 현재 Manifest.toml에 기록된 버전들을 최대한 존중하면서 일관성을 맞추려고 시도한다. 최소한의 변경: 만약 불일치가 발견되어 수정이 필요하다면, Pkg.resolve()는 가급적 최소한의 패키지 버전 변경(때로는 다운그레이드 포함)을 통해 일관된 상태를 만들고, 그 결과를 Manifest.toml에 다시 기록한다. Pkg.build()는 특정 패키지 내에 포함된 빌드 스크립트(deps/build.jl)를 실행하는 것이다. 이 스크립트는 주로 줄리아 코드가 아닌 외부 의존성(예: C, C++, FORTRAN 라이브러리)을 다루기 위해 사용된다. 수동 실행 시점은 다음과 같다. Pkg.add 시 자동 빌드가 실패했을 때 수동으로 재시도 할 수 있다. 패키지가 의존하는 시스템 라이브러리가 업데이트되거나 변경되어 패키지가 이를 다시 감지하고 링크해야 할 때 이용할 수 있다. 빌드 과정이 손상되었다고 의심될 때 강제로 재빌드할 수 있다. 디버깅 목적으로 빌드 과정을 다시 실행하고 싶을 때 이용할 수 있다.

3.21 줄리아 언어에 익숙해지기 위한 기초 점검

줄리아 언어 기초 지식을 나열하고 각각을 설명하는 것 보다 아래와 같이 문답식으로 언어의 기본을 익히는 것이 더 효율적이다. 왜냐하면, 모두 다 나열하여 설명하여도, 결국, 모두 다 외울 수 없고 지루할 뿐이다. 필요할 때, 검색을 통해서 줄리아 문법을 점진적으로 익혀나가야 한다. 또한, 다른 사람들이 작성한 프로그램을 많이 읽어 보아야 한다.

유니코드(unicode)는 전 세계의 모든 문자를 컴퓨터에서 일관되게 표현하고 처리할 수 있도록 설계된 국제 표준이다. 기존의 문자 인코딩 방식들이 특정 언어나 일부 문자만 지원했던 것과 달리, 유니코드는 모든 언어의 문자와 기호를 포함하여 다양한 문자를 처리할 수 있다. 줄리아 언어에서 유니코드를 완벽하게 지원하기 때문에 한글을 비롯한 다양한 언어를 사용할 수 있다. 문자열, 변수명, 주석 등 코드의 모든 부분에서 유니코드를 자유롭게 사용할 수 있음을 의미한다. 따라서 한글, 이모티콘, 수학 기호 등 다양한 유니코드 문자를 코드에 직접 사용할 수 있다. 일부 편집기나 터미널 환경에서는 유니코드 지원이 완벽하지 않을 수 있다. 개발된 코드의 이식성을 고려하여, 영문 알파벳과 숫자를 조합하여 변수명이나 함수명을 사용하는 것이 일반적이다. 하지만, 줄리아에서는 한글을 사용하는것에 큰 문제가 없다.

줄리아 언어의 모든 문법 요소를 체계적으로 나열하는 것은 방대한 작업일 뿐만 아니라, 처음 접하는 사람들에게는 압도적인 정보량으로 인해 언어 학습 의욕을 꺾을 수 있다. 마치 백과사전을 처음부터 끝까지 읽으려는 시도와 같을 수 있다.

◇ 효율적인 줄리아 학습 전략:

핵심 개념부터 시작: 변수 할당 및 기본 데이터 타입(정수, 실수, 문자열, 불리언), 연산자(산술, 비교, 논리), 기본적인 자료 구조(배열, 튜플, 딕셔너리, 집합), 제어 흐름(조건문: if, elseif, else, 반복문: for, while), 함수 정의 및 호출.

◇ 필요에 따른 확장:

객체 지향 프로그래밍(타입 정의, 메서드), 모듈 시스템, 메타프로그래밍(매크로, 심볼), 병렬 처리, 외부 라이브러리 활용(데이터 분석, 시각화, 웹 개발 등).

◇ 실습과 예제 중심 학습:

간단한 코드부터 시작하여 점차 복잡한 문제를 해결하는 연습, 다양한 예제 코드를 직접 실행하고 수정해보면서 이해도 향상, 실제 프로젝트나 관심 있는 분야에 적용해보면서 동기 부여.

◇ 체계적인 학습 자료의 필요성:

핵심 개념을 중심으로 잘 구성된 튜토리얼이나 강의는 학습의 방향을 잡아주고 효율성을 높일 수 있다. 다만, 처음부터 모든 문법을 완벽하게 이해하고 암기하려고 하기보다는, 기본을 튼튼히 다지고 필요에 따라 심화 학습을 하는 것이 더 현실적인 접근 방식이다. 마치 외국어를 배울 때, 모든 문법 규칙을 먼저 암기하기보다는 기본적인 회화와 어휘를 익히면서 점차 문법적인 이해를 넓혀가는 것과 유사하다. 결론적으로, 줄리아 언어 학습은 점진적이고 실용적인 접근 방식을 취하는 것이 효과적이며, 방대한 문법을 한 번에 나열하는 방식은 지양해야 한다.

```
import Pkg; Pkg.add("DataFrames")
# 문제 1: 변수를 선언하고 값을 할당하는 방법은? 해답:
x = 10
y = "Hello, Julia!"

# 문제 2: 두 숫자의 합을 구하는 방법은? 해답:
a = 5
b = 7
sum = a + b
println(sum)  # 출력: 12

# 문제 3: 문자열을 연결하는 방법은? 해답:
str1 = "Hello, "
str2 = "World!"
result = str1 * str2
println(result)  # 출력: Hello, World!

# 문제 4: 배열을 선언하고 요소를 추가하는 방법은? 해답:
arr = [1, 2, 3]
push!(arr, 4)
println(arr)  # 출력: [1, 2, 3, 4]

# 문제 5: 반복문을 사용하여 1부터 5까지 숫자를 출력하는 방법은? 해답:
for i in 1:5
    println(i)
end

```

```
# 문제 6: 조건문을 사용하여 숫자가 짝수인지 홀수인지 확인하는 방법은? 해답:
num = 10
if num % 2 == 0
    println("짝수")
else
    println("홀수")
end

# 문제 7: 함수 정의 및 호출 방법은? 해답:
function greet(name)
    println("Hello, " * name)
end
greet("Julia")  # 출력: Hello, Julia

# 문제 8: 튜플을 선언하고 요소를 접근하는 방법은? 해답:
t = (1, "apple", 3.5)
println(t[2])  # 출력: apple

# 문제 9: 사전을 선언하고 값에 접근하는 방법은? 해답:
dict = Dict("a" => 1, "b" => 2)
println(dict["a"])  # 출력: 1

# 문제 10: 배열의 모든 요소에 1을 더하는 방법은? 해답:
arr = [1, 2, 3]
new_arr = [x + 1 for x in arr]
println(new_arr)  # 출력: [2, 3, 4]

# 문제 11: while 반복문을 사용하여 5번 출력하는 방법은? 해답:
i = 1
while i <= 5
    println("반복: ", i)
    i += 1
end

# 문제 12: try/catch를 사용하여 예외 처리를 하는 방법은? 해답:
try
    println(div(10, 0))
```

```
catch e
    println("예외 발생: ", e)
end

# 문제 13: 컴플렉스 숫자를 선언하는 방법은? 해답:
z = 3 + 4im
println(z)  # 출력: 3 + 4im
# 실수부와 허수부 분리
real_part = real(z)
imaginary_part = imag(z)
println("Complex number: ", z)
println("Real part: ", real_part)
println("Imaginary part: ", imaginary_part)

# 문제 14: 데이터 프레임을 생성하고 출력하는 방법은? 해답:
using DataFrames
df = DataFrame(A = 1:3, B = ["x", "y", "z"])
println(df)

# 문제 15: map 함수를 사용하여 배열의 각 요소를 제곱하는 방법은? 해답:
arr = [1, 2, 3, 4]
squared_arr = map(x -> x^2, arr)
println(squared_arr)  # 출력: [1, 4, 9, 16]

# 문제 16: 난수를 생성하는 방법은? 해답:
using Random
rand_num = rand()
println(rand_num)  # 0과 1 사이의 난수 출력

# 문제 17: typeof를 사용하여 변수의 타입을 확인하는 방법은? 해답:
x = 10
println(typeof(x))  # 출력: Int64

# 문제 18: split 함수를 사용하여 문자열을 분리하는 방법은? 해답:
str = "Hello, Julia!"
words = split(str, ", ")
println(words)  # 출력: ["Hello", "Julia!"]
```

```

# 문제 19: join 함수를 사용하여 문자열 배열을 결합하는 방법은? 해답:
words = ["Hello", "Julia!"]
str = join(words, ", ")
println(str)  # 출력: Hello, Julia!

# 문제 20: 배열의 길이를 구하는 방법은? 해답:
arr = [1, 2, 3, 4]
len = length(arr)
println(len)  # 출력: 4

# 문제 21: 정수 배열의 모든 요소를 문자열로 변환하는 방법은? 해답:
arr = [1, 2, 3]
str_arr = string.(arr)
println(str_arr)  # 출력: ["1", "2", "3"]

# 문제 22: 배열의 첫 번째 요소와 마지막 요소에 접근하는 방법은? 해답:
arr = [1, 2, 3, 4]
first_element = arr[1]
last_element = arr[end]
println(first_element)  # 출력: 1
println(last_element)   # 출력: 4

# 문제 23: Dict를 사용하여 사전에 키-값 쌍을 추가하는 방법은? 해답:
dict = Dict()
dict["a"] = 1
dict["b"] = 2
println(dict)  # 출력: Dict("a" => 1, "b" => 2)

# 문제 24: 배열의 요소를 오름차순으로 정렬하는 방법은? 해답:
arr = [3, 1, 4, 2]
sorted_arr = sort(arr)
println(sorted_arr)  # 출력: [1, 2, 3, 4]

# 문제 25: 주어진 숫자가 양수, 음수 또는 0인지 판별하는 방법은? 해답:
num = -5
if num > 0
```

```
    println("양수")
elseif num < 0
    println("음수")
else
    println("0")
end

# 문제 26: 두 문자열이 동일한지 비교하는 방법은? 해답:
str1 = "Julia"
str2 = "Julia"
are_equal = str1 == str2
println(are_equal)  # 출력: true

# 문제 27: 타입 변환을 사용하는 방법은? 해답:
x = "123"
y = parse(Int, x)
println(y)  # 출력: 123

# 문제 28: 배열의 중복 요소를 제거하는 방법은? 해답:
arr = [1, 2, 2, 3, 3, 3, 4]
unique_arr = unique(arr)
println(unique_arr)  # 출력: [1, 2, 3, 4]

# 문제 29: repeat 함수를 사용하여 문자열을 반복하는 방법은? 해답:
str = "Hello"
repeated_str = repeat(str, 3)
println(repeated_str)  # 출력: HelloHelloHello

# 문제 30: 모듈을 정의하는 방법은? 해답:
module MyModule
    export greet
    function greet(name)
        println("Hello, " * name)
    end
end
using .MyModule
greet("Julia")  # 출력: Hello, Julia
```

```
# 마지막 두 원소를 가져오기
last_two_elements = arr[end-1:end]
println("Last two elements: ", last_two_elements)

a = [1, 2, 3]
b = [4, 5, 6]
c = a .+ b  # [5, 7, 9]
```

```
# 최상위 스코프
println(@__MODULE__) # 출력: Main

module MyModule
    println(@__MODULE__) # 출력: MyModule

    function my_function()
        println(@__MODULE__) # 출력: MyModule
    end
    my_function()
end

module AnotherModule
    const MODULE_NAME = @__MODULE__
    println(MODULE_NAME) # 출력: AnotherModule
end
```

@__MODULE__은 줄리아 코드의 현재 실행 컨텍스트가 속한 모듈의 이름을 나타내는 편리한 매크로이다. 모듈 내부 식별, 이름 충돌 방지, 리소스 관리, 메타프로그래밍 등 다양한 상황에서 유용하게 활용될 수 있는 전역 상수이다. 특히 모듈을 개발하고 관리할 때 그 중요성이 부각된다. 줄리아 언어에서 @__MODULE__는 현재 코드가 실행되고 있는 모듈의 이름을 나타내는 전역 상수이다. 매크로처럼 보이지만, 컴파일 시점에 현재 모듈의 이름으로 치환되는 특별한 구문이다.

◇ @__MODULE__의 값

최상위 스코프(REPL 등): 코드가 어떤 모듈에도 속하지 않고 직접 REPL이나 스크립트의 최상위 레벨에서 실행될 경우, @__MODULE__의 값은 심볼(Symbol) :Main이 된다. 모듈 내부: 코드가 module *MyModule* ... end 블록 내에서 실행될 경우, @__MODULE__의 값은 해당 모듈의 이름에 해당하는 심볼 :*MyModule*이 된다. 함수 또는 블록 내부: 함수나 let 블록 등 더 깊은 스코프 내에서도 @__MODULE__의 값은 그 코드를 둘러싸고 있는 가장 가까운 모듈의 이름을 유지한다.

◇ @__MODULE__의 주요 용도

모듈 내부 식별: 모듈 내부에서 현재 모듈의 이름을 명확하게 알 수 있다. 이는 로깅, 디버깅, 또는 모듈 자체에 대한 정보를 출력할 때 유용하다. 이름 충돌 방지: 메타프로그래밍이나 코드를 생성하는 상황에서, 생성된 심볼이나 식별자가 현재 모듈의 스코프에 속하도록 명시하는 데 사용할 수 있다. 이를 통해 다른 모듈과의 이름 충돌을 방지할 수 있다. 리소스 로딩: 모듈과 관련된 데이터 파일이나 설정 파일을 로드할 때, 현재 모듈의 이름을 기반으로 파일 경로를 구성하는 데 사용할 수 있다. 메타프로그래밍: 매크로를 작성할 때, 매크로가 호출된 컨텍스트의 모듈 정보를 얻어와 동적으로 코드를 생성하는 데 활용할 수 있다.

줄리아는 프로젝트별로 독립적인 패키지 환경을 관리하는 기능을 제공한다. 이는 여러 프로젝트에서 서로 다른 버전의 패키지를 사용할 때 유용하다. 프로젝트 생성: 프로젝트 디렉토리로 이동한 후 Pkg 모드에서 activate . 명령을 실행하면 해당 디렉토리에 Project.toml 파일이 생성된다. 현재 디렉토리를 프로젝트 환경으로 활성화한다(Project.toml 파일이 있는 경우). 이 파일은 프로젝트에 필요한 패키지 목록과 버전을 기록한다. 패키지 추가: 프로젝트 환경이 활성화된 상태에서 add <패키지_이름> 명령을 사용하면 해당 패키지와 그 의존성이 Project.toml 파일에 기록된다. 환경 활성화: 다른 환경에서 출발하여 작업하던 프로젝트로 돌아올 때는 해당 프로젝트 디렉토리에서 activate . 명령을 실행하여 프로젝트 환경을 활성화한다. 패키지 설치: 프로젝트 환경이 활성화된 상태에서 instantiate 명령을 실행하면 Project.toml 파일에 기록된 모든 패키지(및 특정 버전)가 설치된다.

주요 Pkg 명령어는 다음과 같다.

add <패키지_이름>: 지정된 패키지를 현재 환경에 설치한다. 여러 패키지를 동시에 설치하려면 공백으로 구분하여 나열한다(예: add DataFrames Plots). rm <패키지_이름>: 지정된 패키지를 현재 환경에서 제거한다. update: 현재 환경에 설치된 모든 패키지의 최신 버전을 확인하고 업데이트한다. status: 현재 환경에 설치된 패키지 목록과 그 의존성, 버전을 보여준다. upgrade: 현재 환경에 설치된 모든 패키지의 호환 가능한 최신 메이저 버전을 포함하여 업데이트한다. update보다 더 큰 범위의 업데이트를 수행할 수 있다. activate: 특정 환경을 활성화하거나 새로운 환경을 생성한다. 기본 환경을 활성화한다. activate .: 현재 디렉토리를 프로젝트 환경으로 활성화한다(Project.toml 파일이 있는 경우). activate <경로>: 지정된 경로의 환경을 활성화한다. 경로에 Project.toml 파일이 없으면 새로운 환경을 생성한다. instantiate: 현재 환경의 Project.toml 파일에 명시된 모든 의존성 패키지를 설치한다. 다른 환경에서 프로젝트를 처음 열 때 사용한다. resolve: 현재 환경의 패키지 의존성 문제를 해결하려고 시도한다. gc: 더 이상 사용되지 않는 캐시된 패키지 버전을 정리하여 디스크 공간을 확보한다. registry add <레지스트리_URL>: 새로운 패키지 레지스트리를 추가한다. 기본적으로 General 레지스트리가 사용된다. registry update: 등록된 패키지 레지스트리의 정보를 업데이트한다. search <검색어>: 패키지 레지스트리에서 주어진 검색어를 포함하는 패키지를 찾는다.

3.22 키워드 인수

줄리아의 키워드 인수(keyword arguments)는 함수 호출 시 인수를 명시적으로 지정하여 더 유연하고 읽기 쉽도록 해준다. 키워드 인수는 함수 정의 시 세미콜론(;) 뒤에 작성되며, 함수 호출 시에도 명시적으로 키워드와 함께 값을 전달한다. 이는 기본값(default value)을 설정하거나, 특정 매개변수를 선택적으로 사용할 때 매우 유용하다. 많은 컴퓨터 언어에서는 기본적으로 위치 기반 인수(positional arguments) 형식을 사용한다. 다시 말해서, 인수들은 적혀진 순서에 기본적으로 의존하여 통신한다.

◇ 명시적인 이름 사용: 키워드 인수는 이름을 기반으로 값을 전달하므로, 전달 순서는 중요하지 않다. 사용자가 인수의 의미를 명확히 알 수 있어 코드 가독성이 향상된다.
◇ 기본값 설정 가능: 키워드 인수에는 기본값을 정의할 수 있어, 값을 명시하지 않아도 기본값이 사용된다.
◇ 선택적 사용: 반드시 전달할 필요가 없으며, 필요할 때만 명시적으로 지정할 수 있다.

기본적으로 키워드 인수는 선택적이지만, 필수로 만들기 위해서는 기본값을 생략하고 검증 로직을 추가할 수 있다. 줄리아에서 모든 인수를 키워드 인수로 정의할 수 있다. 이를 위해 함수 정의 시 모든 인수를 세미콜론(;) 뒤에 배치하면 된다. 이 경우, 함수 호출 시 반드시 키워드로 값을 명시해야 한다.

```
# 모든 인수를 키워드 인수로 정의
function describe(; name, age, country)
    println("Name: $name")
    println("Age: $age")
    println("Country: $country")
end

# 호출 시 반드시 키워드로 값을 명시
describe(name="In-Ho", age=60, country="Korea")
# 결과:
# Name: In-Ho
# Age: 60
# Country: Korea
```

줄리아에서는 "::"를 사용하여 함수 인수(키워드 인수)의 타입을 지정할 수 있다. 이는 함수가 호출될 때, 지정된 타입에 맞는 인수를 받아야 함을 의미한다. 동일한 함수 이름으로 서로 다른 타입 조합에 따라 동작이 달라지는 "멀티디스패치"를 지원한다. 이는 함수 오버로딩보다 더 유연하며, 줄리아의 성능 최적화에도 기여한다. 함수 내에서 타입 안정성이 유지되면 컴파일러가 최적화를 통해 성능을 크게 개선한다. 개발자가 타입을 명시적으로 지정하지 않아도 런타임에 타입 추론이 이루어진다. 암시적 타입 변환이 제한적이며, 명시적으로 타입 변환을 해야 한다. 이는 실수를 방지하는 데 도움을 준다.

아래 예시에서 name::String은 greet 함수의 name 인수가 반드시 String 타입이어야 함을 명시한다. 다른 타입의 인수를 전달하면 MethodError가 발생한다. 때로는 함수가 여러 타입의 인수를 허용해야 할 때가 있다. 이때는 UnionType1, Type2, ...을 사용한다. 줄리아의 타입 시스템은 앱스트랙 타입을 지원한다. 이를 활용하여 더 일반적인 타입 제약을 걸 수 있다. 예를 들어, 모든 수치형 타입을 허용하려면 Number 앱스트랙 타입을 사용할 수 있다. 사용자 정의 구조체 타입으로 인수를 제한할 수도 있다. 제네릭 타입에 특정 파라미터를 지정하여 인수의 타입을 제한할 수 있다. 선택적 인수에도 타입을 정의할 수 있다. 키워드 인수에도 마찬가지로 타입을 정의할 수 있다.

```
function add(a::Int, b::Int)::Int
    return a + b
end
function add(a::Float64, b::Float64)::Float64
    return a + b + 0.5
end
# add (generic function with 2 methods)

x::Int = 5
y::Int = -5
println(add(x,y))
x1::Float64 = 3.2
y1::Float64 = -3.2
println(add(x1,y1))

function greet1(name::String)
    println("Hello, $name")
end
greet1("Alice") # 잘 작동합니다.
# greet(123)
```

```
# 오류 발생: MethodError: No method matching greet(::Int64)

function multiply_by_two(x::Number)
    return x * 2
end
println(multiply_by_two(5))      # 출력: 10
println(multiply_by_two(2.5))    # 출력: 5.0
println(multiply_by_two(3+2im))  # 출력: 6.0 + 4.0im
# println(multiply_by_two("hello"))
# 오류 발생: MethodError:
# No method matching multiply_by_two(::String)

struct Point
    x::Float64
    y::Float64
end

function distance_from_origin(p::Point)
    return sqrt(p.x^2 + p.y^2)
end
point1 = Point(3.0, 4.0)
println(distance_from_origin(point1)) # 출력: 5.0
# distance_from_origin((3.0, 4.0))
# 오류 발생: MethodError: No method matching
# distance_from_origin(::Tuple{Float64, Float64})

function print_vector_length(v::Vector{<:Number})
    println("Vector length: $(length(v))")
end
numbers = [1, 2, 3, 4, 5]
print_vector_length(numbers) # 출력: Vector length: 5
floats = [1.0, 2.5, 3.0]
print_vector_length(floats) # 출력: Vector length: 3
# strings = ["a", "b", "c"]
# print_vector_length(strings)
# 오류 발생: MethodError: No method matching
# print_vector_length(::Vector{String})
```

```
function process_value(value, multiplier::Int64=1)
    return value * multiplier
end
println(process_value(5))
# 출력: 5 (multiplier의 기본값 1 사용)
println(process_value(5, 3))   # 출력: 15
# println(process_value(5, 3.0))
# 오류 발생: MethodError: No method matching
# process_value(::Int64, ::Float64)

function configure(;setting::String="default",value::Int64=0)
    println("Setting: $setting, Value: $value")
end
configure(setting="custom", value=100)
# 잘 작동합니다.
configure(setting="another")
# value는 기본값 0 사용
# configure(value=3.14)
# 오류 발생: MethodError: No method matching
# configure(; value::Float64)
```

키워드 인수와 splatter 연산자(55페이지)는 줄리아에서 함수를 더 유연하고 강력하게 사용할 수 있도록 도와주는 핵심 기능들이다. 이 두 가지를 잘 이해하고 활용하면 코드를 더욱 깔끔하고 유지보수하기 쉽게 만들 수 있다. 함수 정의 시 마지막 키워드 인수의 이름 뒤에 ...을 붙이면, 해당 인수는 함수 호출 시 전달되는 모든 명시되지 않은 키워드 인수를 딕셔너리로 받는다(가변 키워드 인수). 함수 정의 시 마지막 인수의 이름 뒤에 ...을 붙이면, 해당 인수는 함수 호출 시 전달되는 모든 남은 위치 인수를 튜플로 받는다(가변 위치 인수).

```
function print_all(first, rest...)
    println("First: $first")
    println("Rest: $rest (type: $(typeof(rest)))")
    for item in rest
```

```
        println("- $item")
    end
end

print_all(1)
# 출력:
# First: 1
# Rest: () (type: Tuple{Vararg{Any}})

print_all(1, 2, 3, "hello")
# 출력:
# First: 1
# Rest: (2, 3, "hello") (type: Tuple{Vararg{Any}})
# - 2
# - 3
# - hello

function process_options(data; verbose=false, others...)
    println("Data: $data")
    println("Verbose: $verbose")
    println("Other options: $others (type: $(typeof(others)))")
    for (key, value) in others
        println("- $key: $value")
    end
end

process_options("example")
# 출력:
# Data: example
# Verbose: false
# Other options: NamedTuple{} (type: NamedTuple)

process_options("test", debug=true, color="red")
# 출력:
# Data: test
# Verbose: false
# Other options: (debug = true, color = "red") (type: NamedTuple)
```

```
# - debug: true
# - color: red
```

3.23 런타임

줄리아 런타임은 프로그램이 실행되는 동안 여러 핵심적인 역할을 담당하는 환경을 의미한다. 특히, 줄리아는 동적 언어의 유연성과 정적 언어의 성능을 동시에 목표로 하므로, 런타임 환경에서 수행하는 작업이 매우 중요하다.[22] 줄리아 실제 실행 런타임은 프로그램 실행 중에 다양한 작업을 처리하도록 되어 있다. 이는 주로 동적 특성, 성능 최적화, 그리고 유연성을 제공하기 위한 것이다. 아래는 줄리아 런타임에서 수행하는 주요 작업들이다. 런타임에서 데이터 값의 타입을 추론하고 확인한다. 함수 호출 시 전달된 인수의 타입을 확인하고 적절한 함수(멀티디스패치에 기반)를 선택하는 과정이 이루어진다. 줄리아의 가장 강력한 기능 중 하나인 멀티디스패치는 런타임에서 함수 호출 시 전달된 인수들의 타입을 기반으로 적절한 함수를 선택하고 실행한다. 이는 여러 함수 중 올바른 함수가 동적으로 선택되는 과정이다.

런타임에서 컴파일된 함수를 캐싱하여 성능을 최적화한다. 줄리아는 동일한 함수 호출을 여러 번 실행해야 할 경우를 대비해, 런타임에서 컴파일된 함수를 캐싱하여 성능을 최적화한다. 이를 통해 중복된 타입 추론 및 컴파일 과정을 피할 수 있다. 줄리아는 런타임에 LLVM을 활용하여 코드를 기계어로 컴파일한다. 줄리아 런타임은 불필요해진 메모리를 자동으로 관리하여 프로그램이 안정적으로 실행되도록 돕는다. 객체가 더 이상 참조되지 않을 때 이를 해제하는 과정이 수행된다. 동적 코드 로딩을 통해 실행 중에 새로운 모듈이나 코드를 가져올 수 있다. 이는 include나 using과 같은 키워드를 통해 이루어지며, 런타임에서 의존성을 관리한다.

줄리아의 매크로(macro)와 동적 표현식(eval) 기능은 런타임 동안 코드 자체를 생성하고 실행할 수 있도록 한다. 예를 들어, 런타임에 새로운 함수를

22: 리눅스 환경에서 터미널을 통해 특정 폴더로 이동한 후 프로그램을 실행하면, 그 폴더는 해당 프로그램이 상대적인 경로를 해석하고 작업을 수행하는 데 있어 중요한 기준점이 된다. 절대경로를 이용한 프로그램 실행에서도 마찬가지이다. 프로그램 내부에서의 기본 경로는 여전히 프로그램을 실행한 터미널의 현재 작업 디렉토리가 된다. 프로그램이 설정 파일을 읽으려고 할 때, 현재 작업 디렉토리에서 먼저 파일을 찾을 가능성이 높다.

정의하거나 실행할 코드를 생성할 수 있다. 줄리아 런타임은 코드의 실행 성능을 분석하고 최적화할 수 있도록 프로파일링 도구를 제공한다. 줄리아에서 모든 메서드는 함수이지만, 모든 함수가 메서드인 것은 아니다. 함수는 일반적인 개념이고, 메서드는 특정 타입의 인자에 대한 함수의 구현이다. 줄리아의 멀티디스패치 기능으로 인해 같은 이름의 함수가 여러 개의 메서드를 가질 수 있다.

프로그래밍의 기초 요소들은 소프트웨어를 만들고 컴퓨터에게 특정 작업을 수행하도록 지시하는 데 필수적인 개념들이다.[23] 주요한 기초 요소들은 다음과 같다. 변수(variables): 데이터를 저장하고 참조하기 위한 이름표이다. 변수에는 숫자, 문자, 참/거짓 값 등 다양한 종류의 데이터를 할당할 수 있으며, 프로그램 실행 중에 그 값이 변경될 수 있다. 자료형(data types): 변수에 저장될 데이터의 종류를 정의한다. 프로그래밍 언어마다 다양한 자료형을 제공하며, 각 자료형에 따라 수행할 수 있는 연산과 메모리 사용 방식이 달라진다. 연산자(operators): 데이터를 조작하고 계산하기 위한 기호이다. 제어문(control flow statements): 프로그램의 실행 흐름을 제어하는 구문이다. 조건문(if, else, elif/else if)을 사용하여 특정 조건에 따라 다른 코드를 실행하거나, 반복문(for, while)을 사용하여 특정 코드 블록을 여러 번 반복 실행할 수 있다. 함수(functions): 특정 작업을 수행하는 코드 블록의 묶음이다. 함수를 사용하면 코드를 재사용하고, 프로그램을 논리적인 단위로 분할하여 관리하기 용이해진다. 함수는 입력(매개변수)을 받을 수 있고, 결과를 반환할 수 있다. 입력과 출력(input and output): 프로그램이 외부 세계와 상호작용하는 방식이다. 사용자로부터 데이터를 입력받거나, 프로그램의 결과를 화면에 출력하거나, 파일에 저장하는 등의 작업을 수행한다. 주석(comments): 코드에 대한 설명을 작성하는 부분으로, 프로그램의 실행에는 영향을 미치지 않는다. 코드의 이해도를 높이고 유지보수를 용이하게 하는 데 중요한 역할을 한다. 자료 구조(data structures): 여러 개의 데이터를 효율적으로 저장하고 관리하기 위한 구조이다. 배열, 튜플, 딕셔너리, 집합 등이 있으며, 문제의 특성에 따라 적절한 자료 구조를 선택하는 것이 중요하다.

23: 독자 여러분은 줄리아에 대해서 많은 것을 이미 습득하신 상태이다. 어쩌면 지금부터는 개개의 줄리아 패키지에 더욱 익숙해져야하는 단계에 지나지 않을 수도 있다. 특히, 다른 컴퓨터 언어에 익숙한 독자는 지금부터 매우 빠른 속도로 줄리아 패키지들을 사용할 수 있다. 각자 문제 풀이가 가능한 단계에 해당한다.

그림 그리기 4

4.1 그림 그리기 기초

연구 결과 발표, 특허, 논문, 보고서를 작성할 때, 그림으로 데이터를 정리하는 것은 매우 중요한 일이다. 줄리아는 데이터 시각화를 위한 다양한 패키지와 기능을 제공한다. 특히, 과학 컴퓨팅 및 데이터 분석 분야에서 강력한 성능을 발휘하며, 시각화 도구 또한 이러한 강점을 반영하고 있다. 줄리아의 빠른 실행 속도는 대규모 데이터 시각화에도 효율적으로 대응할 수 있게 한다. 데이터 분석, 통계, 머신러닝 등 다양한 분야의 패키지와 통합되어 데이터 처리부터 시각화까지 일관된 워크플로우를 구축할 수 있다. 다양한 백엔드 및 패키지를 통해 사용자의 요구에 맞는 시각화 환경을 구축할 수 있다. 이공계 분야에서 수식을 그림으로 자유롭게 표현하는 것은 연구, 교육, 발표 등 다양한 상황에서 매우 유용하다. 다행히도 다양한 도구와 라이브러리가 이러한 요구를 충족시켜 준다. MikTeX과 TeXStudio를 이용하여 책을 포함한 모든 종류의 LaTeX 문서를 작성할 수 있다. 이 조합은 LaTeX 문서를 작성하는 데 매우 강력하고 인기 있는 선택지이다. MikTeX는 LaTeX 컴파일러, 관련 패키지, 글꼴 등을 포함하는 TeX 배포판이다. LaTeX 문서를 실제 pdf, dvi 등과 같은 출력 형식으로 변환하는 핵심 엔진 역할을 한다.[1] MikTeX의 큰 장점 중 하나는 필요한 패키지가 없을 때 자동으로 다운로드하고 설치해주는 기능이다. TeXStudio는 LaTeX 문서를 작성하고 편집하기 위한 통합 개발 환경(IDE)이다.

1: 존 워녹(John Warnock, 1940-2023)은 미국의 컴퓨터 과학자이자 혁신가로, 1982년 찰스 게쉬케와 함께 어도비 시스템즈(Adobe Systems Inc.)를 공동 창립한 것으로 가장 잘 알려져 있다. 그는 포스트스크립트(PostScript)을 발명했으며 pdf(portable document format) 개념화를 주도했다.

줄리아를 사용하여 간단한 그림을 그리기 위해서는 Plots 패키지를 사용할 수 있다. 출판물 수준의 그림을 그리는 것은 나중에 시도하더라도 줄리아로 기본적인 그림을 그리는 것은 아주 중요한 프로그래밍 항목이다. 많은 경우, 계산 중간 단계, 최종 단계에서 얻을 수 있는 각종 데이터를 시각화 하는 것은 중요한 의미를 가진다. Plots.jl는 가장 인기 있고 다재다능한 고수준 플로팅 패키지이다. 다양한 백엔드(backends)를 지원하여 여러 스타일과 형식으로 그림을 그릴 수 있다(예: GR, Plotly, UnicodePlots, CairoMakie). 2D 및 3D 플롯, 애니메이션, 서브플롯 등 다양한 플롯 유형을 제공한다. 문법이 비교적 직관적이고 사용하기 쉽다. 다른 줄리아 패키지와의 통합이 잘 되어 있다. using Plots를 추가함으로써 Plots.jl 패키지 내에 정의된 모든 함수(예: plot, plot!, title, xlabel, ylabel, grid, savefig 등)를 현재 스크립트에서 사용할 수 있게 된다.[2]

2: 그림 그리기 부분에 대한 설명을 장황하게 하기보다는 그냥 URL 방문을 추천하고 싶다. 소스코드와 출력물을 1대1로 확인할 수 있다. https://docs.juliaplots.org/stable/tutorial/ 본문에서 언급한 LaTeX은 그림 그리기의 본질적 요소가 아니다. 입문 단계에서 곧바로 시도해 볼 항목은 아니다. 장기적으로 시도해 볼 필요가 있는 항목으로 볼 수 있다.

using Plots를 추가하면 다양한 백엔드를 통해 2차원 및 3차원 플롯을 생성할 수 있는 강력한 인터페이스를 제공하는 Plots.jl 패키지의 기능을 사용할 수 있게 된다. Plots.jl은 여러 백엔드(예: GR, Plotly, PyPlot 등)를 통합하여 일관된 API를 제공하므로, 코드 변경 없이 다른 플로팅 라이브러리를 쉽게 전환할 수 있다는 장점이 있다.

using Plots를 통해 사용할 수 있는 주요 함수와 일부 관련 변수들은 다음과 같다.

◇ 플로팅 함수(2D 및 3D):

plot(args...; kwargs...): 가장 기본적인 플로팅 함수이다. 입력 데이터의 형태에 따라 선 그래프, 산점도 등을 자동으로 선택하거나 seriestype 키워드를 사용하여 명시적으로 지정할 수 있다. plot!(args...; kwargs...): 기존 플롯에 새로운 요소를 추가한다.

◇ 2D 플롯 유형이 있다.

scatter(x, y, ...; kwargs...): 산점도를 그린다. lines(x, y, ...; kwargs...): 선 그래프를 그린다. barplot(x, y, ...; kwargs...): 막대 그래프를 그린다. histogram(data, ...; kwargs...): 히스토그램을 그린다. heatmap(data, ...; kwargs...): 히트맵을 그린다. contour(x, y, z, ...; kwargs...): 등고선 플롯을 그린다. contourf(x, y, z, ...; kwargs...): 채워진 등고선 플롯을 그린다. quiver(x, y, u, v, ...; kwargs...): 벡터 필드(화살표) 플롯을 그린다. pie(values, labels=nothing, ...; kwargs...): 파이 차트를 그린다. violin(x, y, ...; kwargs...): 바이올린 플롯을 그린다. boxplot(x, y, ...; kwargs...): 박스 플롯을 그린다. image(data, ...; kwargs...): 이미지를 표시한다. text(strings, x, y, ...; kwargs...): 텍스트 레이블을 추가한다. shape(x, y, ...; kwargs...):

사용자 정의 모양을 그린다.

◇ 3D 플롯 유형이 있다.

scatter(x, y, z, ...; kwargs...): 3D 산점도를 그린다. lines(x, y, z, ...; kwargs...): 3D 선 그래프를 그린다. surface(x, y, z, ...; kwargs...): 3D 표면 플롯을 그린다. wireframe(x, y, z, ...; kwargs...): 3D 와이어프레임 플롯을 그린다. volume(data, ...; kwargs...): 3D 볼륨 데이터를 시각화한다. quiver(x, y, z, u, v, w, ...; kwargs...): 3D 벡터 필드 플롯을 그린다.

◇ 플롯 속성 설정 함수들이 있다.

title!(str): 플롯 제목을 설정한다. xlabel!(str): x축 레이블을 설정한다. ylabel!(str): y축 레이블을 설정한다. zlabel!(str): z축 레이블(3D)을 설정한다. xlims!(min, max) 또는 xlims!(range): x축 범위 설정한다. ylims!(min, max) 또는 ylims!(range): y축 범위 설정한다. zlims!(min, max) 또는 zlims!(range): z축 범위 설정한다. xticks!(values) 또는 xticks!(values, labels): x축 눈금 위치 및 레이블을 설정한다. yticks!(values) 또는 yticks!(values, labels): y축 눈금 위치 및 레이블을 설정한다. zticks!(values) 또는 zticks!(values, labels): z축 눈금 위치 및 레이블을 설정한다. legend!(position::Symbol or Tuple; kwargs...): 범례를 추가하거나 위치를 설정한다(:topright, :topleft, :bottomright, :bottomleft, :outertopright 등). grid!(on::Bool): 격자 표시 여부를 설정한다. gridstyle!(linestyle): 격자 선 스타일을 설정한다(:solid, :dash, :dot 등). gridcolor!(color): 격자 선 색상을 설정한다. background_color!(color): 플롯 배경색을 설정한다. foreground_color!(color): 축 레이블, 눈금 등의 전경색을 설정한다. fontfamily!(fontname): 폰트 패밀리를 설정한다. fontsize!(pointsize): 폰트 크기를 설정한다. linewidth!(width): 선의 굵기를 설정한다. linestyle!(style): 선의 스타일을 설정한다. markercolor!(color): 마커의 색상을 설정한다. markersize!(size): 마커의 크기를 설정한다. markerstrokecolor!(color): 마커 테두리 색상을 설정한다. markerstrokewidth!(width): 마커 테두리 굵기를 설정한다. fillrange!(y1, y2) 또는 fillrange!(z1, z2): 영역을 채운다. fillcolor!(color): 채우기 색상을 설정한다. alpha!(value): 투명도를 설정한다. colormap!(cmap): 색상 맵을 설정한다.

◇ 레이아웃 및 하위 플롯 관련 함수들이 있다.

layout: plot 함수의 키워드 인자로, 하위 플롯의 레이아웃을 지정한다(예: layout = (2, 2)). subplot(i): 특정 하위 플롯을 활성화하여 그릴 수 있도록 한다. linkxaxes!, linkyaxes!, linkzaxes!: 여러 하위 플롯의 축을 연결한다.
◇ 플롯 제어 함수들이 있다.
gui(): 플롯을 인터랙티브 창에서 연다(백엔드 지원 필요). savefig(filename): 현재 플롯을 파일로 저장한다(png, pdf, svg 등, 백엔드에 따라 지원되는 형식 상이). display(p::Plots.Plot): 플롯 객체를 표시한다. 미리 정의된 변수(주로 색상 및 스타일 관련)가 있다. default: 기본 플롯 설정을 담고 있는 객체이다. themes: 다양한 미리 정의된 플롯 테마를 담고 있는 딕셔너리이다(예: theme(:dark)). 다양한 색상 상수(예: :red, :blue, :green, :black, :white 등). 다양한 선 스타일 상수(예: :solid, :dash, :dot, :dashdot 등). 다양한 마커 모양 상수(예: :circle, :square, :diamond, :triangleup 등). 백엔드 관련 함수: gr(), plotly(), pyplot(), pgfplotsx() 등: 사용할 플롯 백엔드를 명시적으로 설정한다. using Plots만으로는 기본 백엔드가 사용된다.

Plots.jl은 여러 백엔드를 래핑하므로, 실제로 사용할 수 있는 기능과 옵션은 선택한 백엔드에 따라 다를 수 있다. 위에 나열된 것은 Plots.jl에서 자주 사용되는 함수와 변수의 일부이며, 더 많은 기능과 옵션이 존재한다. 최신 정보 및 모든 가능한 함수와 키워드 인자에 대해서는 Plots.jl 공식 문서를 참조하는 것이 가장 좋다.(https://docs.juliaplots.org/latest/) using Plots는 다양한 플로팅 요구 사항을 충족할 수 있는 유연하고 강력한 도구를 제공한다. 어떤 종류의 시각화를 만들고 싶은지에 따라 적절한 함수와 옵션을 선택하여 사용할 수 있다.

Makie.jl는 OpenGL 기반의 강력하고 인터랙티브한 플로팅 패키지이다. 고품질의 2D 및 3D 플롯을 생성하며, 특히 과학 및 데이터 시각화에 강점을 가진다. Makie.jl은 GPU 가속을 통해 매우 빠른 렌더링 속도를 제공한다. 대규모 데이터 시각화나 복잡한 애니메이션 작업에 유리하다. 인터랙티브한 기능(줌, 팬, 회전 등)을 기본으로 제공한다. GLMakie(데스크톱) 및 WGLMakie(웹) 백엔드를 지원한다. 일반적으로 인터랙티브한 작업을 위해서는 GLMakie를, 출판 품질의 정적인 이미지를 위해서는 CairoMakie를 선택하는 것이 좋다. Plots.jl보다 문법이 다소 복잡할 수 있지만, 더 세밀한 제어와 고급 시각화 기능을 제공한다. Makie 플롯에서 LaTeX 글꼴 크기를 자유롭게 조절할 수 있다. Makie와 LaTeX 수식을 함께 사용하면 더욱 풍부하고 명확한 시각화를 만들 수 있다. GLMakie는 줄리아에서 고품질의 인터랙티브한 2D 및 3D 시각화를 만들고자 하는 사용자에게 강력하고 유연한 도구를 제공한다. 특히 성능이 중요한 복잡한 시각화나 사용자 상호작용이 필요한 애플리케이션 개발에 적합하다. Makie.jl은 줄리아 언어의 고성능, 인터랙티브 시각화 생태계를 위한 핵심 패키지이다. 반면, GLMakie는 Makie.jl의 주요 백엔드 중 하나로, OpenGL을 사용하여 플롯을 렌더링하고 인터랙티비티를 제공한다. Makie.jl만으로는 화면에 플롯을 표시하거나 파일로 저장할 수 없다. 실제 렌더링은 백엔드 패키지를 통해 이루어진다.[3]

3: 감탄사가 나올만한 예제들이 소스코드와 함께 전시되어 있다. https://docs.makie.org/stable/

GLMakie를 사용할 때 자주 사용되는 주요 함수들을 자세히 설명한다. 이 함수들은 2D 및 3D 시각화를 생성하고 조작하는 데 핵심적인 역할을 한다.

◇ 1. Scene 및 Figure 생성

figure(; kwargs...): 새로운 Figure 객체를 생성한다. Figure는 하나 이상의 Axis(하위 플롯)를 담는 최상위 컨테이너이다. 창의 크기, 제목 등 전반적인 설정을 kwargs를 통해 지정할 수 있다. Scene(; kwargs...): 독립적인 Scene 객체를 생성한다. Figure 없이 단일 시각화를 만들 때 사용될 수 있지만, GLMakie에서는 주로 figure()를 통해 내부적으로 생성된다.

◇ 2. 축(Axes) 생성

Axis(parent::Figure or Scene; kwargs...): 2차원 축을 생성하여 Figure 객체 또는 Scene에 추가한다. 축의 레이블, 눈금, 제목, 배경색 등 다양한 속성을 kwargs로 설정할 수 있다. 축이 그려질 Figure 내의 위치는 레이아웃 시스템(GridLayout)을 통해 지정한다. Axis3(parent::Figure or Scene; kwargs...): 3차원 축을 생성한다. 3D 플롯을 위한 환경을 제공하며, 2D 축과 유사하게 다양한 속성을 설정할 수 있다.

◇ 3. 기본적인 플로팅 함수

plot(args...; kwargs...): 가장 기본적인 플로팅 함수이다. 입력 데이터의 형태에 따라 자동으로 적절한 플롯 유형을 선택하거나, seriestype 키워드를 사용하여 명시적으로 지정할 수 있다. 2D 및 3D 데이터를 모두 처리할 수 있다. scatter!(parent::Axis, x, y, ...; kwargs...) / scatter!(parent::Axis3, x, y, z, ...; kwargs...): 산점도를 그린다. 점의 크기, 색상, 모양 등을 kwargs로 설정한다. ! 접미사는 해당 플롯을 이미 존재하는 Axis에 덧그리는 함수임을 나타낸다. lines!(parent::Axis, x, y, ...; kwargs...) / lines!(parent::Axis3, x, y, z, ...; kwargs...): 선 그래프를 그린다. 선의 굵기, 색상, 스타일 등을 kwargs로 설정한다. barplot!(parent::Axis, x, y, ...; kwargs...): 막대 그래프를 그린다. 막대의 색상, 너비 등을 kwargs로 설정한다. hist!(parent::Axis, data, ...; kwargs...): 히스토그램을 그린다. 빈의 개수, 색상 등을 kwargs로 설정한다. heatmap!(parent::Axis, data, ...; kwargs...): 2D 히트맵을 그린다. 색상 맵, 보간 방법 등을 kwargs로 설정한다. contour!(parent::Axis, x, y, z, ...; kwargs...) / contour!(parent::Axis3, x, y, z, ...; kwargs...): 등고선 플롯을 그린다. 등고선 간격, 색상 등을 kwargs로 설정한다. contourf!(parent::Axis, x, y, z, ...; kwargs...): 채워진 등고선 플롯을 그린다. arrows!(parent::Axis, x, y, u, v, ...; kwargs...) / arrows!(parent::Axis3, x, y, z, u, v, w, ...; kwargs...): 화살표 플롯을 그린다. 화살표의 크기, 색상 등을 kwargs로 설정한다. image!(parent::Axis, data, ...; kwargs...): 이미지를 표시한다. 색상 맵, 보간 방법 등을 kwargs로 설정한다. text!(parent::Axis or Axis3, string or vector of strings, position or vector of positions, ...; kwargs...): 텍스트 레이블을 추가한다. 텍스트 크기, 색상, 정렬 등을 kwargs로 설정한다. mesh!(parent::Axis3, vertices, triangles; kwargs...): 삼각형 메쉬를 3D 공간에 그린다. 색상, 재질 등을 kwargs로 설정한다. surface!(parent::Axis3, x, y, z, ...; kwargs...): 3D 표면 플롯을 그린다. 색상 맵, 와이어프레임 표시 여부 등을 kwargs로 설정한다. volume!(parent::Axis3, data, ...; kwargs...): 3D 볼륨 데이터를 시각화한다. 등치 표면 값, 색상 맵 등을 kwargs로 설정한다.

◇ 4. 플롯 속성 및 꾸밈 함수

title!(axis::Axis or Axis3, text): 축의 제목을 설정한다. xlabel!(axis::Axis or Axis3, text): x축 레이블을 설정한다. ylabel!(axis::Axis or Axis3, text):

y축 레이블을 설정한다. zlabel!(axis::Axis3, text): z축 레이블을 설정한다. xlims!(axis::Axis or Axis3, low, high) / ylims!(...) / zlims!(...): 축의 범위를 설정한다. xticks!(axis::Axis or Axis3, values) / yticks!(...) / zticks!(...): 축의 눈금 위치를 설정한다. xticklabels!(axis::Axis or Axis3, labels) / yticklabels!(...) / zticklabels!(...): 축의 눈금 레이블을 설정한다. colorbar(plot::AbstractPlot; kwargs...): 플롯에 색상 막대를 추가한다. legend(parent::Figure or Axis; kwargs...): 플롯에 범례를 추가한다. 표시할 레이블과 플롯 객체를 인자로 전달한다. grid!(axis::Axis or Axis3, visible=true): 격자 표시 여부를 설정한다.

◇ 5. 레이아웃 관련 함수

GridLayout(parent::Figure; kwargs...): Figure 객체 내에 플롯들을 격자 형태로 배치하기 위한 레이아웃 객체를 생성한다. Axis(parent[row, col]; kwargs...) / Axis3(parent[row, col]; kwargs...): GridLayout 내의 특정 셀에 축을 생성한다. rowgap!(layout::GridLayout, value) / colgap!(layout::GridLayout, value): 행/열 간 간격을 설정한다. rowsize!(layout::GridLayout, row, value) / colsize!(layout::GridLayout, col, value): 특정 행/열의 크기를 설정한다.

◇ 6. 인터랙티비티 관련 함수

on(event, handler): 특정 이벤트(예: 마우스 클릭, 움직임, 키보드 입력)가 발생했을 때 실행할 핸들러 함수를 등록한다. Observable(value): 값이 변할 때 연결된 리스너들에게 알림을 보내는 반응형 변수를 생성한다. 동적인 시각화나 GUI 컨트롤과 데이터 연결에 사용된다. @lift expression: 하나 이상의 Observable의 값이 변경될 때마다 자동으로 업데이트되는 새로운 Observable을 생성한다. buttons(parent::Figure; kwargs...): GUI 버튼을 생성한다. sliders(parent::Figure; kwargs...): GUI 슬라이더를 생성한다. toggles(parent::Figure; kwargs...): GUI 토글 버튼을 생성한다. menus(parent::Figure; kwargs...): GUI 드롭다운 메뉴를 생성한다. Label(parent::Figure, text::Observable; kwargs...): 텍스트 레이블을 표시하는 GUI 요소를 생성한다.

◇ 7. 애니메이션 관련 함수

record(figure, filename, frames; framerate=30) do frame ... end: 애니메이

션을 생성하고 지정된 파일 이름으로 저장한다. frames는 애니메이션의 각 프레임을 생성하는 반복 가능한 객체이며, do 블록 안에서 각 프레임에 대한 플롯 업데이트 작업을 수행한다.

◇ 8. 저장 함수

save(filename, scene::Scene or Figure; kwargs...): 생성된 Scene 또는 Figure를 이미지 파일(png, jpg, tiff 등) 또는 벡터 그래픽 파일(pdf, svg - 백엔드 지원 필요)로 저장한다.

◇ 9. 기타 유용한 함수

display(scene::Scene or Figure): 생성된 Scene 또는 Figure를 화면에 표시한다. GLMakie는 일반적으로 새로운 창에서 인터랙티브하게 표시된다. update_cam!(axis::Axis3, ...): 3D 축의 카메라 시점을 프로그래밍 방식으로 업데이트한다.

함수 이름 뒤에 !가 붙는 함수(예: scatter!, lines!)는 기존의 Axis에 플롯을 덧그리는 함수이다. 새로운 플롯을 생성하려면 !가 없는 함수를 사용해야 한다. 각 함수의 사용법과 가능한 kwargs는 GLMakie의 공식 문서를 참조하는 것이 가장 정확하고 자세한 정보를 얻는 방법이다.

줄리아 언어에서 kwargs는 키워드 인자(keyword arguments)를 나타내는 관례적인 변수 이름이다. 함수를 정의할 때 ... 앞에 특정 이름(일반적으로 kwargs)을 붙이면, 함수 호출 시 전달되는 이름-값 쌍의 키워드 인자들을 모두 딕셔너리(dictionary) 형태로 받아서 처리할 수 있게 된다. 함수를 호출할 때, 키워드 인자는 ; 뒤에 이름=값 형태로 전달한다.

Gadfly.jl는 ggplot2 스타일의 문법을 제공하는 플로팅 패키지이다. R의 ggplot2 패키지에 기원한다. 레이어 기반의 플롯 생성 방식을 따르며, 통계적 시각화에 유용하다. 선언적인 문법을 사용하여 플롯의 모양과 데이터를 명확하게 분리할 수 있다. 백엔드로 Cairo를 사용한다.

UnicodePlots.jl는 터미널 환경에서 ASCII 및 유니코드 문자를 사용하여 간단한 플롯을 생성한다. 데이터 분석이나 간단한 시각화를 위해 터미널에서 빠르게 결과를 확인하는 데 유용하다. 외부 GUI 환경 없이도 작동한다.

아래는 줄리아에서 Plots 패키지를 이용해 간단한 선 그래프를 그리는 예제 프로그램이다. 존재하는 그림 위에 또 그림을 그릴 때는 plot!()을 사용한다. Plots.jl 패키지를 사용하여 다양한 유형의 그림을 그리고, display 함수를 통해 결과를 출력한다. plot()의 인수는 여러 가지가 있다. 선 색, 선 스타일, 마커 모양을 설정할 수 있다. Table 4.1에서 Python 그림 그리기를 줄리아 그림 그리기와 비교했다.

Table 4.1: Python 그림 그리기와 줄리아 그림 그리기 비교.

특징	Python	줄리아
주요 강점	넓은 생태계, 쉬운 학습 곡선 풍부한 자료, 웹 기반 인터랙티브 (Plotly, Bokeh)	높은 성능 3D 및 대규모 데이터 시각화(Makie) 유연한 백엔드(Plots)
주요 라이브러리	Matplotlib, Seaborn Plotly, Bokeh, ggplot2	Plots.jl, Gadfly.jl, Makie GLMakie, CairoMakie, WGLMakie
성능	정적 플롯은 충분 대규모/인터랙티브는 제한적일 수 있음	줄리아 언어 자체의 고성능 Makie.jl의 GPU 가속으로 뛰어남
문법	Matplotlib은 다소 장황 고수준 라이브러리는 간결	Plots.jl은 간결 Gadfly.jl은 ggplot2와 유사
인터랙티브	Plotly, Bokeh가 강력한 웹 기반 인터랙티브 제공	Makie.jl의 뛰어난 3D 인터랙티브, Plots.jl + Plotly 백엔드로 2D 지원
학습 곡선	비교적 쉬움	Plots.jl은 비교적 쉬우나, Makie.jl은 깊이 있는 이해 필요
커뮤니티	매우 크고 활발	성장 중

```
using Pkg
Pkg.add("Plots")
using Plots
x = 0:0.1:2π
y = sin.(x)
plot(x, y, label="sin(x)")
savefig("line_plot1.png")
plot(x, y, label="sin(x)", title="Sine Wave", xlabel="x",
    ylabel="y", linewidth=2, color=:red)
savefig("line_plot2.png")

#두 개의 그래프 그리기
using Plots
x = 0:0.1:2π
y1 = sin.(x)
y2 = cos.(x)
plot(x, [y1, y2], label=["sin(x)" "cos(x)"])
savefig("line_plot3.png")
```

```

using Plots
# 데이터 생성
x = 1:10
y = rand(10)  # 10개의 랜덤 숫자 생성
# x와 y 데이터를 생성하고, plot 함수를 사용하여 선 그래프를 그린다.
# 선 그래프 그리기
plot(x, y, title="Simple Line Plot", xlabel="X-axis",
ylabel="Y-axis", legend=false)
# 그래프를 파일로 저장
savefig("line_plot4.png")
# savefig 함수를 사용하여 그래프를 파일로 저장할 수 있다.
# display(plot(x, y)) 처럼 사용하면 화면에 그림이 나옴.
```

```
using Plots
x = 0:0.1:2π # 0부터 2π까지 0.1 간격으로 x 값 생성
y = sin.(x)    # x 값에 대한 사인 함수 계산
plot(x, y, label="sin(x)", xlabel="x", ylabel="y",
    title="Sine Wave")
savefig("myplot1.png")

x = randn(100) # 100개의 표준 정규 분포 난수 생성
y = randn(100) # 100개의 표준 정규 분포 난수 생성
scatter(x, y, label="Random Points", xlabel="x",
    ylabel="y", title="Scatter Plot")
savefig("myplot2.png")

categories = ["A", "B", "C", "D"]
values = [10, 25, 15, 30]
bar(categories, values, label="Values", xlabel="Categories",
    ylabel="Values", title="Bar Chart")
savefig("myplot3.png")

x = 0:0.1:2π
y1 = sin.(x)
y2 = cos.(x)
plot(x, [y1, y2], label=["sin(x)" "cos(x)"], xlabel="x",
```

```
    ylabel="y", title="Sine and Cosine Waves")
savefig("myplot4.pdf")

using Plots
x = 1:10
y1 = rand(10)
y2 = rand(10)
p = plot(x, y1, label = "Series 1")
plot!(x, y2, label = "Series 2")
display(p)
savefig("plotsave.png")
```

컴퓨터 작업 중에 화면 캡처가 필요한 이유는 매우 다양하며, 효율적인 정보 공유, 기록, 문제 해결 등 여러 측면에서 유용하기 때문이다. 컴퓨터 화면을 캡처하는 방법은 운영체제에 따라 다르다. 다음은 주요 운영체제별 화면 캡처 방법이다. Windows 키 + Shift 키 + S 키 동시에 누르기(Windows): 화면이 어두워지고 마우스 커서가 십자 모양으로 바뀐다. 캡처하고 싶은 영역을 드래그하여 선택하면 해당 영역이 클립보드에 복사된다. Shift 키 + Command 키 + 5 키 동시에 누르기(macOS): 화면 하단에 스크린샷 앱 도구가 나타난다. 여기서 전체 화면 캡처, 윈도우 캡처, 영역 캡처, 화면 기록 등 다양한 옵션을 선택할 수 있다. 저장 위치도 변경할 수 있다. Shift 키 + Print Screen(PrtScn) 키 동시에 누르기(Linux): 캡처할 영역을 마우스로 드래그하여 선택할 수 있다.[4] 화면 캡처는 컴퓨터 작업을 더욱 효율적이고 편리하게 만들어주는 필수적인 기능이라고 할 수 있다. 다양한 상황에서 정보를 시각적으로 전달하고 기록하며, 문제를 해결하는 데 중요한 역할을 하다. 때로는 말이나 글로 설명하기 어려운 내용을 이미지 한 장으로 명확하게 전달할 수 있다. 오류 메시지, 특정 프로그램의 인터페이스, 웹사이트의 디자인 등을 보여주는 데 효과적이다. 디자인 시안, 웹사이트 레이아웃, 프레젠테이션 자료 등을 캡처하여 팀원들과 빠르게 공유하고 피드백을 받을 수 있다.

4: 여기서 + 키는 누르지 않는다.

Figure 4.1에서 간단한 선 그리기 출력물을 확인할 수 있다.

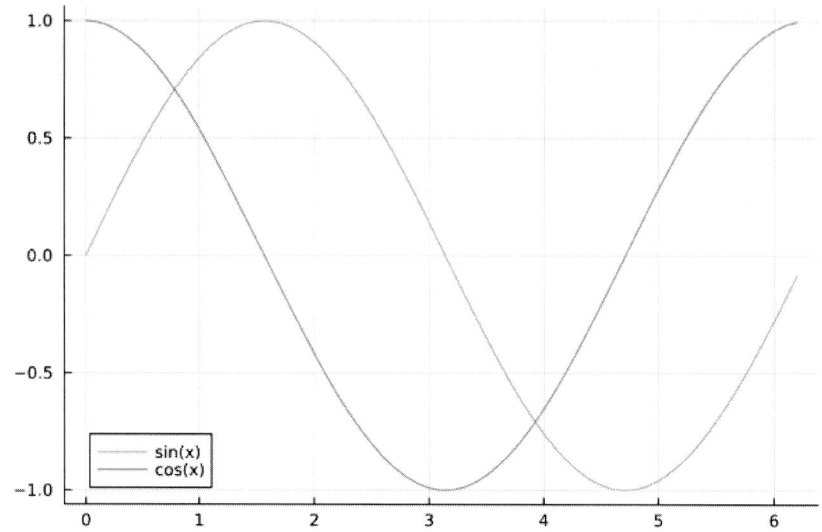

Figure 4.1: 선 그리기 출력물.

4.2 레이텍(LaTex) 수식 문자열

줄리아는 수학적 연산과 과학적 컴퓨팅에 특화된 언어이므로 LaTeX과 같은 수학적 표기법을 지원하는 다양한 기능을 제공한다. LaTeX은 복잡한 문서, 특히 수학 및 과학 공식이 포함된 문서를 작성하는 데 널리 사용되는 문서 준비 시스템이다. 일반적인 워드 프로세서와 달리 LaTeX은 사용자가 문서의 내용과 구조에 집중하고 서식은 시스템에 맡기는 방식이다. LaTeX은 처음에는 다소 복잡하게 느껴질 수 있지만, 익숙해지면 강력하고 효율적인 문서 작성 도구이다. LaTeX은 전문적인 문서 작성을 위한 강력한 도구이며, 특히 수학 및 과학 분야에서 널리 사용된다. LaTeX 문서는 일반 텍스트 파일로 작성되며, 특수한 명령어를 사용하여 문서의 구조와 서식을 지정한다. LaTeX 컴파일러는 이 텍스트 파일을 처리하여 pdf(portable data format), dvi 등 다양한 형식의 출력 파일을 생성한다. LaTeXStrings.jl은 줄리아에서 LaTeX 수식 문자열을 편리하게 생성하고 사용할 수 있도록 지원하는 패키지이다. 주로 플롯이나 그래프의 레이블, 제목 등에 LaTeX 수식을 표현할 때 유용하게 사용된다. 줄리아 REPL 및 여러 줄리아 편집 환경에서 LaTeX 스타일의 자동 완성을 사용하여 유니코드 수학 기호를 입력할 수 있다. 예를 들어, \alpha를 입력하고 Tab 키를 누르면 그리스 문자 α로 변환된다. 이 방법을 통해 복잡한 수학 표현식을 쉽게 입력할 수 있다. 줄리아의 관계 연산자(예: ≤, ≥, ≠)는 LaTeX 구문을 지원하여 수학적 표현식을 더욱 직관적으로 작성할 수 있다. 줄리아의 플로팅 라이브러리(예: Plots.jl)는 LaTeX을 사용하여 플롯의 레이블, 제목 및 기타 텍스트 요소에 수학적 표기법을 추가할 수 있다. 이를 통해 고품질의 수학적 플롯 및 시각화를 생성할 수 있다. Weave.jl은 줄리아를 사용하여 과학적 컴퓨팅 및 데이터 분석 작업을 수행하는 사용자에게 매우 유용한 도구이다. 코드를 문서화하고 결과를 공유하는 과정을 간소화하여 생산성을 향상시키고 재현 가능한 연구를 촉진한다.

LaTeX은 복잡한 수식을 표현하는 데 가장 강력하고 널리 사용되는 도구이다. 다양한 편집기(TeXstudio, Overleaf 등)를 통해 LaTeX 문서를 작성하고 pdf/eps, 이미지 등으로 변환할 수 있다. 줄리아 그림 그리기에서 이것이 가능하다. 수식을 별도로 생성하고 기존의 그림에 추가하는 편집 방식을 사용해도 좋다. 하지만, 하나의 그림을 그릴 때, 그림과 그 그림을 이해할 때 필요한 수식이 동시에 출력되면 이상적이다. 고품질의 출력, 다양한 수식 기호 및 기능 지원, 학술 논문 및 출판물에 적합하다. 하지만, 이들에 익숙해지려면 하나의 진입 장벽을 극복해야 하는 것도 사실이다. 잘 알려진 것처럼, Python의 강력한 시각화 라이브러리로, Matplotlib의 text 기능을 사용하여 LaTeX 문법의 수식을 그림에 넣을 수 있다.

Figure 4.2에서 LaTeX를 활용한 문구가 포함된 그림 그리기 출력물을 확인할 수 있다. 그림의 텍스트 요소(레이블, 제목, 주석 등)에 LaTeX 문법을 적용하여 수식이나 특수 문자를 아름답게 표현할 수 있다. LaTeXStrings.jl은 줄리아에서 LaTeX 문자열을 편리하게 생성하고 사용할 수 있도록 해주는 패키지이다. 이 패키지를 사용하면 문자열 앞에 L"를 붙여 LaTeX 문법으로 작성된 문자열을 특별한 객체로 만들 수 있다. Plots.jl은 이러한 LaTeXString 객체를 인식하여 그림에 LaTeX 형태로 렌더링한다.[5]

5: 통상 MikTeX를 설치한다. 그 다음 TeXstudio를 이용하여 LaTeX을 활용한 문서를 작성한다.

```
using Pkg
Pkg.add("LaTeXStrings")
using LaTeXStrings
str = L"$\alpha + \beta$"
println(str)
```

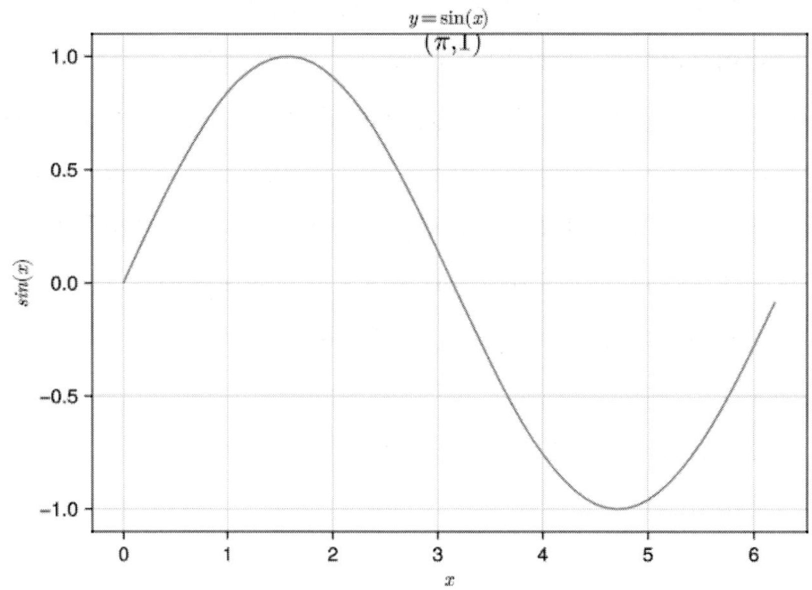

Figure 4.2: LaTeX를 활용한 문구가 포함된 그림 그리기.

```
using Plots
using LaTeXStrings
x = 0:0.1:2π
y = sin.(x)
plot(x, y, xlabel=L"$\theta$", ylabel=L"$\sin(\theta)$",
title=L"$\sin(\theta)$ 그래프")

using LaTeXStrings
x = 10
str = L"$\sqrt{$x}$"
println(str)
using LaTeXStrings
str = L"""
$\frac{1}{2} \int_0^1 x^2 dx$
"""
println(str)

using Plots
using LaTeXStrings
x = 0:0.1:2π
y = sin.(x)
Plots.plot(x, y,
```

```
label=L"$\sin(x)$",
title=L"Sine Wave ($\sin(x)$)",
xlabel=L"$x$",
ylabel=L"$y$",
legend=:topright)
annotate!([(π, 0, L"$\pi$")])
savefig("sine_wave_latex.png")
```

MiKTeX를 먼저 설치하고, 그 다음 TeXstudio를 설치하면 LaTeX 문서를 작성할 수 있는 기본적인 환경이 구성된다.

① MiKTeX 설치: MiKTeX는 LaTeX 컴파일러와 필요한 패키지들을 제공하는 TeX 배포판이다. LaTeX 문서를 실제로 컴파일하여 pdf, dvi 등의 출력 파일을 만드는 역할을 한다. MiKTeX를 먼저 설치해야 TeXstudio와 같은 LaTeX 편집기가 LaTeX 명령어를 인식하고 컴파일 작업을 수행할 수 있다.

② TeXstudio 설치: TeXstudio는 LaTeX 문서를 편집하기 위한 통합 개발 환경(IDE)이다. 문법 강조, 자동 완성, 오류 검사, 템플릿 제공, 빌드 및 보기 기능 등 LaTeX 문서 작성을 편리하게 해주는 다양한 기능을 제공한다. TeXstudio는 MiKTeX와 같은 TeX 배포판을 기반으로 작동한다.

MiKTeX는 LaTeX 작업을 위한 기반 엔진 및 라이브러리 역할을 한다. TeXstudio는 LaTeX 문서를 작성하고 관리하는 편리한 인터페이스를 제공한다. 다른 LaTeX 편집기(예: TeXworks, VS Code + LaTeX Workshop 확장)를 사용하더라도 일반적으로 TeX 배포판(MiKTeX, TeX Live 등)이 먼저 설치되어 있어야 한다.

4.3 3D 그래프

이번에는 3D 그래프를 그려보는 예제이다. Plots 패키지에서 지원하는 다양한 기능을 활용하여 3D 표면 그래프를 그릴 수 있다. 줄리아에서 3D

그림을 그리는 방법은 다양하지만, 주로 Plots.jl 패키지와 Plots.jl의 백엔드 중 하나인 PlotlyJS.jl을 함께 사용하는 것이 일반적이다. plotlyjs() 함수를 호출하여 Plots.jl의 백엔드를 PlotlyJS로 변경하면 상호작용이 가능한 3D 그림을 그릴 수 있다. PlotlyJS는 웹 기반 시각화 라이브러리이므로 생성된 그림을 웹 브라우저에서 확대/축소, 회전 등의 작업을 할 수 있다. Figure 4.5에서 표면 그리기 출력물을 확인할 수 있다.

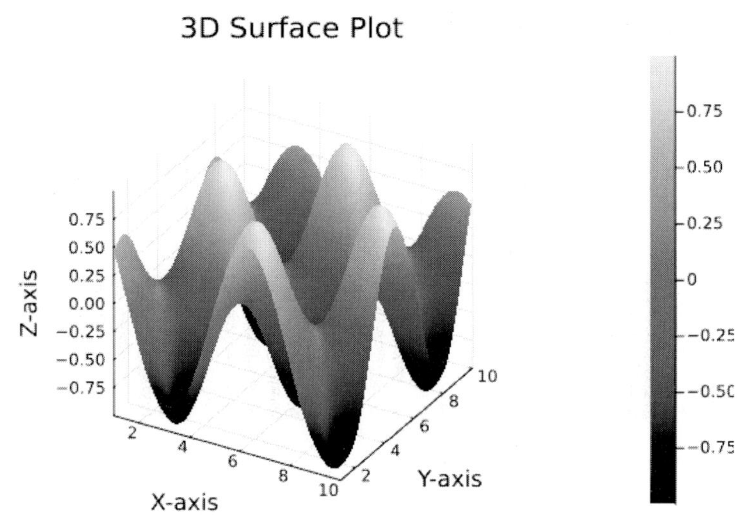

Figure 4.3: 표면 그리기 출력물.

```
using Plots
# 데이터 생성
x = 1:0.1:10
y = 1:0.1:10
z = [sin(xi) * cos(yi) for xi in x, yi in y]
# 3D 표면 그래프 그리기
# x와 y 데이터를 생성하고, z 값을 계산하여 3D 표면 그래프를 그린다.
surface(x, y, z, title="3D Surface Plot",
  xlabel="X-axis", ylabel="Y-axis", zlabel="Z-axis")
# 그래프를 파일로 저장
savefig("surface_plot.png")
```

4.4 움직이는 그림

줄리아 언어에서 애니메이션을 만드는 방법은 다양하며, 주로 Plots.jl 패키지를 활용한다. @animate 매크로를 사용하여 각 프레임을 생성하고 애니메이션을 만든다.[6]

6: 정적인 시각화보다 훨씬 더 흥미롭고 몰입도가 높아 데이터를 효과적으로 전달할 수 있다. 계산된 데이터를 애니메이션으로 출력하는 것은 데이터 분석, 모델링, 시뮬레이션, 실시간 모니터링 등 다양한 분야에서 데이터에 대한 깊이 있는 이해를 돕고, 결과를 효과적으로 전달하는 강력한 방법이다.

```
using Pkg
Pkg.add(["Plots", "GIFImages"])

using Plots
anim = @animate for i in 1:360
    plot(sin.(range(0,2π, length=100) .+ deg2rad(i)),ylims=(-1,1))
end
gif(anim, "sine_animation.gif", fps=30)
```

```
using Plots
anim = @animate for i in 1:360
    x = cos(deg2rad(i))
    y = sin(deg2rad(i))
    scatter([x],[y],xlims=(-1.1,1.1), ylims=(-1.1,1.1))
end
gif(anim, "circle_animation.gif", fps=30)
```

```
using Plots
anim = @animate for i in 1:360
    x1 = cos(deg2rad(i))
    y1 = sin(deg2rad(i))
    x2 = cos(deg2rad(2i))
    y2 = sin(deg2rad(2i))
    plot([x1,x2], [y1,y2], xlims=(-1.1,1.1),ylims=(-1.1,1.1))
    scatter!([x1, x2], [y1, y2])
end
gif(anim, "multiple_objects_animation.gif", fps=30)
# plot!() 함수는 기존 플롯에 객체를 추가하는 데 사용된다.
```

4.5 그림 양식

계산된 결과를 그림으로 저장할 때 사용하는 그림 양식이 있다. 일반적으로 jpg는 사진을 보관할 때 사용한다. 계산 결과를 저장하는 양식과는 거리가 멀다. 도형, 다이어그램같은 것은 벡터 형식으로 저장하는 것이 좋다. 크기를 조절해도 해상도에 문제가 발생하지 않는 방식이 벡터 형식의 특징이다.

savefig() 함수를 사용하여 파일 이름을 지정하고, 확장자(.png, .pdf, .eps)를 통해 출력 형식을 결정한다. 줄리아 패키지는 다양한 출력 형식을 지원하여 그림을 다양한 파일 형식으로 저장할 수 있다. eps 양식은 벡터 그래픽 형식으로, 포스트스크립트 기반의 이미지 형식이다. 인쇄, 출판 등 고품질 이미지가 필요한 경우에 사용된다. 예를 들어, 그림을 확대해도 화질이 유지된다.

GIMP(GNU image manipulation program): 오픈소스 이미지 편집 프로그램으로, 사진 편집, 이미지 합성 등 다양한 작업을 무료로 할 수 있다. 흔히 "무료 포토샵"이라고 불리기도 한다. Inkscape: 오픈소스 벡터 그래픽 편집 프로그램으로, 로고, 일러스트레이션, 아이콘 등 벡터 기반의 그래픽 디자인 작업을 무료로 할 수 있다. Adobe Illustrator의 무료 대안으로 자주 언급된다. 두 프로그램 모두 개인적인 용도뿐만 아니라 상업적인 용도로도 자유롭게 사용할 수 있다. Excalidraw는 손으로 그린 듯한 느낌의 다이어그램을 쉽고 빠르게 만들 수 있는 무료 오픈소스 온라인 화이트보드 도구이다. 복잡한 기능보다는 직관적이고 사용하기 쉬운 인터페이스에 초점을 맞춰, 누구나 쉽게 아이디어를 시각화하고 다른 사람들과 협업할 수 있도록 설계되었다.

Table 4.2, Table 4.3, Table 4.4을 통해서 여러 가지 그림 파일 형식의 특성을 쉽게 비교할 수 있다.

형식	압축 방식	투명도	애니메이션	주요 용도
jpg	손실 압축	지원하지 않음	지원하지 않음	사진, 웹 콘텐츠
gif	무손실 압축	기본 지원	지원	애니메이션, 간단한 그래픽
png	무손실 압축	완벽 지원	지원하지 않음	로고, 아이콘, 고화질

Table 4.2: jpg, gif, png의 비교.

특징	svg(scalable vector graphics)	png(portable network graphics)
형식	벡터 그래픽	래스터(픽셀 기반)
화질	해상도 독립적, 무제한 확대 가능	고정된 해상도, 확대 시 품질 저하
압축 방식	벡터 기반(압축 필요 없음)	무손실 압축
투명도 지원	지원	완벽 지원(알파 채널)
파일 크기	작음(주로 단순 그래픽에 적합)	크기가 큼(복잡한 그래픽 포함 시)
사용 사례	로고, 아이콘, 차트, 일러스트	고해상도 사진, 로고, 투명 이미지

Table 4.3: svg와 png 형식 비교.

특징	pdf(portable document format)	svg(scalable vector graphics)
형식	정적 문서 및 벡터/래스터 혼합	벡터 그래픽(XML 기반)
해상도 독립성	제한적(벡터 그래픽 포함 시 가능)	완벽(무제한 확대 가능)
동적 콘텐츠	지원하지 않음	애니메이션 및 상호작용 지원
편집 가능성	제한적(전용 소프트웨어 필요)	텍스트 편집기로 직접 수정
사용 사례	보고서, 계약서, 인쇄용 문서	웹 로고, 차트, 애니메이션

Table 4.4: pdf와 svg 형식 비교.

4.6 그림 그리기 실습

줄리아에서 그림 그리기는 다양한 플로팅 패키지를 통해 강력한 시각화 기능을 제공하지만, 효과적인 학습과 활용을 위해서는 참조와 실습이 필수적이다. 다음은 줄리아에서 그림 그리기를 학습하고 숙달하기 위한 방법과 중요성에 대한 설명이다. 공식 문서와 예제 코드들을 통해 다양한 종류의 그래프를 그리는 방법을 학습할 수 있다. 특히, 복잡한 그래프나 사용자 정의 플롯을 생성하기 위해서는 예제 코드를 분석하고 응용하는 것이 필수적이다. 단순히 예제 코드를 보는 것만으로는 충분하지 않다. 직접 코드를 작성하고 실행하면서 각 함수의 작동 방식을 익히고 오류를 해결하는 과정을 통해 실력을 향상시킬 수 있다. 다음은 줄리아 언어로 히스토그램을 그리는 예제이다. randn 함수를 사용하여 정규 분포를 따르는 1000개의 난수를 생성하고, histogram 함수를 사용하여 히스토그램을 그린다. bins 인수는 히스토그램의 막대 개수를 설정한다.

```
using Plots
# 데이터 생성
data = randn(1000)  # 1000개의 정규 분포 난수 생성
# 히스토그램 그리기
histogram(data, bins=30, title="data",
```

```
    xlabel="Value",ylabel="Frequency")
# 그래프를 파일로 저장
savefig("histogram.png")

# 히트맵 (Heatmap):
using Plots
data = rand(10, 10)
heatmap(data, title="Heatmap", xlabel="X", ylabel="Y")
savefig("heatmap.png")
```

```
# 원 그래프 (Pie Chart):
using Plots
x = ["Apple", "Banana", "Cherry"]
y = [30, 45, 25]
pie(x, y, title="Pie Chart")

x = -5:0.1:5
y = -5:0.1:5
z = [x^2 + y^2 for x in x, y in y]
contour(x, y, z, fill = true, levels = 10)

x = -5:0.1:5
y = -5:0.1:5
z = [x^2 - y^2 for x in x, y in y]
contour(x, y, z,
levels = -20:2:20,
linewidth = 2,
color = :viridis,
title = "Contour Plot",
xlabel = "x",
ylabel = "y"
)

x = -5:0.1:5
y = -5:0.1:5
z = [sin(x) * cos(y) for x in x, y in y]
contour(x, y, z, fill = false, line_z = :magma,
```

```
    levels = 15, linewidth = 1)

# 3D Scatter Plot:
using Plots
x = rand(100)
y = rand(100)
z = rand(100)
scatter3d(x, y, z, title="3D Scatter",xlabel="X",
    ylabel="Y",zlabel="Z")

# 3D Wireframe Plot:
using Plots
# 데이터 생성
x = 1:0.1:10
y = 1:0.1:10
z = [sin(xi) * cos(yi) for xi in x, yi in y]
# 3D 와이어프레임 그래프 그리기
wireframe(x, y, z, title="3D Wireframe",
  xlabel="X-axis",ylabel="Y-axis",zlabel="Z-axis")
# 그래프를 파일로 저장
savefig("wireframe_plot.png")

using Plots
t = 0:0.1:10π
x = sin.(t)
y = cos.(t)
z = t
plot3d(x, y, z, title = "3D Line Plot",
    xlabel = "x", ylabel = "y", zlabel = "z")

using Pkg
Pkg.add("Plots")
Pkg.add("PlotlyJS")
using Plots
plotlyjs() # PlotlyJS 백엔드 사용

x = -5:0.1:5
```

```
y = -5:0.1:5
z = [x^2 - y^2 for x in x, y in y]
surface(x, y, z, title = "Interactive 3D Surface Plot",
    xlabel = "x", ylabel = "y", zlabel = "z")

using GLMakie
#GLMakie는 OpenGL을 사용하여 고성능 2D 및 3D 시각화를 제공
x = 0:0.1:2π
y1 = sin.(x)
y2 = cos.(x)
fig = Figure()
ax = Axis(fig[1, 1], xlabel="x", ylabel="y",
    title="Sine and Cosine Waves")
lines!(ax, x, y1, label="sin(x)", linewidth=2)
lines!(ax, x, y2, label="cos(x)", linestyle=:dash)
axislegend(ax)
save("sin_cos_makie.png", fig)

using GLMakie
# 데이터 생성
n = 50
x = randn(n)
y = randn(n)
z = randn(n)
colors = rand(n)
# 3D 산점도 생성
fig = Figure()
ax = Axis3(fig[1, 1], title = "3D Scatter Plot")
GLMakie.scatter!(ax, x, y, z, color = colors, markersize = 15)
fig

using GLMakie
using LaTeXStrings
# 데이터 생성
x = 0:0.1:2π
y = sin.(x)
# 플롯 생성
```

```
fig = Figure()
ax = Axis(fig[1, 1],
xlabel = L"x",
ylabel = L"sin(x)",
title = L"y = \sin(x)"
)
lines!(ax, x, y)

# 텍스트 추가 (글꼴 크기 조절)
text!(ax, π, 1, text = L"(\pi, 1)",
    align = (:center, :bottom), fontsize = 20)
# 포인트 단위로 글꼴 크기 조절
text!(ax, π/2, 0.5, text = L"(\pi/2, 0.5)",
    align = (:center, :bottom), fontsize = Point2f(0, 12))
fig
```

줄리아 집합(Julia set)은 가스통 줄리아가 고안한 프랙털(fractal)의 일종이다. 줄리아 집합은 주어진 복소수 c에 대해서 점화식 Eq. 4.1을 따라 정의된 수열이 발산하지 않는 성질을 갖도록 하는 복소수 z의 집합으로 정의된다. 복소수 평면에서 나타나는 프랙털 도형이다. 가스통 모리스 줄리아(Gaston Maurice Julia)는 프랑스의 수학자이며 프랙털의 대표적인 예인 줄리아 집합을 발견하였다. 프랙털은 작은 구조가 전체 구조와 비슷한 형태로 영원히 반복되는 기하학적 형태를 의미한다. 즉, 아무리 확대해도 끊임없이 복잡한 패턴이 나타나는 도형을 말한다. 이러한 특징을 '자기 유사성(self-similarity)'이라고 한다. 한반도 해안선의 길이는 측정하는 단위에 따라 달라지며, 자기 유사성을 보인다.

$$z_{n+1} = z_n^2 + c. \tag{4.1}$$

줄리아 언어의 이름은 수학적인 의미와 창시자들의 개인적인 애정을 담아 선택되었다. 수학적 의미: '줄리아 집합'에서 유래했다. 줄리아 집합은 복소수 함수의 반복적인 계산에서 발생하는 프랙털 도형으로, 수학과 컴퓨터 과학 분야에서 중요한 개념이다. 이는 줄리아 언어가 추구하는 강력한 계산 능력과 수학적인 기반을 상징한다. 개인적인 의미: 줄리아 언어의 창시자 중 한 명인 앨런 에델만(Alan Edelman)의 손녀 이름이 '줄리아' 이다. 이처럼 언어 이름에는 창시자의 개인적인 애정도 담겨 있다.

점화식 Eq. 4.1은 망델브로 집합의 것과 같지만, 망델브로 집합은 $z_0 = 0 + 0i$일 때 z를 발산하지 않게 하는 c의 집합이라는 점이 다르다. 즉, z와 c의 역할이 뒤바뀐 것이다. 줄리아 집합은 망델브로 집합과 동일하게 자기유사성을 가지며 가까운 두 점이 서로 다른 양상을 보이는 초기 조건의 민감성도 가진다. 줄리아 집합은 컴퓨터 그래픽을 사용하여 시각화할 수 있다. 복소수 평면의 각 점에 대해 위 함수를 반복적으로 적용하고, 발산 속도에 따라 색상을 지정하여 이미지를 생성한다. 아래 프로그램의 출력은 Figure 4.4에서 확인할 수 있다.

Figure 4.4: 줄리아 집합은 복소수 평면에서 특정 복소수 함수를 반복적으로 적용했을 때, 그 결과가 발산하지 않는 복소수들의 집합을 의미한다. 줄리아 집합은 자기 유사성이라는 프랙털의 특징을 갖는다. 상수 c 값에 따라 다양한 형태의 줄리아 집합이 생성된다. 부분적인 확대에서도 전체와 유사한 형태가 반복되는 것을 확인할 수 있다.

```
using GLMakie
using Plots
function julia_set(c::ComplexF64, width::Int, height::Int,
    max_iter::Int)
    img = zeros(Int, height, width)
    for y in 1:height, x in 1:width
        z = complex(-2.0 + 4.0 * (x - 1) / (width - 1),
            -2.0 + 4.0 * (y - 1) / (height - 1))
        n = 0
```

```
        while abs(z) <= 2 && n < max_iter
            z = z^2 + c
            n += 1
        end
        img[y, x] = n
    end
    return img
end
function plot_julia_set(c::ComplexF64, width::Int,
    height::Int, max_iter::Int)
    img = julia_set(c, width, height, max_iter)
    Plots.heatmap(img, colormap = :viridis,
        axis = (; visible = false))
end

# 줄리아 집합 생성 및 플롯
c = -0.79 + 0.15im
c = -0.1 + 0.8im
c = -0.835 - 0.2321im
c = -0.8 + 0.18im
c = -0.8 + 0.156im # 상수 c 값 설정
#c = -0.4 + 0.6im
#c =  -0.7612 + 0.0847im
plot_julia_set(c, 1000, 1000, 200)
```

망델브로(Mandelbrot) 집합은 복소수 평면에서 정의된 프랙탈(fractal) 구조로, 수학과 혼돈 이론(chaos theory), 그리고 예술적 시각화 분야에서 널리 알려져 있다. 이는 특정한 반복 함수의 수렴 또는 발산 특성을 통해 생성된 집합으로, 복잡한 패턴이 특징이다. Figure 4.5에서 망델브로 집합 그리기 출력물을 확인할 수 있다.

```
# Mandelbrot 집합 계산 함수
function mandelbrot(c, max_iter)
    z = 0.0 + 0.0im  # 초기값 z
    for n in 1:max_iter
        z = z^2 + c
```

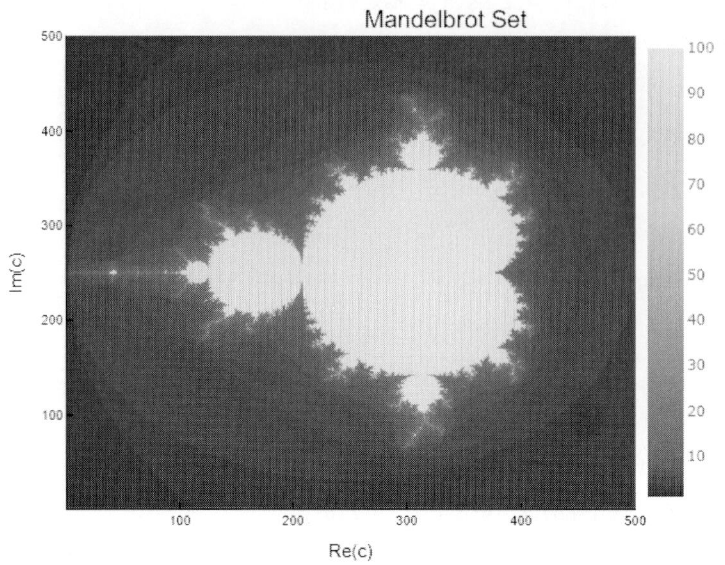

Figure 4.5: 망델브로 집합(Mandelbrot set)은 복잡한 프랙탈의 일종으로, 단순한 수학 공식에서 생성되는 놀라운 시각적 복잡성으로 유명하다. 망델브로 집합은 자기 유사성을 가지는 프랙탈 구조를 나타낸다. 즉, 부분을 확대해도 전체와 유사한 복잡한 패턴이 반복된다. 망델브로 집합의 경계는 무한히 복잡하며, 확대할수록 새로운 패턴이 나타난다. 망델브로 집합은 프랙탈 이론의 중요한 예시이며, 복잡계 이론, 카오스 이론 등 다양한 분야에서 연구된다.

```
        if abs(z) > 2  # z가 발산하면 반복을 멈춤
            return n   # 발산까지 걸린 반복 횟수 반환
        end
    end
    return max_iter # 최대 반복 횟수까지 발산하지 않는 경우
end
# Mandelbrot 이미지 생성 함수
function mandelbrot_set(xlims, ylims,resolution,max_iter)
    x_min, x_max = xlims
    y_min, y_max = ylims
    x = range(x_min, x_max, length=resolution)
    y = range(y_min, y_max, length=resolution)
    image = zeros(Int, resolution, resolution)
    for i in 1:resolution
        for j in 1:resolution
            c = x[j] + y[i]*im  # 복소수 점 c 생성
            image[i, j] = mandelbrot(c, max_iter)
        end
    end
    return image
end
# 설정 및 Mandelbrot 계산
xlims = (-2.0, 1.0)  # 실수 축 범위
```

```
ylims = (-1.5, 1.5)  # 허수 축 범위
resolution = 500     # 해상도 (픽셀 수)
max_iter = 100       # 최대 반복 횟수
image = mandelbrot_set(xlims,ylims,resolution,max_iter)
# 결과 시각화 및 저장
heatmap(image, color=:viridis, xlabel="Re(c)",
ylabel="Im(c)", title="Mandelbrot Set")
savefig("mandelbrot_set.png")
```

```
using GLMakie
GLMakie.activate!() # GLMakie 백엔드 활성화

# 애니메이션 파라미터 설정
framerate = 30 # 초당 프레임 수
total_time = 5 # 총 애니메이션 시간 (초)
num_frames = round(Int, framerate * total_time)

# Figure 생성
fig = Figure()
ax = fig[1, 1] = Axis(fig, xlabel = "시간 (t)", ylabel = "sin(t)")

# 초기 데이터 설정
t = 0:0.1:10
y = sin.(t)
lineplot = lines!(ax, t, y, color = :blue, linewidth = 2)

# 애니메이션 생성 및 저장
record(fig, "sine_wave_animation.mp4", 1:num_frames) do i
current_time = (i - 1) / framerate # 현재 시간 계산
phase_shift = 2 * pi * current_time # 시간에 따른 위상 변화

# 새로운 y 값 계산 (시간에 따라 사인 함수 값이 변함)
new_y = sin.(t .+ phase_shift)

# Line plot 업데이트
lineplot[2] = new_y # y 데이터만 업데이트
end
```

```
println("애니메이션 'sine_wave_animation.mp4'가 저장되었습니다.")
```

선형 대수학 계산 5

5.1 선형 대수학 계산 기초

선형 대수학은 벡터 공간, 선형 변환, 행렬, 연립 선형 방정식 등을 연구하는 대수학의 한 분야이다. 물리학, 공학, 컴퓨터 과학, 경제학 등 다양한 분야에서 필수적인 도구로 사용된다. MATLAB은 선형대수학을 매우 잘 구현한 언어 중 하나로 널리 알려져 있다. 사실 MATLAB은 "Matrix Laboratory"의 약자에서 알 수 있듯이, 행렬과 벡터를 기본 데이터 구조로 취급하며 선형대수학 연산을 효율적으로 수행하는 데 특화되어 설계되었다. MATLAB은 그림을 매우 잘 그리는 것으로도 유명하다. 단순히 데이터를 수치적으로 처리하는 능력뿐만 아니라, 그 결과를 효과적으로 시각화하는 데 강력한 기능을 제공한다. Python의 matplotlib는 MATLAB의 강력하고 편리한 플로팅 기능을 Python 환경에서 제공하고자 하는 목표로 개발되었으며, 그 결과 초기 설계와 API에서 MATLAB의 큰 영향을 받았다.

줄리아는 특히 선형대수 분야에서 MATLAB을 많이 참고하고 영향을 받은 경향이 분명히 있다. 줄리아의 설계 목표 중 하나가 과학 및 수치 컴퓨팅 분야에서 MATLAB과 같은 사용 편의성과 Python과 같은 범용성을 가지면서 C/FORTRAN과 같은 고성능을 제공하는 것이었기 때문이다. 행렬 곱셈에 *를 사용하고, 전치 행렬에 '를 사용하는 방식 등이 유사하다. MATLAB의 성공적인 요소를 벤치마킹하여 더 나은 언어를 만들고자 하는 의도가 강하다.

데이터셋은 행렬 형태로 표현될 수 있다. 예를 들어, 각 행은 데이터 샘플을 나타내고, 각 열은 특징(feature)을 나타낸다. 고차원 데이터를 분석하기 쉽도록 저차원으로 축소하는 PCA(principal component analysis), SVD(singular value decomposition) 등의 기법은 선형 대수학의 핵심 개념을 기반으로 한다. 시스템의 상태를 벡터로 표현하고, 시스템의 동적 거동을 선형 시스템으로 모델링하여 제어기를 설계할 수 있다. 인공 신경망의 각 계층에서의 연산은 행렬 곱셈과 벡터 덧셈으로 이루어진다. 역전파 알고리즘 또한 선형 대수학적 관점에서 이해할 수 있다. 음성, 이미지 등 다양한 신호를 분석하고 처리하는 과정에서 푸리에 변환, 웨이블릿 변환 등 선형 변환 개념이 활용된다.

```
# 벡터 생성
v1 = [1, 2, 3]
v2 = [4, 5, 6]

# 벡터 덧셈
v_add = v1 + v2
println("벡터 덧셈 결과: ", v_add)

# 벡터 내적
v_dot = dot(v1, v2)
println("벡터 내적 결과: ", v_dot)

# 벡터 외적
v_cross = cross(v1, v2)
println("벡터 외적 결과: ", v_cross)

# 행렬 생성
A = [1 2 3; 4 5 6; 7 8 9]
B = [9 8 7; 6 5 4; 3 2 1]

# 행렬 덧셈
A_add = A + B
println("행렬 덧셈 결과: ", A_add)

# 행렬 곱셈
A_mul = A * B
println("행렬 곱셈 결과: ", A_mul)

# 행렬 전치
```

```
A_transpose = transpose(A)
println("행렬 전치 결과: ", A_transpose)

# 행렬식 계산
A_det = det(A)
println("행렬식 결과: ", A_det)

# 역행렬 계산
A_inv = inv(A)
println("역행렬 결과: ", A_inv)

# 고유값 및 고유벡터 계산
eig_vals, eig_vecs = eigsolve(A)
println("고유값: ", eig_vals)
println("고유벡터: ", eig_vecs)

# 선형 시스템 정의: Ax = b
A = [1 2; 3 4]
b = [5, 6]

# 선형 시스템 해결
x = A \ b
println("선형 시스템 해: ", x)

# 데이터 생성
X = [1.0 2.0 3.0 4.0 5.0]
y = [2.1 3.9 6.1 8.2 10.3]

# 선형회귀 모델 학습
A = [X ones(5)]
θ = A \ y

# 결과 출력
println("기울기: ", θ[1])
println("절편: ", θ[2])

# 행렬 생성
```

```
A = [1 2 3; 4 5 6]
# 특이값 분해
U, S, V = svd(A)
# 결과 출력
println("U: ", U)
println("S: ", S)
println("V: ", V)

using LinearAlgebra
A = [1 2 3; 4 1 6; 7 8 1]
tr(A)
det(A)
inv(A)

A = [-4. -17.; 2. 2.]
eigvals(A)
eigvecs(A)

using MultivariateStats
# 데이터 생성
data = rand(10, 5)
# PCA 수행
pca = fit(PCA, data; maxoutdim=2)
# 주성분 추출
principal_components = MultivariateStats.transform(pca, data)

println("주성분:")
println(principal_components)

arr = [3, 1, 4, 1, 5, 9, 2, 6]
p = sortperm(arr)
println("정렬된 인덱스: ", p)
println("정렬된 배열 (인덱스 활용): ", arr[p])

arr = [3, 1, 4, 1, 5, 9, 2, 6]
p = sortperm(arr; rev=true)
println("정렬된 인덱스: ", p)
```

```
println("정렬된 배열 (인덱스 활용): ", arr[p])
```

5.2 특이값 분해

SVD(singular value decomposition, 특이값 분해)는 행렬 분해 방법 중 하나로, 임의의 행렬을 세 개의 행렬 곱으로 분해하는 기법이다. 선형대수학에서 중요한 역할을 하며, 데이터 분석, 머신러닝, 이미지 처리 등 다양한 분야에서 활용된다.

◇ SVD의 활용

① 차원 축소(dimensionality reduction): SVD를 사용하여 고차원 데이터를 저차원 데이터로 변환할 수 있다.[1] 작은 특이값에 해당하는 성분을 제거하여 데이터의 중요한 정보만 남길 수 있다. 이는 데이터 압축, 노이즈 제거, 시각화 등에 활용된다.

② 데이터 분석(data analysis): SVD를 사용하여 데이터의 패턴을 분석하고 숨겨진 정보를 찾을 수 있다. 특이값과 특이 벡터를 분석하여 데이터의 주요 성분과 관계를 파악할 수 있다.

③ 추천 시스템(recommendation systems): SVD를 사용하여 사용자-아이템 행렬을 분해하고, 사용자의 선호도를 예측하여 아이템을 추천할 수 있다.

④ 이미지 처리(image processing): SVD를 사용하여 이미지를 압축하거나 노이즈를 제거할 수 있다.

1: 특성을 변환하여 새로운 저차원 특성을 생성한다. 다음과 같은 방법들이 있다. 주성분 분석(PCA, principal component analysis): 데이터의 분산을 최대화하는 주성분을 찾아 데이터를 투영한다. 선형 판별 분석(LDA, linear discriminant analysis): 클래스 간 분리를 최대화하는 선형 변환을 찾는다. t-SNE(t-distributed stochastic neighbor embedding): 고차원 데이터의 이웃 관계를 저차원 공간에 보존하는 비선형 차원 축소 방법이다. 오토인코더(autoencoder): 인공 신경망을 사용하여 데이터의 특징을 추출한다.

```
using LinearAlgebra
using Plots

# 행렬 곱하기, (A * B) * C와 A * (B * C)는 같다. 결합 법칙 성립.
A = [1 2; 3 4]
B = [5 6; 7 8]
C = [9 10; 11 12]
D = A * B * C
println(D)
```

```

# 원본 데이터 생성 (sin 함수)
using Plots
x = range(0, 2π, length=100)
y_original = sin.(x)
# 노이즈 추가
noise = 0.5 * randn(length(x))
y_noisy = y_original + noise
# 데이터 시각화
plot(x, y_original, label="Original Data")
plot!(x, y_noisy, label="Noisy Data")

using LinearAlgebra
# 예제 행렬 생성
A = [3.0 2.0 2.0; 2.0 3.0 -2.0]
# SVD 계산
U, S, V = svd(A)
println("원본 행렬 A:")
println(A)
println("\n좌측 특이 벡터 U:")
println(U)
println("\n특이값 S:")
println(S)
println("\n우측 특이 벡터 V:")
println(V)
# 원래 행렬 복원 확인
A_reconstructed = U * Diagonal(S) * V'
println("\n복원된 행렬 A_reconstructed:")
println(A_reconstructed)
# 특이값의 의미 - 행렬의 특성을 확인
println("\n행렬 A의 rank:", rank(A))
println("행렬 A의 condition number:", cond(A))
# 낮은 rank 근사
r = 1  # rank-1 근사
A_approx = U[:, 1:r] * Diagonal(S[1:r]) * V[:, 1:r]'
println("\nRank-1 근사:")
println(A_approx)
```

5.3 정상 상태

마르코프 연쇄(Markov chain)에서 정상 상태(steady-state) 또는 평형 상태는 시간이 충분히 경과한 후 시스템이 도달하는 안정된 상태를 의미한다. 이 상태에서는 상태 전이 확률(transition probability)이 시간에 따라 변하지 않으며, 각 상태의 확률 분포가 변하지 않는다. 즉, 마르코프 연쇄의 모든 상태가 수렴하여 일정한 확률 분포를 유지하게 되는 것이다. 정상 상태 확률의 합은 1이어야 한다. 마르코프 연쇄는 더 오래된 과거의 상태를 취급하지 않는다. 바로 이전 단계의 상태만 집중하는 특징이 있다. 실제 많은 경우, 다음 상태는 단순히 이전 상태에만 의존하지 않는다. 이전 보다 더 과거의 상태에 의존할 수 있기 때문이다. 전이 확률 행렬을 여러 번 곱하여 정상 상태를 구할 수 있다. 마르코프 연쇄에서는 전이 확률 행렬을 반복적으로 곱하면 수렴 과정에서 정상 상태 분포를 얻을 수 있다. 이를 행렬의 멱승(matrix power) 방법을 통해 계산할 수 있다. 이 방법을 통해 마르코프 연쇄의 정상 상태를 얻을 수 있다. "맑음"과 "비" 두 가지 상태를 갖는 간단한 날씨 모델에서, 맑은 날 다음 날 비가 올 확률, 또 다시 맑을 활률, 비 오는 날 다음 날 맑을 확률, 또 다시 비가올 확률이 모두 주어졌을 때, 장기적으로 맑은 날과 비 오는 날의 평균적인 비율이 마르코프 정상 상태가 될 수 있다. 웹사이트 내의 여러 페이지 간의 이동 확률이 주어졌을 때, 오랜 시간 동안 사용자가 각 페이지에 머무르는 평균적인 비율이 마르코프 정상 상태로 해석될 수 있다.(PageRank 알고리즘의 기본 아이디어와 관련이 있다.) 이러한 예시들은 마르코프 정상 상태가 다양한 시스템의 장기적인 행동을 이해하고 예측하는 데 유용하게 활용될 수 있음을 보여준다. 정상 상태의 주요 특징으로 다음을 들 수 있다. 시간 불변성: 정상 상태에 도달하면, 다음 시간 단계의 상태 분포는 현재의 상태 분포와 동일하다. 즉, 시스템이 이 분포를 따르면 더 이상 상태 분포가 변하지 않는다. 초기 조건 독립성: 충분한 시간이 흐르면, 시스템의 초기 상태가 무엇이었든 최종적으로 동일한 정상 상태 분포에 수렴한다. 확률 분포: 정상 상태는 각 상태에 머무를 확률을 나타내는 확률 분포로 표현된다. 각 확률은 0 이상이며, 모든 확률의 합은 1이다.

정상 상태는 마르코프 연쇄에서 매우 중요한 개념이다. 알려진 전이 확률을 사용하여 정상 상태를 구하는 줄리아 코드를 만들어 보겠다. 이 코드는 주어진 전이 확률 행렬에 대해 정상 상태 분포를 계산한다. 전이 확률 행렬 P가 알려져 있을 때 다음의 과정을 생각할 수 있다. 행렬 P의 각 원소 P_{ij}는 상태 i에서 상태 j로 전이할 확률을 나타낸다. $\pi P = \pi$ 방정식을 설정한다. 이를 $\pi(P - I) = 0$로 변환하여 계산할 수 있다. $\sum_i \pi_i = 1$ 조건을 추가하여 선형 방정식을 완성한다. 위 조건을 만족하는 π 벡터를 구하기 위해 선형 방정식을 푼다. 줄리아에서 $A\backslash b$ 연산은 선형 방정식 $Ax = b$에서 x를 찾는 것을 말한다.

```
using LinearAlgebra
# 전이 행렬(transition matrix) P 정의
# 3개 상태를 가진 간단한 마르코프 체인
P = [0.7 0.2 0.1;
0.3 0.4 0.3;
0.2 0.3 0.5]
# 방법 1: 고유값(eigenvalue) 접근법
# 정상상태는 고유값 1에 해당하는 고유벡터이다
function find_steady_state_eigen(P)
    eigenvals, eigenvecs = eigen(P')
    # 고유값 1에 가장 가까운 인덱스 찾기
    _, idx = findmin(abs.(eigenvals .- 1))
    # 해당 고유벡터 구하기
    π = real(eigenvecs[:, idx])
    # 합이 1이 되도록 정규화
    π = π / sum(π)
    return π
end
# 방법 2: 반복적(iterative) 접근법
# 임의의 분포로 시작하여 수렴할 때까지 P를 곱한다
function find_steady_state_iterative(P,max_iter=1000,tol=1e-10)
    n = size(P, 1)
    π = ones(n) / n  # 초기 균등 분포
    for i in 1:max_iter
        π_new = P' * π
```

```
        if norm(π_new - π) < tol
            return π_new
        end
        π = π_new
    end
    return π
end
# 방법 3: 선형 시스템(linear system) 접근법
# π(P - I) = 0 선형 시스템을 풀면서 sum(π) = 1 제약조건 적용
function find_steady_state_linear(P)
    n = size(P, 1)
    # (P' - I)π = 0 시스템 생성, sum(π) = 1 조건 추가
    A = P' - I
    A[n, :] .= 1  # 마지막 행을 sum(π) = 1 제약조건으로 대체
    b = zeros(n)
    b[n] = 1
    π = A \ b
    return π
end
# 모든 방법으로 정상상태 계산
π_eigen = find_steady_state_eigen(P)
π_iterative = find_steady_state_iterative(P)
π_linear = find_steady_state_linear(P)
# 결과 출력
println("전이 행렬 P:")
display(P)
println("\n정상상태 (고유값 방법):")
display(π_eigen)
println("\n정상상태 (반복 방법):")
display(π_iterative)
println("\n정상상태 (선형 시스템 방법):")
display(π_linear)
# π = P'* π 검증
println("\n검증 (π = P' π):")
println("π * P = ", P' *π_eigen )
println("π = ", π_eigen)
difference = norm(P' *π_eigen - π_eigen)
```

```
println("차이: ", difference)
# 수렴 과정 시각화 (여러 초기 상태에서 시작)
function visualize_convergence(P, num_steps=20)
    n = size(P, 1)
    initial_states = [
    [1.0, 0.0, 0.0],  # 상태 1에서 시작
    [0.0, 1.0, 0.0],  # 상태 2에서 시작
    [0.0, 0.0, 1.0],  # 상태 3에서 시작
    [1/3, 1/3, 1/3]   # 균등 분포에서 시작
    ]
    println("\n수렴 과정:")
    for (i, init) in enumerate(initial_states)
        π = init
        println("초기 상태 $i: $π")
        for step in 1:num_steps
            π = P' *π
            if step % 5 == 0
                println("$step 단계 후: $π")
            end
        end
        println("최종 상태: $π")
        println()
    end
end
visualize_convergence(P, 20)
```

5.4 고속 푸리에 변환

고속 푸리에 변환(FFT)은 시간 또는 공간 영역의 신호를 주파수 영역으로 빠르고 효율적으로 변환하는 알고리즘이다. 이 강력한 도구는 다양한 분야에서 신호의 주파수 성분을 분석하고 조작하는 데 핵심적인 역할을 하며, 수많은 응용 연구를 가능하게 한다. 고속 푸리에 변환 알고리즘은 이산 푸리에 변환(DFT, discrete Fourier transform)의 계산 복잡도를

$O(n^2)$에서 $O(n\log(n))$으로 획기적으로 줄여준다. 기존의 DFT는 각 출력값을 계산하기 위해 모든 입력값과 복소수 지수 함수를 곱하고 더하는 $O(n)$의 연산을 수행하며, 총 n개의 출력값을 계산하므로 $O(n^2)$의 복잡도를 가진다. 반면, FFT는 데이터를 반복적으로 절반으로 나누어 작은 문제들로 쪼개고, 이 작은 문제들의 결과를 효율적으로 재활용한다. 각 단계에서 필요한 연산량은 데이터 크기에 선형적으로 비례하지만, 단계 수가 로그 스케일로 줄어들기 때문에 전체적인 계산량이 크게 감소하는 것이다. 고속 푸리에 변환은 다양한 학문 분야와 산업에서 핵심적인 분석 도구로 활용되고 있으며, 끊임없는 연구를 통해 그 응용 범위는 더욱 확대될 것으로 기대된다. 줄리아는 신호 처리 및 데이터 분석에 강력하며, FFTW.jl 패키지를 사용하여 고속 푸리에 변환(FFT)을 효율적으로 수행할 수 있다. 줄리아 언어에서 푸리에 변환을 수행하는 예제를 아래에서 보여준다. 줄리아 언어의 FFTW.jl 패키지는 고성능 C 라이브러리인 FFTW(fastest Fourier transform in the west)에 대한 강력한 인터페이스를 제공한다.[2]

[2]: Frigo and Johnson (1998), 'FFTW: An adaptive software architecture for the FFT'

FFT 알고리즘은 시간 영역의 신호를 주파수 영역으로 빠르고 효율적으로 변환하는 알고리즘이다. 이러한 특성 덕분에 다양한 분야에서 핵심적인 기술로 활용되고 있다. 주요 응용 분야는 다음과 같다.

① 신호 처리(signal processing)

음향 분석 및 처리: 오디오 신호의 주파수 성분을 분석하여 특정 주파수 대역을 강조하거나 제거하는 데 사용된다. 이퀄라이저, 노이즈 제거, 음성 인식, 음악 정보 검색 등에 활용된다. 통신: 무선 통신, 이동 통신 등에서 신호 변조 및 복조 과정에 사용된다. 특히 OFDM(orthogonal frequency division multiplexing) 방식에서 핵심적인 역할을 수행한다. 의료 영상: MRI(자기 공명 영상), CT(컴퓨터 단층 촬영) 등의 의료 영상 장비에서 데이터를 재구성하고 이미지를 생성하는 데 사용된다. 레이더 및 소나: 반사된 신호의 주파수 분석을 통해 물체의 거리, 속도 등을 측정하는 데 활용된다. 진동 분석: 기계 설비의 진동 데이터를 분석하여 이상 징후를 감지하고 고장을 예측하는 데 사용된다.

② 영상 처리(image processing)

이미지 압축: jpg 압축 방식에서 이미지의 주파수 성분을 분석하여 불필요한 정보를 제거하고 압축률을 높이는 데 사용된다. 이미지 필터링: 이미지의 특정 주파수 성분을 조작하여 노이즈를 제거하거나 이미지를 선명하게 하는 등의 효과를 얻는 데 활용된다. 특징 추출: 이미지의 주파수 영역에서 특정 패턴이나 특징을 추출하여 객체 인식 등에 사용될 수 있다.
③ 과학 및 공학 계산(scientific and engineering computing)
수치 해석: 미분 방정식, 편미분 방정식 등의 해를 구하는 수치 해석 방법에서 convolution 연산을 효율적으로 수행하는 데 사용된다. 데이터 분석: 시계열 데이터, 센서 데이터 등의 주파수 분석을 통해 데이터의 주기성이나 특정 패턴을 파악하는 데 활용된다. 유체 역학, 전산 유체 역학(CFD): 난류 모델링 등 복잡한 물리 현상을 시뮬레이션하는 데 활용될 수 있다.
④ 기타 분야
암호학: 큰 정수의 곱셈 등 특정 암호 알고리즘의 효율성을 높이는 데 사용될 수 있다. 금융: 주가 변동 등 시계열 데이터의 분석 및 예측에 활용될 수 있다. 전파 천문학: 우주에서 오는 전파 신호를 분석하여 천체의 특성을 연구하는 데 사용된다. 이처럼 FFT 알고리즘은 다양한 분야에서 시간 영역과 주파수 영역 간의 변환을 효율적으로 수행함으로써 데이터 분석, 신호 처리, 시스템 모델링 등 광범위한 응용을 가능하게 하는 핵심적인 도구이다.

```
using Pkg
Pkg.add("FFTW")
using FFTW
using Plots
# 샘플 신호 생성
fs = 100 # 샘플링 주파수
t = 0:1/fs:1-1/fs # 시간 벡터
f1 = 5 # 첫 번째 주파수
f2 = 20 # 두 번째 주파수
signal = sin.(2π * f1 * t) + 0.5 * sin.(2π * f2 * t)
# 두 개의 사인파 합
# 푸리에 변환 수행
fft_result = fft(signal)
```

```
freqs = fftfreq(length(signal), fs) # 주파수 벡터 생성
# 결과 시각화
plot(freqs, abs.(fft_result), xlabel="Frequency (Hz)",
ylabel="Amplitude", title="Fourier Transform")
savefig("fft.png")

using Pkg
Pkg.add("DSP")
using DSP
using Plots
# 입력 신호 및 필터 생성
input_signal = [1, 2, 3, 4, 5]
filter_kernel = [1, 2, 1]
# 컨볼루션 수행
convolution_result = conv(input_signal, filter_kernel)
# 결과 출력
println("Input Signal: ", input_signal)
println("Filter Kernel: ", filter_kernel)
println("Convolution Result: ", convolution_result)

# 결과 시각화
plot(input_signal, label="Input Signal")
plot!(filter_kernel, label="Filter Kernel")
plot!(convolution_result, label="Convolution Result")
savefig("conv.png")
```

```
using FFTW
using Plots  # 시각화를 위한 패키지

# 신호 파라미터 설정
fs = 100.0  # 샘플링 주파수 (Hz)
t = 0:1/fs:1  # 시간 벡터 (1초 동안)
f1 = 5.0    # 첫 번째 사인파 주파수 (Hz)
f2 = 15.0   # 두 번째 사인파 주파수 (Hz)

# 신호 생성
signal = sin.(2*pi*f1*t) + 0.5*sin.(2*pi*f2*t)
```

```

# FFT 계산
fft_result = fft(signal)
n = length(signal)
frequencies = fftfreq(n, fs) # 주파수 벡터 생성

# 결과의 절반 부분만 (양의 주파수) 시각화
positive_frequencies = frequencies[1:n÷2+1]
magnitude = abs.(fft_result[1:n÷2+1])

# 시각화
plot(positive_frequencies, magnitude,
    xlabel="Frequency (Hz)", ylabel="Magnitude",
title="Frequency Spectrum of the Signal")
```

```
using LinearAlgebra
using Plots

function solve_schrodinger_1d(V, x_min, x_max, n_points,
    m=1.0, hbar=1.0)
    x = range(x_min, x_max, length=n_points)
    dx = x[2] - x[1]
    H = zeros(n_points, n_points)
    kinetic_term = -hbar^2 / (2 * m * dx^2)
    for i in 1:n_points
        H[i, i] += -2 * kinetic_term
        if i > 1
            H[i, i-1] += kinetic_term
        end
        if i < n_points
            H[i, i+1] += kinetic_term
        end
    end
    for i in 1:n_points
        H[i, i] += V(x[i])
    end
    eigenvalues, eigenvectors = eigen(H)
```

```
    return x, eigenvalues, eigenvectors
    end
    function well(x::Float64)
        return 0.5*x^2
    end

x_min = -6.0
x_max = 6.0
n_points = 2000
m = 1.0
hbar = 1.0
# 슈뢰딩거 방정식 풀기
x, eigenvalues, eigenvectors = solve_schrodinger_1d(well, x_min, x_max, n_points, m, hbar)
# 처음 몇 개의 고유값 출력
println("처음 몇 개의 에너지 고유값:")
println(eigenvalues[sortperm(real.(eigenvalues))][1:5])
sleep(0.01)
p=plot(x, eigenvectors[:, sortperm(real.(eigenvalues))[1:5]])
display(p)
```

5.5 희소 행렬

희소 행렬(sparse matrix)은 행렬의 대부분의 요소가 0으로 이루어진 행렬을 말한다. 반대로, 0이 아닌 요소가 대부분인 행렬은 밀집 행렬(dense matrix) 이라고 한다. 일반적으로 전체 요소 중에서 0이 아닌 요소의 비율이 매우 낮을 때(예: 5% 미만) 희소 행렬이라고 간주한다. 하지만 이 비율은 엄격한 기준은 아니며, 행렬의 크기와 0이 아닌 요소의 분포에 따라 효율성을 고려하여 판단한다. 희소 행렬의 0이 아닌 요소만 효율적으로 저장하기 위해 다양한 방법들이 사용된다. COO(coordinate list) 형식: (행 인덱스, 열 인덱스, 값)의 튜플 형태로 0이 아닌 모든 요소를 저장한다. CSR(compressed sparse row) 형식: 0이 아닌 값들을 행 우선 순서로 저장한다. CSC(compressed sparse column) 형식: CSR 형식과 유사하지만, 열 우선 순서로 저장하여 열 기반 접근에 효율적이다. 희소 행렬은 대규모 데이터를 효율적으로 처리하고 분석하는 데 필수적인 개념이다.

조화 진동자(harmonic oscillator)에 대한 양자 역학 문제 풀이 예제를 마지막으로 포함했다. 1차원 슈뢰딩거 방정식(Schrödinger equation) 풀이를 선형 대수학 계산으로 정리했다. Eq. 5.1에 1차원 슈뢰딩거 방정식이 주어져 있다. 여기서, 조화 진동자의 경우, 포텐셜 함수를 $V(x) = \frac{1}{2}x^2$처럼 잡을 수 있다. 이 방정식을 만족하는 $\{\psi_i(x)\}$와 $\{\epsilon_i\}$를 집합으로 구하는 것을 목표로 한다. 여기서, $\hbar = m = 1$로 둔다.

$$\left\{-\frac{\hbar}{2m}\frac{d^2}{dx^2} + V(x)\right\}\psi_i(x) = \epsilon_i\psi_i(x). \tag{5.1}$$

Figure 5.1에서 가장 낮은 에너지를 가지는 5개의 $\{\psi_i(x)\}$ 함수를 그림으로 표시했다.

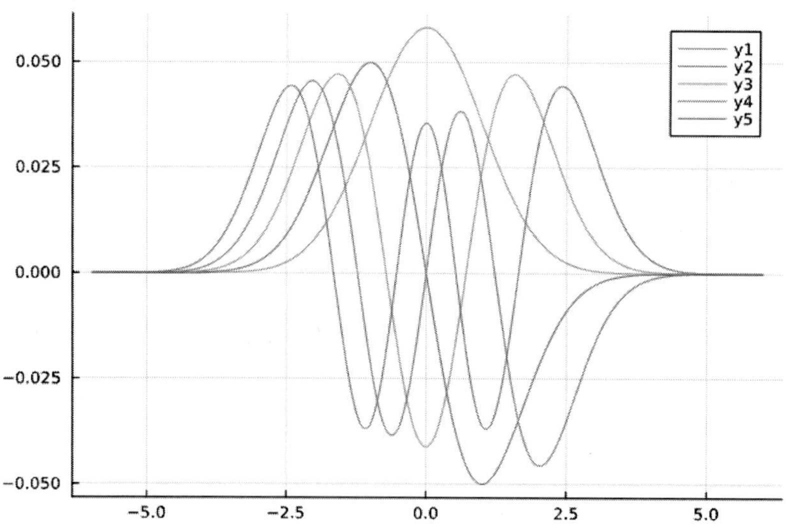

Figure 5.1: 조화 진동자에 대한 양자 역학 문제 풀이 예제에서 $i = 1, 2, 3, 4, 5$에 해당하는 고유 함수들을 각각 표시했다.

조화 진동자에 대한 슈뢰딩거 방정식의 해는 양자 역학의 중요한 개념과 실제 물리 시스템에 대한 깊은 통찰력을 제공한다. 조화 진동자에 대한 슈뢰딩거 방정식의 해는 다음과 같은 중요한 물리적 의미를 내포한다. 미시 세계의 에너지는 양자화되어 불연속적인 값만 가질 수 있다. 양자 시스템은 절대 영도에서도 영점 에너지를 가진다. 입자의 상태는 확률적으로 기술되며, 파동 함수를 통해 위치 확률 밀도를 알 수 있다. 양자 터널링과 같은 비고전적인 현상이 가능하다. 다양한 실제 물리 시스템을 이해하는 데 기본적인 틀을 제공한다.[2]

2: 슈뢰딩거(Erwin Schrödinger)는 양자 역학의 발전에 지대한 공헌을 한 오스트리아의 이론 물리학자이다. 슈뢰딩거 방정식을 사용하여 수소 원자의 스펙트럼을 이론적으로 계산하는 데 성공했다. 슈뢰딩거 방정식으로부터 계산된 에너지 준위 차이는 실험적으로 관측된 수소 원자 스펙트럼의 선들과 매우 정확하게 일치했다. 이는 양자역학의 초기 발전에서 매우 중요한 업적 중 하나로 평가받고 있다. 1933년 노벨 물리학상을 수상했다. 유전 정보가 거대 분자에 암호화되어 저장될 수 있다는 아이디어를 제시하여 DNA 구조 발견에 간접적인 영향을 미쳤다고 평가받는다.

```
using LinearAlgebra
using SparseArrays
using Arpack

function V_harmonic(x::Float64, y::Float64, z::Float64)
    return 0.5 * (x^2 + y^2 + z^2)
end

function fd_sparse_eigenpairs(nx, ny, nz,
    lx0, ly0, lz0, lx1, ly1, lz1, V)
    hx = (lx1 - lx0) / (nx - 1)
    hy = (ly1 - ly0) / (ny - 1)
    hz = (lz1 - lz0) / (nz - 1)
    N = nx * ny * nz
    I = Int[]
    J = Int[]
    V_elements = ComplexF64[]
    for k in 1:nz
    for j in 1:ny
    for i in 1:nx
        idx = (k - 1) * nx * ny + (j - 1) * nx + i
        x = (i - 1) * hx + lx0
        y = (j - 1) * hy + ly0
        z = (k - 1) * hz + lz0
        push!(I, idx)
        push!(J, idx)
        push!(V_elements, complex(1.0/hx^2 + 1.0/hy^2 + 1.0/hz^2 + V(x, y, z)))
        if i > 1
        push!(I, idx)
        push!(J, idx - 1)
        push!(V_elements, complex(-0.5/hx^2))
    end
    if i < nx
```

```
                push!(I, idx)
                push!(J, idx + 1)
                push!(V_elements, complex(-0.5/hx^2))
            end
            if j > 1
                push!(I, idx)
                push!(J, idx - nx)
                push!(V_elements, complex(-0.5/hy^2))
            end
            if j < ny
                push!(I, idx)
                push!(J, idx + nx)
                push!(V_elements, complex(-0.5/hy^2))
            end
            if k > 1
                push!(I, idx)
                push!(J, idx - nx * ny)
                push!(V_elements, complex(-0.5/hz^2))
            end
            if k < nz
                push!(I, idx)
                push!(J, idx + nx * ny)
                push!(V_elements, complex(-0.5/hz^2))
            end
            end
            end
            end
    H = sparse(I, J, V_elements, N, N)
    eigenvalues, eigenvectors = eigs(H, nev=5, which=:SR)
    return eigenvalues, eigenvectors
end

nx, ny, nz = 50, 50, 50
lx0, ly0, lz0 = -6.0, -6.0, -6.0
lx1, ly1, lz1 = 6.0, 6.0, 6.0
eigenvalues, eigenvectors = fd_sparse_eigenpairs(nx, ny, nz,
    lx0, ly0, lz0, lx1, ly1, lz1, V_harmonic)
```

```
println("처음 몇 개의 에너지 고유값:")
println(eigenvalues[sortperm(real.(eigenvalues))][1:5])
```

Arpack.jl은 FORTRAN으로 작성된 유명한 라이브러리인 ARPACK(Arnoldi package)의 줄리아 wrapper이다. ARPACK은 대규모 희소 행렬의 일부(예: 가장 큰 또는 가장 작은 크기의 고유값과 그에 대응하는 고유벡터)를 효율적으로 계산하는 데 특화되어 있다. 희소 행렬에 최적화: 행렬의 대부분의 요소가 0인 희소 행렬의 고유값 문제를 다루는 데 매우 효율적이다. 이는 밀집 행렬에 대해 모든 고유값을 계산하는 것보다 훨씬 적은 메모리와 계산 시간을 요구한다. 일부 고유값/고유벡터 계산: 사용자가 원하는 특정 개수(예: 가장 낮은 에너지, 가장 높은 에너지 등)의 고유값과 그에 대응하는 고유벡터만 계산할 수 있다. 이는 전체 스펙트럼이 필요하지 않은 많은 과학 및 공학 문제에서 큰 이점이다. 다양한 선택 기준: 어떤 고유값을 찾을지 다양한 기준으로 선택할 수 있다(예: 실수부가 가장 큰/작은 값, 절대값이 가장 큰/작은 값 등). which 파라미터를 통해 이를 지정한다. 반복적인 알고리즘: Arnoldi 반복법 또는 Lanczos 반복법과 같은 효율적인 반복적인 알고리즘을 기반으로 동작한다.

eigs(A, nev=6, which=:LM, ...): 행렬 A에서 nev개의 고유값과 고유벡터를 계산한다.
nev: 찾고자 하는 고유값의 개수(기본값: 6).
which: 찾고자 하는 고유값의 기준을 지정하는 심볼이다(자세한 내용은 아래 which 파라미터 설명 참조).
kwargs...: 추가적인 옵션을 설정할 수 있다(예: 허용 오차 tol, 최대 반복 횟수 maxiter). 반환값: 고유값 벡터과 고유벡터 행렬(각 열이 고유값에 대응하는 고유벡터)의 튜플을 반환한다. eigvals(A, nev=6, which=:LM, ...): 행렬 A에서 nev개의 고유값을 계산하고 벡터로 반환한다. 고유벡터는 반환하지 않는다.

which 파라미터는 어떤 특징의 고유값을 찾을지 지정하는 데 사용된다. 주요 옵션은 다음과 같다.

:LM(Largest Magnitude): 절대값이 가장 큰 고유값

:SM(Smallest Magnitude): 절대값이 가장 작은 고유값

:LR(Largest Real part): 실수부가 가장 큰 고유값

:SR(Smallest Real part): 실수부가 가장 작은 고유값

:LI(Largest Imaginary part): 허수부가 가장 큰 고유값

:SI(Smallest Imaginary part): 허수부가 가장 작은 고유값

:LA(Largest Algebraic): 대수적 값이 가장 큰(실수 고유값의 경우) 고유값

:SA(Smallest Algebraic): 대수적 값이 가장 작은(실수 고유값의 경우) 고유값

:BE(Both Ends): 실수 축 양쪽 끝에서 가장 큰/작은 고유값(실수 고유값에 적합)

Arpack.jl의 활용 예시(이전 슈뢰딩거 방정식 풀이 코드)

이전에 3차원 슈뢰딩거 방정식을 풀 때 Arpack.jl을 사용하여 해밀토니안 행렬의 가장 작은 실수부(:SR)를 갖는 몇 개의 고유값과 고유벡터를 효율적으로 계산했다. 이는 양자 역학에서 가장 낮은 에너지 상태(바닥 상태)와 그 다음으로 낮은 에너지 상태들을 찾는 데 중요하다. Arpack.jl은 줄리아에서 대규모 희소 행렬의 고유값 문제를 효율적으로 해결할 수 있는 필수적인 패키지이다. 원하는 특정 개수의 고유값과 고유벡터를 선택적으로 계산할 수 있다는 장점 덕분에 메모리 사용량과 계산 시간을 크게 절약할 수 있으며, 다양한 과학 및 공학 분야에서 널리 활용된다. Arpack.jl은 양자 역학(quantum mechanics), 구조 공학(structural engineering), 네트워크 분석(network analysis), 데이터 과학 및 기계 학습(data science and machine learning), 전산 유체 역학(computational fluid dynamics) 등 매우 다양한 분야에서 적용이 되고 있다.

많은 물리적 시스템은 이산화되었을 때 희소 행렬로 표현되는 연산자를 포함하는 미분 방정식으로 나타난다. 몇 가지 예시를 들자면 다음과 같다. 유한 차분법(finite difference method): 공간 도함수를 근사할 때, 각 격자점에서의 값은 주변의 몇몇 격자점의 값에만 의존하므로 결과 행렬

은 희소한 구조를 가진다. 유한 요소법(finite element method): 복잡한 형상의 영역에서 미분 방정식을 풀 때, 기저 함수들의 지역적 지지(local support)로 인해 시스템 행렬이 희소하게 된다. 그래프 기반 모델링: 네트워크, 격자 구조 등에서 발생하는 물리적 현상을 모델링할 때, 연결 관계를 나타내는 인접 행렬이나 라플라시안 행렬 등이 희소 행렬로 나타난다. 줄리아는 SparseArrays라는 강력한 내장 패키지를 통해 효율적인 희소 행렬 연산을 지원한다. 이 패키지는 다음과 같은 장점을 제공한다. 메모리 효율성: 대부분의 원소가 0인 희소 행렬을 저장할 때, 0이 아닌 원소와 그 위치 정보만 저장하여 메모리 사용량을 크게 줄인다. 이는 대규모 시스템을 다룰 때 매우 중요하다. 빠른 연산 속도: 희소 행렬-벡터 곱셈, 선형 시스템 풀이 등의 연산을 희소 구조를 활용하여 밀집 행렬 연산보다 훨씬 빠르게 수행할 수 있다. 다양한 희소 행렬 형식 지원: CSC, CSR, COO 등 다양한 희소 행렬 형식을 지원하여 문제의 특성에 맞게 선택할 수 있다. 풍부한 선형 대수 기능: 희소 행렬에 대한 고유값 문제 해결(Arpack.jl), 선형 시스템 풀이(\ 연산자, 반복 해법 패키지 등) 등 다양한 선형 대수 기능을 제공한다. 줄리아에서 희소 행렬 연산에 익숙해지면 다음과 같은 다양한 미분 방정식을 효율적으로 풀 수 있다. ① 정상 상태 문제(steady-state problems): 타원형 편미분 방정식(예: Poisson 방정식)을 이산화하여 얻는 선형 시스템을 희소 행렬 기법으로 빠르게 해결할 수 있다. ② 시간 의존적 문제(time-dependent problems): 포물선형 편미분 방정식(예: 열 방정식, 확산 방정식), 시간 진행에 따라 각 시간 단계에서 희소 선형 시스템을 풀어 해를 얻을 수 있다(예: Crank-Nicolson 방법). 줄리아는 LinearAlgebra 라이브러리를 통해 Tridiagonal 타입을 제공하여 삼중 대각 행렬을 효율적으로 생성, 저장 및 연산할 수 있도록 지원한다. 이는 유한 차분법과 같이 이산화 과정에서 삼중 대각 행렬이 자주 등장하는 미분 방정식의 수치 해를 구하는 데 매우 유용하다. 삼중 대각 행렬의 특성을 활용하여 메모리 사용량을 줄이고 계산 속도를 향상시킬 수 있다. 쌍곡선형 편미분 방정식(예: 파동 방정식): 공간 이산화 후 얻는 연립 상미분 방정식을 희소 행렬 연산을 활용하여 효율적으로 시간 적분할 수 있다. ③ 고유값 문제: 양자 역학, 진동 분석 등에서 발생하는 희소 행렬 형태의 고유값 문제를 Arpack.jl과 같은 패키지를 사용하여 효율적으로 해결할 수 있다.

줄리아의 강력한 희소 행렬 지원은 다양한 과학 및 공학 문제를 모델링하고 해결하는 데 핵심적인 역할을 한다. 희소 행렬 연산에 대한 깊이 있는 이해와 숙련된 활용 능력은 복잡한 물리적 시스템을 효율적으로 시뮬레이션하고 분석하는 데 필수적인 역량이라고 할 수 있다. 따라서 줄리아를 사용하여 과학 기술 컴퓨팅을 수행하는 사용자라면 희소 행렬 관련 기능을 익히는 데 투자하는 것이 매우 가치 있는 일이다.

```
using LinearAlgebra

# 1. Tridiagonal 행렬 생성
n = 6
dl = fill(-1.0, n - 1) # 아래쪽 대각 성분
d = fill(2.0, n)      # 주 대각 성분
du = fill(-1.0, n - 1) # 위쪽 대각 성분

A = Tridiagonal(dl, d, du)
println("생성된 Tridiagonal 행렬 A:")
println(A)
println("-"^30)

# 2. 행렬의 크기 및 타입 확인
println("행렬 A의 크기: $(size(A))")
println("행렬 A의 타입: $(typeof(A))")
println("-"^30)

# 3. 특정 원소 접근
println("A[2, 1]: $(A[2, 1])") # 아래쪽 대각 성분
println("A[3, 3]: $(A[3, 3])") # 주 대각 성분
println("A[1, 2]: $(A[1, 2])") # 위쪽 대각 성분
println("A[1, 3]: $(A[1, 3])") # 0 (대각 성분에서 벗어남)
println("-"^30)

# 4. 벡터와의 곱셈
v = [1.0, 2.0, 3.0, 4.0, 5.0, 6.0]
b = A * v
println("행렬 A와 벡터 v의 곱셈 결과 b:")
```

```
println(b)
println("-"^30)

# 5. 선형 시스템 Ax = b 풀기
x = A \ b
println("선형 시스템 Ax = b의 해 x:")
println(x)
println("-"^30)

# 6. 고유값 계산
eigenvalues = eigvals(A)
println("행렬 A의 고유값:")
println(eigenvalues)
println("-"^30)

# 7. LU 분해
F = lu(A)
println("행렬 A의 LU 분해 결과 F:")
println(F)
println("Lower triangular factor L:")
println(F.L)
println("Upper triangular factor U:")
println(F.U)
println("Permutation matrix P:")
println(F.P)
println("-"^30)

# 8. 삼중 대각 행렬 생성 시 주의사항 (크기 불일치)
# 다음 코드는 오류를 발생시킨다. dl과 du의 길이는 d의 길이보다 1 작아야 한다.
# dl_error = fill(-1.0, n)
# A_error = Tridiagonal(dl_error, d, du) # 오류 발생!
```

크랭크-니콜슨(Crank-Nicolson) 방법은 시간 종속 편미분 방정식을 수치적으로 푸는 데 널리 사용되는 방법 중 하나이다. 특히 열전도 방정식이나 확산 방정식과 같이 시간과 공간에 따라 변하는 물리량을 모델링하는 데 효과적이다. 이 방법의 핵심 아이디어는 시간 방향으로 중심 차분법을 사용하고, 공간 방향으로는 현재 시간 단계와 다음 시간 단계의 차분 근사의 평균을 취하는 것이다. 다음과 같은 특징 및 장점을 가진다. 무조건적 안정성: 크랭크-니콜슨 방법의 가장 큰 장점 중 하나는 무조건적으로 안정적이라는 것이다. 이는 시간 간격의 크기에 관계없이 수치 해가 발산하지 않는다는 의미이다. 따라서 비교적 큰 시간 간격을 사용하여 계산 효율성을 높일 수 있다. 2차 정확도: 이 방법은 시간과 공간 모두에 대해 2차 정확도를 가진다. 이는 비교적 적은 격자점으로도 정확한 해를 얻을 수 있다. 음함수적 방법: 크랭크-니콜슨 방법은 음함수적(implicit) 방법이다. 이는 다음 시간 단계의 값을 계산하기 위해 현재 시간 단계뿐만 아니라 다음 시간 단계의 값들도 포함하는 선형 시스템을 풀어야 한다는 의미이다. 명시적(explicit) 방법에 비해 각 시간 단계의 계산 비용은 높지만, 안정성 덕분에 더 큰 시간 간격을 사용할 수 있어 전체적인 효율성은 좋을 수 있다. 크랭크-니콜슨 알고리즘은 안정성과 정확성이 뛰어나 많은 과학 및 공학 문제에서 신뢰할 수 있는 수치 해를 제공하는 강력한 도구이다. 음함수적 특성으로 인해 선형 시스템을 풀어야 하는 부담은 있지만, 그 장점들이 단점을 상쇄하는 경우가 많다. 크랭크-니콜슨 알고리즘은 다음과 같은 다양한 분야에서 널리 사용된다. 열전달: 물체의 온도 변화 시뮬레이션. 유체 역학: 확산 현상 모델링. 재무 공학: 옵션 가격 결정(Black-Scholes 방정식). 지하수 모델링: 오염 물질 확산 예측. 반도체 소자 시뮬레이션: 전하 수송 모델링.

통계학 계산 6

6.1 통계학 계산의 기초

통계학은 현대 사회에서 데이터를 기반으로 합리적인 의사 결정을 내리는 데 필수적인 학문이다. 통계학은 데이터의 수집, 정리, 분석, 해석 및 표현을 다루는 학문이다. 불확실성 속에서 합리적인 의사 결정을 내리기 위해 수학적 이론과 방법을 활용하여 데이터를 분석하고 결론을 도출하는 것을 목표로 한다.

피어슨 상관계수(Pearson correlation coefficient)는 두 변수 사이의 선형 상관관계를 측정하는 통계적 지표이다. 즉, 두 변수가 직선 형태의 관계로 얼마나 밀접하게 관련되어 있는지를 나타낸다. 피어슨 상관계수는 두 변수 사이의 선형 관계를 파악하는 데 유용한 도구이지만, 상관관계가 인과관계를 의미하지는 않는다는 점을 유의해야 한다. Statistics 표준 라이브러리를 사용하여 피어슨 상관계수를 계산하며, 필요에 따라 다른 상관계수도 계산할 수 있다. Statistics 라이브러리는 줄리아의 표준 라이브러리이므로 별도의 설치 없이 바로 사용할 수 있다.

줄리아 언어는 다양한 통계학 패키지를 제공하며, 데이터 분석 및 통계 모델링 작업을 효율적으로 수행할 수 있도록 지원한다.

◇ 주요 통계학 패키지들과 그 특징이 있다.

① StatsBase.jl

기본적인 통계 연산 및 함수를 제공하는 핵심 패키지이다. 기술 통계, 빈도 분석, 상관 분석, 가중치 계산 등 다양한 기능을 제공한다. 다른 통계 관련 패키지의 기반이 되는 경우가 많다.

② Distributions.jl

다양한 확률 분포를 제공하고 관련된 함수를 지원한다. 이산 분포, 연속 분포, 다변량 분포 등 광범위한 분포를 다룬다. 확률 밀도 함수, 누적 분포

함수, 샘플링 등 다양한 기능을 제공한다.

③ GLM.jl(generalized linear models)

일반화 선형 모델(GLM)을 구현하고 관련된 분석 도구를 제공한다. 선형 회귀[3], 로지스틱 회귀, 포아송 회귀 등 다양한 회귀 모델을 지원한다. 모델 적합, 예측, 진단 등 다양한 기능을 제공한다.

[3]: Galton (1886), 'Regression towards mediocrity in hereditary stature.'

④ MultivariateStats.jl

다변량 통계 분석을 위한 패키지이다. 주성분 분석(PCA), 선형 판별 분석(LDA), 군집 분석 등 다양한 기법을 제공한다. 고차원 데이터의 차원 축소, 패턴 인식, 분류 등에 활용된다.

⑤ HypothesisTests.jl

다양한 가설 검정 방법을 제공한다. t-검정, 카이제곱 검정, 분산 분석 등 다양한 검정 방법을 지원한다. 통계적 유의성 검정을 수행하고 결과를 해석하는 데 유용하다.

⑥ Clustering.jl

다양한 군집화 알고리즘을 제공한다. *k*-평균 군집화, 계층적 군집화, DBSCAN 등 다양한 알고리즘을 지원한다. 데이터의 패턴을 발견하고 그룹으로 나누는 데 활용된다.

⑦ TimeSeries.jl

시계열 데이터 분석을 위한 패키지이다. 시계열 분해, 자기 회귀 모델, 이동 평균 모델 등 다양한 분석 도구를 제공한다. 시계열 데이터의 추세, 계절성, 주기성 등을 분석하고 예측하는 데 활용된다.

⑧ StatsPlots.jl

통계 데이터를 시각화하기 위한 패키지이다. 히스토그램, 산점도, 박스 플롯 등 다양한 그래프를 제공한다. 통계 분석 결과를 시각적으로 표현하고 이해하는 데 도움을 준다.

⑨ DataFrames.jl

테이블 형태의 데이터를 다루기 위한 패키지이다. 데이터 필터링, 정렬, 그룹화, 결합 등 다양한 데이터 조작 기능을 제공한다. 통계 분석을 위한 데이터 전처리 및 탐색적 데이터 분석(EDA)에 필수적이다.

MultivariateStats 패키지는 줄리아에서 다변량 통계 분석을 수행하기 위한 필수적인 도구이다. 다양한 분석 기법과 높은 성능을 제공하여 복잡한 데이터 분석 작업을 효율적으로 수행할 수 있도록 지원한다. MultivariateStats는 줄리아 프로그래밍 언어에서 다변량 통계 분석을 위한 강력한 패키지이다. 이 패키지는 데이터의 차원 축소, 군집화, 분류 등 다양한 통계적 기법을 제공하여 복잡한 다변량 데이터를 효과적으로 분석할 수 있도록 돕는다.

6.2 통계 분포

줄리아는 다양한 통계 분포를 다루는 데 강력한 기능을 제공하며, 특히 Distributions.jl 패키지를 통해 광범위한 분포 함수를 사용할 수 있다. 다음은 Distributions.jl 패키지에서 제공하는 주요 분포 추출 함수들과 관련된 정보이다.

◇ 주요 분포 및 관련 함수

① 이산 분포:

Bernoulli(p): 베르누이 분포(성공 확률 p) Binomial(n, p): 이항 분포(n번 시도, 성공 확률 p) Poisson(λ): 푸아송 분포(평균 발생 횟수 λ) Geometric(p): 기하 분포(첫 성공까지의 시도 횟수)

② 연속 분포:

Normal(μ, σ): 정규 분포(평균 μ, 표준편차 σ) Uniform(a, b): 균등 분포(구간 [a, b]) Exponential(θ): 지수 분포(평균 θ) Gamma(α, θ): 감마 분포(형상 매개변수 α, 스케일 매개변수 θ) Beta(α, β): 베타 분포(형상 매개변수 α, β) Chisq(k): 카이제곱 분포(자유도 k) TDist(v): t-분포(자유도 v) FDist(v1, v2): F-분포(자유도 v1, v2)

③ 다변량 분포:

MultivariateNormal(μ, Σ): 다변량 정규 분포(평균 벡터 μ, 공분산 행렬 Σ) Dirichlet(α): 디리클레 분포(형상 매개변수 벡터 α)

④ 일반적인 함수:

rand(d, n): 분포 d에서 n개의 샘플 추출 pdf(d, x): 분포 d의 확률 밀도 함수(PDF) 값 x에서 계산 cdf(d, x): 분포 d의 누적 분포 함수(CDF) 값

x에서 계산 quantile(d, p): 분포 d의 분위수 함수(백분위수 p에 해당하는 값) mean(d): 분포 d의 평균 var(d): 분포 d의 분산 std(d): 분포 d의 표준편차

6.3 두 확률 분포의 차이

CDF(cumulative distribution function), 즉 누적 분포 함수는 확률론과 통계학에서 확률 변수의 분포를 나타내는 함수이다. 확률 변수가 특정 값보다 작거나 같을 확률을 나타내며, 확률 변수의 분포를 이해하고 분석하는 데 중요한 역할을 한다. CDF 함수는 항상 단조 증가 함수이다. CDF는 확률 밀도 함수(PDF)의 적분으로 표현될 수 있다. CDF를 사용하여 두 개 이상의 확률 분포를 비교할 수 있다. 이를 통해 어떤 분포가 다른 분포보다 더 큰 값을 가질 확률이 높은지 등을 판단할 수 있다. 가설 검정이나 신뢰 구간 계산에 사용되어 데이터의 통계적 유의성을 평가하는 데 도움을 준다. 제품의 무게나 길이와 같은 측정값이 특정 기준을 만족할 확률을 계산하여 품질 관리 기준으로 활용할 수 있다. 주식 수익률이나 위험과 같은 금융 데이터를 분석하여 투자 결정을 내리는 데 활용할 수 있다. 환자의 혈압이나 혈당과 같은 생체 데이터를 분석하여 질병 진단이나 치료 효과를 평가하는 데 활용할 수 있다.

Eq. 6.1에 표시된 $D_{KL}(P||Q)$는 분포 Q에 대한 분포 P의 쿨백-라이블러 발산을 나타낸다.

$$D_{KL}(P||Q) = \sum_{\vec{x})} P(\vec{x})) \log \left(\frac{P(\vec{x}))}{Q(\vec{x}))} \right). \tag{6.1}$$

실제 존재하는 확률 분포 $P(\vec{x})$를 재현하는 모델을 만드는 것은 기계학습, 특히 생성 모델 분야에서 중요한 목표 중 하나이다. 이러한 모델을 통해 실제 데이터와 유사한 데이터를 생성하거나, 데이터의 숨겨진 구조를 학습하고 이해할 수 있다. 모델이 제공하는 확률 분포 $Q(\vec{x})$가 실제

데이터 분포 $P(\vec{x})$를 최대한 근사하도록 만드는 것이 기계학습이다. 따라서, 두 확률 분포사이의 차이를 측정할 수 있어야 한다. 쿨백-라이블러 발산(Kullback-Leibler divergence, KLD)은 두 확률 분포($P(\vec{x})$, $Q(\vec{x})$)의 차이를 측정하는 데 사용되는 함수이다. 정보 이론, 통계학, 기계학습 등 다양한 분야에서 활용되며, 특히 두 확률 분포가 얼마나 다른지를 정량화하는 데 유용하다. 쿨백-라이블러 발산은 항상 0 이상의 값을 가지며, 두 분포가 동일할 때 0이 된다. 쿨백-라이블러 발산은 비대칭적인 특성을 가지므로, 두 분포의 순서를 바꾸면 값이 달라진다. 따라서 거리 측정 지표로 사용되지는 않는다. 쿨백-라이블러 발산은 확률 분포 간의 차이를 측정하는 중요한 도구이며, 다양한 분야에서 활용된다. 생성 모델(GAN, VAE 등)에서 실제 데이터 분포와 생성된 데이터 분포의 차이를 측정하는 데 사용된다. 모델 학습 시 손실 함수로 활용되어 모델이 실제 데이터 분포를 더 잘 따르도록 유도한다.[1]

1: 쿨백-라이블러 발산은 대칭적인 거리 측정 방식이 아니며, 분포 간의 비유사성을 측정하는 방향에 따라 다른 값을 가진다.

```
using Pkg
Pkg.add("Distributions")
using Distributions
d = Normal(0, 1) # 평균 0, 표준편차 1인 정규 분포 생성
samples = rand(d, 100) # 100개의 샘플 추출
```

```
data = [1, 2, 3, 4, 5]
# 평균
mean_value = mean(data)
println("평균: ", mean_value)
# 분산
variance_value = var(data)
println("분산: ", variance_value)
# 표준편차
std_value = std(data)
println("표준편차: ", std_value)
# 중앙값
median_value = median(data)
println("중앙값: ", median_value)
# 최솟값
```

```
min_value = minimum(data)
println("최솟값: ", min_value)
# 최댓값
max_value = maximum(data)
println("최댓값: ", max_value)
```

```
using Distributions
# 정규 분포 생성
normal_dist = Normal(0, 1)
# 정규 분포에서 샘플링
samples = rand(normal_dist, 100)
# 샘플의 평균 및 표준편차 계산
mean_samples = mean(samples)
std_samples = std(samples)
println("샘플 평균: ", mean_samples)
println("샘플 표준편차: ", std_samples)

using Plots
data = randn(1000)
histogram(data,bins=30,xlabel="값",ylabel="빈도",title="히스토그램")

using TimeSeries
dates = Date(2023, 1, 1):Day(1):Date(2023, 1, 31)
values = randn(31)
ts = TimeArray(dates, values)
plot(ts, xlabel="날짜", ylabel="값", title="시계열 데이터")

using Statistics
x = [1, 2, 3, 4, 5]
y = [2, 4, 5, 4, 5]
# 피어슨 상관계수 계산
println("피어슨 상관계수: ", cor(x, y))
```

```
using HypothesisTests
# 두 그룹의 데이터 생성
group1 = randn(50)
group2 = randn(50) .+ 0.5
```

```
# t-검정 수행
ttest_result = UnequalVarianceTTest(group1, group2)
println(ttest_result)
# p-값 확인
println("p-값: ", pvalue(ttest_result))

using HypothesisTests
# 관측 빈도
observed = [25, 20, 15, 10]
# 기대 빈도
expected = [20, 20, 20, 20]
# 카이제곱 검정 수행
result = ChisqTest(observed, expected)
println(result)
```

```
using Statistics
println(median([1, 2, 3]))    # 2.0
println(median([1, 2, 3, 4]))  # 2.5
println(median([1, 2, missing, 4])) # missing
println(median(skipmissing([1, 2, missing, 4]))) # 2.0

using Distributions
d = DiscreteUniform(1, 6) # roll of a dice
mean(d) # 3.5
pdf(d, 1) # 1/6
cdf(d, 3) # 0.5

using Distributions
d = Binomial(10, 0.5) # 10 coin flips
println(mean(d)) # 5.0
println(pdf(d, 5)) # 0.24609375000000022
println(cdf(d, 5)) # 0.6230468749999998

using Distributions
d = Normal(0, 1) # standard normal
println(mean(d)) # 0.0
println(pdf(d, 0)) # 0.3989422804014327
```

```
println(cdf(d, 0)) # 0.5

xs = [1, 2, 3, 7, 9]
println(sum(xs) / length(xs))

whale = [74, 122, 235, 111, 292, 111, 211, 133, 156, 79]
whale .- mean(whale)  |> show
(whale .- mean(whale)).^2  |> show
sqrt.(whale)  |> show
sqrt( sum((whale .- mean(whale)).^2)/(length(whale) - 1) )
```

국소 최적화(local optimization)는 전체 문제를 해결하기보다는 특정 구역이나 제한된 범위 내에서 최적의 해답을 찾는 과정이다. 주로 큰 문제를 효율적으로 해결하기 위해 문제를 여러 하위 문제로 나누거나 특정 조건 내에서 최선의 결과를 도출하고자 할 때 사용된다.[2] 예를 들어, 함수의 그래프에서 주어진 구간 내에서 최대값이나 최소값을 찾는 과정도 국소 최적화의 한 사례이다. 여기서 중요한 점은, 국소 최적화는 광역 최적화(global optimization)와 다르게, 특정 범위 안에서 최적의 결과를 보장하지만 그 결과가 전체적으로도 최적이라는 보장은 없다는 점이다.

2: JuMP(Julia for mathematical programming)는 줄리아에서 최적화 문제를 모델링하기 위한 강력하고 유연한 오픈소스 패키지이다. 수학적 프로그래밍 모델을 자연스럽고 직관적인 방식으로 표현할 수 있도록 설계되었으며, 다양한 최적화 solver들과 쉽게 연동될 수 있다는 장점을 가지고 있다. JuMP는 다양한 solver 패키지(예: HiGHS.jl, GLPK.jl, CPLEX.jl, Gurobi.jl, Ipopt.jl)를 통해 실제 최적화 작업을 수행한다.

국소 최적화는 다양한 분야에서 활용되며, 특정 문제를 효율적으로 해결하거나 최선의 결과를 도출하는 데 중요한 역할을 한다. 국소 최적화는 기계학습, 산업 공정 최적화, 물류 및 공급망, 게임이론, 인공지능, 경제, 금융, 그리고 도시 계획등에 활용된다.

```
using Optim
function ff0(x::Vector)
    tmp =0.0
    for i in 1:length(x)
        tmp=tmp+abs(x[i])
    end
    return tmp
end
n = 3
lower = [0.0 for i in 1:n]
```

```
upper = [1.0 for i in 1:n]
initial_x = rand(n)
res = Optim.optimize(ff0, lower, upper, initial_x,
    Fminbox(NelderMead()), Optim.Options(show_trace = true))
println(res)
Optim.converged(res)
res.initial_x[1:end]
res.minimum
res.minimizer
```

아래는 쿨백-라이블러 발산이 다양한 기계학습 문제에서 확률 분포를 이해하고 조작하는 데 중요한 도구로 활용되고 있음을 보여주는 예들이다. 쿨백-라이블러 발산을 최소화하는 것은 한 확률 분포를 다른 확률 분포로 근사하는 것과 같다. 쿨백-라이블러 발산 최소화: t-SNE(t-distributed stochastic neighbor embedding)의 목표는 고차원 공간에서의 유사도 분포와 저차원 공간에서의 유사도 분포 사이의 쿨백-라이블러 발산을 최소화하는 것이다. 쿨백-라이블러 발산은 두 확률 분포가 얼마나 다른지를 측정하는 척도이다. 이 값을 최소화함으로써, 고차원 공간에서의 이웃 관계가 저차원 공간에서도 최대한 보존되도록 학습한다. t-SNE에서는 고차원에서의 이웃 관계를 나타내는 확률 분포 P와 저차원 임베딩에서의 이웃 관계를 나타내는 확률 분포 Q 사이의 쿨백-라이블러 발산을 최소화하려고 한다. 따라서 t-SNE는 데이터를 저차원으로 효과적으로 시각화하기 위해 핵심적인 요소로 쿨백-라이블러 발산을 사용한다. 큰 모델(teacher)의 지식을 작은 모델(student)에게 전달하는 지식 증류 방법에서, student 모델의 예측 분포가 teacher 모델의 예측 분포에 가깝도록 학습하기 위해 쿨백-라이블러 발산이 손실 함수로 사용될 수 있다. 이는 student 모델이 teacher 모델의 성능을 모방하도록 돕는다. 텍스트 생성 모델에서 생성된 텍스트의 분포가 실제 텍스트 데이터의 분포와 유사하도록 학습하는 데 쿨백-라이블러 발산이 사용될 수 있다. 새로운 정책이 이전 정책에서 너무 크게 벗어나는 것을 방지하기 위해 쿨백-라이블러 발산이 규제 항으로 사용될 수 있다. 에이전트가 새로운 행동을 탐색하는 과정에서, 현재 정책과 너무 다른 정책을 따르는 것을 제한하기 위해 쿨백-라이블러 발산이 사용될 수 있다. 변분 오토인코더는 잠재 변수의 확률 분포를 학습하는 생성 모델이다. 인코더는 입력 데이터를 잠재 공간의 확률 분포(일반적으로 가우시안 분포의 평균과 분산)로 매핑한다. 디코더는 이 잠재 분포에서 샘플링된 벡터를 다시 원본 데이터 공간으로 매핑한다. 쿨백-라이블러 발산은 인코더가 추론한 잠재 분포와 사전 정의된 간단한 분포(예: 표준 정규 분포) 사이의 차이를 최소화하는 데 사용된다. 이는 잠재 공간을 정규화하고, 디코더가 의미 있는 데이터를 생성하도록 돕는다.

머신러닝(기계학습) 7

7.1 머신러닝(기계학습) 기초

기계학습(machine learning)은 명시적인 프로그래밍 없이 컴퓨터가 데이터로부터 학습하고 예측 또는 결정을 내릴 수 있도록 하는 알고리즘 및 기술의 집합이다. 데이터의 패턴을 분석하고 학습하여 미래의 데이터를 예측하거나 분류하는 데 사용된다. 기계학습의 주요한 특징은 다양한 알고리즘을 사용하는 것이다.(예: 선형 회귀, 결정 트리, 서포트 벡터 머신 등) 또한, 기계학습은 특성 추출(feature extraction)을 하는 특징을 가지고 있다. 즉, 사람이 데이터를 이해하고 유용한 특성을 추출해야 한다. 상대적으로 적은 양의 데이터로도 학습이 가능하다. 모델의 작동 방식을 비교적 쉽게 이해할 수 있다.[1]

1: 머신러닝은 단순히 기술적인 도구를 넘어, 데이터 중심 사회에서 경쟁력을 확보하고 새로운 가치를 창출하며 인류의 삶을 개선하는 데 필수적인 핵심 기술로 자리매김하고 있다. 그 중요성은 앞으로 더욱 커질 것으로 예상된다. 머신러닝은 과학 연구, 의료, 공학 등 다양한 분야에서 새로운 지식을 발견하고 혁신적인 기술을 개발하는 데 중요한 역할을 한다.

기계학습의 활용 분야는 스팸 메일 필터링, 상품 추천 시스템, 신용 평가, 의료 진단 등을 포함한다. 많은 경우, 기계학습에서는 목적함수(objective function)를 정의하고 그 목적함수를 국소 최적화를 통해서 회귀 모델 또는 분류 모델을 생성한다. 주어진 데이터를 훈련 데이터와 테스트 데이터로 분류한다. 훈련 데이터는 모델을 만들 때 사용된다. 모델이 만들어지면 곧바로 모델의 성능을 테스트한다. 테스트 데이터는 모델의 성능을 평가할 때 사용된다. 모델이 과도하게 훈련용 데이터에 집중하면 테스트 데이터를 활용한 모델 성능이 좋지 않을 수 있다. 이러한 현상을 과적합이라고 한다. 과적합된 모델은 일반성이 떨어지는 것이라고 표현한다. 모델이 훈련 과정에서 과적합되지 않도록 몇 가지 매개변수들을 조정할 수 있다. 이때 사용하는 매개변수들을 통상 초월 매개변수(hyperparameter)라고 한다. 데이터가 기하급수적으로 계속 증가하고 가공할 컴퓨팅 성능이 더욱 접근 가능해짐에 따라 기계학습의 중요성과 영향력은 계속 증가할 것이다.

7.2 데이터셋

데이터셋(dataset)은 특정 목적을 위해 수집되고 정리된 데이터의 모음이다. 기계학습, 통계 분석, 데이터 마이닝 등 다양한 분야에서 사용되며, 데이터 분석의 기초가 된다.

◇ 데이터셋의 구성 요소

데이터 포인트(data point): 개별적인 데이터 항목을 의미한다. 예를 들어, 사람에 대한 데이터셋에서 각 개인의 정보가 데이터 포인트가 된다. 특성(feature): 각 데이터 포인트를 설명하는 속성 또는 변수이다. 예를 들어, 사람 데이터셋에서 나이, 성별, 키 등이 특성에 해당한다. 레이블(label): 데이터 포인트의 범주 또는 값이다. 특히 지도 학습에서 모델을 학습시키기 위해 사용된다. 예를 들어, 이미지 데이터셋에서 각 이미지가 어떤 물체를 나타내는지에 대한 정보가 레이블이다. 지도 학습에서 모델이 예측해야 하는 정답 값이 레이블이다. 예를 들어, 이미지 분류 작업에서는 이미지의 실제 클래스(고양이, 개 등)가 레이블이다.[2] 메타데이터는 데이터에 대한 설명, 출처, 수집 방법 등 추가적인 정보이다.

2: 의도적으로 레이블(y)을 무시하고 특성(X)만을 활용할 수 있다. 예를 들어, $X \rightarrow y$ 처럼 인과 관계를 고려하지 않는 생성 모델에서는 특성만 활용할 수 있다.

일반적으로 전체 데이터셋을 훈련 데이터(training data)와 테스트 데이터(test data)로 분할한다. 분할 비율은 문제의 특성과 데이터셋의 크기에 따라 다르지만, 일반적으로 7:3 또는 8:2 비율이 많이 사용된다. 데이터 분할 시 데이터를 무작위로 섞어 편향을 방지하는 것이 중요하다. 훈련 데이터와 테스트 데이터 외에 검증 데이터를 추가적으로 사용할수 있다. 검증 데이터(validation data)는 모델의 하이퍼파라미터 튜닝 및 모델 선택에 사용된다. 검증 데이터를 통해 모델의 성능을 중간 평가하고, 최적의 모델을 선택할 수 있다.

기계학습에서 훈련 데이터와 테스트 데이터는 모델의 성능을 평가하고 일반화 능력을 측정하는 데 필수적인 개념이다. 모델은 훈련 데이터를 통해 패턴을 학습하고, 예측 또는 분류를 수행하는 방법을 익힌다. 훈련 데이터는 일반적으로 입력 특성과 그에 대한 정답(레이블)을 포함한다. 테스트 데이터를 통해 모델의 실제 성능을 객관적으로 평가할 수 있다.

모델의 일반화 능력을 평가할 때 테스트 데이터를 사용한다. 즉, 모델이 새로운 데이터에 대해 얼마나 정확하게 예측 또는 분류할 수 있는지 측정한다. 모델의 과적합(overfitting) 여부를 판단한다. 과적합은 모델이 훈련 데이터에 너무 맞춰져 새로운 데이터에 대한 성능이 떨어지는 현상이다. 테스트 데이터에 대한 성능이 좋지 않다면, 모델을 개선하거나 다른 모델을 선택해야 한다.

줄리아는 머신러닝 알고리즘 개발 및 성능 평가를 위한 다양한 데이터셋을 제공한다. 줄리아에서 데이터셋을 불러오는 데 사용되는 두 가지 주요 패키지인 RDatasets.jl과 MLDatasets.jl에 대한 설명이다. 두 패키지 모두 데이터 분석 및 머신러닝 작업을 위한 데이터셋을 제공하지만, 각각 다른 목적과 데이터셋 유형을 제공한다. 따라서 사용자는 자신의 작업 목적과 필요한 데이터셋 유형에 따라 적절한 패키지를 선택하여 사용할 수 있다.

◇ RDatasets.jl

RDatasets.jl은 R 언어에서 제공하는 다양한 데이터셋을 줄리아에서 사용할 수 있도록 해주는 패키지이다. R에서 흔히 사용되는 데이터셋들을 줄리아 환경으로 불러와 데이터 분석 및 모델링 작업을 수행할 수 있도록 지원한다. 통계 학습 및 데이터 분석 교육 자료로 많이 사용되는 R 데이터셋을 활용하여 줄리아 환경에서 학습 및 연구를 진행할 수 있다. 주로 통계학습에 필요한 기초 데이터셋들을 불러와 분석하는데 용이하다.

◇ MLDatasets.jl

MLDatasets.jl은 머신러닝 데이터셋을 줄리아에서 쉽게 사용할 수 있도록 제공하는 패키지이다. 일반적인 머신러닝 데이터셋(예: MNIST, iris)에 대한 접근을 제공하여 머신러닝 모델의 학습 및 평가를 간편하게 수행할 수 있도록 지원한다.

R은 통계 계산과 그래픽 표현을 위한 프로그래밍 언어 및 소프트웨어 환경이다. 1993년 뉴질랜드 오클랜드 대학의 로버트 젠틀맨과 로스 이하카에 의해 개발되었으며, S 프로그래밍 언어를 기반으로 만들어졌다. R은 오픈소스이며, GNU 일반 공중 사용 허가서에 따라 무료로 사용할 수 있다.

◇ 주요 공개 데이터셋 저장소

① Kaggle Datasets: 다양한 주제의 고품질 데이터셋과 활발한 커뮤니티를 제공한다.

② UCI Machine Learning Repository: 오랫동안 사용되어 온 다양한 종류의 데이터셋을 제공한다.

③ Google Dataset Search: 구글에서 제공하는 데이터셋 검색 엔진으로, 다양한 저장소의 데이터셋을 검색할 수 있다.

④ 공공데이터포털: 국내 공공기관의 다양한 데이터를 제공한다.

⑤ AI Hub: 인공지능 학습용으로 구축된 다양한 한국어 데이터셋을 제공한다.

⑥ scikit-learn datasets: 파이썬 기계학습 라이브러리인 scikit-learn에서 제공하는 간단한 예제 데이터셋들이 있다.(Iris, MNIST 등)

⑦ TensorFlow Datasets: TensorFlow에서 사용하기 편리하게 구성된 다양한 데이터셋을 제공한다.

◇ 데이터셋의 종류

① 정형 데이터(tabular data): 행과 열로 구성된 테이블 형태의 데이터이다. 각 행은 샘플(예: 고객 정보, 센서 측정값)을 나타내고, 각 열은 특징(feature) 또는 속성(attribute)을 나타낸다.

② 비정형 데이터(unstructured data): 미리 정의된 구조가 없는 데이터이다. 텍스트, 이미지, 오디오, 비디오 등이 대표적이다.

③ 시계열 데이터(time series data): 시간 순서대로 기록된 데이터이다. 주가, 날씨 변화, 센서 데이터 스트림 등이 해당된다.

④ 그래프 데이터(graph data): 노드(node)와 엣지(edge)로 이루어진 구조의 데이터로, 관계를 표현하는 데 유용하다. 소셜 네트워크, 웹페이지 연결 등이 예시이다.

⑤ 공간 데이터(spatial data): 지리적 위치와 관련된 정보를 포함하는 데이터이다. 위성 이미지, GPS 좌표 등이 있다.

기계학습 프로젝트의 성공은 적절한 데이터셋을 선택하고 효과적으로 활용하는 데 달려있다. 데이터의 특성을 이해하고 문제에 맞는 데이터셋을 찾는 것이 중요하다.

7.3 연역적 사고

연역적 사고는 일반적인 원리(운동 방정식)나 명제로부터 특정한 결론을 도출하는 논리적인 추론 방식이다. 즉, 이미 알고 있는 일반적인 사실이나 규칙을 바탕으로 구체적인 상황에 적용하여 새로운 지식을 얻는 과정이다.

◇ 연역적 사고의 특징

일반에서 특수로: 일반적인 전제에서 구체적인 결론을 이끌어낸다. 논리적 필연성: 전제가 참이라면 결론은 반드시 참이다. 삼단논법: 대표적인 연역 추론 형식으로, 대전제, 소전제, 결론으로 구성된다.

◇ 연역적 사고의 예시

대전제: 모든 사람은 죽는다. 소전제: 소크라테스는 사람이다. 결론: 소크라테스는 죽는다.

◇ 연역적 사고의 중요성

명확한 결론 도출: 주어진 전제가 참인 경우, 논리적으로 확실한 결론을 얻을 수 있다. 체계적인 문제 해결: 일반적인 원리를 적용하여 복잡한 문제를 체계적으로 해결할 수 있다. 법칙 및 이론 적용: 과학, 수학, 법학 등 다양한 분야에서 법칙이나 이론을 실제 상황에 적용하는 데 사용된다.

◇ 연역적 사고와 귀납적 사고의 비교

연역적 사고: 일반적인 전제에서 특수한 결론을 도출(하향식 접근) 귀납적 사고: 특수한 사례에서 일반적인 결론을 도출(상향식 접근)

◇ 연역적 사고의 한계

전제가 거짓인 경우, 결론 또한 거짓이 될 수 있다. 새로운 지식을 창출하기보다는 기존 지식을 적용하는 데 초점을 맞춘다.

연역적 사고와 귀납적 사고는 각각의 장단점을 가지고 있으며, 독립적으로 사용되기보다는 상호 보완적인 관계를 통해 더욱 효과적인 결과를 도출한다. 두 사고 방식을 균형 있게 활용하는 것은 비판적 사고 능력을 향상시키고, 더 나은 의사 결정을 내리는 데 도움이 된다.

인공지능 기술, 특히 기계학습과 심층학습은 귀납적 사고와 밀접한 관련이 있다. 이러한 기술들은 방대한 데이터를 분석하고 패턴을 찾아내어 일반적인 규칙이나 모델을 생성하는 과정을 거치는데, 이는 귀납적 사고의 핵심 원리와 일맥상통한다. 기계학습의 목표는 학습 데이터에만 국한되지 않고, 새로운 데이터에도 잘 작동하는 일반화된 모델을 만드는 것이다. 이는 귀납적 사고에서 특정 사례로부터 일반적인 결론을 도출하는 것과 같다.

Kaggle은 데이터 과학 입문자부터 숙련된 전문가까지 모두에게 유용한 플랫폼이다. 데이터 분석 및 머신러닝 학습, 실력 향상, 커뮤니티 참여 등 다양한 목표를 달성하는 데 활용할 수 있다. Kaggle 가입 후 프로필 페이지에서 사용자 이름, 자기소개, 관심 분야 등 추가 정보를 입력할 수 있다. 이는 다른 사용자와 교류하고 Kaggle 커뮤니티 활동에 참여하는 데 도움이 된다. Kaggle에 가입하여 다양한 데이터셋, 경진대회, 코드, 토론, 학습 등에 참여하고 데이터 과학 역량을 키워나가실 수 있다.

이공계 분야에서 인공지능 기술은 다양한 이유로 그 중요성이 점점 커지고 있다. 복잡한 문제를 해결하고, 효율성을 높이며, 새로운 가능성을 열어주는 인공지능 기술은 이공계 연구 및 산업 발전에 필수적인 요소가 되었다.

① 복잡한 문제 해결:

이공계 분야에서는 방대한 데이터와 복잡한 계산을 처리해야 하는 경우가 많다. 인공지능 기술은 이러한 데이터를 분석하고 패턴을 발견하며, 복잡한 시스템을 모델링하고 예측하는 데 효과적이다. 예를 들어, 기후 변화 예측, 신약 개발, 유전자 분석, 천체 관측 등에서 인공지능은 인간의 능력으로는 처리하기 어려운 복잡한 문제를 해결하는 데 중요한 역할을 한다.

② 효율성 증대 및 자동화:

인공지능은 반복적이고 시간이 많이 소요되는 작업을 자동화하여 연구 및 개발의 효율성을 높일 수 있다. 예를 들어, 실험 데이터 분석, 시뮬레이션 실행, 장비 제어 등에서 인공지능을 활용하면 연구자는 보다 창의적인 작업에 집중할 수 있다. 또한, 인공지능 기반의 자동화는 생산성 향상과 비용 절감에도 기여한다.

③ 새로운 가능성 제시:

인공지능은 인간이 생각하지 못했던 새로운 아이디어나 해결책을 제시할 수 있다. 예를 들어, 인공지능 기반의 설계 도구는 새로운 소재나 제품 디자인을 개발하는 데 도움을 줄 수 있으며, 인공지능 기반의 탐색 알고리즘은 새로운 과학적 발견을 이끌어낼 수 있다. 인공지능은 또한, 기존의 이론이나 모델로는 설명하기 어려웠던 현상을 이해하는 데 도움을 줄 수 있다.

④ 연구 및 산업의 경쟁력 강화:

인공지능 기술은 이공계 연구 및 산업의 경쟁력을 강화하는 데 중요한 역할을 한다. 인공지능을 활용하여 연구 개발 속도를 높이고, 새로운 제품이나 서비스를 개발하며, 생산성을 향상시킬 수 있다. 인공지능 기술은 미래 사회의 핵심 기술로, 이를 선점하는 것은 국가 경쟁력 확보에 필수적이다.

⑤ 다양한 분야에서의 활용:

인공지능 기술은 이공계의 다양한 분야에서 활용될 수 있다. 컴퓨터 과학: 자연어 처리, 이미지 인식, 음성 인식, 기계학습 등, 물리학: 입자 물리학, 천체 물리학, 응집 물질 물리학 등, 화학: 신약 개발, 소재 개발, 화학 반응 예측 등, 생명 과학: 유전자 분석, 단백질 구조 예측, 질병 진단 등, 공학: 자율 주행, 로봇 공학, 스마트 제조 등. 이처럼 인공지능 기술은 이공계 분야의 발전을 가속화하고, 새로운 가능성을 열어주는 핵심적인 역할을 수행하고 있다.

7.4 귀납적 사고

귀납적 사고는 특정 사례나 관찰을 바탕으로 일반적인 결론을 도출하는 사고 방식이다. 이는 우리가 세상을 이해하고 문제를 해결하는 데 중요한 역할을 한다.

◇ 귀납적 사고의 중요성

새로운 지식 발견: 귀납적 사고는 관찰과 경험을 통해 새로운 패턴이나

규칙을 발견하는 데 유용하다. 과학적 발견이나 기술 혁신은 종종 귀납적 사고를 통해 이루어진다. 문제 해결 능력 향상: 복잡한 문제를 해결하기 위해 귀납적 사고는 문제의 다양한 측면을 분석하고, 공통된 패턴을 찾아 해결책을 제시하는 데 도움을 준다. 의사 결정 능력 강화: 귀납적 사고는 과거의 경험이나 데이터를 바탕으로 미래를 예측하고, 합리적인 의사 결정을 내리는 데 도움을 준다. 창의성 증진: 귀납적 사고는 기존의 지식이나 경험을 새로운 방식으로 연결하고, 창의적인 아이디어를 도출하는 데 도움을 준다. 학습 능력 향상: 귀납적 사고는 새로운 정보를 습득하고 이해하는 과정을 돕는다. 특정 사례들을 통해 일반적인 개념이나 원리를 파악함으로써 학습 효과를 높일 수 있다.

◇ 귀납적 사고의 예시

"어제 비가 왔고, 오늘도 비가 왔다. 내일도 비가 올 것이다." "이 식당의 음식은 항상 맛있다. 이 식당은 맛집이다."

◇ 귀납적 사고의 한계

귀납적 사고는 일반적인 결론을 도출하지만, 항상 옳은 것은 아니다. 새로운 정보나 예외적인 사례가 나타나면 결론이 변경될 수 있다. 귀납적 사고의 결론은 확률적이며, 확실성이 보장되지 않는다. 귀납적 사고는 우리가 세상을 이해하고 문제를 해결하는 데 필수적인 사고 방식이지만, 그 한계를 인식하고 비판적인 시각을 유지하는 것이 중요하다.

어떤 특징(feature)을 선택하고 어떻게 데이터를 모델이 이해할 수 있는 형태로 변환할 것인지 결정하는 표현 선택(feature selection and engineering) 과정은 매우 신중하게 이루어져야 한다. 표현 선택의 신중성이 중요한 이유는 다음과 같다.

① 모델 성능에 직접적인 영향

정보 손실 최소화: 원본 데이터가 가진 중요한 정보를 제대로 포착하지 못하는 표현은 모델의 학습 능력을 저하시키고 예측 성능을 떨어뜨린다. 예를 들어, 텍스트 데이터에서 단어의 순서를 무시하는 Bag-of-Words 표현은 문맥 정보를 잃게 만들어 감성 분석 등의 작업에서 한계를 가질 수 있다. 불필요한 정보 제거: 관련 없는 특징이나 노이즈가 많은 표현은 모델이 실제 패턴을 학습하는 것을 방해하고 과적합(overfitting)을 유발

할 수 있다. 예를 들어, 고객의 구매 이력 예측 모델에서 고객 ID와 같이 직접적인 예측과 관련 없는 정보는 모델 성능에 악영향을 미칠 수 있다. 특징 간 상호작용 고려: 개별 특징만으로는 설명하기 어려운 복잡한 관계를 모델이 학습하도록 특징 간의 조합이나 변환을 통해 새로운 특징을 생성해야 할 수 있다. 예를 들어, 키와 몸무게를 단순히 사용하는 것보다 BMI(body mass index)를 새로운 특징으로 추가하는 것이 건강 상태 예측에 더 유용할 수 있다.

② 모델 해석력 향상

의미 있는 특징: 모델이 사용하는 특징이 현실 세계의 의미를 잘 반영할수록 모델의 예측 결과를 이해하고 설명하기 쉬워진다. 예를 들어, 이미지 분류 모델에서 저수준의 픽셀 값 대신 객체의 윤곽선이나 질감과 같은 고수준 특징을 사용하면 모델의 판단 근거를 파악하는 데 도움이 된다. 특징 중요도 분석: 잘 설계된 표현은 모델이 어떤 특징을 중요하게 생각하는지 파악하는 데 용이하게 한다. 이는 문제 도메인에 대한 이해를 높이고 모델 개선 방향을 설정하는 데 중요한 정보를 제공한다.

③ 계산 효율성 증대

차원 축소: 불필요한 특징을 제거하거나 더 타당한 표현으로 변환함으로써 모델 학습 및 추론에 필요한 계산 자원을 줄일 수 있다. 이는 대규모 데이터셋을 다루거나 실시간 예측이 필요한 환경에서 매우 중요하다. 모델 복잡성 감소: 적절한 표현 선택은 모델이 불필요하게 복잡해지는 것을 방지하여 학습 시간을 단축하고 메모리 사용량을 줄인다.

7.5 하이퍼파라미터

MLJ.jl(machine learning in julia)에서는 모델의 파라미터(model parameters)와 하이퍼파라미터(hyperparameters)가 명확하게 분리되어 관리된다. 이는 MLJ의 핵심 설계 철학 중 하나이며, 머신러닝 워크플로우를 더욱 체계적이고 이해하기 쉽게 만들어 준다 인공지능, 특히 머신러닝과 딥러닝에서 파라미터(parameter)는 모델이 학습 데이터를 통해 스스로 조정하는 변수를 의미한다. 이 변수들은 모델의 성능과 예측 결과에 직접적인 영향을 미치며, 학습 과정에서 최적화된다. 파라미터는 모델을 사실상 결정짓는 값이다. 물론, 파라미터의 갯수는 매우 많다. 모델 내부에서 데이터로부터 변경/학습되는 값이다. 학습 과정이 완료된 후에 결정되는 값이며, 학습된 모델의 예측 성능을 좌우한다. MLJ에서는 학습된 모델 객체의 속성으로 접근할 수 있다. 예를 들면, 선형 회귀 모델의 가중치, 신경망의 가중치와 편향 등이 대표적인 것이다. 선형 회귀 모델의 계수(coefficients)와 절편(intercept), 서포트 벡터 머신(SVM)의 서포트 벡터, 결정 트리의 분할 규칙 등이 모델 파라미터에 해당한다. 모델 훈련은 파라미터의 결정을 의미한다. 적절하게 학습된 파라미터는 모델의 예측 정확도를 높인다. 반대로, 잘못 학습된 파라미터는 부정확한 예측을 초래할 수 있다. 하이퍼파라미터(hyperparameter)는 모델 외부에서 사용자가 직접 설정하는 값이다. 훈련 과정에서 발생할 수 있는 다양한 변수들이 있을 수 있다. 학습 알고리즘의 동작 방식과 관련이 있는 변수들을 하이퍼파라미터(초월매개변수)라고 부른다. 기계학습에서 하이퍼파라미터(hyperparameter)는 모델의 학습 방식을 제어하는 매개변수이다. 모델의 성능에 큰 영향을 미치며, 데이터로부터 학습되는 파라미터와 달리 사용자가 직접 설정해야 한다. 예를 들어, 릿지 회귀의 규제 강도(regularization strength, λ), 서포트 벡터 머신의 커널 종류(kernel type)와 커널 파라미터, 결정 트리의 최대 깊이(max depth), 신경망의 레이어 수나 학습률(learning rate) 등이 하이퍼파라미터에 해당한다. 최적의 하이퍼파라미터 값은 모델의 성능에 큰 영향을 미치므로, 일반적으로 모델 선택(model selection) 또는 하이퍼파라미터 튜닝(hyperparameter tuning) 과정을 통해 찾는다. MLJ에서는 모델을 정의할 때(모델 타입의 인스턴스를 생성할 때) 설정하거나, params() 함수를 사용하여 확인할 수 있다.

◇ 주요 하이퍼파라미터 예시:

학습률(learning rate): 신경망에서 가중치를 업데이트하는 정도를 결정한다. 결정 트리의 최대 깊이(maximum depth): 결정 트리의 복잡도를 제어한다. *k*-NN의 이웃 수(number of neighbors): *k*-최근접 이웃 알고리즘에서 고려할 이웃의 개수를 결정한다. 규제 강도(regularization strength): 모델의 복잡도를 제어하여 과적합을 방지한다. 결정 트리의 최대 깊이, 랜덤 포레스트의 트리 개수, 서포트 벡터 머신의 커널 종류 및 규제 강도 등이 대표적인 예이다. 따라서 하이퍼파라미터의 개수는 5~10개 정도일 수 있다. 심층 신경망은 매우 많은 수의 하이퍼파라미터를 가진다. 학습률, 배치 사이즈, 레이어 수, 각 레이어의 노드 수, 활성화 함수, 규제 방법 등 다양한 하이퍼파라미터가 사용된다. 따라서 하이퍼파라미터의 개수는 수 개에서 수십 개까지 될 수 있다.

◇ 하이퍼파라미터 튜닝 방법

그리드 검색(grid search): 미리 정의된 하이퍼파라미터 값의 모든 조합을 시도하여 최적의 값을 찾는다. 무작위 검색(random search): 하이퍼파라미터 값의 임의 조합을 시도하여 최적의 값을 찾는다. 베이지안 옵티마이제이션(Bayesian optimization): 이전 시도의 결과를 바탕으로 다음 시도할 하이퍼파라미터 값을 선택하여 효율적으로 최적의 값을 찾는다. 기계학습 모델의 초월매개변수(하이퍼파라미터)를 최적화하는 가장 표준적이고 통합된 방법은 MLJ.jl 프레임워크를 사용하는 것이다. MLJBO.jl을 이용한 베이지안 옵티마이제이션(Bayesian optimization) 등 다른 전략들도 MLJ와 통합하여 사용할 수 있다. MLJ는 이러한 튜닝 기능을 위한 별도의 패키지(MLJModelInterface, MLJTuning)와 잘 통합된다.

MLJ.jl는 아래와 같은 점들이 강조되어 개발되었다. 명확한 역할 분리: 모델이 학습하는 것과 사용자가 조정하는 것을 명확히 구분하여 모델의 동작 방식을 더 잘 이해할 수 있도록 돕는다. 체계적인 워크플로우: 학습, 예측, 모델 평가, 모델 선택 등의 머신러닝 파이프라인을 구축할 때 각 단계를 더 명확하게 관리할 수 있다. 재현성 향상: 하이퍼파라미터를 명시적으로 설정하고 관리함으로써 실험 결과를 더 쉽게 재현할 수 있다. 자동화된 튜닝 용이성: 하이퍼파라미터의 공간을 정의하고, 그리드 서치(grid search), 랜덤 서치(random search), 베이지안 옵티마이제이션(Bayesian optimization) 등의 자동 튜닝 알고리즘을 적용하기 용이하다. 모델 검증 및 비교 용이성: 다양한 하이퍼파라미터 설정으로 학습된 여러 모델을 비교하고 평가하는 과정을 체계적으로 관리할 수 있다.

MLJ는 자체적으로 구현된 모델뿐만 아니라, 다른 줄리아 머신러닝 패키지(예: ScikitLearn.jl, LIBSVM.jl, XGBoost.jl 등)의 모델들을 래핑(wrapping)하여 통합적으로 사용할 수 있도록 지원한다. ScikitLearn.jl 자체적으로 머신러닝 알고리즘을 구현한 것이 아니라, Python의 scikit-learn 라이브러리를 호출하여 그 기능을 제공하는 역할을 한다. 이 경우, MLJ.jl은 해당 외부 라이브러리의 기능을 MLJ의 통일된 인터페이스를 통해 접근할 수 있도록 어댑터 역할을 수행한다. MLJ.jl은 줄리아 머신러닝 생태계의 핵심적인 프레임워크이며, 다양한 래퍼 패키지들을 포함하여 풍부하고 사용하기 쉬운 머신러닝 환경을 제공하는 데 기여한다.

7.6 차원의 저주

◇ 차원의 저주(curse of dimensionality)는 데이터의 차원이 증가함에 따라 발생하는 여러 가지 문제들을 통칭하는 용어이다. 특히 머신러닝 분야에서 데이터의 차원이 높아질수록 모델의 성능이 저하되는 현상을 설명할 때 자주 사용된다. 차원이 증가하면 데이터 공간이 기하급수적으로 확장된다. 고차원 공간에서는 모든 데이터 포인트 간의 거리가 거의 비슷해지는 현상이 발생한다. 고차원에서 데이터 포인트들이 공간의 모서리에 몰려있게 되고, 중심부로 부터 멀어진 데이터들이 많아지기에 이러한 거리의 의미를 상실하는 현상을 효과적으로 설명할 수 있다. 따라서, 동일한 데이터 개수라도 고차원 공간에서는 데이터가 희소해지며, 데이터 간의 거리가 멀어진다. 이는 모델 학습 시 필요한 충분한 데이터를 확보하기 어렵게 만들고, 과적합(overfitting)을 유발할 수 있 ◇ 차원의 저주 해결 방법으로 아래와 같은 방법을 들 수 있다.

① 차원 축소(dimensionality reduction): 주성분 분석(principal component analysis; PCA)이나 t-SNE(t-distributed stochastic neighbor embedding)와 같은 차원 축소 기법을 사용하여 데이터의 차원을 줄인다. 이는 데이터의 중요한 정보를 유지하면서도 차원을 줄여 문제를 완화할 수 있다.

② 특성 선택(feature selection): 데이터에서 중요한 특성만 선택하고, 불필요한 특성을 제거한다. 이는 모델의 복잡성을 줄이고, 성능을 향상시킬 수 있다.
③ 규제(regularization): 모델의 복잡성을 제한하는 규제 기법을 사용하여 과적합을 방지한다. 구체적으로는 L_1 또는 L_2 규제와 같은 기법들이 사용된다. L_1 또는 L_2 규제는 머신러닝에서 모델의 복잡성을 제어하고 과적합을 방지하기 위해 사용되는 중요한 기법이다. 이 두 규제는 모델의 가중치(weight)에 페널티를 부여하여 불필요하게 큰 가중치가 생성되는 것을 막는다.
④ 더 많은 데이터 확보: 데이터의 희소성을 해결하기 위해 더 많은 데이터를 확보한다. 하지만 고차원 데이터의 경우, 더많은 데이터를 확보하는 것은 현실적으로 어려움이 있다.

◇ 줄리아 언어는 과학 컴퓨팅과 수치 분석에 특화된 고성능 프로그래밍 언어이다. 기계학습 분야에서도 강력한 성능을 발휘하며, 다양한 패키지들을 통해 머신러닝 모델을 구축하고 훈련할 수 있다. MLJ.jl은 줄리아를 위한 머신러닝 프레임워크이다. MLJ.jl(machine learning in julia)은 줄리아를 위한 통합적인 기계학습 프레임워크(framework)이다. 특정 알고리즘 자체를 많이 구현하기보다는, 줄리아 생태계 내의 다양한 기계학습 패키지들(및 일부 외부 패키지)을 일관된 인터페이스로 묶어주고, 전체적인 기계학습 워크플로우를 관리하는 데 중점을 둔 메타 패키지(meta-package)이다. 다음과 같은 특징과 장점을 가지고 있다.
◇ 주요 특징 및 장점
① 통합된 인터페이스: 다양한 머신러닝 알고리즘과 패키지를 하나의 통합된 인터페이스로 제공하여 사용자가 일관된 방식으로 모델을 학습하고 평가할 수 있도록 한다. 이는 사용자가 여러 패키지의 서로 다른 인터페이스를 익히는 번거로움을 줄여준다.
② 유연성 및 확장성: 사용자가 원하는 대로 모델을 조합하고 파이프라인을 구축할 수 있는 높은 유연성을 제공한다. 새로운 알고리즘이나 패키지를 쉽게 통합할 수 있도록 설계되어 확장성이 뛰어나다.
③ 메타 알고리즘: 모델 선택, 하이퍼파라미터 튜닝, 앙상블 학습 등과

같은 메타 알고리즘을 지원하여 머신러닝 워크플로우를 자동화하고 최적화할 수 있다.

④ 줄리아 성능 활용: 줄리아의 높은 성능을 활용하여 대규모 데이터셋에서도 빠른 속도로 모델을 학습하고 예측할 수 있다. 줄리아는 특히 수치 계산에 최적화되어있기 때문에 머신러닝 연산에 큰 이점을 가진다.

⑤ 다양한 알고리즘 지원: 분류, 회귀, 클러스터링, 차원 축소 등 다양한 머신러닝 작업을 위한 알고리즘을 지원한다. MLJ는 다양한 다른 줄리아 패키지를 연결하여 사용하기 때문에 지원하는 알고리즘의 폭이 넓다.

⑥ MLJ.jl의 활용: 데이터 분석 및 전처리, 머신러닝 모델 학습 및 평가, 모델 선택 및 하이퍼파라미터 튜닝, 앙상블 학습 및 결합, 머신러닝 파이프라인 구축 및 자동화

◇ MLJ.jl의 장점 요약:

통합성: 다양한 머신러닝 패키지를 하나의 인터페이스로 통합하여 사용 편의성을 높인다. 성능: 줄리아의 높은 성능을 활용하여 빠른 머신러닝 연산을 수행한다. 유연성: 사용자가 원하는 대로 모델을 조합하고 파이프라인을 구축할 수 있다. 확장성: 새로운 알고리즘이나 패키지를 쉽게 통합할 수 있다. MLJ.jl은 줄리아에서 머신러닝 작업을 수행하는 데 매우 유용한 도구이며, 특히 성능과 유연성을 중시하는 사용자에게 적합하다. MLJ.jl은 scikit-learn을 완전히 대체하기보다는 줄리아 환경에서 scikit-learn을 포함한 다양한 머신러닝 도구를 통합적으로 활용할 수 있도록 돕는다. 머신러닝의 기술적 핵심은 X, y를 각각 선정하는 것이다.

7.7 *k*-최근접 이웃 알고리즘

k-최근접 이웃(*k*-nearest neighbors, *k*-NN) 알고리즘은 회귀 및 분류 문제에서 예측을 수행하기 위해 주변의 가장 가까운 *k*개의 이웃을 찾는 것을 기반으로 한다. 이웃을 찾는 방법은 주로 다음과 같다.

◇ 거리 측정

k-NN 알고리즘은 데이터 포인트 간의 거리를 측정하여 가장 가까운 이웃을 찾는다. *k* 값이 서로 다른 두 모델은 완전히 서로 다른 모델이다.

마찬가지로 거리의 정의가 달라지면 모델이 바뀐 것이다. 데이터에 대한 특정한 분포를 가정하지 않는다(비모수적, non-parametric). 유클리드 거리(Euclidean distance): 두 점 사이의 직선 거리를 측정한다. 맨해튼 거리(Manhattan distance): 두 점 사이의 각 좌표 성분 차이의 절대값 합을 측정한다. 민코프스키 거리(Minkowski distance): 유클리드 거리와 맨해튼 거리를 일반화한 거리 측정 방법이다. 코사인 유사도(cosine similarity): 두 벡터 사이의 각도를 측정하여 유사도를 계산한다. 주로 텍스트 분석과 같은 고차원 데이터에서 사용된다.[3]

3: 하나의 예측을 위해서 다수의 *k*-NN 모델을 사용할 수 있다. 다수의 모델을 각각 독립적으로 훈련할 수 있다. 이때, *k* 값을 서로 다르게 줄 수 있다. 다수의 모델이 새로운 예측을 수행하면 다수의 예측 결과가 나온다. 이들로 부터 하나의 예측에 대한 평균과 분산을 동시에 얻을 수 있다.

◇ 이웃 검색 알고리즘

모든 데이터 포인트 간의 거리를 계산하는 것은 계산 비용이 매우 높다. 따라서 효율적인 이웃 검색 알고리즘이 사용된다. KD-트리(KD-tree): 다차원 공간에서 효율적으로 *k*-최근접 이웃을 검색하는 데 사용되는 트리 기반 자료 구조이다. ball-트리(ball-tree): KD-트리와 유사하게 다차원 공간에서 효율적인 이웃 검색을 제공하지만, 구 형태의 영역을 사용하여 데이터를 분할한다. brute-force 검색: 모든 데이터 포인트 간의 거리를 계산하여 *k*-최근접 이웃을 찾는 가장 단순한 방법이다. 데이터셋 크기가 작을 때 유용하다.

◇ *k* 값 선택

k 값은 *k*-NN 알고리즘의 성능에 큰 영향을 미치는 중요한 하이퍼파라미터이다. *k* 값이 너무 작으면 노이즈에 민감해져 과적합(overfitting)이 발생할 수 있다. *k* 값이 너무 크면 모델이 너무 단순해져 과소적합(underfitting)이 발생할 수 있다. 적절한 *k* 값을 선택하기 위해 교차 검증(cross-validation)과 같은 방법을 사용할 수 있다.

k-NN 알고리즘은 거리 측정 방식을 통해 데이터 포인트 간의 거리를 계산하고, 효율적인 이웃 검색 알고리즘을 사용하여 가장 가까운 *k*개의 이웃을 찾는다. 적절한 *k* 값을 선택하는 것은 모델의 성능을 향상시키는 데 중요하다. *k*-NN 알고리즘은 회귀와 분류에 모두 사용될 수 있다. *k*-NN 알고리즘을 구현할 때 leafsize는 KD 트리 또는 Ball 트리와 같은 공간 분할 트리의 리프 노드 크기를 나타내는 매개변수이다. 이 값은 *k*-NN 검색의 성능과 메모리 사용량에 영향을 미친다. 데이터 포인트의 개수가 n

이고 특성의 차원이 d일 때, 하나의 새로운 데이터 포인트에 대한 k-NN 탐색의 시간 복잡도는 $O(nd)$이다. 모든 훈련 데이터를 순회하며 거리를 계산해야 하므로 데이터셋 크기에 선형적으로 비례한다.

7.8 베이지안 인퍼런스

베이즈 정리는 기계학습에서 불확실성을 다루고, 기존 지식을 통합하며, 점진적인 학습을 가능하게 하는 강력한 도구이다.[4] 특히 확률 기반의 모델링과 추론이 중요한 다양한 응용 분야에서 핵심적인 역할을 수행하고 있다. 새로운 데이터를 기반으로 기존의 믿음(사전 확률)을 업데이트하여 보다 정확한 예측이나 분류를 수행하는 베이즈 정리의 능력은 다양한 기계학습 알고리즘과 방법론의 기초가 된다. 베이즈 정리는 모델의 예측에 대한 확률적 해석을 제공한다. 이는 단순히 예측 결과를 넘어 그 예측의 신뢰도를 평가하고 의사 결정에 활용하는 데 중요한 정보가 된다. 다수의 k-NN 회귀(k-NN regressor)를 활용한 회귀 모델을 만들 수 있다. 이러한 접근 방식을 앙상블 회귀(ensemble regression)라고 하며, 여러 개의 k-NN 회귀 모델을 결합하여 더 강력하고 안정적인 예측을 수행한다. 예측 시에는 모든 모델의 예측을 평균하거나 투표하여 최종 예측을 결정한다. 예측에서 예측과 관련된 분산도 동시에 얻을 수 있다. k-NN 회귀는 비선형적인 데이터에도 잘 작동하므로, 앙상블을 통해 더욱 복잡한 패턴을 학습할 수 있다. 앙상블은 k-NN 회귀의 불안정성을 줄이고 예측의 정확도를 높일 수 있다.

◇ 앙상블 회귀를 사용하는 이유:

성능 향상: 여러 모델의 예측을 결합함으로써 개별 모델의 약점을 보완하고 예측 성능을 향상시킬 수 있다.

과적합 방지: 앙상블은 모델의 복잡성을 줄이고 과적합을 방지하는 데 도움이 된다.

안정성 향상: 앙상블 모델은 개별 모델의 변동성에 덜 민감하므로 안정적인 예측을 제공한다. 다수의 회귀 모델을 동시에 사용하는 접근법과 베이지안 인퍼런스(Bayesian inference)는 밀접한 관련성을 가지고 있다.

4: 베이즈(Thomas Bayes)가 생전에 출판한 수학 관련 저작은 거의 없으며, 그의 삶에 대한 구체적인 기록도 많지 않다. 그러나 그의 사후에 그의 친구였던 리처드 프라이스(Richard Price)에 의해 왕립학회에 제출된 논문을 통해 그의 혁신적인 아이디어가 세상에 알려지게 되었다.

특히, 베이지안 인퍼런스는 다중 모델 접근 방식에서 모델의 불확실성을 정량화하고 모델을 결합하는 데 유용한 도구를 제공한다.

◇ 다수의 회귀 모델을 동시에 사용하는 접근법

앙상블 기법: 여러 개의 회귀 모델을 학습하고 그 결과를 결합하여 최종 예측을 생성하는 방법이다. 배깅(bgging), 부스팅(boosting), 스태킹(stacking) 등이 대표적인 예시이다.

모델 다양성: 다양한 알고리즘이나 파라미터를 사용하여 여러 모델을 생성하고 결합함으로써 예측 성능을 향상시킨다. 각 모델의 강점과 약점을 보완하여 더 안정적이고 정확한 예측을 얻을 수 있다.

◇ 베이지안 인퍼런스의 역할

모델 불확실성 정량화: 베이지안 인퍼런스는 모델의 파라미터에 대한 확률 분포를 추정하여 불확실성을 명시적으로 표현한다. 이를 통해 각 모델의 예측에 대한 신뢰도를 평가하고, 불확실성이 큰 모델의 영향을 줄일 수 있다.

모델 결합: 베이지안 모델 애버리징(Bayesian model averaging, BMA)은 각 모델의 사후 확률을 가중치로 사용하여 예측을 결합한다. 이를 통해 모델의 불확실성을 고려하면서 최적의 예측을 얻을 수 있다.

사전 정보 활용: 베이지안 추론은 사전 정보를 모델에 통합하여 데이터가 부족하거나 불확실성이 큰 경우에도 합리적인 예측을 가능하게 한다. 다중 모델 접근 방식에서 각 모델의 사전 정보를 활용하여 모델의 성능을 향상시킬 수 있다.

◇ 상관 관계 요약

베이지안 인퍼런스는 다중 회귀 모델 접근 방식에서 모델의 불확실성을 정량화하고 결합하는 데 효과적인 도구를 제공한다. 베이지안 모델 애버리징과 같은 기법은 베이지안 인퍼런스를 사용하여 다중 모델의 예측을 결합하고 불확실성을 최소화한다. 베이지안 인퍼런스는 다중 모델 접근 방식에서 모델 선택 및 결합에 대한 이론적 근거를 제공하고 예측 성능을 향상시키는 데 기여한다.

◇ 베이즈 모델 애버리징은 통계적 모델링에서 불확실성을 다루는 강력한 기법이다. 여러 모델의 예측을 결합하여 더 안정적이고 정확한 예측을 생성하는 것을 목표로 한다. 특히, 어떤 모델이 가장 적합한지 불확실할

때 유용하게 사용된다.

① 모델 불확실성: 현실 세계의 복잡성 때문에 단 하나의 모델로 모든 현상을 완벽하게 설명하기는 어렵다. 베이지안 모델 애버리징은 여러 후보 모델을 고려하여 이러한 불확실성을 반영한다.

② 모델 가중치: 각 모델에 대한 신뢰도를 나타내는 가중치를 부여한다. 이 가중치는 일반적으로 베이즈 정리를 사용하여 계산되며, 데이터에 대한 각 모델의 적합도를 반영한다.

③ 예측 결합: 각 모델의 예측에 해당 가중치를 곱하여 최종 예측을 생성한다. 이를 통해 더 안정적이고 일반화된 예측을 얻을 수 있다.

④ 베이지안 모델 애버리징의 장점: 향상된 예측 정확도: 여러 모델의 정보를 결합하여 단일 모델보다 더 정확한 예측을 생성할 수 있다. 모델 불확실성 처리: 어떤 모델이 가장 적합한지 불확실할 때, 여러 모델을 고려하여 더 안정적인 결과를 얻을 수 있다. 과적합 방지: 단일 모델에 과도하게 의존하는 것을 방지하여 일반화 성능을 향상시킬 수 있다. 베이지안 모델 애버리징은 모델 불확실성을 효과적으로 처리하고 예측 정확도를 향상시키는 강력한 도구이다.

```
using MLJ
using DataFrames
# 데이터 로드
iris = load_iris()
# DataFrame으로 변환
iris_df = DataFrame(iris)
# 특징 데이터와 타겟 데이터 분리
X = iris_df[:, 1:4]
y = categorical(iris_df[:, :target])
# 모델 타입 정의 (하이퍼파라미터 설정)
DecisionTreeClassifier=@load DecisionTreeClassifier
    pkg=DecisionTree
model = DecisionTreeClassifier(max_depth=3)
# 모델 학습
mach = machine(model, X, y)
fit!(mach)
# 학습된 모델 파라미터 확인
```

```
trained_model = fitted_params(mach).tree
println(trained_model)
# 하이퍼파라미터 확인
params(model)

using MLJ
using Plots
using DataFrames
using Random
using Distances
using NearestNeighborModels
Random.seed!(1234) # 재현성을 위한 시드 설정
n = 100 # 데이터 포인트 개수, 샘플 데이터 생성
X = rand(n) * 6 .- 3 # -3 ~ 3 특성(feature)
X = reshape(X, n, 1) # MLJ는 특성을 테이블 형태
y = sin.(X[:, 1]) .+ 0.3 .* randn(n) # sin 함수 + 노이즈
#MLJ에서 선호하는 형식 중 하나
df = DataFrame(X1 = X[:, 1], y = y)
X_table = select(df, :X1) # 특성 테이블
y_vector = df.y          # 타겟 벡터
# 데이터 분할 (훈련/테스트 데이터)
train_ratio = 0.7
train_idx, test_idx = partition(eachindex(y_vector),
train_ratio, shuffle=true, rng=Random.GLOBAL_RNG)
X_train = select(df, :X1)[train_idx, :]
y_train = y_vector[train_idx]
X_test = select(df, :X1)[test_idx, :]
y_test = y_vector[test_idx]
k = 7 # 최인접 이웃의 수(하이퍼파라미터)
knn_model = NearestNeighborModels.KNNRegressor(
K = k,
algorithm = :balltree,
metric = Cityblock(),    #metric = Euclidean()
#    weights = InverseDistanceKernel(),
leafsize = 20
)
# MLJ에서는 machine을 만들고 fit! 호출
```

```
# machine은 모델과 데이터를 결합한 객체
knn_machine = machine(knn_model, X_train, y_train)
fit!(knn_machine)
#테스트 데이터로 예측
y_pred = predict(knn_machine, X_test)
#성능 평가 (예: RMSE - Root Mean Squared Error)
rmse_val = rmse(y_pred, y_test) # MLJ의 내장 평가 함수 사용
println("k-NN regression model (k=$k)의 RMSE: $rmse_val")
#결과 시각화
#테스트 데이터를 X값 기준으로 정렬하여 라인 플롯
sort_indices = sortperm(X_test.X1)
scatter(X_train.X1, y_train, label="train data",
    markersize=3, title="k-NN regression (k=$k)")
scatter!(X_test.X1, y_test, label="test data",
    markersize=4, marker=:cross)
plot!(X_test.X1[sort_indices], y_pred[sort_indices],
    label="k-NN prediction", linewidth=2, color=:red)
xlabel!("feature (X)")
ylabel!("target (y)")

using MLJ
using Plots
using DataFrames
using Random
using Distances
using NearestNeighborModels
Random.seed!(1234)
n = 100
X = rand(n) * 6 .- 3
X = reshape(X, n, 1)
y = sin.(X[:, 1]) .+ 0.3 .* randn(n)
df = DataFrame(X1 = X[:, 1], y = y)
X_table = select(df, :X1)
y_vector = df.y
train_ratio = 0.7
train_idx, test_idx = partition(eachindex(y_vector),
train_ratio, shuffle=true, rng=Random.GLOBAL_RNG)
```

```
X_train = select(df, :X1)[train_idx, :]
y_train = y_vector[train_idx]
X_test = select(df, :X1)[test_idx, :]
y_test = y_vector[test_idx]

knn_models = [
KNNRegressor(K=4, algorithm = :balltree,
    metric=Cityblock(), leafsize=20),
KNNRegressor(K=5, algorithm = :balltree,
    metric=Cityblock(), leafsize=20),
KNNRegressor(K=6, algorithm = :balltree,
    metric=Cityblock(), leafsize=20),
KNNRegressor(K=7, algorithm = :balltree,
    metric=Cityblock(), leafsize=20),
KNNRegressor(K=8, algorithm = :balltree,
    metric=Cityblock(), leafsize=20),
KNNRegressor(K=9, algorithm = :balltree,
    metric=Cityblock(), leafsize=20),
KNNRegressor(K=4, algorithm = :balltree,
    metric=Minkowski(3), leafsize=20),
KNNRegressor(K=5, algorithm = :balltree,
    metric=Minkowski(3), leafsize=20),
KNNRegressor(K=6, algorithm = :balltree,
    metric=Minkowski(3), leafsize=20),
KNNRegressor(K=7, algorithm = :balltree,
    metric=Minkowski(3), leafsize=20),
KNNRegressor(K=8, algorithm = :balltree,
    metric=Minkowski(3), leafsize=20),
KNNRegressor(K=9, algorithm = :balltree,
    metric=Minkowski(3), leafsize=20)
]
trained_machines = Machine[]
for model in knn_models
    mach = machine(model, X_train, y_train)
    fit!(mach, verbosity=0)
    push!(trained_machines, mach)
end
```

```
n_test_points = nrow(X_test)
n_models = length(trained_machines)
all_predictions = Matrix{Float64}(undef, n_test_points,
    n_models)
for (j, mach) in enumerate(trained_machines)
    try
        preds = predict(mach, X_test)
        all_predictions[:, j] = preds
    catch e
        println("모델 $j 예측 중 오류 발생: $e")
        all_predictions[:, j] .= NaN
    end
end
println("모든 모델의 예측 결과 행렬 (일부):")
display(all_predictions[1:min(5, n_test_points), :])
println("-"^30)
mean_predictions = Vector{Float64}(undef, n_test_points)
std_predictions = Vector{Float64}(undef, n_test_points)
for i in 1:n_test_points
    predictions_for_point_i = all_predictions[i, :]
    if !isempty(predictions_for_point_i) &&
            !all(isnan, predictions_for_point_i)
        mean_predictions[i] = mean(predictions_for_point_i)
        std_predictions[i] = std(predictions_for_point_i)
    else
        mean_predictions[i] = NaN
        std_predictions[i] = NaN
    end
end
println("각 테스트 포인트별 평균 예측값 (처음 5개):")
display(mean_predictions[1:min(5, n_test_points)])
println("-"^30)
println("각 테스트 포인트별 예측값 표준편차 (처음 5개):")
display(std_predictions[1:min(5, n_test_points)])
println("-"^30)
results_df = DataFrame(MeanPrediction = mean_predictions,
StdDevPrediction = std_predictions)
```

```
println("결과 요약 DataFrame (처음 5개):")
display(first(results_df, 5))
sort_indices = sortperm(X_test.X1)
scatter(X_train.X1, y_train, label="train data",
    markersize=3, title="mean of k-NN regressions")
scatter!(X_test.X1, y_test, label="test data",
    markersize=4, marker=:cross)
plot!(X_test.X1[sort_indices], mean_predictions[sort_indices],
    label="mean of k-NN predictions", linewidth=2, color=:red)
xlabel!("feature (X)")
ylabel!("target (y)")

using Pkg
Pkg.add("NearestNeighbors")
Pkg.add("Plots") # 결과 시각화를 위한 패키지 (선택 사항)
using Random
Random.seed!(123) # 재현 가능한 결과를 위해 시드 설정

n_samples = 100
X = sort(rand(n_samples) * 10)
y = sin.(X) + randn(n_samples) * 0.5
using NearestNeighbors

k = 5 # 최근접 이웃의 개수
tree = KDTree(reshape(X, 1, :)) # KD-트리 구축

function knn_regression(x, tree, k, X, y)
    idxs, dists = knn(tree, [x], k)
    return mean(y[idxs])
end
y_pred = [knn_regression(x, tree, k, X, y) for x in X]
using Plots
plot(X, y, seriestype=:scatter, label="Original Data")
plot!(X, y_pred, label="k-NN Regression (k=$k)")
xlabel!("X")
ylabel!("y")
title!("k-NN Regression Example")
```

```
using Random
Random.seed!(123) # 재현 가능한 결과를 위해 시드 설정
n_samples = 100
X = rand(n_samples, 2)
y = [x[1] > x[2] ? 1 : 0 for x in eachrow(X)]
# 임의의 분류 레이블 생성

using NearestNeighbors
k = 5 # 최근접 이웃의 개수
tree = KDTree(X') # KD-트리 구축
function knn_classification(x, tree, k, X, y)
    idxs, dists = knn(tree, x, k)
    return mode(y[idxs])
end

y_pred = [knn_classification(X[i, :], tree, k, X, y)
    for i in 1:n_samples]
using Plots
scatter(X[:, 1], X[:, 2], color=y, label="Original Data")
scatter!(X[:, 1], X[:, 2], color=y_pred,
    markershape=:cross, label="k-NN Classification (k=$k)")
xlabel!("X1")
ylabel!("X2")
title!("k-NN Classification Example")
```

```
using Clustering
using Plots
using Random
using Distributions
using LinearAlgebra # 내적 계산 등 내부적으로 사용될 수 있음

# 0. 재현성을 위한 시드 설정
Random.seed!(1234)

# 1. 샘플 데이터 생성
# 2차원 공간에 3개의 클러스터를 생성한다.
```

```
n_points_per_cluster = 100  # 각 클러스터당 포인트 수
n_clusters = 3             # 생성할 클러스터 수
dims = 2                   # 데이터 차원

# 각 클러스터의 중심점 (평균) 정의
means = [ [0.0, 0.0], [6.0, 6.0], [-2.0, 5.0] ]

# 각 클러스터에 대한 데이터 생성
data_parts = []
true_labels = [] # 실제 클러스터 레이블 (참고용)
for i in 1:n_clusters
    # 각 클러스터는 평균은 다르지만 동일한 공분산(단위 행렬)을 가진
    # 다변량 정규분포를 따름
    dist = MvNormal(means[i], Matrix(1.0I, dims, dims))
    # MvNormal(평균 벡터, 공분산 행렬)
    points = rand(dist, n_points_per_cluster)
    # dist 분포에서 n_points_per_cluster개 샘플링 (dims x n_points)
    push!(data_parts, points)
    append!(true_labels, fill(i, n_points_per_cluster))
    # 실제 레이블 추가
end

# 생성된 데이터를 하나의 행렬로 결합 (dims x 총 포인트 수)
# Clustering.jl은 각 열(column)이 데이터 포인트인 형식을 기대한다.
data = hcat(data_parts...) # 가로로 행렬들을 붙임
n_total_points = size(data, 2)

println("데이터 생성 완료. 총 포인트 수: ", n_total_points)
println("데이터 행렬 크기 (차원 x 포인트 수): ", size(data))

# 2. K-Means 클러스터링 실행
k = 3
# 찾고자 하는 클러스터의 개수 (데이터 생성 시 3개, k=3 설정)
println("\nK-Means 클러스터링 실행 (k = $k)...")

# kmeans 함수 호출: kmeans(데이터, 클러스터 개수;
#   초기화 방법, 최대 반복 횟수 등 옵션 지정)
```

```
# 반환값: KmeansResult 객체 (클러스터 할당 결과, 중심점, 비용 등 포함)
R = kmeans(data, k; maxiter=200, display=:iter)
# maxiter: 최대 반복 횟수, display: 진행 과정 출력 여부

# 3. 결과 확인
println("\n클러스터링 결과:")
assigs = assignments(R)
# 각 데이터 포인트가 할당된 클러스터 번호 배열
centers = R.centers # 각 클러스터의 중심점 좌표 행렬 (dims x k)
cnts = counts(R) # 각 클러스터에 속한 데이터 포인트 개수 배열
totalcost = R.totalcost
# 최종 비용 (각 포인트와 해당 클러스터 중심 간 거리 제곱의 합)
iterations = R.iterations    # 수렴까지 반복 횟수
converged = R.converged      # 수렴 여부

println(" - 각 포인트의 클러스터 할당 (첫 10개): ", assigs[1:10], "...")
println(" - 각 클러스터의 중심점 좌표:\n", centers)
println(" - 각 클러스터의 포인트 수: ", cnts)
println(" - 최종 비용 (Total Cost): ", round(totalcost, digits=2))
println(" - 반복 횟수: ", iterations)
println(" - 수렴 여부: ", converged)

# 4. 결과 시각화 (Plots.jl 사용)
println("\n결과 시각화 중...")
gr()
# Plots.jl 백엔드 설정 (다른 백엔드 사용 가능: pyplot(), plotlyjs() 등)

# 산점도 생성: x축은 첫 번째 차원, y축은 두 번째 차원,
# 색상은 할당된 클러스터 번호 기준
p = scatter(data[1, :], data[2, :],
marker_z = assigs, # 마커 색상을 클러스터 할당 결과로 지정
color = :viridis,       # 컬러맵 지정
markersize = 4,
legend = false,         # 범례 숨김
title = "K-Means Clustering (k=$k)",
xlabel = "Feature 1",
ylabel = "Feature 2",
```

```
aspect_ratio = :equal)  # x, y축 비율 동일하게 설정

# 클러스터 중심점(Centroids)을 플롯에 추가
scatter!(p, centers[1, :], centers[2, :],
markershape = :xcross,    # 마커 모양: X자
markersize = 8,
markercolor = :red,  # 마커 색상: 빨강
label = "Centroids")
# 범례에 표시될 이름 (legend=true 설정 시)

# 플롯 보여주기
display(p)
# 또는 파일로 저장: savefig(p, "kmeans_clusters.png")

println("\n시각화 완료.")
```

베이지안 인퍼런스: 새로운 증거를 기반으로 불확실한 가설에 대한 믿음(확률)을 업데이트하는 방법이다. 축차 합리성: 게임 이론에서 각 의사 결정 단계에서 미래 이익을 극대화하는 합리적인 선택을 하는 전략이다. 두 개념은 서로 다른 영역에서 주로 사용되지만, 불확실성 하에서의 합리적인 의사 결정이라는 공통된 주제를 다루고 있다. 특히, 불완전 정보 게임에서 베이지안 인퍼런스는 플레이어의 믿음을 업데이트하고, 이를 바탕으로 축차 합리적인 전략을 선택하는 데 중요한 역할을 할 수 있다.

베이즈적 관점에서 본 앙상블 모델의 분산의 의미는 다음과 같다. 예측의 불확실성(uncertainty in prediction): 앙상블 모델의 분산은 서로 다른 가설(개별 모델)들이 데이터에 대해 얼마나 다른 예측을 내놓는지를 나타낸다. 각 개별 모델은 데이터와 사전 지식을 바탕으로 학습된 일종의 사후 예측 분포에서 샘플링된 하나의 예측 함수로 볼 수 있다. 따라서 개별 모델들의 예측이 넓게 퍼져 있다면, 이는 예측 자체에 대한 불확실성이 크다는 것을 의미한다. 모델 불확실성의 대리 지표(proxy for model uncertainty): 베이지안 인퍼런스에서 사후 분포의 분산이 모수에 대한 불확실성을 나타내는 것처럼, 앙상블 모델의 분산은 모델 구조 또는 파라미터에 대한 불확실성을 간접적으로 나타낼 수 있다. 다양한 모델 구조나 초기값, 학습

데이터의 샘플링 등으로 학습된 개별 모델들의 예측이 다르다는 것은, 어떤 특정 모델이 "정답"인지 확신하기 어렵다는 것을 시사한다. 사후 예측 분포의 폭(width of posterior predictive distribution): 베이즈적 앙상블 학습에서는 앙상블의 예측을 사후 예측 분포의 형태로 해석할 수 있다. 이 분포는 새로운 입력에 대한 예측 값들의 분포를 나타내며, 그 분산은 예측의 불확실성을 정량화한다. 앙상블 모델의 분산은 이러한 사후 예측 분포의 폭과 관련이 깊다. 개별 모델들의 예측이 다양할수록 사후 예측 분포는 넓어지고, 이는 새로운 데이터에 대한 예측의 불확실성이 크다는 것을 의미한다.

베이지안 인퍼런스의 분산은 모델의 파라미터 자체에 대한 불확실성을 직접적으로 나타내는 반면, 앙상블 모델의 분산은 최종 예측의 변동성을 보여주며, 이는 모델 구조나 파라미터에 대한 불확실성을 간접적으로 시사할 수 있다. 베이지안 인퍼런스는 명시적으로 사전 분포를 설정하고 데이터를 통해 사후 분포를 업데이트하는 과정을 거치지만, 일반적인 앙상블 방법은 이러한 베이즈적 과정을 명시적으로 따르지 않을 수 있다. 베이즈적 관점에서 앙상블 모델의 분산은 예측의 불확실성을 나타내는 중요한 지표이며, 모델 선택의 불확실성이나 사후 예측 분포의 폭과 관련될 수 있다. 이는 모수에 대한 불확실성을 직접적으로 나타내는 베이지안 인퍼런스의 분산과는 그 대상과 의미에서 차이가 있지만, 넓은 의미에서 모델링 결과의 신뢰도를 평가하는 데 중요한 역할을 한다는 공통점을 가진다.

7.9 서포트 벡터 머신

◇ 서포트 벡터 머신(SVM, support vector machine)은 지도 학습 기반의 강력한 분류 알고리즘이다. 주로 분류 문제에 사용되지만, 회귀 문제에도 적용할 수 있다. SVM의 핵심 아이디어는 데이터 포인트를 가장 잘 분리하는 최적의 결정 경계를 찾는 것이다. 서포트 벡터는 서포트 벡터 머신

(SVM) 알고리즘에서 중요한 역할을 하는 데이터 포인트이다. SVM은 분류 문제를 해결하기 위해 데이터 포인트들을 가장 잘 분리하는 초평면(hyperplane)을 찾는 알고리즘이다. 이때, 초평면을 결정하는 데 결정적인 역할을 하는 데이터 포인트들이 바로 서포트 벡터이다. 서포트 벡터 머신은 분류 및 회귀 문제에 효과적인 강력한 알고리즘이다. 서포트 벡터의 개념을 이해하는 것은 SVM의 작동 방식을 이해하는 데 중요하다.

◇ SVM의 기본 개념

① 결정 경계(decision boundary): SVM은 데이터를 분류하기 위해 결정 경계를 사용한다. 2차원 공간에서는 선, 3차원 공간에서는 평면, 그 이상의 차원에서는 초평면이 결정 경계가 된다.

② 마진(margin): SVM은 결정 경계와 가장 가까운 데이터 포인트 사이의 거리인 마진을 최대화하는 것을 목표로 한다. 넓은 마진은 모델의 일반화 성능을 향상시키고, 새로운 데이터에 대한 예측 정확도를 높다.

③ 서포트 벡터(support vector)[4]: 마진을 결정하는 데 중요한 역할을 하는 데이터 포인트를 서포트 벡터라고 한다. 서포트 벡터는 결정 경계에 가장 가까이 위치하며, 모델의 성능에 큰 영향을 미친다.

④ 커널 트릭(kernel trick): 데이터가 선형적으로 분리되지 않는 경우, SVM은 커널 트릭을 사용하여 데이터를 고차원 공간으로 매핑한다. 고차원 공간에서 선형 결정 경계를 찾은 후, 다시 원래 공간으로 매핑하여 비선형 결정 경계를 얻는다. 대표적인 커널 함수로는 선형 커널, 다항식 커널, 방사 기저 함수(radial basis function, RBF) 커널 등이 있다. 기계 학습에서 커널(kernel)은 데이터를 더 높은 차원의 공간으로 매핑하여 복잡한 비선형 문제를 해결하는 데 사용되는 함수이다. 특히 서포트 벡터 머신(SVM)과 같은 알고리즘에서 중요한 역할을 한다. 커널 함수는 데이터를 더 높은 차원으로 변환하여 선형 분리가 가능하도록 만들어준다. 커널 트릭(kernel trick)은 실제 변환 없이 고차원 공간에서의 내적을 계산하여 효율성을 높인다. 가우시안 커널(Gaussian kernel) 또는 방사 기저 함수 커널(RBF kernel)은 데이터를 무한 차원의 공간으로 매핑하여 복잡한 비선형 분류를 가능하게 한다. 가장 널리 사용되는 커널 중 하나이며, 다양한 데이터 분포에 효과적이다.

[4]: Cristianini, Shawe-Taylor, et al. (2000), *An introduction to support vector machines and other kernel-based learning methods*

◇ SVM의 장점

높은 분류 성능: 고차원 공간에서 효과적인 분류 성능을 보인다. 과적합 방지: 마진 최대화 전략을 통해 과적합을 방지하고, 일반화 성능을 높인다. 커널 트릭 활용: 커널 트릭을 사용하여 비선형 데이터에 대한 분류가 가능하다.

◇ SVM의 단점

큰 데이터셋에 대한 계산 비용: 데이터셋 크기가 커질수록 계산 비용이 증가한다. 커널 선택의 어려움: 적절한 커널 함수를 선택하는 것이 중요하며, 데이터에 따라 성능 차이가 발생할 수 있다. 결과 해석의 어려움: 어떤 변수가 결과에 영향을 주었는지에 대한 해석이 어렵다.

◇ SVM의 활용 분야

이미지 인식, 텍스트 분류, 생물 정보학, 의료 진단.

SVM은 다양한 분야에서 강력한 성능을 보이는 머신러닝 알고리즘이다. 데이터의 특성과 문제의 유형에 따라 적절한 커널 함수와 파라미터를 선택하여 사용하면 좋은 결과를 얻을 수 있다. 커널 함수는 임의로 선정된 두 개 데이터들 사이의 유사도를 측정하게 해주는 함수라고 볼 수 있다.

7.10 트리 기반 기계학습

트리 기반 기계학습은 데이터를 나무 구조로 표현하여 분류 또는 회귀 문제를 해결하는 기계학습 알고리즘의 한 종류이다. 이 방법은 데이터를 특정 기준에 따라 반복적으로 분할하여 나무 형태의 구조를 생성하고, 이를 통해 데이터의 패턴을 학습하고 예측을 수행한다. 트리 기반 기계학습 모델이 '화이트 박스' 모델로 분류되는 이유는 모델의 의사 결정 과정이 명확하고 투명하게 드러나기 때문이다. 즉, 모델이 어떤 기준으로 데이터를 분류하고 예측하는지 사람이 쉽게 이해하고 설명할 수 있다. 트리 기반 분류 모델은 데이터를 나무 구조로 표현하여 분류하는 머신러닝 모델이다. 이 모델은 데이터의 특성을 기반으로 의사 결정 규칙을 만들어 예측을 수행하며, 결과 해석이 용이하고 다양한 유형의 데이터에 적용할 수 있다는 장점이 있다.

◇ 트리 기반 분류 모델의 작동 방식:

데이터 분할: 모델은 데이터의 특성을 기준으로 데이터를 여러 개의 하위 집합으로 분할한다. 이때, 각 분할은 최대한 순수한(즉, 동일한 클래스에 속하는 데이터만 포함하는) 하위 집합을 만드는 것을 목표로 한다. 가지치기: 모델은 과적합을 방지하기 위해 불필요한 가지를 제거한다. 이를 통해 모델의 일반화 성능을 향상시키고 복잡성을 줄인다. 예측: 새로운 데이터가 입력되면 모델은 학습된 의사 결정 규칙에 따라 데이터를 분류하고 예측 결과를 출력한다.

◇ 대표적인 트리 기반 분류 모델

결정 트리(decision tree): 가장 기본적인 트리 기반 모델로, 데이터를 특성에 따라 분할하고 각 분할에 대한 예측 결과를 출력한다. 랜덤 포레스트(random forest): 여러 개의 결정 트리를 생성하고 각 트리의 예측 결과를 종합하여 최종 예측을 수행하는 앙상블 모델이다[5]. 그래디언트 부스팅(gradient boosting): 약한 학습기(weak learner)를 순차적으로 학습하여 강한 학습기(strong learner)를 만드는 앙상블 모델이다.

[5]: Ho (1995), 'Random decision forests'

◇ 트리 기반 분류 모델의 장점

결과 해석이 용이하다. 다양한 유형의 데이터에 적용할 수 있다. 특성 선택 및 중요도 평가에 유용하다.

◇ 트리 기반 분류 모델의 단점

과적합이 발생하기 쉽다. 데이터의 작은 변화에도 민감하게 반응할 수 있다. 연속적인 특성에 대한 예측 성능이 낮을 수 있다.

◇ 트리 기반 분류 모델의 활용 분야

의료 분야: 질병 진단, 환자 분류 등 금융 분야: 신용 평가, 사기 탐지 등 마케팅 분야: 고객 분류, 상품 추천 등 이미지 인식, 자연어 처리 등 다양한 분야에서도 활용된다.

배깅(bagging)과 부스팅(boosting)은 기계학습에서 모델의 예측 성능을 향상시키기 위해 여러 개의 기본 모델(base learner, 주로 결정 트리)을 결합하는 앙상블(ensemble) 기법의 대표적인 두 가지 방법이다. 두 방법 모두 여러 모델을 사용하지만, 모델을 학습하고 결합하는 방식에서 중요한 차이가 있다. 두 기법 모두 단일 모델보다 우수한 성능을 내는 경우가 많으며, 어떤 기법이 더 좋다고 단정하기보다는 문제의 특성과 데이터에 따라 적합한 방법을 선택하거나 두 기법을 기반으로 한 다양한 최신 알고리즘(XGBoost, LightGBM 등)을 활용하는 것이 일반적이다. Table 7.1에서 배깅과 부스팅을 직접 비교했다.

Table 7.1: 배깅과 부스팅의 주요 차이점 요약.

구분	배깅	부스팅
학습 방식	병렬 학습	순차 학습
학습 데이터	중복 허용 무작위 추출	이전 모델 오류 기반 가중치 부여
목적	분산 감소	편향 감소
대표 알고리즘	랜덤 포레스트	에이다부스트, 그래디언트 부스팅

◇ 배깅(bootstrap aggregating)

학습 방식: 데이터셋에서 중복을 허용하여(bootstrap sampling) 여러 개의 부분집합(bootstrap 샘플)을 무작위로 추출한다. 각 부분집합으로 독립적인 여러 개의 모델을 병렬로 학습한다. 학습된 모델들의 예측 결과를 평균 또는 다수결 투표를 통해 최종 예측을 수행한다. 목적: 모델의 분산(variance)을 줄여 과적합을 방지하고 안정적인 예측을 수행하는 것을 목표로 한다. 대표적인 알고리즘: 랜덤 포레스트(random forest) 특징: 각 모델은 독립적으로 학습되므로 병렬 처리가 가능하여 학습 속도가 빠르다. 이상치(outlier)에 강건한 특성을 가진다.

◇ 부스팅(boosting)

학습 방식: 약한 학습기(weak learner)를 순차적으로 학습하며, 이전 모델의 오류를 보완하는 방식으로 모델을 개선한다. 오류를 많이 발생시킨 데이터에 높은 가중치를 부여하여 다음 모델이 해당 데이터를 더 잘 학습하도록 한다. 학습된 모델들의 예측 결과를 가중 합산하여 최종 예측을 수행한다. 목적: 모델의 편향(bias)을 줄여 예측 성능을 향상시키는 것을 목표로 한다. 대표적인 알고리즘: AdaBoost(adaptive boosting), GBM(gradient boosting machine), XGBoost(extreme gradient boosting)[6], LightGBM, CatBoost. 특징: 모델이 순차적으로 학습되므로 학습 속도가 느릴 수 있다. 과적합이 발생할 수 있으므로 주의해야 한다. 과적합(overfitting)은 기계학습 모델이 학습 데이터에는 지나치게 잘 맞지만, 실제 새로운 데이터(테스트 데이터)에는 제대로 일반화하지 못하는 현상을 의미한다.

[6]: T. Chen et al. (2015), 'Xgboost: extreme gradient boosting'

```
using MLJ
```

```
# MLJ 프레임워크 로드
using DataFrames
# 데이터를 다루기 편한 DataFrame 사용 (선택적)
using DecisionTree
# RandomForestClassifier 구현 패키지
using Random
# 데이터 분할 및 모델 재현성용

# 재현성을 위한 기본 난수 시드 설정
Random.seed!(1234)
println("Julia 패키지 로드 완료.")

# --- 1. 데이터 로드 및 준비 ---
# MLJ에 내장된 iris 데이터셋 사용 (붓꽃 품종 분류 문제)
X, y = @load_iris;
# X: 특성 테이블, y: 목표 변수 벡터 (Species)

# X를 DataFrame으로 변환 (데이터 확인 및 조작 용이)
X = DataFrame(X)

println("\nIris 데이터셋 로드 완료.")
println("데이터 샘플 수: ", size(X, 1))
println("특성 수: ", size(X, 2))
println("특성 이름: ", names(X))
println("목표 변수 y의 타입: ", scitype(y))
println("목표 변수 클래스(Levels): ", levels(y))
# 붓꽃의 3가지 품종 확인

# 데이터 타입 확인 (MLJ는 Scientific Type을 사용)
# iris 데이터는 잘 정제되어 있어 별도 타입 변환(coerce)은
# 불필요한 경우가 많음
schema_X = schema(X)
println("\nX의 스키마 (타입 확인):\n", schema_X)
# y는 Finite(범주형) 타입이어야 함 (load_iris가 보통 처리해줌)
if !(scitype(y) <: AbstractArray{<:Finite})
    println("y 변수를 범주형으로 변환한다.")
    global y = coerce(y, Multiclass)
```

```
# Multiclass는 Finite의 하위 타입
end

# --- 2. 모델 로드 ---
# DecisionTree 패키지에서 RandomForestClassifier 로드
RFC = @load RandomForestClassifier pkg=DecisionTree
println("\nRandomForestClassifier 모델 로드 완료.")

# --- 3. 데이터 분할 (학습용 / 테스트용) ---
train_ratio = 0.7 # 70%를 학습용으로 사용
train_rows, test_rows = partition(eachindex(y), train_ratio,
    shuffle=true, rng=Random.GLOBAL_RNG)
println("데이터 분할 완료: 학습 데이터 ",
    length(train_rows), "개, 테스트 데이터 ",
    length(test_rows), "개")

# --- 4. 랜덤 포레스트 모델 인스턴스화 ---
# 하이퍼파라미터 설정:
# n_trees: 생성할 의사결정 트리의 개수
# max_depth: 각 트리의 최대 깊이 (-1이면 제한 없음)
# n_subfeatures: 각 노드에서 분할 시 무작위로 선택할 특성의 개수
# (0이면 sqrt(총 특성 수))
# rng: 모델 내부의 무작위성 제어를 위한 난수 생성기
model_rf = RFC(n_trees=100, # 100개의 트리 사용
max_depth=5,
min_samples_leaf=3, # 리프 노드가 되기 위한 최소 샘플 수
rng=Random.GLOBAL_RNG)

println("\n랜덤 포레스트 모델 인스턴스 생성 완료.")
println("사용된 모델 하이퍼파라미터: ", model_rf)

# --- 5. 머신(Machine) 생성 및 학습 ---
# 모델과 전체 데이터를 머신으로 묶음
mach_rf = machine(model_rf, X, y)
println("\n머신 생성 완료.")

# 학습 데이터(train_rows)만 사용하여 모델 학습
```

```
println("모델 학습 시작...")
MLJ.fit!(mach_rf, rows=train_rows)
println("모델 학습 완료.")

# --- 6. 테스트 데이터 예측 ---
println("\n테스트 데이터 예측 시작...")
#y_pred = MLJ.predict(mach_rf, rows=test_rows)
# 테스트 데이터에 대한 예측 수행
y_pred = predict_mode(mach_rf, rows=test_rows)
# 분류 문제에서는 predict와 결과 동일한 경우가 많음
println("예측 완료.")
# 예측 결과 일부 확인
println("예측 결과 (첫 10개): ", y_pred[1:min(10, end)])
println("실제 값 (첫 10개): ", y[test_rows][1:min(10, end)])

# --- 7. 성능 평가 ---
println("\n--- 성능 평가 ---")
y_test_actual = y[test_rows] # 테스트 데이터의 실제 레이블

# 정확도 (Accuracy)
acc = accuracy(y_pred, y_test_actual)
println("정확도 (Accuracy): ", round(acc, digits=4))
```

```
using MLJ
using RDatasets
using DataFrames # 데이터프레임 다루기
using Random # 재현성을 위한 시드 설정
iris = dataset("datasets", "iris")
describe(iris) # 데이터 요약 정보 확인
iris = dataset("datasets", "iris")
describe(iris) # 데이터 요약 정보 확인
y, X = unpack(iris, ==(:Species), colname -> true)
println(size(y))
println(size(X))
X = coerce(X, :SepalLength => Continuous,
        :SepalWidth => Continuous,
        :PetalLength => Continuous,
```

```
        :PetalWidth => Continuous)
y = coerce(y, Multiclass);
DecisionTreeClassifier=@load DecisionTreeClassifier pkg=DecisionTree
# 만약 ScikitLearn.jl의 모델을 사용하고 싶다면:
#LogisticClassifier = @load LogisticClassifier pkg=ScikitLearn
model = DecisionTreeClassifier(max_depth=3, min_samples_split=5)
# model = LogisticClassifier() # 다른 모델 예시
Random.seed!(123) # 결과 재현을 위한 시드 설정
train_rows, test_rows = partition(eachindex(y), 0.7, shuffle=true)
X_train, X_test = X[train_rows, :], X[test_rows, :]
        y_train, y_test = y[train_rows], y[test_rows]
mach = machine(model, X_train, y_train)
MLJ.fit!(mach)
fp = fitted_params(mach)
println("훈련된 파라미터: ", fp)
y_pred_prob = MLJ.predict(mach, X_test) # 확률 예측 (분류 모델의 경우)
y_pred = MLJ.predict_mode(mach, X_test) # 가장 확률이 높은 클래스 예측
acc = accuracy(y_pred, y_test)
conf_matrix = confusion_matrix(y_pred, y_test)
println("테스트 세트 정확도: ", acc)
println("혼동 행렬: \n", conf_matrix)
eval_res = evaluate!(mach,
    resampling=Holdout(fraction_train=0.7, shuffle=true),
    measure=[accuracy, multiclass_f1score, misclassification_rate])
        println(eval_res)
# 튜닝할 모델 설정
tree_model = DecisionTreeClassifier()
tuned_tree = TunedModel(model=tree_model,
resampling=CV(nfolds=5), # 5-fold 교차 검증
tuning=Grid(resolution=5), # 각 하이퍼파라미터에 대해 5개의 값 시도
range=[range(tree_model, :max_depth, lower=2, upper=10),
    range(tree_model, :min_samples_split, lower=2, upper=20)],
        measure=accuracy)
mach_tuned = machine(tuned_tree, X, y)
fit!(mach_tuned)
best_model_params = fitted_params(mach_tuned).best_model
println("최적 하이퍼파라미터: ", best_model_params)
```

```
# 튜닝된 최적 모델로 예측 및 평가
y_pred_tuned = predict_mode(mach_tuned, X_test)
accuracy_tuned = accuracy(y_pred_tuned, y_test)
println("튜닝 후 테스트 세트 정확도: ", accuracy_tuned)
```

7.11 lightGBM

lightGBM은 다양한 파라미터를 제공하며, 파라미터 튜닝을 통해 모델의 성능을 향상시킬 수 있다[7]. lightGBM은 대규모 데이터셋에서 높은 성능을 보이며, 다양한 머신러닝 문제에 적용할 수 있다. LightGBM.jl 패키지는 lightGBM의 다양한 기능을 줄리아 환경에서 사용할 수 있도록 지원한다. lightGBM 줄리아 버전(LightGBM.jl)은 회귀 문제도 풀 수 있다. lightGBM은 원래 분류와 회귀 문제를 모두 해결할 수 있도록 설계되었으며, LightGBM.jl은 이러한 기능을 줄리아 환경에서 사용할 수 있도록 제공한다.

[7]: Ke et al. (2017), 'Lightgbm: A highly efficient gradient boosting decision tree'

트리 기반 모델은 다른 블랙 박스 모델(예: 심층 신경망)에 비해 높은 수준의 해석 가능성을 제공하지만, 완벽한 화이트 박스라고 보기는 어렵다. 모델의 복잡성과 데이터의 특성에 따라 해석 가능성의 정도가 달라질 수 있으며, 다양한 해석 도구와 방법론을 활용하여 모델의 의사 결정 과정을 심층적으로 이해하려는 노력이 필요하다.

복잡한 앙상블 모델(예: 수백 개의 트리를 사용하는 lightGBM)의 경우, 전체 모델의 의사 결정 과정을 완벽하게 이해하기 어려울 수 있다. 트리 구조가 매우 깊거나 복잡한 경우, 시각화만으로는 모델의 논리를 파악하기 어려울 수 있다. 특성 간의 상호작용이 복잡하게 얽혀 있는 경우, 특성 중요도만으로는 모델의 작동 방식을 완전히 설명하기 어려울 수 있다.

```
using MLJ
using DataFrames
using LightGBM
```

```
using Random
using StatisticalMeasures

# 재현성을 위한 기본 난수 시드 설정
Random.seed!(1234)
println("Julia 패키지 로드 완료.")

# --- 1. 데이터 로드 및 준비 ---
# 이전 예제와 동일하게 iris 데이터셋 사용
X, y = @load_iris;
X = DataFrame(X)

# 데이터 타입 확인 - 이전 예제와 동일
schema_X = schema(X)
println("\nX의 스키마 (타입 확인):\n", schema_X)
if !(scitype(y) <: AbstractArray{<:Finite})
println("y 변수를 범주형으로 변환한다.")
global y = coerce(y, Multiclass)
end

# --- 2. 모델 로드 ---
# LightGBM 패키지에서 LGBMClassifier 로드
LGBMC = @load LGBMClassifier pkg=LightGBM
println("\nLGBMClassifier 모델 로드 완료.")

# --- 3. 데이터 분할 (학습용 / 테스트용) ---
# 이전 예제와 동일한 분할 사용
train_ratio = 0.7
train_rows, test_rows = partition(eachindex(y), train_ratio,
    shuffle=true, rng=Random.GLOBAL_RNG)
println("데이터 분할 완료: 학습 데이터 ",
    length(train_rows), "개, 테스트 데이터 ", length(test_rows), "개")

# --- 4. LightGBM 모델 인스턴스화 ---
model_lgbm = LGBMC( objective="multiclass",
num_iterations=150,
learning_rate=0.05,
```

```
max_depth=4,
num_leaves=15,
feature_fraction=0.9,
bagging_fraction=0.8,
bagging_freq=5,
min_data_in_leaf=10,
verbosity=-1)
info(LGBMC)
println("\nLightGBM 모델 인스턴스 생성 완료.")
# LightGBM 모델 객체는 정보가 많아 출력이 길 수 있다.
# println("사용된 모델 하이퍼파라미터: ", model_lgbm)

# --- 5. 머신(Machine) 생성 및 학습 ---
mach_lgbm = machine(model_lgbm, X, y)
println("\n머신 생성 완료.")

println("LightGBM 모델 학습 시작...")
MLJ.fit!(mach_lgbm, rows=train_rows)
println("모델 학습 완료.")

# --- 6. 테스트 데이터 예측 ---
println("\n테스트 데이터 예측 시작...")
y_pred = predict_mode(mach_lgbm, rows=test_rows)
# 분류 문제에서는 predict와 결과 동일한 경우가 많음
println("예측 완료.")
# 예측 결과 일부 확인
println("예측 결과 (첫 10개): ", y_pred[1:min(10, end)])
println("실제 값 (첫 10개): ", y[test_rows][1:min(10, end)])

# --- 7. 성능 평가 ---
println("\n--- 성능 평가 (LightGBM) ---")
y_test_actual = y[test_rows] # 테스트 데이터의 실제 레이블

# 정확도 (Accuracy)
acc = accuracy(y_pred, y_test_actual)
println("정확도 (Accuracy): ", round(acc, digits=4))
```

7.12 가우시안 프로세스

가우시안 프로세스(Gaussian process, GP)는 함수에 대한 확률 분포이다. 즉, 우리가 흔히 다루는 변수에 대한 확률 분포가 아니라, 가능한 다양한 함수들의 집합에 대한 확률 분포를 정의한다. 가우시안 프로세스의 중요한 특징은 임의의 유한한 입력 지점에서의 함수 값들의 결합 분포가 다변량 정규 분포(multivariate normal distribution)를 따른다는 것이다. 가우시안 프로세스는 가능한 모든 함수들의 공간에서 확률 분포를 정의한다. 이를 통해 특정 함수가 얼마나 가능성이 높은지를 나타낼 수 있다. 가우시안 프로세스는 평균 함수와 공분산 함수에 의해서 결정된다. 평균 함수는 입력 x에 대한 함수 값의 기댓값을 나타낸다. 공분산 함수는 두 입력 x_1와 x_2 에서의 함수 값들이 얼마나 상관되어 있는지를 나타낸다. 공분산 함수는 가우시안 프로세스의 중요한 요소이며, 함수들의 부드러움, 주기성 등 다양한 속성을 결정한다. 예측 값뿐만 아니라 예측의 불확실성을 확률 분포 형태로 제공하므로, 결과에 대한 신뢰도를 파악할 수 있다. 비모수적 모델링 방법에 속한다. 데이터에 대한 특정한 함수 형태를 가정하지 않고 유연하게 모델링할 수 있다. 문제의 특성에 맞는 다양한 공분산 함수를 선택하여 모델의 성능을 향상시킬 수 있다.

가우시안 프로세스를 활용한 예측은 다음과 같은 단계를 거친다.
사전 분포 정의(prior distribution): 관측 데이터가 없을 때, 우리가 믿는 함수들의 분포를 평균 함수와 공분산 함수를 이용하여 정의한다. 공분산 함수를 통해 함수들의 일반적인 형태(예: 부드러움 정도)에 대한 가정을 설정할 수 있다. 관측 데이터 반영(conditioning): 실제 관측된 데이터(X, y)를 이용하여 사전 분포를 업데이트한다. 베이즈 정리에 따라, 관측 데이터에 부합하는 함수들의 사후 분포(posterior distribution)를 계산한다. 예측(prediction): 새로운 입력 x^*에 대한 함수 값 $f(x^*)$의 예측 분포를 사후 분포로부터 얻는다. 이 예측 분포는 평균과 분산으로 표현되며, 예측 값뿐만 아니라 예측의 불확실성까지 제공한다.

특히 데이터의 수가 많아질수록 공분산 행렬의 역행렬 계산 등에 많은 계산 비용이 소요된다{일반적으로 $O(n^3)$의 시간 복잡도}. 적절한 공분산 함수(커널)를 선택하는 것이 모델 성능에 큰 영향을 미치지만, 항상 최적의 커널을 찾기 어렵다.

```
using GaussianProcesses
using Random

Random.seed!(20140430)
# Training data
n=10;                         #number of training points
x = 2π * rand(n);             #predictors
y = sin.(x) + 0.05*randn(n);  #regressors

#Select mean and covariance function
mZero = MeanZero()
#Zero mean function
kern = SE(0.0,0.0)
#Squared exponential kernel (note that hyperparameters are on the log scale)

logObsNoise = -1.0
# log standard deviation of observation noise (this is optional)
gp = GP(x,y,mZero,kern,logObsNoise)
#Fit the GP

μ, σ² = predict_y(gp,range(0,stop=2π,length=100));

using Plots  #Load Plots.jl package
plot(gp; xlabel="x", ylabel="y", title="Gaussian process", legend=false, fmt=:png)


using GaussianProcesses
using Random
using Plots
d, n = 2, 50
x = 2π * rand(d, n)
y = vec(sin.(x[1,:]).*sin.(x[2,:])) + 0.05*rand(n)
mZero = MeanZero()                          # Zero mean function
```

```
kern = Matern(5/2,[0.0,0.0],0.0) + SE(0.0,0.0)
# Sum kernel with Matern 5/2 ARD kernel
# with parameters [log(ℓ₁), log(ℓ₂)] = [0,0] and log(σ) = 0
# and Squared Exponential Iso kernel with
# parameters log(ℓ) = 0 and log(σ) = 0
gp = GP(x,y,mZero,kern,-2.0)
# Fit the GP
optimize!(gp) # Optimize the hyperparameters
plot(contour(gp) ,heatmap(gp); fmt=:png)
```

자동 미분 8

8.1 자동 미분 기초

자동 미분(automatic differentiation)은 컴퓨터 프로그램을 통해 정의된 함수의 도함수를 계산하는 기술이다. 이는 특히 복잡한 함수의 미분을 효율적으로 계산해야 하는 머신러닝 및 딥러닝 분야에서 필수적인 기술이다.

◇ 자동 미분의 필요성

복잡한 함수의 미분: 딥러닝 모델은 수많은 연산으로 구성된 복잡한 함수이다. 이러한 함수의 도함수를 수동으로 계산하는 것은 매우 어렵고 오류가 발생하기 쉽다. 효율적인 계산: 자동 미분은 컴퓨터를 사용하여 도함수를 자동으로 계산하므로 효율적이고 정확하다. 머신러닝의 핵심: 경사 하강법과 같은 최적화 알고리즘은 모델의 파라미터를 조정하기 위해 도함수를 사용한다. 따라서 자동 미분은 머신러닝 모델의 학습에 필수적이다.

◇ 자동 미분의 작동 원리

자동 미분은 연쇄 법칙(chain rule)을 기반으로 작동한다. 복잡한 함수를 기본 연산의 조합으로 분해하고, 각 기본 연산의 도함수를 사용하여 전체 함수의 도함수를 계산한다. 자동 미분은 크게 두 가지 모드로 나뉜다. 순방향 자동 미분(forward-mode AD): 입력 변수에서 시작하여 순방향으로 도함수를 계산한다. 역방향 자동 미분(reverse-mode AD): 출력 변수에서 시작하여 역방향으로 도함수를 계산한다. 딥러닝에서는 주로 역방향 자동 미분을 사용하며, 이는 역전파(backpropagation) 알고리즘과 동일한 원리이다.

◇ 자동 미분의 장점

정확성: 수치 미분과 달리 자동 미분은 정확한 도함수 값을 제공한다. 효율성: 심볼릭 미분보다 효율적으로 도함수를 계산한다. 유연성: 복잡한 함수에도 적용할 수 있다.

◇ 자동 미분의 활용
딥러닝: 딥러닝 모델의 학습에 필수적인 기술이다. 최적화: 다양한 최적화 문제에서 도함수를 계산하는 데 사용된다. 수치 해석: 복잡한 함수의 도함수를 계산하는 데 사용된다. 자동 미분은 머신러닝 및 딥러닝 분야에서 모델의 학습 및 최적화를 효율적으로 수행하기 위한 핵심적인 기술이다.

줄리아는 Zygote 또는 ForwardDiff와 같은 패키지를 사용하여 자동 미분을 지원한다. ForwardDiff.jl는 입력 변수의 수가 적고 출력 변수의 수가 많을 때(예: 벡터 값 함수, 야코비안 행렬의 각 열 계산) 효율적이다. 하나의 벡터 입력이 여러 개의 스칼라 출력을 가지는 함수(벡터 값 함수)의 야코비안 행렬의 각 열을 계산하는 데 유리하다. ReverseDiff.jl는 입력 변수의 수가 많고 출력 변수의 수가 적을 때(예: 스칼라 값 손실 함수의 그래디언트 계산, 신경망 학습의 역전파) 효율적이다. 계산 그래프를 'tape'에 기록하여 역방향 미분 계산에 활용한다. Zygote.jl과 같은 다른 강력한 자동 미분 패키지도 줄리아에서 사용할 수 있으며, 특히 머신러닝 분야에서 널리 활용된다. Zygote는 소스코드 변환(source-to-source) 방식을 사용하여 더욱 유연하고 강력한 자동 미분 기능을 제공한다.

아래 예제들을 통해 줄리아에서 자동 미분을 어떻게 활용하는지 기본적인 감을 잡을 수 있다. 필요에 따라 더 복잡한 함수나 사용자 정의 타입을 사용하여 자동 미분을 수행할 수도 있다. 각 패키지의 공식 문서를 참고하면 더 자세한 정보와 고급 활용법을 익힐 수 있다. 줄리아에서는 사용자가 풀고자 하는 문제의 특성과 요구 사항에 따라 적절한 자동 미분 패키지(ForwardDiff, ReverseDiff, 또는 Zygote와 같은 다른 패키지)를 선택하여 활용할 수 있도록 다양한 옵션을 제공한다. 어떤 방식이 더 빠르고 메모리 효율적인지는 미분하고자 하는 함수의 입력 및 출력 변수의 수에 따라 달라진다. 특정 알고리즘(예: 신경망 학습)은 역전파 모드에 자연스럽게 맞춰져 있다. 헤시안 행렬과 같은 고차 미분을 계산할 때, 전진 모드와 역전파 모드를 조합하는 것이 효율적인 경우가 있다.

줄리아와 자동 미분을 함께 사용하면 과학 계산, 머신러닝 등 다양한 분야에서 강력한 시너지를 낼 수 있다. 자동 미분은 코드를 기반으로 함수의 도함수(미분값)를 정확하고 효율적으로 계산하는 기술이다. 줄리아는 고성능 과학 계산을 위해 설계된 언어이므로, 복잡한 계산 과정에서도 자동 미분을 효과적으로 적용할 수 있다. 줄리아와 자동 미분의 조합은 정확하고 효율적인 미분 계산을 바탕으로 머신러닝, 최적화, 과학 시뮬레이션, 통계적 추론 등 계산 집약적인 여러 분야에서 연구 개발 속도를 높이고 더 복잡한 문제를 해결할 수 있게 해주는 강력한 도구이다.

```
using ForwardDiff
# 미분할 함수 정의
f(x) = x^3 + 2x^2 - 5x + 1
# 특정 지점에서 도함수 계산
x_value = 2.0
gradient = ForwardDiff.derivative(f, x_value)
println("함수 f(x) = x^3 + 2x^2 - 5x + 1")
println("x = $x_value 에서의 도함수: $gradient")

# 다변수 함수의 그래디언트 계산
g(x) = x[1]^2 + 2*x[1]*x[2] + x[2]^3
x_vector = [1.0, 2.0]
gradient_vector = ForwardDiff.gradient(g, x_vector)
println("\n함수 g(x) = x[1]^2 + 2*x[1]*x[2] + x[2]^3")
println("x = $x_vector 에서의 그래디언트: $gradient_vector")

# 헤시안 행렬 계산
hessian_matrix = ForwardDiff.hessian(g, x_vector)
println("\nx = $x_vector 에서의 헤시안 행렬:")
println(hessian_matrix)

using ReverseDiff
# 1. 원본 스칼라 함수 정의
f_scalar(x) = x^3 + 2x^2 - 5x + 1
x_value = 2.0

# 2. 스칼라 함수를 벡터 입력 받도록 래핑하는 함수 정의
```

```
#    입력 벡터 x_vec의 첫 번째 요소를 f_scalar에 전달
f_wrapped(x_vec::AbstractVector) = f_scalar(x_vec[1])

# 3. 스칼라 입력값을 1-요소 벡터로 변환
x_input_vec = [x_value]

# 4. 래핑된 함수와 벡터 입력을 사용하여 그래디언트 계산
#    결과는 벡터 형태의 그래디언트 [df/dx1, df/dx2, ...] 여기서는 [df/dx]
gradient_vec = ReverseDiff.gradient(f_wrapped, x_input_vec)

# 5. 스칼라 함수의 도함수는 결과 벡터의 첫 번째 요소
derivative_value = gradient_vec[1]

println("함수 f(x) = x^3 + 2x^2 - 5x + 1")
println("해석적 도함수 f'(2.0) = 15.0")
println("x = $x_value 에서의 도함수 (ReverseDiff): $derivative_value")

using ReverseDiff
# 다변수 함수 정의 (입력이 벡터임을 명시하면 더 명확함)
g(x::AbstractVector) = x[1]^2 + 2*x[1]*x[2] + x[2]^3
# 인수에 타입을 명시하는 것은 줄리아의 강력한 멀티디스패치 시스템을
# 활용하여 코드를 더 명확하고, 안전하며, 유연하고,
# 때로는 더 효율적으로 만들기 위한 중요한 방법이다.

# 그래디언트를 계산할 지점 (벡터)
x_vector = [1.0, 2.0]

# ReverseDiff.gradient에 함수와 *일반 벡터*를 직접 전달한다.
# TrackedVector로 감싸지 않는다.
# 함수가 내부적으로 추적을 처리하고 그래디언트 벡터를 반환한다.
gradient_vector = ReverseDiff.gradient(g, x_vector)

# ReverseDiff.value() 호출은 불필요하다. gradient_vector가 최종 결과

println("\n함수 g(x) = x[1]^2 + 2*x[1]*x[2] + x[2]^3")

# 비교를 위한 해석적 그래디언트 계산:
```

```
# ∂g/∂x₁ = 2x₁ + 2x₂
# ∂g/∂x₂ = 2x₁ + 3x₂²
# At x = [1.0, 2.0]:
# ∂g/∂x₁ = 2*(1.0) + 2*(2.0) = 2 + 4 = 6.0
# ∂g/∂x₂ = 2*(1.0) + 3*(2.0)^2 = 2 + 3*4 = 2 + 12 = 14.0
# ▽g = [6.0, 14.0]
println("해석적 그래디언트 ▽g([1.0, 2.0]) = [6.0, 14.0]")
println("x = $x_vector 에서의 (ReverseDiff): $gradient_vector")
```

```
using Zygote
f(x) = x^2
# x = 3에서 f(x)의 도함수 계산
grad_f = Zygote.gradient(f, 3)
println(grad_f) # 출력: (6,)

g(x, y) = x*y + x^2
# (x, y) = (2, 3)에서 g(x, y)의 편도함수 계산
grad_g = Zygote.gradient(g, 2, 3)
println(grad_g) # 출력: (7, 2)

using Flux, Plots
data = [([x], 2x-x^3) for x in -2:0.1f0:2]
model=Chain(Dense(1 => 23, tanh),Dense(23 => 1,bias=false),only)
optim = Flux.setup(Adam(), model)
for epoch in 1:1000
    Flux.train!((m,x,y) -> (m(x) - y)^2, model, data, optim)
end
Plots.plot(x -> 2x-x^3, -2, 2, legend=false)
Plots.scatter!(x -> model([x]), -2:0.1f0:2)
```

```
using Zygote
# 최소화할 함수 정의
f(x, y) = (x - 2)^2 + (y - 3)^2
# 초기값 설정
x = 0.0
y = 0.0
# 학습률 설정
```

```
learning_rate = 0.1
# 반복 횟수 설정
num_iterations = 100
# 경사 하강법을 사용하여 국소 최솟값 찾기
for i in 1:num_iterations
# 기울기 계산
    grads = gradient(f, x, y)
    dx, dy = grads
# 파라미터 업데이트
    x -= learning_rate * dx
    y -= learning_rate * dy
# 결과 출력 (선택 사항)
# println("Iteration $i: x = $x, y = $y, f(x,y) = $(f(x, y))")
end
# 결과 출력
println("국소 최솟값: x = $x, y = $y, f(x, y) = $(f(x, y))")

using Optim
# Gradient Descent 알고리즘 사용
rosenbrock(x) = (1 - x[1])^2 + 100 * (x[2] - x[1]^2)^2
initial_x=[0.99, 0.11]
result_gd = optimize(rosenbrock,initial_x,GradientDescent())
# Conjugate Gradient 알고리즘 사용
initial_x=[0.99, 0.11]
result_cg = optimize(rosenbrock,initial_x,ConjugateGradient())
# Newton's Method 알고리즘 사용 (Hessian 행렬 필요)
# result_newton = optimize(rosenbrock, initial_x, Newton())
```

```
using Zygote
using Optim
# Rosenbrock 함수 정의
rosenbrock(x) = (1 - x[1])^2 + 100 * (x[2] - x[1]^2)^2
# 초기값 설정
initial_x = [0.0, 0.0]
# 최적화 수행 (BFGS 알고리즘 사용)
result = optimize(rosenbrock, initial_x,BFGS())
# 결과 출력
```

```
println("최적 해: ", Optim.minimizer(result))
println("최솟값: ", Optim.minimum(result))
# Rosenbrock 함수의 기울기 함수 정의
function rosenbrock_gradient!(grad, x)
    grad[1] = -400 * x[1] * (x[2] - x[1]^2) - 2 * (1 - x[1])
    grad[2] = 200 * (x[2] - x[1]^2)
end
# 최적화 수행 (사용자 정의 기울기 함수 사용)
result_custom=optimize(rosenbrock,rosenbrock_gradient!,
    initial_x,BFGS())
```

8.2 함수 최적화

줄리아에서 자동 미분 기능을 활용하면 함수 최적화가 가능하다. 줄리아는 자동 미분 기능을 기본적으로 지원하며, 이를 통해 함수의 기울기(gradient)를 효율적으로 계산할 수 있다. 계산된 기울기는 경사 하강법(gradient descent)과 같은 최적화 알고리즘에 사용되어 함수의 최솟값 또는 최댓값을 찾는 데 활용된다. 줄리아는 머신러닝, 딥러닝, 과학 컴퓨팅 등 다양한 분야에서 함수 최적화에 널리 사용된다. 예를 들어, 신경망의 가중치를 최적화하거나, 복잡한 물리 시스템의 매개변수를 최적화하는 데 줄리아의 자동 미분 기능이 활용될 수 있다.

베이지안 옵티마이제이션(Bayesian optimization)[8]은 비선형 함수의 최적화를 위해 사용되는 확률적 모델 기반의 최적화 기법이다. 주로 비용이 큰 함수나 평가가 어려운 함수의 최적화에 유용하다. 예를 들어, 하이퍼파라미터 튜닝에서 실험을 반복하면서 시간이나 비용을 절약하는 데 사용된다. 이 기법은 최적화하고자 하는 함수의 모델을 구성하고, 그 모델을 통해 다음 평가할 점을 선택하는 방식으로 동작한다. 베이지안 옵티마이제이션에서는 가우시안 프로세스(Gaussian process, GP)와 같은 확률적 모델을 사용하여 목표 함수의 분포를 추정한다. 이 모델은 함수의 모든 가능한 출력값에 대한 분포를 추정하며, 그에 따라 어떤 입력

[8]: Shahriari et al. (2015), 'Taking the human out of the loop: A review of Bayesian optimization'

값이 최적화에 유리한지를 예측한다. 획득 함수(acquisition function)는 다음 평가할 점을 선택하는 기준이다. 주로 expected improvement(EI), probability of improvement(PI), upper confidence bound(UCB) 등이 사용된다. 획득 함수는 현재 모델이 예측하는 값의 불확실성(분산)과 추정된 값(평균)을 결합하여, 가장 유망한 평가 지점을 선택한다. 실제 함수 계산은 매우 비용이 많이 든다. 기계학습으로 구축한 모델을 함수 값 추정에 적극 활용하는 것이 특징이다. 처음에는 몇 개의 평가 지점에서 함수 값을 측정하여 초기 데이터를 수집한다. 이 데이터는 모델의 초기 추정을 제공한다. 수집된 데이터를 기반으로 가우시안 프로세스(GP)[9]와 같은 확률적 모델을 학습한다. 모델은 평균 함수와 분산 함수를 계산하여, 함수 값에 대한 예측 분포를 생성한다. 모델을 바탕으로 획득 함수를 최적화하여 다음 평가할 점을 결정한다. 이 점은 미지의 함수 값에 대한 불확실성을 최소화하거나 최적화 성능을 높일 수 있는 지점을 선택하는 방향으로 결정된다. 실제 함수를 계산하지 않는 단계에 해당한다. 결정된 평가 지점에서 함수 값을 실제로 측정하고, 그 값을 모델에 추가하여 모델을 업데이트한다. 모델을 다시 훈련한다. 이 과정을 반복하여 점차적으로 최적화가 이루어진다. 각 반복에서 획득 함수는 모델의 불확실성을 반영하며, 가장 개선될 가능성이 큰 점을 선택한다. 반드시 가우시안 프로세스(GP) 방법을 사용해야만 하는 것은 아니다. 고차원 문제에서는 성능이 떨어질 수 있다.(고차원에서는 탐색 공간이 너무 넓어져서 효율적으로 작동하지 않을 수 있다.) 모델의 정확도에 의존하므로, 목표 함수의 모델링이 어려운 경우 효과적이지 않을 수 있다. 베이지안 옵티마이제이션은 비선형 함수나 비용이 큰 함수의 최적화를 효율적으로 수행할 수 있는 강력한 도구이다. 목표 함수의 불확실성을 모델링하고, 획득 함수를 통해 효율적인 탐색을 수행함으로써 최적화 작업을 적은 비용으로 진행할 수 있다. 가우시안 프로세스를 사용하는 주요 계산에서 계산 복잡도가 $O(n^3)$이 되는 이유는 공분산 행렬을 계산하고 이것의 역행렬을 구하는 과정이 있기 때문이다. 가우시안 프로세스는 보통 회귀 문제나 분류 문제에서 사용되며, 이 과정에서 모든 훈련 데이터들 간의 쌍별 공분산을 계산한다. 공분산 행렬을 계산하는 데 걸리는 시간은 $O(n^2)$ 이다. 가우시안 프로세스는 정확하지만 계산 복잡도가 $O(n^3)$이므로, 데이터의 크기가

[9]: MacKay et al. (1998), 'Introduction to Gaussian processes'

커질수록 효율적인 계산을 위해 근사 방법이나 희소 가우시안 프로세스 등의 기술을 사용하는 것이 일반적이다. 대규모 데이터셋에서는 이러한 방법을 활용하여 계산 비용을 줄이는 것이 필수적이다.

8.3 광역 최적화

광역 최적화(global optimization) 방법은 이공계 설계 문제를 해결하는 데 매우 유용하게 사용될 수 있다. 광역 최적화는 복잡하고 비선형적인 설계 문제에서 최적의 해를 찾는 데 효과적인 도구이다.

◇ 광역 최적화가 이공계 설계 문제에 적용되는 분야

구조 설계: 최적의 재료 배치, 형상 설계, 하중 조건 등을 고려하여 구조물의 강도, 안정성, 무게 등을 최적화한다. 예시: 교량, 항공기 날개, 건축물의 구조 설계 회로 설계: 전자 회로의 성능을 최대화하고 전력 소비를 최소화하는 최적의 부품 배치 및 회로 구성을 찾는다. 예시: 반도체 칩 설계, 전력 시스템 설계 화학 공정 설계: 화학 반응의 효율성을 높이고 부산물 생성을 최소화하는 최적의 반응 조건 및 공정 설계를 찾는다. 예시: 석유화학 공정, 제약 공정 제어 시스템 설계: 시스템의 성능을 최적화하고 안정성을 확보하는 최적의 제어 매개변수를 찾는다. 예시: 로봇 제어, 항공기 자동 제어 재료 설계: 원하는 특성을 갖는 새로운 재료를 설계하기 위해 최적의 재료 구성 및 제조 공정을 찾는다.

◇ 광역 최적화 방법의 장점

복잡한 문제에 대한 최적 해 탐색: 다수의 설계 변수와 비선형적인 제약 조건을 가진 복잡한 문제에서도 최적의 해를 찾을 수 있다. 다양한 최적화 알고리즘 활용: 유전 알고리즘, 입자 군집 최적화, 모의 담금질 등 다양한 최적화 알고리즘을 문제의 특성에 맞게 선택하여 사용할 수 있다. 설계 효율성 향상: 수동 설계에 비해 더 빠르고 효율적으로 최적의 설계를 얻을 수 있다.

◇ 광역 최적화 방법의 한계

계산 비용: 특히 복잡한 문제의 경우, 최적 해를 찾는 데 많은 계산 시간과 자원이 필요할 수 있다. 지역 최적 해 문제: 광역 최적화 알고리즘이 지역

최적 해에 갇혀 전역 최적 해를 찾지 못할 수 있다. 이러한 한계에도 불구하고, 광역 최적화는 이공계 설계 문제 해결에 매우 강력한 도구이며, 지속적인 연구 개발을 통해 그 활용 범위가 더욱 확대될 것으로 기대된다.

목적함수를 정의하고 광역 최적화 방법을 사용하여 설계 문제를 해결하는 것은 매우 일반적이고 효과적인 접근 방식이다. 특히 복잡하고 비선형적인 설계 문제에서 광역 최적화 방법은 최적의 해를 찾는 데 유용하게 사용된다. 목적함수는 설계 문제에서 최적화하고자 하는 목표를 수학적으로 표현한 함수이다. 예를 들어, 구조 설계에서는 무게를 최소화하거나 강도를 최대화하는 함수가 목적함수가 될 수 있다. 많은 설계 문제는 목적함수가 복잡하고 다수의 지역 최적점을 가질 수 있다. 이러한 경우, 지역 최적화 방법으로는 전역 최적점을 찾기 어려울 수 있다. 광역 최적화 방법은 전역 최적점을 찾기 위해 탐색 공간을 광범위하게 탐색한다. 유전 알고리즘(genetic algorithm), 입자 군집 최적화(particle swarm optimization)[10], 모의 담금질(simulated annealing), 베이지안 옵티마이제이션(Bayesian optimization) 방법등이 광역 최적화 방법으로 널리 사용된다.

[10]: Kennedy and Eberhart (1995), 'Particle swarm optimization. presented at Proc. IEEE Int. Conf'

8.4 미분 방정식

줄리아는 미분 방정식 풀이를 강력하게 지원한다. 줄리아는 과학 컴퓨팅 분야를 위해 설계되었기 때문에, 다양한 미분 방정식 풀이 기능을 제공하는 패키지들이 개발되어 있다. 특히 DifferentialEquations.jl 패키지는 줄리아에서 미분 방정식을 풀기 위한 가장 인기 있는 패키지 중 하나이다. 줄리아에서 미분방정식을 푸는 가장 강력하고 유연한 패키지는 DifferentialEquations.jl이다. 다양한 수치 해법 알고리즘: solve 함수에 alg 키워드를 사용하여 다양한 ODE 해법 알고리즘(Euler, Runge-Kutta, Adams-Bashforth-Moulton 등)을 명시적으로 선택할 수 있다. 오차 제어 및 적응형 시간 간격: 해의 정확도를 높이기 위해 오차를 추정하고 시간 간격을 자동으로 조절하는 기능을 지원한다. 이벤트 처리: 특정 조건이 만족될 때(예: 해가 특정 값을 넘거나 특정 방향으로 움직일 때) 콜백 함수를 실행하도록 설정할 수 있다. 파라미터 의존성: 미분방정식에 파라미터를 포함시키고, 해가 파라미터에 어떻게 의존하는지 분석할 수 있다. 지연 미분 방정식(DDE), 확률 미분 방정식(SDE), 편미분 방정식(PDE) 등 다양한 유형의 미분방정식 풀이 지원. DifferentialEquations.jl은 과학 및 공학 분야에서 발생하는 복잡한 미분방정식 문제를 해결하는 데 매우 유용한 도구이다. 공식 문서를 참고하시면 더욱 다양한 기능과 사용법을 익힐 수 있다. 줄리아의 미분 방정식 풀이 기능은 다양한 과학 및 공학 분야에서 활용된다. 물리학: 운동 방정식, 유체 역학 방정식 등. 화학: 반응 속도 방정식, 확산 방정식 등. 생물학: 인구 모델, 질병 전파 모델 등, 공학: 회로 방정식, 제어 시스템 방정식 등. 이러한 줄리아의 기능은 다양한 분야에서 복잡한 미분방정식 문제를 해결하는 데 유용하게 사용된다. 줄리아에서 미분 방정식을 풀기 위한 주요 패키지 및 방법은 다음과 같다.

① DifferentialEquations.jl 패키지

줄리아에서 미분 방정식(상미분 방정식, 편미분 방정식, 지연 미분 방정식, 확률 미분 방정식 등)을 풀기 위한 가장 강력하고 포괄적인 패키지이다. 다양한 종류의 미분 방정식과 다양한 알고리즘을 지원하여 광범위한 문제를 해결할 수 있다. 고성능 수치 해법을 제공하며, 사용자가 필요에 따라 알고리즘을 선택하고 사용자 정의 함수를 정의할 수 있는 유연성을 제공한다.

② 상미분 방정식(ordinary differential equations, ODEs) 풀이

DifferentialEquations.jl 패키지를 사용하여 다양한 상미분 방정식 문제를 풀 수 있다. 다양한 수치 해법(예: Runge-Kutta 방법, Adams 방법 등)을 제공하며, 사용자가 필요에 따라 선택할 수 있다. 초기값 문제(initial value problems)와 경계값 문제(boundary value problems)를 모두 지원한다.

③ 편미분 방정식(partial differential equations) 풀이

DifferentialEquations.jl 패키지는 편미분 방정식 풀이도 지원한다. 다양한 이산화 방법(예: 유한 차분법, 유한 요소법 등)을 사용하여 편미분 방정식을 이산화하고 수치 해를 구할 수 있다. 복잡한 편미분 방정식 문제를 해결하기 위한 다양한 도구를 제공한다.

④ 주요 기능

다양한 알고리즘 지원: DifferentialEquations.jl 패키지는 다양한 종류의 미분 방정식과 다양한 알고리즘을 지원하여 광범위한 문제를 해결할 수 있다. 고성능 수치 해법: 줄리아의 고성능 컴퓨팅 기능을 활용하여 빠르고 정확한 수치 해를 제공한다. 유연성 및 확장성: 사용자가 필요에 따라 알고리즘을 선택하고 사용자 정의 함수를 정의할 수 있는 유연성을 제공한다. 시각화: Plots.jl과 같은 패키지를 사용하여 미분 방정식의 해를 시각화할 수 있다.

```
using DifferentialEquations
using Plots
# 1. 단진자 운동 방정식 정의
function pendulum_equation!(dθ, θ, params, t)
    g, L = params  # 중력 가속도 (g), 진자 길이 (L)
    dθ[1] = θ[2]     # 각속도 (dθ/dt = ω)
    dθ[2] = -(g/L) * sin(θ[1])
    # 각가속도 (d²θ/dt² = -g/L * sin(θ))
end
# 2. 초기 조건 설정
θ0 = [π/4, 0.0]
# 초기 각도 (라디안), 초기 각속도 (라디안/초)
# 3. 파라미터 설정
params = (9.81, 1.0)
# 중력 가속도 (m/s²), 진자 길이(m)
# 4. 시간 범위 설정
tspan = (0.0, 10.0)
# 시뮬레이션 시작 시간, 종료 시간(초)
# 5. 미분 방정식 문제 정의
prob = ODEProblem(pendulum_equation!, θ0, tspan, params)
# 6. 미분 방정식 풀이
sol = solve(prob, Tsit5())
# Tsit5()는 비-stiff ODE에 적합한 알고리즘
# 7. 결과 시각화
time = sol.t
angle = [u[1] for u in sol.u]
angular_velocity = [u[2] for u in sol.u]
```

```
plot(time, angle, label="각도 (θ)", xlabel="시간 (t)",
    ylabel="라디안", title="단진자 운동 시뮬레이션")
plot!(time, angular_velocity,
    label="각속도 (ω)", linestyle=:dash)
savefig("pendulum_simulation.png")
# 결과를 이미지 파일로 저장 (선택 사항)
# 추가적으로 애니메이션으로 시각화할 수도 있다.
anim = @animate for i in 1:length(sol)
x = params[2] * sin(sol.u[i][1])
y = -params[2] * cos(sol.u[i][1])
plot([-0.1, 0.1], [0, 0], linewidth=2,
    color="black", label="")
# 고정점
scatter!([x], [y], markersize=10, color="red", label="진자")
xlims!(-1.2, 1.2)
ylims!(-1.2, 0.2)
xlabel!("x")
ylabel!("y")
# title("단진자 운동 애니메이션(시간:$(round(sol.t[i],digits=2))s)")
end
gif(anim, "pendulum_animation.gif", fps=30)
# 애니메이션을 GIF 파일로 저장 (선택 사항)
```

```
using DifferentialEquations
using LinearAlgebra
using Plots
# 포텐셜 함수 정의
function V(x, L)
    if 0 < x < L
        return 0.0
    else
        return Inf
    end
end
mutable struct EE
    value::Float64
end
```

```
# 슈뢰딩거 방정식 정의
function schrodinger_equation!(dψ, ψ, params, x)
    h_bar, m, L = params
    E = ee.value
    V_x = V(x, L)
    if isinf(V_x)
        dψ[1] = 0.0
        dψ[2] = 0.0
    else
        dψ[1] = ψ[2]
        dψ[2] = -2 * m / h_bar^2 * (E - V_x) * ψ[1]
    end
end
# 파라미터 설정
h_bar = 1.0
m = 1.0
L = 1.0π
params = (h_bar, m, L)
# 에너지 고유값 계산
function find_eigenvalues(E_min, E_max, num_eigenvalues)
    eigenvalues = Float64[]
    num_steps = 40000
    # Increase the number of steps for finer energy sampling
    E_values = range(E_min, E_max, length = num_steps)
    tolerance = 1e-4
    found_eigenvalues = 0
    for E in E_values
        ee.value = E
        ψ0 = [0.0, 1.0]
        prob=ODEProblem(schrodinger_equation!,ψ0,(0.0,L),params)
        sol = solve(prob, Vern7(), p = params, tstops = [L])
        # Use a higher-order solver
        if abs(sol[end][1]) < tolerance
            push!(eigenvalues, E)
            found_eigenvalues += 1
            if found_eigenvalues >= num_eigenvalues
                break
```

```
                end
            end
        end
        return eigenvalues
end
# 에너지 고유값 계산 (예시)
ee = EE(0.0)
num_eigenvalues_to_find = 5
eigenvalues = find_eigenvalues(0.0, 50.0, num_eigenvalues_to_find)
println("에너지 고유값: ", eigenvalues)
```

```
using DifferentialEquations
using Plots
# 미분 방정식 정의
function dy_dt(y, params, t)
    return -y
end
# 초기 조건 및 시간 범위 설정
y0 = 1.0 # 초기값
tspan = (0.0, 5.0) # 시간 범위
# 미분 방정식 문제 정의
prob = ODEProblem(dy_dt, y0, tspan)
# 미분 방정식 풀이
sol = solve(prob, Tsit5())
# 결과 시각화
plot(sol, xlabel="t", ylabel="y(t)", label="y(t)")
```

```
using DifferentialEquations
using Plots
# 미분 방정식 정의
function d2y_dt2(dydt, y, params, t)
    dydt[1] = dydt[2]
    dydt[2] = -y[1]
end
# 초기 조건 및 시간 범위 설정
y0 = [1.0, 0.0] # 초기값 [y(0), y'(0)]
tspan = (0.0, 10.0) # 시간 범위
```

```
# 미분 방정식 문제 정의
prob = ODEProblem(d2y_dt2, y0, tspan)
# 미분 방정식 풀이
sol = solve(prob, Tsit5())
# 결과 시각화
plot(sol,xlabel="t",ylabel="y(t)",label=["y(t)", "y'(t)"])
```

```
using DifferentialEquations
# 미분방정식 정의: dydt = -2y
function decay!(dy, y, p, t)
    dy[1] = -2 * y[1]
end
# 초기 조건과 시간 구간 설정
y0 = [1.0]          # 초기 조건: y(0) = 1
tspan = (0.0,5.0) # 시간 구간: t ∈ [0, 5]
# 문제 정의
prob = ODEProblem(decay!, y0, tspan)
# 미분방정식 풀이
sol = solve(prob)
# 결과 출력
using Plots
plot(sol, xlabel="Time (t)", ylabel="y(t)",
title="Solution of dy/dt = -2y")
```

◇ 아래 코드를 실행하면, Lorenz 시스템의 카오스 궤적을 $x-y$ 평면에 시각화한 그래프를 얻을 수 있다. 이 그래프는 카오스적인 특징을 보여주며, 로렌즈 어트랙터(Lorenz attractor)의 모습을 확인할 수 있다. Figure 8.1에서 로렌츠 어트랙터는 결정론적 시스템에서 질서와 무질서가 공존하여 겉보기에 무작위적이면서도 유계적인 행동을 보이는 상징적인 예이다. 로렌츠 어트랙터는 대기 대류의 단순화된 모델을 나타내는 세 개의 연립 미분 방정식 시스템에서 나타나는 혼돈계의 대표적인 예이다. 이 시스템은 초기 조건에 매우 민감하여 아주 작은 시작 값의 차이가 시간이 지남에 따라 완전히 다른 궤적을 만들어낸다. 이 예측 불가능성은 "나비 효과"로 유명하다.

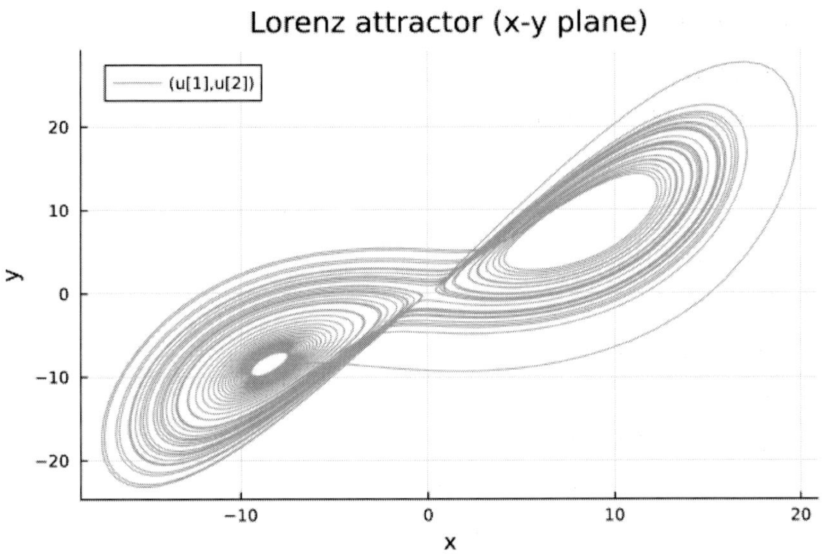

Figure 8.1: 로렌츠 시스템은 3차원 위상 공간에서 복잡하고 아름다운 "나비" 모양의 궤적을 그리며, 이 궤적을 따라 시스템의 상태가 영원히 반복되지 않고 예측 불가능하게 움직인다.

```
using DifferentialEquations
# Lorenz 시스템 정의
function lorenz!(du, u, p, t)
    σ, ρ, β = p        # 파라미터
    x, y, z = u         # 상태 변수
    du[1] = σ * (y - x)     # dx/dt
    du[2] = x * (ρ - z) - y # dy/dt
    du[3] = x * y - β * z    # dz/dt
end
# 초기 조건과 파라미터 설정
u0 = [1.0, 0.0, 0.0]        # 초기 조건: x(0),y(0),z(0)
tspan = (0.0, 50.0)         # 시간 구간: t ∈ [0, 50]
params = (10.0, 28.0, 8/3) # 파라미터: σ=10,ρ=28,β =8/3
# 문제 정의
prob = ODEProblem(lorenz!, u0, tspan, params)
# 미분방정식 풀이
sol = solve(prob)
# 결과 시각화
using Plots
plot(sol, vars=(1, 2), xlabel="x", ylabel="y",
title="Lorenz attractor (x-y plane)")
savefig("lorenz.png")  # 이미지를 png 파일로 저장
```

```
using DifferentialEquations
```

```
using Plots
# 미분방정식 정의
function f(dy, y, p, t)
    dy .= -y
end
# 초기 조건
y0 = [1.0]
# 시간 범위
tspan = (0.0, 5.0)
# 문제 정의 (ODEProblem)
prob = ODEProblem(f, y0, tspan)
# 해 풀기 (기본 알고리즘 사용)
sol = solve(prob)
# 결과 플로팅
plot(sol, xlabel="t", ylabel="y(t)",
    title="dy/dt = -y", legend=false)
savefig("ode_solution.png")
# 특정 시간에서의 해 값 확인
println("y(2.0) = ", sol(2.0))

using DifferentialEquations
using Plots
# 미분방정식 정의
function pendulum(dydt, y, p, t)
    θ, ω = y
    dθdt = ω
    dωdt = -θ
    dydt[1] = dθdt
    dydt[2] = dωdt
end
# 초기 조건 (θ, ω)
y0 = [π/4, 0.0]
# 시간 범위
tspan = (0.0, 10.0)
# 문제 정의 (ODEProblem)
prob = ODEProblem(pendulum, y0, tspan)
# 해 풀기 (기본 알고리즘 사용)
```

```
sol = solve(prob)
# 결과 플로팅
plot(sol, idxs=1, xlabel="t", ylabel="θ(t)",
    title="Simple Pendulum (Approx.)", legend=false)
plot!(sol, idxs=2, xlabel="t", ylabel="ω(t)",
    legend=false, linestyle=:dash)
savefig("pendulum_solution.png")
# 특정 시간에서의 해 값 확인
println("θ(5.0) = ", sol(5.0)[1])
println("ω(5.0) = ", sol(5.0)[2])
```

DiffeqFlux.jl은 연속적인 변화를 모델링하거나 시간적 흐름을 갖는 데이터를 다루는 머신러닝 문제에 대한 강력한 도구를 제공한다. 신경 미분 방정식이라는 새로운 패러다임을 통해 기존 딥러닝 모델의 한계를 극복하고 더 정교하고 효율적인 모델을 구축할 수 있도록 돕는다. DiffeqFlux.jl의 활용 분야는 다음과 같다. 시계열 데이터 모델링 및 예측: 주가 예측, 날씨 예측, 센서 데이터 분석 등 시간 순서대로 발생하는 데이터의 패턴 학습 및 미래 예측. 제어 시스템: 로봇 제어, 자율 주행 등 연속적인 액션을 결정해야 하는 시스템의 모델링 및 제어 정책 학습. 생물학적 시스템 모델링: 세포 역학, 질병 확산 모델 등 생물학적 프로세스의 연속적인 변화 모델링. 물리 기반 머신러닝: 물리 법칙을 신경망에 통합하여 더욱 정확하고 일반화 성능이 뛰어난 모델 개발. 생성 모델링: 연속적인 변환을 통해 복잡한 데이터 분포를 학습하고 새로운 데이터를 생성(continuous normalizing flows).

Turing.jl은 줄리아의 강력하고 유연한 확률적 프로그래밍 언어(probabilistic programming language, PPL)이다. 간단히 말해, 사용자가 확률 모델을 직관적인 줄리아 코드로 정의하고, 정의된 모델에 대해 다양한 베이지안 인퍼런스(Bayesian inference) 알고리즘을 수행할 수 있도록 해주는 라이브러리이다. Turing.jl의 핵심 아이디어는 확률 모델을 마치 일반적인 프로그래밍 코드처럼 작성할 수 있도록 하는 것이다. 이를 통해 복잡한 확률 구조를 명확하고 간결하게 표현하고, 다양한 추론 방법을 적용하여 모델의 파라미터에 대한 사후 분포를 추정할 수 있다. Flux.jl

과 함께 사용하여 베이지안 뉴럴 네트워크(Bayesian neural networks)과 같은 확률적 머신러닝 모델을 구축할 수 있다. Turing.jl은 줄리아의 강력한 확률적 프로그래밍 기능을 제공하여 사용자가 베이지안 인퍼런스를 기반으로 복잡한 확률 모델을 구축, 분석 및 활용할 수 있도록 지원하는 핵심적인 라이브러리이다. 통계학, 머신러닝, 그리고 불확실성을 다루는 다양한 과학 및 공학 분야에서 강력한 도구로 활용될 수 있다. Turing.jl의 활용 분야는 다음과 같다. 베이즈 통계 분석: 회귀 분석, 분류, 시계열 분석 등 다양한 통계적 모델링 문제에 베이지안 인퍼런스를 적용한다. 확률적 머신러닝: 베이지안 뉴럴 네트워크, 가우시안 프로세스 모델 등 불확실성을 고려하는 머신러닝 모델을 개발한다. 생물 정보학, 계량 경제학, 물리학 등 다양한 과학 분야: 불확실성을 내포하는 복잡한 시스템을 모델링하고 분석하는 데 활용된다. 의사 결정 및 위험 분석: 불확실한 상황에서의 최적 의사 결정을 지원하고 위험을 평가한다.

CUDA 프로그래밍 | 9

9.1 CUDA 프로그래밍 기초

CUDA는 "compute unified device architecture"의 약자이다. NVIDIA에서 개발한 병렬 컴퓨팅 플랫폼이자 API로, GPU(graphics processing unit)를 활용하여 복잡한 계산 작업을 고속으로 처리할 수 있도록 설계되다. CUDA는 특히 과학적 계산, 딥러닝(심층학습)[11], 인공지능, 영상처리 등 높은 연산 능력을 요구하는 분야에서 자주 사용된다. 이를 통해 프로그램은 GPU의 다수의 코어를 효율적으로 활용하여 작업을 병렬로 처리할 수 있다. 예를 들어, 딥러닝(심층학습) 모델의 학습 과정에서 CUDA는 GPU를 이용해 대량의 행렬 연산을 빠르게 수행하도록 돕는다. 따라서 CUDA는 연구자와 개발자들에게 GPU의 성능을 극대화할 수 있는 강력한 도구로 자리 잡았다. CUDA 계산은 고성능 연산을 필요로 하는 현대 컴퓨팅 분야에서 필수적인 도구로 자리 잡았다.[1] 이는 GPU의 병렬 연산 능력을 활용하여 계산 속도를 대폭 향상시키고, 많은 응용 프로그램의 효율성을 높이기 위해 사용된다. CUDA는 2006년 11월에 G80 마이크로아키텍처와 함께 발표되었고, 2007년 6월 23일에 CUDA SDK가 배포되었다. 초기에는 C, C++만 지원했지만 10여 년이 지나 포트란이나 C#등 다양한 언어와 함께 쓸 수 있다. CUDA 11.5 이상 최신 버전부터 번역 레이어(리버스 엔지니어링)를 금지하는 조항을 라이선스에 규정해 놓았다. TensorFlow나 PyTorch 프레임워크가 CUDA 라이브러리들을 사용한다.

[11]: Goodfellow et al. (2016), *Deep learning*

1: CUDA는, 어찌보면, 경쟁자가 없지만 명확한 고객도 없는 미지의 시장에 도전한 엔비디아 회사의 결과물이다. 엔비디아는 "AI 전쟁에서 유일한 무기를 파는 회사"로 불린다.

◇ CUDA 계산의 필요성

① 병렬 처리의 중요성:

CPU는 한 번에 소수의 코어에서 순차적으로 작업을 처리하는 데 비해, GPU는 수천 개의 코어를 사용하여 병렬 연산을 수행할 수 있다. 대규모 데이터나 복잡한 연산을 처리할 때 GPU의 병렬 처리 능력은 필수적이다.

② 연산 집약적인 작업:

머신러닝(기계학습), 딥러닝(심층학습), 과학 시뮬레이션, 영상 처리 등의 작업은 방대한 양의 계산이 필요하다. 이러한 계산을 CPU만으로 처리하는 것은 시간이 오래 걸리고 비효율적일 수 있다. CUDA는 GPU 자원을 활용하여 작업을 병렬화함으로써 연산 속도를 극대화한다.

③ 에너지 효율성:

GPU는 대량의 데이터를 병렬 처리함으로써 CPU만 사용하는 경우보다 전반적인 에너지 소비를 줄일 수 있다. 이는 환경적으로나 비용적으로 더 효율적이다.

④ 과학 및 산업 분야의 요구:

고성능 컴퓨팅이 필요한 물리학, 화학, 생물학 같은 과학 분야에서는 복잡한 시뮬레이션과 모델링 작업을 수행해야 한다.

기후 모델링, 단백질 구조 분석, 유체 역학 계산 같은 작업에서 CUDA 계산은 핵심적인 역할을 한다. 금융 분야에서도 리스크 분석과 포트폴리오 최적화에 GPU 연산이 활용된다.

◇ CUDA 계산이 사용되는 곳

① 기계학습과 인공지능:

딥러닝(심층학습) 모델(예: 컨볼루션 신경망, 트랜스포머 등)을 학습시키는 데 필요한 계산량은 엄청나다. CUDA는 딥러닝(심층학습) 프레임워크(예: TensorFlow, PyTorch 등)에서 GPU를 활용할 수 있게 하여 학습 시간을 크게 단축시킨다.

② 실시간 애플리케이션:

자율주행, 컴퓨터 비전, 게임 그래픽 렌더링 같은 실시간 처리가 요구되는 분야에서 CUDA는 안정적이고 빠른 처리를 가능하게 한다.

CUDA 계산이 중요한 이유는 CPU의 한계를 극복하고 병렬 연산 능력을 통해 계산 속도를 극대화하기 때문이다. 딥러닝(심층학습), 과학 계산, 영상 처리 등과 같은 대규모 데이터 작업을 효율적으로 처리한다. 현대 기술과 연구가 필요로 하는 연산 집약적 작업에서 실질적인 시간 절약과 에너지 효율성을 제공한다. CUDA 계산은 고성능 연산이 필요한 곳에서는 없어서는 안 될 기술로, 특히 데이터 과학, 머신러닝(기계학습), 시뮬레이션, 실시간 애플리케이션에 중요한 기반이 된다. 줄리아에서 GPU 프로그래밍을 간결하고 직관적으로 수행할 수 있다.

2012년 딥러닝에서 GPU를 활용한 기술은 크게 주목을 받았다. 특히, AlexNet이라는 신경망 모델이 GPU를 사용하여 큰 성공을 거두었다.[2] AlexNet은 이미지 인식 문제에서 뛰어난 성능을 보여주며, 딥러닝의 혁신을 이끈 모델로 널리 알려져 있다. 이 모델은 NVIDIA의 GPU(특히, NVIDIA GTX 580 두 대)를 활용하여 학습 속도를 획기적으로 향상시켰다. GPU는 CPU에 비해 병렬 처리 능력이 뛰어나므로, 대규모 데이터셋을 빠르게 처리할 수 있고, 딥러닝 모델을 학습하는 데 필요한 시간과 자원을 크게 절감할 수 있었다. 특히, cuDNN(CUDA deep neural network)과 같은 NVIDIA의 라이브러리도 딥러닝 작업에서 GPU의 성능을 최적화하는 데 중요한 역할을 했다. 이러한 기술 덕분에 GPU는 그 이후로 딥러닝 연구와 산업에서 필수적인 도구로 자리잡게 되었다.

2: 2012년은 딥러닝(심층학습)의 원년으로 불린다.

9.2 CUDA Toolkit 그리고 cuDNN

CUDA는 GPU의 강력한 병렬 처리 능력을 활용하여 딥러닝 모델의 학습 및 추론 속도를 크게 향상시키는 핵심 기술이다. 딥러닝 프레임워크와의 긴밀한 통합, 딥러닝 연산 최적화, 딥러닝 생태계의 핵심 요소로서의 역할 등을 통해 딥러닝 분야에서 필수적인 기술로 자리 잡았다. 딥러닝 모델의 학습은 대규모 데이터셋과 복잡한 연산을 처리해야 한다. GPU는 CPU와 달리 수천 개의 코어를 동시에 활용하여 병렬 처리를 수행할 수 있다. CUDA는 GPU의 이러한 병렬 처리 능력을 최대한 활용하여 딥러닝 모델의 학습 속도를 크게 향상시킨다.

◇ CUDA Toolkit과 cuDNN은 NVIDIA GPU를 활용한 병렬 컴퓨팅 및 딥러닝 개발에 필수적인 소프트웨어이다. 두 소프트웨어의 역할과 특징은 다음과 같다.

① CUDA Toolkit(compute unified device architecture toolkit)

역할: NVIDIA GPU에서 실행되는 병렬 컴퓨팅 애플리케이션 개발을 위한 개발 환경을 제공한다. C, C++, FORTRAN과 같은 프로그래밍 언어를 사용하여 GPU를 제어하고 활용할 수 있도록 지원한다. GPU 가속 라이브러리, 컴파일러, 디버깅 도구 등 다양한 개발 도구를 포함한다. 특징: GPU의 강력한 병렬 처리 능력을 활용하여 연산 집약적인 작업을 가속화한다. 과학 시뮬레이션, 데이터 분석, 이미지 처리, 딥러닝 등 다양한 분야에서 활용된다. NVIDIA GPU를 사용하는 개발자에게 필수적인 도구이다.

② cuDNN(CUDA deep neural network library)

역할: 딥러닝 애플리케이션의 성능을 향상시키기 위한 GPU 가속 라이브러리이다. 컨볼루션, 풀링, 활성화 함수 등 딥러닝에서 자주 사용되는 연산을 최적화하여 제공한다. TensorFlow, PyTorch, Caffe 등 주요 딥러닝 프레임워크와 함께 사용된다. 특징: 딥러닝 모델의 학습 및 추론 속도를 크게 향상시킨다. GPU의 하드웨어 성능을 최대한 활용하여 효율적인 연산을 수행한다. 딥러닝 개발자에게 필수적인 라이브러리이다.

CUDA Toolkit은 GPU를 활용한 병렬 컴퓨팅 개발 환경을 제공하고, cuDNN은 딥러닝 연산에 특화된 GPU 가속 라이브러리이다. 딥러닝 개발을 위해서는 CUDA Toolkit과 cuDNN을 함께 설치하고 사용하는 것이 일반적이다. NVIDIA 드라이버: GPU를 사용하기 위한 필수적인 소프트웨어이다. CUDA Toolkit과 cuDNN은 각 버전마다 호환성이 존재하므로, 설치시에 버전을 잘 확인하고 설치를 진행하여야 한다.

```
conda create -n myenv python=3.10
conda activate myenv
#conda install cudatoolkit=11.8 cudnn=8.9
conda install -c anaconda  cudatoolkit
conda install -c anaconda  cudnn
conda list cudatoolkit
conda list cudnn
nvidia-smi
nvcc --version
```

```
using CUDA
```

```
has_cuda_gpu()
# true
devices()
# CUDA.DeviceIterator() for 1 devices:
# 0. NVIDIA GeForce RTX 3050

using CUDA

# 벡터 크기 정의
const N = 1024

# 호스트(CPU) 상에 벡터 생성 및 초기화
a_h = rand(Float32, N)
b_h = rand(Float32, N)
c_h = zeros(Float32, N)

# 디바이스(GPU) 상에 벡터 할당
a_d = CuArray(a_h)
b_d = CuArray(b_h)
c_d = CuArray{Float32}(undef, N)

# GPU 커널 함수 정의
function vector_add_kernel(out, a, b)
    idx = threadIdx().x + (blockIdx().x - 1) * blockDim().x
    if 1 <= idx <= length(out)
        @inbounds out[idx] = a[idx] + b[idx]
    end
    return nothing
end
# 쓰레드 블록 및 그리드 크기 설정
threads_per_block = 256
num_blocks = ceil(Int, N / threads_per_block)
# GPU 커널 실행
@cuda threads=threads_per_block blocks=
    num_blocks vector_add_kernel(c_d, a_d, b_d)
# 결과 동기화 및 호스트로 복사 (선택 사항)
synchronize()
```

```
copyto!(c_h, c_d)
# 결과 확인 (선택 사항)
# println("결과 (처음 10개 요소): ", c_h[1:10])
# @assert all(c_h .≈ a_h + b_h) "결과가 일치하지 않습니다."
println("CUDA 벡터 덧셈 예제 완료!")

using CUDA
# 행렬 크기 정의
const M = 512
const N = 512
const K = 512
# 호스트(CPU) 상에 행렬 생성 및 초기화
A_h = rand(Float32, M, K)
B_h = rand(Float32, K, N)
C_h = zeros(Float32, M, N)

# 디바이스(GPU) 상에 행렬 할당
A_d = CuArray(A_h)
B_d = CuArray(B_h)
C_d = CuArray{Float32}(undef, M, N)

# GPU 커널 함수 정의
function matrix_multiply_kernel(out, a, b)
    row = threadIdx().y + (blockIdx().y - 1) * blockDim().y
    col = threadIdx().x + (blockIdx().x - 1) * blockDim().x
    if 1 <= row <= size(out, 1) && 1 <= col <= size(out, 2)
        temp_sum = Float32(0.0)
        for k in 1:size(a, 2)
            @inbounds temp_sum += a[row, k] * b[k, col]
        end
        @inbounds out[row, col] = temp_sum
        end
    return nothing
end
# 쓰레드 블록 크기 설정
threads_per_block_x = 16
threads_per_block_y = 16
```

```
threads_per_block=(threads_per_block_x,threads_per_block_y)
# 그리드 크기 설정
blocks_per_grid_x=ceil(Int,size(C_d,2)/threads_per_block_x)
blocks_per_grid_y=ceil(Int,size(C_d,1)/threads_per_block_y)
blocks_per_grid = (blocks_per_grid_x, blocks_per_grid_y)
# GPU 커널 실행
@cuda threads=threads_per_block blocks=
    blocks_per_grid matrix_multiply_kernel(C_d, A_d, B_d)
# 결과 동기화 및 호스트로 복사 (선택 사항)
synchronize()
copyto!(C_h, C_d)

# 결과 확인 (선택 사항 - 큰 행렬에서는 시간 소요)
# C_h_cpu = A_h * B_h
# @assert all(C_h .≈ C_h_cpu) "결과가 일치하지 않습니다."
println("CUDA 행렬 곱셈 예제 완료!")

using CUDA
# 행렬 크기 정의
const M = 512
const N = 512
const K = 512
# 호스트(CPU) 상에 행렬 생성 및 초기화
A_h = rand(Float32, M, K)
B_h = rand(Float32, K, N)
C_h = zeros(Float32, M, N)

# 디바이스(GPU) 상에 행렬 할당
A_d = CuArray(A_h)
B_d = CuArray(B_h)
C_d = CuArray(C_h) # 결과를 저장할 미리 할당된 CuArray
# cuBLAS를 이용한 행렬 곱셈
CUDA.CUBLAS.gemm!(’N’, ’N’, 1.0f0, A_d, B_d, 0.0f0, C_d)

# 결과 동기화 및 호스트로 복사 (선택 사항)
synchronize()
copyto!(C_h, C_d)
```

```
# 결과 확인 (선택 사항)
# C_h_cpu = A_h * B_h
# @assert all(C_h .≈ C_h_cpu) "결과가 일치하지 않습니다."

println("cuBLAS를 이용한 행렬 곱셈 예제 완료!")
```

cuBLAS는 NVIDIA 전문가들이 GPU 아키텍처에 맞춰 최적화한 라이브러리이므로, 직접 커널을 작성하는 것보다 훨씬 높은 성능을 기대할 수 있다. 복잡한 쓰레드 관리나 메모리 접근 최적화 없이도 강력한 행렬 곱셈 기능을 사용할 수 있어 코드 작성이 훨씬 간결해진다. cuBLAS는 행렬 곱셈 외에도 다양한 선형대수 연산(행렬-벡터 곱셈, 행렬 분해 등)을 제공한다.

```
using CUDA
CUDA.versioninfo()
# GPU로 전송할 데이터
a = CUDA.rand(1000)  # GPU에서 생성된 랜덤 배열
b = CUDA.rand(1000)
# GPU에서 실행할 연산
c = a + b            # GPU에서 벡터 합 연산 수행
# 결과 출력
println(c)

using CUDA
# 사용자 정의 CUDA 커널
function vector_add_kernel(a, b, c)
    i = threadIdx().x + (blockIdx().x - 1) * blockDim().x
    if i <= length(c)
        c[i] = a[i] + b[i]
    end
    return nothing
end

# 데이터 준비
N = 1000
a = CUDA.rand(N)
```

```
b = CUDA.rand(N)
c = CUDA.zeros(N)

# 커널 실행
@cuda threads=256 blocks=ceil(Int, N/256) vector_add_kernel(a,b,c)
println(c)
```

9.3 인공지능 분야에 진심인 글로벌 빅테크 기업들, CUDA, M4 칩

인공지능 연구는 막대한 투자, 우수 인력 확보, 실질적인 문제 해결 및 상업화 가능성, 데이터 접근성, 그리고 치열한 경쟁 환경 등의 요인으로 인해 기업의 적극적인 참여와 투자가 필수적인 분야이다. 기업의 주도적인 연구는 인공지능 기술의 빠른 발전과 다양한 산업으로의 확산을 이끄는 중요한 동력으로 작용하고 있다.

구글(Google)은 인공지능 기술 발전에 매우 큰 기여를 한 회사 중 하나로 꼽힌다. 딥러닝 연구 및 상용화 선도: 구글은 2012년 이미지 인식 대회에서 압도적인 성능을 보인 AlexNet에 핵심적인 기술을 제공한 제프리 힌튼(Geoffrey Hinton) 교수의 팀을 인수하면서 딥러닝 연구를 본격적으로 주도하기 시작했다.[3] 이후 TensorFlow와 같은 강력한 오픈소스 딥러닝 프레임워크를 개발 및 공개하여 전 세계 연구자와 개발자들이 인공지능 연구 및 개발에 쉽게 접근할 수 있도록 했다. Transformer 모델 개발 및 발전: 구글은 2017년 발표한 Transformer 아키텍처를 통해 자연어 처리(NLP) 분야에 혁신적인 발전을 가져왔다. Transformer 모델은 현재 대부분의 대규모 언어 모델(LLM)의 기반이 되는 핵심 기술이다. 검색 엔진 및 대규모 데이터 활용: 구글은 세계 최대 규모의 검색 엔진을 운영하면서 방대한 양의 데이터를 축적해 왔다. 이 데이터는 인공지능 모델 학습에 필수적인 자원이며, 구글은 이를 활용하여 검색 품질 향상은 물론 다양한

3: 힌튼 교수는 2024년 존 홉필드(John Hopfield) 교수와 함께 노벨 물리학상을 공동 수상했으며, 이는 전통적인 물리학 외에 다학제적 연구 분야인 인공지능 분야에서 컴퓨터 과학자가 노벨 물리학상을 받은 첫 사례로 큰 의미를 가진다. 힌튼 교수의 노벨상 수상 업적은 인공 신경망을 이용한 머신러닝의 근간이 되는 발견과 발명에 기여한 공로를 인정받은 것이다.

인공지능 기반 서비스 개발에 활용하고 있다. 인공지능 기반 서비스 상용화: 구글은 검색, 번역, 음성 인식(Google Assistant), 이미지 인식(Google Lens), 자율 주행(Waymo) 등 다양한 분야에서 인공지능 기술을 적극적으로 도입하고 상용화하여 사용자들에게 실질적인 편의를 제공하고 있다. 특히 구글 인공지능 조직을 통해 인공지능 연구 개발에 지속적으로 투자하고 있으며, 최근에는 Gemini와 같은 차세대 멀티모달 인공지능 모델을 선보이며 인공지능 기술 발전을 이끌고 있다. 인공지능 윤리 및 안전 연구: 인공지능 기술의 사회적 영향에 대한 책임감을 가지고 인공지능 윤리 및 안전 연구에도 적극적으로 참여하고 있다. 이처럼 구글은 기초 연구부터 기술 상용화, 그리고 사회적 책임까지 다양한 측면에서 인공지능 기술 발전에 지대한 영향을 미치고 있는 핵심 기업이라고 할 수 있다.

메타(Meta) 역시 인공지능 분야에 상당한 기여를 하고 있는 중요한 기업이다. 비록 딥러닝 연구의 초기 주도자는 아니었지만, 페이스북이라는 거대한 플랫폼을 기반으로 인공지능 기술 개발과 활용에 적극적으로 투자하며 인공지능 생태계에 중요한 영향을 미치고 있다. 메타는 오픈소스 인공지능 연구를 선도하고, 핵심 인공지능 모델(LLM, 컴퓨터 비전 등)을 개발하며, 미래 기술(메타버스, AR/VR)과의 융합을 시도하는 등 다양한 방식으로 인공지능 기술 발전에 중요한 기여를 하고 있는 기업이다. 전반적으로 Meta는 오픈소스 인공지능 모델 공개를 통해 인공지능 생태계 발전에 크게 기여하고 있으며, 활발한 연구 개발과 인공지능 기반 제품 및 서비스 통합을 통해 인공지능 분야의 혁신을 이끌어가고 있다. 또한, 인공지능 인프라 구축 및 기업용 인공지능 시장 진출을 통해 인공지능 기술의 영향력을 더욱 확대하고자 노력하고 있다.

마이크로소프트 연구소(Microsoft Research)는 오랫동안 인공지능의 다양한 분야에서 혁신적인 연구를 수행해 왔다. 여기에는 머신러닝, 자연어 처리, 컴퓨터 비전, 로봇 공학 등이 포함된다. 공정성, 투명성, 신뢰성, 안전성, 개인 정보 보호 및 보안, 인간 중심의 상호 작용 등이 주요 연구 분야이다.

아미존(Amazon)은 AWS AI 서비스를 통해 클라우드 기반 AI 솔루션을 제공하며, Alexa AI 비서, 물류 자동화 등에 AI를 활발히 적용하고 있다.

OpenAI는 인공지능 분야에 혁명적인 기여를 한 선두 기업이라고 단언할 수 있다. 설립 이후 불과 몇 년 만에 인공지능 기술의 판도를 뒤흔들고, 일반 대중의 인공지능에 대한 인식을 크게 변화시키는 데 결정적인 역할을 했다. OpenAI는 혁신적인 인공지능 모델 개발, 인공지능 기술의 대중화, 새로운 인공지능 응용 분야 개척, 그리고 인공지능 안전 및 윤리 연구 등 다방면에서 인공지능 분야에 지대한 공헌을 한 기업이다. OpenAI는 거대 언어 모델과 생성형 인공지능 기술을 선도적으로 개발하고 공개함으로써 인공지능 분야에 기술적 혁신, 응용 분야 확대, 윤리적 논의 촉발, 대중화 및 접근성 향상, 경쟁 심화 등 다방면에 걸쳐 지대한 영향을 미치고 있다. OpenAI의 행보는 앞으로의 인공지능 발전 방향을 설정하는 데 중요한 역할을 할 것으로 전망된다. OpenAI의 혁신적인 성과는 다른 연구 기관 및 기업들에게 강력한 자극제가 되어 인공지능 기술 개발 경쟁을 심화시켰다. 이는 인공지능 분야 전체의 빠른 발전으로 이어지고 있다. ChatGPT와 같은 대화형 인공지능 서비스는 일반 사용자도 쉽게 인공지능 기술을 경험하고 활용할 수 있도록 사용자 친화적인 인터페이스를 제공하여 인공지능에 대한 대중의 인식을 높이고 관심을 증폭시키는 데 크게 기여했다. OpenAI는 텍스트 설명을 기반으로 이미지를 생성하는 DALL-E 모델을 개발하여 생성형 인공지능의 새로운 지평을 열었다. 이는 예술, 디자인, 콘텐츠 제작 등 다양한 분야에서 창의적인 도구로서 인공지능의 잠재력을 보여주었다.

최근 몇 년간 인공지능 기술의 폭발적인 성장은 주로 대규모 투자를 단행하고 실제 제품 및 서비스로 상용화를 이끈 기업들에 의해 주도되었다. Google, Meta, OpenAI, Microsoft, Amazon 등 거대 기술 기업들은 인공지능 연구 개발에 막대한 자금을 투입하고, 이를 자사의 서비스에 통합하거나 새로운 사업 모델을 창출하며 인공지능 기술의 실질적인 영향력을 확대했다.

NVIDIA의 CUDA는 인공지능 발전에 극히 중대한 기여를 했다. CUDA

없이는 현재와 같은 인공지능의 빠른 발전은 상상하기 어려울 정도이다. NVIDIA CUDA는 단순한 하드웨어 가속을 넘어 인공지능 연구 개발의 패러다임을 전환시키고, 인공지능 기술이 실제 세계에 적용되는 것을 가속화하는 데 없어서는 안 될 핵심적인 기술이다. CUDA가 제공하는 강력한 병렬 컴퓨팅 능력과 풍부한 소프트웨어 생태계는 앞으로도 인공지능 발전에 지속적으로 중요한 역할을 수행할 것이다. NVIDIA는 CUDA 툴킷과 함께 딥러닝 프레임워크(TensorFlow, PyTorch 등)를 GPU에서 가속화하기 위한 라이브러리인 cuDNN(CUDA deep neural network library)을 제공하여 인공지능 개발자들이 GPU를 더욱 쉽게 활용할 수 있도록 지원했다. 이러한 소프트웨어 지원은 인공지능 연구자와 개발자들이 모델 개발 및 배포에 집중할 수 있도록 환경을 조성했다. 딥러닝 모델 학습은 방대한 양의 데이터와 복잡한 계산을 요구한다. CUDA는 GPU의 수천 개 코어를 동시에 활용하여 이러한 연산을 병렬로 처리함으로써 학습 시간을 획기적으로 단축했다. 이는 이전에는 상상하기 어려웠던 대규모 모델과 데이터셋을 활용한 연구를 가능하게 했다. TensorFlow, PyTorch, Caffe 등 대부분의 주요 딥러닝 프레임워크가 CUDA를 완벽하게 지원한다. 이를 통해 연구자들은 GPU 가속을 손쉽게 활용하여 모델을 개발하고 실험할 수 있게 되었다. NVIDIA는 cuDNN과 같은 딥러닝에 특화된 고성능 라이브러리를 CUDA 플랫폼을 통해 제공한다. 이러한 라이브러리는 CNN(합성곱 신경망), RNN(순환 신경망) 등 주요 신경망 구조의 연산을 효율적으로 수행하도록 최적화되어 있어, 딥러닝 모델의 성능 향상에 크게 기여한다. 딥러닝 모델의 학습 및 추론 속도를 혁신적으로 향상시키고, 다양한 인공지능 응용 분야의 발전을 가속화하며, 이전에는 불가능했던 새로운 가능성을 열어주고 있다. CUDA의 등장과 발전은 현대 인공지능 혁명의 중요한 동력이라고 할 수 있다.

애플 M4 칩은 Neural Engine, 고성능 CPU/GPU, 효율적인 소프트웨어 프레임워크를 결합하여 딥러닝 작업을 처리할 수 있게 설계되었다. 이러한 하드웨어와 소프트웨어의 통합 덕분에, M4 칩은 뛰어난 성능과 효율성을 제공하며, 다양한 인공지능 및 머신러닝 응용 프로그램을 실행할 수 있다. M4 칩과 애플의 Metal 프레임워크는 애플 기기의 성능을 극대화하는 핵심 요소이다 M4 칩의 GPU를 활용하려면 Apple의 Metal 프레임워크를 사용해야 한다. 일부 머신러닝 프레임워크는 Metal을 지원하여 M4 칩에서 GPU 가속을 사용할 수 있다. Metal은 애플 기기의 GPU 성능을 최대한 활용할 수 있도록 설계된 로우 레벨 API이다. Metal은 하드웨어에 직접 접근하여 높은 효율성을 제공하며, 복잡한 그래픽 작업이나 병렬 컴퓨팅 작업을 빠르게 처리할 수 있다. 그래픽 렌더링, 병렬 컴퓨팅 등 다양한 작업을 GPU에서 효율적으로 처리할 수 있도록 지원한다. M4 칩은 애플 기기의 핵심적인 성능을 담당하며, Metal 프레임워크는 이러한 하드웨어 성능을 최대한으로 끌어올리는 소프트웨어 기반을 제공한다. 이 두 가지 요소의 결합은 애플 기기에서 고성능 그래픽 작업, 복잡한 연산, 머신러닝 작업 등을 원활하게 수행할 수 있도록 한다. M4 칩은 이전 세대 대비 더욱 향상된 CPU와 GPU 성능을 제공하여 전문가 수준의 작업(영상 편집, 3D 렌더링 등)은 물론 고사양 게임에서도 뛰어난 성능을 발휘한다. M4 칩에 탑재된 뉴럴 엔진은 이전 세대 대비 향상된 연산 능력을 제공하여 기기 자체에서 더욱 빠르고 효율적인 인공지능 및 머신러닝 작업 처리를 가능하게 한다. 이는 사진 및 비디오 편집, 음성 인식, 자연어 처리 등 다양한 분야에서 사용자 경험을 크게 향상시킬 수 있다. M4 칩의 뛰어난 성능과 전력 효율성은 인텔, AMD 등 PC 칩 제조업체와 퀄컴 등 모바일 AP 제조업체에 더욱 큰 경쟁 압력으로 작용할 수 있다.

딥러닝(심층학습) 10

10.1 딥러닝(심층학습) 기초

심층학습은 심층 신경망을 사용하여 복잡한 데이터에서 추상적인 특징을 학습한다[11]. 심층 신경망은 여러 계층의 뉴런으로 구성되어 있으며, 각 계층은 입력 데이터에서 점진적으로 추상화된 특징을 추출한다. 이러한 특징 추출 과정은 귀납적 사고에서 관찰된 패턴을 일반화하는 과정과 유사하다. 심층학습 모델은 학습된 특징을 기반으로 새로운 데이터에 대한 추론을 수행한다. 예를 들어, 자연어 처리 모델은 텍스트 데이터를 분석하여 문장의 의미를 파악하고, 이를 기반으로 질문에 대한 답변을 생성한다. 이러한 추론 과정은 귀납적 사고에서 일반화된 규칙을 적용하는 것과 같다.[1]

[11]: Goodfellow et al. (2016), *Deep learning*

1: 딥러닝은 복잡한 데이터를 이해하고 인간 수준 이상의 지능적인 작업을 수행할 수 있는 강력한 기술이며, 자동적인 특징 추출 능력과 뛰어난 성능을 바탕으로 다양한 분야에서 혁신적인 변화를 주도하고 있기 때문에 매우 중요하다.

심층학습은 기계학습의 하위 분야이며, 심층 신경망을 사용하여 더 복잡한 문제를 해결하는 데 특화되어 있다. 심층학습(deep learning)은 심층 신경망(deep neural networks)을 사용하여 복잡한 패턴을 학습하는 기술이다. 여러 층(layer)으로 구성된 인공 신경망을 사용하기 때문에 심층 신경망이라고 한다. 심층 신경망을 기반으로 하며 특성 추출을 자동으로 수행한다. 즉, 데이터로부터 유용한 특성을 스스로 학습한다. 하지만, 학습과정에서 대량의 데이터가 필요하다. 이미지 인식, 음성 인식, 자연어 처리, 자율 주행 자동차 등 복잡한 인지 능력이 필요한 분야에서 뛰어난 성능을 보인다.

딥러닝 모델은 '블랙 박스(black box)' 모델로 분류된다. 심층 신경망은 복잡한 구조와 수많은 가중치를 가지고 있어 모델의 의사 결정 과정을 사람이 이해하기 어렵기 때문이다. 심층학습은 기계학습의 하위 분야이며, 심층 신경망을 사용하여 더 복잡한 문제를 해결하는 데 특화되어 있다. 인공 신경망은 인간의 뇌 신경망을 모방하여 만든 기계학습 모델로, 복잡한 패턴 인식과 예측에 탁월한 성능을 보인다.

◇ 인공 신경망은 크게 다음과 같은 세 가지 주요 구성 요소로 이루어져 있다.

① 뉴런(neuron)

뉴런은 인공 신경망의 기본 연산 단위이다. 각 뉴런은 입력 신호를 받아 가중치를 곱하고, 활성화 함수를 통해 출력 신호를 생성한다. 활성화 함수는 비선형성을 추가하여 신경망이 복잡한 패턴을 학습할 수 있도록 한다.

② 레이어(layer)

레이어는 여러 개의 뉴런을 그룹화한 것이다. 인공 신경망은 일반적으로 입력 레이어, 은닉 레이어(은닉층), 출력 레이어의 세 가지 유형의 레이어로 구성된다. 입력 레이어(input layer): 외부에서 입력 데이터를 받는 레이어이다. 은닉 레이어(hidden layer): 입력 레이어와 출력 레이어 사이에 위치하며, 입력 데이터를 처리하고 특징을 추출하는 레이어이다. 출력 레이어(output layer): 최종 결과를 출력하는 레이어이다. 은닉 레이어의 개수와 각 레이어의 뉴런 수는 신경망의 복잡성과 성능에 영향을 미친다.

③ 연결(connection)

뉴런과 뉴런 사이의 연결은 가중치를 가지며, 이 가중치는 학습 과정에서 조정된다. 가중치는 입력 신호의 중요도를 나타내며, 신경망은 가중치를 조정하여 최적의 결과를 도출한다. 연결 방식에 따라 다양한 유형의 신경망이 존재한다.

10.2 relu, dropout

relu(rectified linear unit) 함수와 dropout 기법의 도입은 심층학습 분야에 혁명적인 변화를 가져왔다[12]. 이 두 가지 혁신은 심층 신경망의 학습 효율성과 성능을 크게 향상시켜, 심층학습이 다양한 분야에서 성공적으로 활용될 수 있도록 했다. relu 함수는 계산이 매우 빠르고, 신경망의 학습 속도를 크게 향상시켰다. 또한, relu 함수는 신경망이 희소성(sparsity)을 학습하도록 도와주어, 더욱 효율적인 표현 학습을 가능하게 했다. relu 함수의 도입은 심층 신경망의 깊이를 더욱 깊게 만들 수 있게 했고, 이는

[12]: Nair and Hinton (2010), 'Rectified linear units improve restricted boltzmann machines'

심층학습 모델의 성능 향상에 크게 기여했다. 오늘날 대부분의 심층 신경망에서 relu 함수 또는 그 변형(leaky relu, parametric relu 등)이 활성화 함수로 사용되고 있다.

심층 신경망은 높은 표현력을 가지지만, 과적합(overfitting) 문제에 취약하다. 과적합은 모델이 학습 데이터에 너무 잘 맞춰져 새로운 데이터에 대한 일반화 성능이 떨어지는 현상을 의미한다. dropout은 학습 과정에서 각 레이어의 뉴런을 무작위로 비활성화시키는 기법이다[13]. 이를 통해 뉴런들이 특정 패턴에 지나치게 의존하는 것을 방지하고, 모델의 일반화 성능을 향상시킨다. dropout은 모델의 안정성을 높여주고, 다양한 입력에 대해 견고한 예측을 가능하게 한다. dropout은 심층 신경망의 과적합 문제를 해결하는 데 필수적인 기법으로 자리 잡았다. 특히, 대규모 데이터셋에서 심층 신경망을 학습할 때 dropout은 매우 효과적인 정규화(regularization) 기법으로 활용된다.

[13]: Srivastava et al. (2014), 'Dropout: a simple way to prevent neural networks from overfitting'

기울기 소실 문제는 심층 신경망에서 역전파 과정 중 하위 레이어로 갈수록 기울기가 점차 작아져 가중치 업데이트가 제대로 이루어지지 않아 학습이 멈추는 현상을 말한다. 이 문제를 해결하기 위한 다양한 방법들이 개발되어 왔다. 주요 해결 방법들은 다음과 같다.

① 활성화 함수 변경: relu(rectified linear unit) 및 변형 함수: 시그모이드(sigmoid)나 하이퍼볼릭 탄젠트(tanh) 함수는 입력값이 특정 범위에서 벗어나면 기울기가 0에 가까워지는 기울기 포화(gradient saturation) 현상이 발생한다. relu 함수는 입력이 양수일 때는 기울기가 1로 유지되고, 음수일 때는 0이 되어 기울기 소실 문제를 완화한다. leaky relu, parametric relu(PReLU) 등 relu의 변형 함수들은 음수 입력에서도 아주 작은 기울기를 가지도록 하여 "죽어가는 relu(dying relu)" 문제를 개선한다.

② 배치 정규화(batch normalization): 각 레이어의 출력을 평균이 0, 분산이 1이 되도록 정규화하는 방법이다. 학습 과정에서 내부 공변량 변화(internal covariate shift)를 줄여 학습을 안정화시키고, 기울기가 너무 작아지거나 커지는 것을 방지한다. 가중치 초기화에 대한 민감도를 줄여

주고, 더 높은 학습률을 사용할 수 있도록 도와준다.

③ 가중치 초기화(weight initialization): 가중치를 적절한 범위의 값으로 초기화하는 것은 학습 초기에 기울기가 너무 작거나 커지는 것을 막는 데 중요하다. Xavier/Glorot 초기화: 시그모이드나 하이퍼볼릭 탄젠트 활성화 함수를 사용할 때 효과적인 방법으로, 이전 레이어의 뉴런 수와 다음 레이어의 뉴런 수를 고려하여 가중치를 초기화한다. He 초기화: relu 계열의 활성화 함수를 사용할 때 더 나은 성능을 보이는 초기화 방법으로, 이전 레이어의 뉴런 수를 기반으로 가중치를 초기화한다.

④ 잔차 학습(residual learning): ResNet에서 도입된 개념으로, 여러 레이어를 건너뛰는 skip connection을 통해 이전 레이어의 입력값을 다음 레이어의 출력에 직접 더해주는 방식이다. 이를 통해 각 레이어가 입력의 전체를 학습하는 대신 잔차(residual), 즉 입력과 출력의 차이만을 학습하도록 한다. 기울기가 skip connection을 통해 직접 전달될 수 있어 매우 깊은 네트워크에서도 기울기 소실 문제를 효과적으로 해결한다.

⑤ 기울기 클리핑(gradient clipping): 기울기가 너무 커지는 기울기 폭주(gradient exploding) 문제를 방지하는 방법이지만, 기울기 소실 문제 완화에도 간접적인 도움을 줄 수 있다. 역전파 과정에서 계산된 기울기의 크기가 특정 임계값을 넘지 않도록 제한하여 학습의 안정성을 높인다.

이러한 방법들을 적절히 조합하여 사용함으로써 심층 신경망의 학습 효율성을 높이고 기울기 소실 문제를 효과적으로 해결할 수 있다. 특히 활성화 함수 선택, 배치 정규화, 잔차 학습은 현대적인 심층 신경망 아키텍처에서 필수적인 요소로 자리 잡았다. 은닉층의 깊이가 반드시 모델 성능 향상으로 이어지는 것은 아니다. 모델의 성능은 깊이뿐만 아니라 활성화 함수, 초기화 방법, 정규화 기법, 데이터의 양과 질, 네트워크 구조, 최적화 알고리즘 등 다양한 요소들의 상호작용에 의해 결정된다. 따라서 깊은 네트워크를 설계할 때는 이러한 요소들을 종합적으로 고려하여 신중하게 접근해야 한다. 은닉층이 많아지면 모델의 파라미터 수가 증가하고, 학습 데이터에 너무 특화되어 일반화 능력이 떨어질 가능성이 높아진다. 즉, 학습 데이터에서는 높은 성능을 보이지만 새로운 데이터에서는 성능이 저하되는 현상이 발생할 수 있다. 모델의 복잡성에 비해 학습 데이터가 충분하지 않으면 모델이 제대로 학습되지 못하고 과적합될 가능성만 높아진다. 깊은 네트워크는 더 많은 양의 데이터를 필요로 하다.

10.3 CNN(합성곱 신경망)

심층학습에서 CNN(convolutional neural network, 합성곱 신경망)은 이미지 인식 분야에서 혁신적인 발전을 이끌었으며, 그 영향력은 다음과 같이 요약할 수 있다[14].

① 이미지 인식 분야의 혁신: CNN은 이미지의 특징을 효과적으로 추출하고 학습하는 능력을 통해, 기존의 이미지 인식 기술을 뛰어넘는 높은 정확도를 달성했다. 특히, ImageNet과 같은 대규모 이미지 인식 대회에서 CNN 기반 모델들이 압도적인 성능을 보이면서[15], 심층학습 기반 이미지 인식 기술의 발전을 가속화했다.

② 다양한 응용 분야로의 확장: CNN의 뛰어난 성능은 이미지 인식뿐만 아니라, 비디오 분석, 의료 영상 분석, 자율 주행, 자연어 처리 등 다양한 분야로 확장되었다. 특히, 의료 분야에서는 CNN을 활용하여 질병 진단의 정확도를 높이고, 자율 주행 분야에서는 CNN을 활용하여 주변 환경을 인식하고 안전한 주행을 가능하게 한다.

③ 심층학습 모델의 기반 기술: CNN은 심층학습 모델의 중요한 구성 요소로 자리 잡았으며, 다양한 변형된 CNN 구조들이 개발되어 특정 분야에 최적화된 성능을 제공한다. 예를 들어, ResNet, VGG, Inception 등 다양한 CNN 기반 모델들이 개발되어 이미지 인식, 객체 탐지, 이미지 분할 등 다양한 과제에서 뛰어난 성능을 보이고 있다.

④ 특징 추출 및 학습의 효율성: CNN은 합성곱 연산과 풀링 연산을 통해 이미지의 특징을 효과적으로 추출하고, 학습해야 할 파라미터 수를 줄여 학습 효율성을 높인다. 이를 통해, 대규모 이미지 데이터셋에서도 효율적으로 학습할 수 있으며, 높은 성능의 모델을 구축할 수 있다.

⑤ 딥러닝 발전에의 기여: CNN의 성공은 심층학습의 가능성을 입증하고, 심층학습 연구의 활성화에 크게 기여했다. CNN의 구조와 학습 방법은 다른 심층학습 모델 개발에 영감을 주었으며, 심층학습 분야의 발전을

[14]: LeCun, Bengio, et al. (1995), 'Convolutional networks for images, speech, and time series'

[15]: Krizhevsky et al. (), 'ImageNet Classification with Deep Convolutional Neural Networks (AlexNet) ImageNet Classification with Deep Convolutional Neural Networks (AlexNet) ImageNet Classification with Deep Convolutional Neural Networks'

이끄는 핵심 기술로 자리 잡았다. CNN은 심층학습 분야에서 이미지 인식 기술의 발전을 이끌었으며, 다양한 응용 분야로 확장되어 심층학습의 영향력을 확대하는 데 크게 기여했다.

⑥ 입출력의 비대칭 상황: 많은 응용에서 입력의 크기는 크지만 출력의 크기는 매우 작은 경우가 있다. 이러한 경우, CNN의 응용 대상이 되기 쉽다. 계산의 효율성 측면에서 CNN의 특징을 찾을 수 있다. 실제 구현에서 CNN은 지속적으로 계산량을 줄여간다.

CNN은 이미지, 비디오와 같은 시각적 데이터를 분석하고 처리하는 데 특화된 심층학습 모델이다. CNN은 인간의 시각 인지 방식을 모방하여 이미지의 특징을 효과적으로 추출하고 학습한다. CNN의 작동 방식은 크게 다음과 같은 단계로 나눌 수 있다.

① 합성곱 계층(convolutional layer)

이미지에서 특징 추출: 합성곱 계층은 필터(filter) 또는 커널(kernel)이라는 작은 크기의 행렬을 사용하여 입력 이미지의 특징을 추출한다. 필터는 이미지 위를 슬라이딩하면서 특정 패턴(예: 모서리, 색상 변화)을 감지한다. 특징 맵 생성: 필터가 이미지 위를 이동하면서 계산된 결과는 특징 맵(feature map)이라는 새로운 이미지를 생성한다. 특징 맵은 입력 이미지에서 추출된 특정 특징의 존재 여부와 위치를 나타낸다. 파라미터 공유: 합성곱 계층은 필터의 가중치를 이미지 전체에 걸쳐 공유한다. 이는 모델의 파라미터 수를 줄이고, 이미지 내 객체의 위치 변화에 강건한 특징을 학습하도록 돕는다.

② 활성화 함수(activation function)

비선형성 추가: 활성화 함수는 합성곱 계층의 출력에 비선형성을 추가한다. 이는 CNN이 복잡한 패턴을 학습할 수 있도록 한다. relu 함수: relu(rectified linear unit) 함수는 양수 값은 그대로 출력하고 음수 값은 0으로 만드는 활성화 함수이다. relu는 기울기 소실 문제를 완화하고 학습 속도를 높이는 데 효과적이다[12].

[12]: Nair and Hinton (2010), 'Rectified linear units improve restricted boltzmann machines'

③ 풀링 계층(pooling layer)

특징 맵 크기 축소: 풀링 계층은 특징 맵의 크기를 줄여 계산량을 감소시키고, 모델이 더 중요한 특징에 집중하도록 한다. 최대 풀링(max pooling):

최대 풀링은 특정 영역에서 가장 큰 값을 선택하여 출력한다. 이는 특징 맵에서 가장 두드러진 특징을 유지하는 데 도움이 된다. 평균 풀링(average pooling): 평균 풀링은 특정 영역의 평균값을 계산하여 출력한다.

④ 완전 연결 계층(fully connected layer)

분류 작업 수행: 완전 연결 계층은 앞선 계층에서 추출된 특징 맵을 사용하여 최종 분류 작업을 수행한다. 다층 퍼셉트론(multi-layer perceptron): 완전 연결 계층은 다층 퍼셉트론과 유사한 구조를 가지며, 입력 데이터를 특정 클래스로 분류한다.

⑤ 소프트맥스 함수(softmax function)

확률 분포 생성: 소프트맥스 함수는 완전 연결 계층의 출력을 각 클래스에 대한 확률 분포로 변환한다. 최종 예측: 가장 높은 확률을 가진 클래스가 최종 예측 결과가 된다. CNN은 이러한 계층들을 조합하여 복잡한 이미지 인식 작업을 수행한다. 각 계층은 입력 이미지에서 점진적으로 추상적인 특징을 추출하고, 마지막 계층에서는 이러한 특징을 기반으로 이미지를 분류한다.

10.4 심층학습에서 데이터의 흐름

심층학습에서 데이터가 흘러가는 과정은 인간의 뇌가 정보를 처리하는 방식과 유사하게 여러 단계를 거친다. 복잡한 데이터를 이해하고 처리하기 위해 데이터를 여러 계층을 통해 점진적으로 단순화하고 의미 있는 형태로 변환하는 과정을 거친다. 데이터는 심층 신경망의 첫 번째 층인 입력층으로 들어간다. 입력층은 원시 데이터(이미지의 픽셀, 텍스트의 단어 등)를 신경망이 처리할 수 있는 형태의 숫자 배열로 변환한다. 입력층에서 처리된 데이터는 두 개 이상의 은닉층을 거친다. 각 은닉층은 이전 층의 출력을 입력으로 받아 비선형 변환을 수행하고, 변환된 데이터를 다음 층으로 전달한다. 낮은 층에서는 단순한 특징(선, 색상 등)을 학습하고, 높은 층에서는 이러한 특징들을 조합하여 복잡한 개념(얼굴, 사물 등)을 학습한다. 마지막 은닉층의 출력은 출력층으로 전달된다. 출력층은 최종 결과를 생성하며, 결과는 문제의 유형에 따라 달라진다(분류, 회귀 등). 데이터가 입력층에서 출력층까지 순차적으로 이동하는 과정을 순전파라고 한다. 순전파 과정에서 각 층의 뉴런은 입력에 가중치를 곱하고 활성화 함수를 적용하여 출력을 생성한다. 출력층에서 생성된 결과와 실제 정답을 비교하여 오차를 계산한다. 역전파는 이 오차를 기반으로 네트워크의 가중치(편향 포함)를 조정하여 오차를 최소화하는 과정이다. 역전파 과정에서 오차는 출력층에서 입력층 방향으로 역전파되며, 각 층의 가중치가 업데이트된다. 순전파와 역전파 과정을 반복하면서 네트워크는 데이터에서 패턴을 학습하고 예측 정확도를 높인다. 학습 과정에서 가중치는 점차적으로 최적화되어 네트워크는 주어진 작업에 대해 높은 성능을 발휘하게 된다.

10.5 추상

추상(abstraction)과 구상(representation)은 예술, 철학, 인지과학 등 다양한 분야에서 사용되는 개념으로, 서로 반대되는 특성을 나타낸다. 구상은 실제 세계에 존재하는 구체적인 대상이나 현상을 있는 그대로 표현하거나 묘사하는 것을 의미한다. 구체적인 세부 사항을 포함하여 현실과 유사하게 표현하는 과정이다. 추상은 구체적인 대상이나 현상에서 공통된 속성이나 본질을 추출하여 일반적인 개념이나 원리로 표현하는 것을 의미한다. 구체적인 세부 사항을 생략하고 핵심적인 요소에 집중하는 과정이다. 심층학습 과정에서 일어나는 추상화는 복잡한 데이터를 이해하고 처리하는 데 핵심적인 역할을 한다. 이는 마치 인간의 뇌가 정보를 처리하는 방식과 유사하게, 데이터를 여러 계층을 통해 점진적으로 단순화하고 의미 있는 형태로 변환하는 과정을 의미한다.

◇ 심층학습 추상화의 주요 개념

계층적 표현 학습: 심층 신경망은 여러 개의 층(layer)으로 구성되어 있으며, 각 층은 입력 데이터를 점진적으로 추상화한다. 낮은 층에서는 단순한 특징(예: 이미지의 선, 색상)을 학습하고, 높은 층에서는 이러한 특징들을 조합하여 복잡한 개념(예: 얼굴, 사물)을 학습한다. 이러한 계층적 구조를

통해 심층학습 모델은 데이터의 복잡한 패턴과 관계를 효과적으로 학습할 수 있다. 특징 추출: 각 층은 입력 데이터에서 중요한 특징을 추출하는 역할을 한다. 예를 들어, 이미지 인식 모델에서 첫 번째 층은 이미지의 가장자리나 색상과 같은 기본적인 특징을 추출하고, 다음 층은 이러한 특징을 조합하여 눈, 코, 입과 같은 얼굴의 구성 요소를 추출한다. 이러한 특징 추출 과정을 통해 모델은 데이터의 핵심적인 정보를 효과적으로 파악할 수 있다. 비선형 변환: 심층 신경망은 활성화 함수와 같은 비선형 변환을 사용하여 데이터의 복잡한 관계를 학습한다. 비선형 변환은 선형 모델로는 표현할 수 없는 복잡한 패턴을 학습하는 데 필수적이다. 이러한 비선형 변환을 통해 심층학습 모델은 다양한 형태의 데이터를 효과적으로 처리할 수 있다.

◇ 심층학습 추상화의 중요성

복잡한 데이터 처리: 심층학습 추상화는 이미지, 음성, 자연어와 같은 복잡한 데이터를 처리하는 데 필수적이다. 계층적 특징 추출과 비선형 변환을 통해 모델은 데이터의 복잡한 패턴과 관계를 효과적으로 학습하고 이해할 수 있다. 일반화 능력 향상: 심층학습 모델은 추상화를 통해 학습 데이터에만 국한되지 않고 새로운 데이터에도 잘 작동하는 일반화 능력을 갖게 된다. 모델은 데이터의 핵심적인 특징을 학습하고, 이러한 특징을 기반으로 새로운 데이터를 효과적으로 처리할 수 있다. 다양한 분야 적용: 심층학습 추상화는 이미지 인식, 자연어 처리, 음성 인식, 게임 등 다양한 분야에서 활용되고 있다. 데이터의 복잡한 패턴을 이해하고 처리하는 능력을 통해 심층학습은 다양한 분야에서 혁신적인 결과를 만들어내고 있다. 심층학습의 추상화는 인공지능 기술의 핵심적인 개념이며, 앞으로 더욱 발전하여 다양한 분야에서 혁신적인 변화를 이끌어낼 것으로 기대된다.

심층학습 방법과 같은 혁신적인 도구는 이공계 분야의 설계, 특성화 및 최적화를 형성하는 데 중요한 역할을 한다. 계층적으로 구조화된 레이어를 사용해 데이터의 다단계 추상화를 학습하는 머신러닝의 하위 집합인 심층학습은 예를 들어, 결정구조/광결정구조를 설계에서 효율적인 수단을 제공하며, 기존의 물리 및 규칙 기반 방법을 보완하는 데이터 기반 접근 방식을 생성한다.

홉필드는 상호 연결된 뉴런 네트워크가 어떻게 연상 기억(associative memory)처럼 작동할 수 있는지에 대한 수학적 모델을 제시했다. 이 모델은 물리학의 스핀 글라스 이론에서 영감을 받았으며, 네트워크의 상태가 에너지 함수를 최소화하는 방향으로 진화하는 역동적인 시스템으로 설명된다[16]. 홉필드 모델의 중요한 특징 중 하나는 에너지 함수(energy function)의 존재이다. 네트워크의 각 상태에 대해 에너지를 정의하고, 네트워크가 상태를 업데이트하면서 에너지가 점차 감소하여 지역 최소점(local minima)에 도달하도록 설계되었다. 이러한 에너지 최소점은 저장된 패턴에 해당한다. 이러한 안정성(stability) 개념은 이후 다른 신경망 모델의 분석과 설계에도 영향을 미쳤다. 예를 들어, 볼츠만 머신(Boltzmann machine)과 같은 확률적 신경망 모델에서도 에너지 기반의 학습 방식이 사용된다[17]. 홉필드 교수의 노벨 물리학상은 단순히 특정 네트워크 모델 개발에 대한 것이 아니라, 물리학적 통찰력을 활용하여 인공 신경망 연구의 새로운 지평을 열고 현대 머신러닝의 발전에 근본적인 기여를 한 공로를 인정받은 결과라고 할 수 있다. 존 홉필드(John Hopfield) 교수는 2024년 노벨 물리학상을 제프리 힌튼 교수(Geoffrey Hinton)와 공동으로 수상했다. 그의 노벨상 수상은 인공 신경망을 이용한 머신러닝의 토대가 되는 획기적인 발견과 발명에 대한 공로를 인정한 것이다. 힌튼 교수는 통계 물리학의 볼츠만 분포를 적용한 인공 신경망을 통해 최초의 생성형 인공지능 구현에 기여했으며, 딥러닝의 핵심 알고리즘인 역전파 알고리즘 개발에 중요한 역할을 했다. 물리학적 개념과 방법론이 인공지능이라는 새로운 분야의 탄생과 발전에 근본적인 기여를 했음을 인정받은 것으로 해석될 수 있다. 알파폴드[18] 와 로제타폴드[19]는 단백질 구조 예측 분야에서 혁혁한 성과를 거둔 인공지능 모델이며, 핵심적으로 심층 신경망(deep neural networks, DNNs)을 활용한다. 하지만 각 모델은 고유한 신경망 구조와 학습 방식을 채택하고 있다. 2024년 노벨 화학상은 인공지능과 컴퓨터 시뮬레이션이라는 강력한 도구를 활용하여 생명의 기본 구성 요소인 단백질의 구조와 기능을 밝히고, 새로운 단백질을 설계하는 데 기여한 세 명의 과학자에게 수여되었다. 데미스 허사비스(Demis Hassabis),

[16]: Hopfield (1982), 'Neural networks and physical systems with emergent collective computational abilities.'

[17]: Hinton (2012), 'A practical guide to training restricted Boltzmann machines'

[18]: Jumper et al. (2021), 'Highly accurate protein structure prediction with AlphaFold'

[19]: Baek et al. (2021), 'Accurate prediction of protein structures and interactions using a three-track neural network'

존 점퍼(John Jumper), 데이비드 베이커(David Baker) 교수는 2024년 노벨 화학상을 수상했다. 인공지능이 전통적인 과학 난제를 해결하는 데 강력한 도구로 활용될 수 있음을 보여준 사례이다. 알파폴드는 생물학, 의학 등 다양한 분야의 연구에 혁혁한 기여를 하고 있으며, 인공지능이 과학적 발견의 패러다임을 바꿀 수 있음을 시사한다.

10.6 인공 신경망 작동 방식

◇ 인공 신경망의 작동 방식

입력: 입력 데이터가 입력 레이어를 통해 신경망에 전달된다.

전파: 입력 신호는 연결된 뉴런을 통해 순차적으로 전파된다.

계산: 각 뉴런은 입력 신호와 가중치를 사용하여 출력 신호를 계산한다.

활성화: 활성화 함수는 뉴런의 출력 신호를 비선형적으로 변환한다.

출력: 최종 결과는 출력 레이어를 통해 출력된다.

학습: 신경망은 출력 결과와 실제 값의 차이를 기반으로 가중치를 조정하여 학습한다.

인공 신경망 가중치 개수는 모든 인접한 계층 쌍 사이의 가중치 개수를 합한 것에 편향(bias) 노드의 가중치 개수를 더한 값이다. OpenAI는 GPT-4의 정확한 파라미터 수를 공개하지 않았다. 그러나 GPT-3.5보다 훨씬 더 크고 복잡한 모델이라고 알려져 있다. 일부 추정에 따르면 1조 개 이상의 파라미터를 가질 수 있다고 한다. 가중치는 네트워크 내의 연결 강도를 나타내며, 학습 과정에서 대규모 텍스트 데이터를 통해 최적의 값으로 조정된다. 인공 신경망의 출력층에서 분류 문제를 해결하기 위해 소프트맥스(softmax) 함수가 널리 사용된다. 소프트맥스 함수는 다중 클래스 분류에서 각 클래스에 속할 확률을 계산하여 최종 예측을 수행하는 데 필수적인 역할을 한다. 다중 분류에서 이중 분류로 바뀌는 경우, 즉, softmax 대신에 sigmoid를 사용한다. 사실, softmax에서 출발하여 이중 분류로 특수할 경우, softmax가 sigmoid가 됨을 수학적으로 보일 수 있다.

인공 신경망 훈련에서의 Adam(adaptive moment estimation) 최적화 방법은 인공 신경망을 훈련할 때 가장 널리 사용되는 최적화 알고리즘 중 하나이다. 이름에서 알 수 있듯이, 적응적 학습률과 모멘텀(momentum) 개념을 결합하여 효율적이고 빠르게 손실 함수(loss function)의 최솟값을 찾아가도록 설계되다[20].

[20]: D. P. Kingma and Ba (2014), 'Adam: A method for stochastic optimization'

10.7 주요 신경망

인공지능 역사에서 딥러닝의 부흥을 이끌고 현대 인공지능의 기반이 된 몇 가지 중요한 주요 신경망들이 있다. 퍼셉트론(perceptron)은 초기 인공 신경망의 씨앗에 해당한다. 가장 초기 형태의 인공 신경망 모델 중 하나이다. 입력층과 출력층으로 구성된 단층 신경망이다. 선형 분류 문제(두 가지 클래스를 직선으로 나눌 수 있는 문제)를 해결하는 데 사용되었다. 가중치와 활성화 함수(주로 계단 함수)를 사용하여 입력을 이진 출력으로 매핑한다. 학습 규칙(퍼셉트론 학습 규칙)을 통해 가중치를 조정하여 분류 경계를 학습한다. 인공 신경망의 가능성을 처음으로 제시했지만, XOR 문제와 같은 비선형 문제 해결의 한계로 인해 초기 연구가 침체되는 원인이 되기도 했다.

◇ 인공 신경망의 유형

① 다층 퍼셉트론(multi-layer perceptron; MLP): 가장 기본적인 형태의 신경망으로, 여러 개의 은닉 레이어를 가진다. 퍼셉트론(perceptron)은 1957년 프랑크 로젠블라트(Frank Rosenblatt)가 고안한 초기 형태의 인공 신경망 알고리즘이다. 퍼셉트론은 여러 개의 입력 신호를 받아 하나의 출력 신호를 생성하는 구조로, 인간의 신경 세포인 뉴런의 작동 방식을 모방하여 만들어졌다. 단층 퍼셉트론은 비선형 문제를 해결할 수 없다는 한계를 가진다. 입력층과 출력층 사이에 하나 이상의 은닉층(hidden layer)을 추가하여 비선형 문제 해결 능력을 크게 향상시켰다. 활성화 함수로 시그모이드(sigmoid) 함수와 같은 비선형 함수를 사용하여 복잡한 결정 경계를 학습할 수 있게 되었다. 역전파(backpropagation) 알고리즘을 통해 네트워크의 가중치를 효율적으로 학습할 수 있게 되면서 딥러닝

연구의 기반을 마련했다.

② 합성곱 신경망(convolutional neural network; CNN): 이미지 인식에 특화된 신경망으로, 합성곱 연산을 사용하여 이미지의 특징을 추출한다. 이미지 인식, 객체 탐지, 이미지 분할 등 컴퓨터 비전 분야에서 혁혁한 성과를 거두며 현대 인공지능 발전에 결정적인 역할을 했다. AlexNet, VGG, ResNet 등 이후 등장한 많은 CNN 모델들의 기반이 되었다.

③ 순환 신경망(recurrent neural network; RNN): 시계열 데이터 처리에 특화된 신경망으로, 이전 시점의 정보를 기억하여 다음 시점을 예측한다. RNN의 장기 의존성 문제를 해결하기 위해 LSTM(long short-term memory)이 개발되었다. 자연어 처리, 음성 인식, 기계 번역 등 시퀀스 데이터 모델링 분야에서 획기적인 성능 향상을 가져왔으며, 현대 자연어 처리(natural language processing, NLP) 모델의 핵심 구성 요소 중 하나이다.

④ 적대적 생성 신경망(generative adversarial network; GAN)[21]: 실제와 유사한 데이터를 생성하는 신경망으로, 생성자와 판별자의 경쟁을 통해 학습한다.

[21]: Goodfellow (2016), 'Nips 2016 tutorial: Generative adversarial networks'

⑤ CycleGAN(cycle GAN)[22]: CycleGAN은 이미지-이미지 변환(image-to-image translation) 작업을 수행하는 적대적 생성 신경망(GAN) 모델 중 하나로, 구체적으로 쌍을 이루지 않는(unpaired) 데이터셋을 활용하여 이미지 스타일을 변환하는 데 특화되어 있다.

[22]: Zhu et al. (2017), 'Unpaired image-to-image translation using cycle-consistent adversarial networks'

⑥ 트랜스포머(transformer): 트랜스포머는 2017년 구글에서 발표한 논문[23] "Attention Is All You Need"에서 소개된 딥러닝 모델 아키텍처이다. 기존 순환 신경망(RNN)의 한계를 극복하고 자연어 처리 분야에서 혁신적인 성능을 보여주며, 이후 다양한 분야로 확장되어 딥러닝의 핵심적인 모델로 자리 잡았다. RNN과 달리 트랜스포머는 입력 시퀀스를 병렬로 처리할 수 있어 학습 속도가 빠르다. 이는 대규모 데이터셋을 학습하는 데 유리하다. RNN의 순차적인 처리 방식에서 벗어나 병렬 처리가 가능한 구조를 제안한다.

[23]: Vaswani et al. (2017), 'Attention is all you need'

⑦ 오토인코더(autoencoder): 입력 데이터를 압축하여 저차원 표현을 학습하고, 다시 복원하는 신경망이다. 인코더와 디코더가 결합된 신경망이다. 차원 축소, 특징 추출, 이상 탐지 등에 사용된다.

[24]: D. P. Kingma and Welling (2013), 'Auto-encoding variational bayes'

[25]: D. Kingma et al. (2021), 'Variational diffusion models'

⑧ 변분 오토인코더(variational autoencoder, VAE)[24]: VAE는 학습된 저차원 표현을 사용하여 새로운 데이터를 생성할 수 있다. 오토인코더와 마찬가지로 인코더와 디코더가 결합된 신경망이다[25]. VAE는 다음과 같은 특징을 가진다. VAE는 저차원 표현을 확률 분포로 모델링한다. 이를 통해 다양한 데이터를 생성할 수 있다. VAE의 디코더(decoder)는 학습된 저차원 표현에서 새로운 데이터를 생성하는 역할을 한다. 따라서 일반적인 오토인코더는 생성 모델이 아니지만, VAE와 같은 변형 모델은 생성 모델로 활용될 수 있다.

[26]: Ronneberger et al. (2015), 'U-net: Convolutional networks for biomedical image segmentation'

⑨ U-net[26]: U-Net의 구조는 알파벳 'U'자 형태를 띤다. 크게 두 부분과 이 둘을 연결하는 핵심 요소로 구성된다. 축소 경로(contracting path/encoder): U자의 왼쪽 부분에 해당한다. 이 과정을 거치면서 이미지의 공간적 해상도(가로, 세로 크기)는 점차 줄어들고, 특징 맵(feature map)의 채널 수는 늘어난다. 확장 경로(expansive path/decoder): U자의 오른쪽 부분에 해당한다. 공간 해상도는 점차 원본 이미지 크기로 복원되고, 특징 맵의 채널 수는 줄어든다. 업샘플링 단계 이후, 스킵 연결(skip connection)을 통해 U자의 왼쪽(축소 경로)에서 같은 해상도를 가졌던 특징 맵과 결합(concatenate)된다.

⑩ ResNet(residual network)은 깊은 신경망에서 발생하는 기울기 소실(vanishing gradient) 문제를 해결하고, 네트워크의 깊이가 깊어질수록 성능이 저하되는 현상을 개선하기 위해 개발된 심층 신경망 구조이다. 이미지 인식 분야에서 획기적인 성능 향상을 가져오며 많은 주목을 받았다[27]. ResNet은 이미지 분류, 객체 검출, 이미지 분할 등 다양한 컴퓨터 비전 분야에서 뛰어난 성능을 보여주며, 이후 자연어 처리 등 다른 분야의 딥러닝 모델에도 영향을 미쳤다.

[27]: K. He et al. (2016), 'Deep residual learning for image recognition'

이러한 인공 신경망의 구조와 작동 방식은 다양한 분야에서 활용되고 있으며, 지속적인 연구 개발을 통해 더욱 발전하고 있다. 인공 신경망은 앞으로 더욱 크고 효율적이며, 일반화 능력이 뛰어나고 신뢰할 수 있는 방향으로 발전해 나갈 것이다. 또한, 새로운 학습 패러다임과 하드웨어/소프트웨어의 혁신적인 발전을 통해 더욱 다양한 분야에서 인간의 삶에 큰 영향을 미칠 것으로 기대된다.

10.8 몬테칼로 드롭아웃

심층 신경망에서 쉽게 몬테칼로 드롭아웃(Monte Carlo dropout; MC dropout)을 구현할 수 있다[28]. MC dropout은 신경망의 불확실성을 추정하는 강력한 방법으로, 줄리아의 딥러닝 라이브러리인 Flux.jl을 사용하여 비교적 쉽게 구현할 수 있다. 일반적인 dropout은 학습 과정에서만 사용되고 추론 과정에서는 비활성화된다. 하지만 MC dropout은 추론 과정에서도 dropout을 활성화하여 여러 번의 예측을 수행하고, 이 예측 결과들의 분포를 통해 모델의 불확실성을 추정한다. 몬테칼로 드롭아웃 방법은 다음과 같은 장점을 가진다. 분산값을 알고 있기 때문에 모델의 불확실성을 추정하여 예측의 신뢰도를 평가할 수 있다. 모델의 구조를 크게 변경하지 않고도 적용할 수 있다. 다양한 딥러닝 모델에 적용 가능하다.

[28]: Gal and Ghahramani (2016), 'Dropout as a bayesian approximation: Representing model uncertainty in deep learning'

몬테칼로 드롭아웃은 추론 시에 드롭아웃을 활성화하여 여러 번의 예측을 수행하고, 이 예측 결과들의 분포를 통해 모델의 불확실성을 추정한다. 이러한 과정은 베이지안 인퍼런스에서 사후 분포(posterior distribution)를 근사하는 것과 유사하다. 각 드롭아웃 샘플은 사후 분포에서 추출된 샘플로 볼 수 있으며, 이를 통해 예측의 평균과 분산을 계산하여 불확실성을 추정할 수 있다. 즉, 몬테칼로 드롭아웃은 모델의 가중치에 대한 불확실성을 추정하고 이를 예측에 반영하는 베이즈 접근 방식을 제공한다.

```
using Flux
using Plots
# 1. 데이터 생성: y = 3x + 2 (선형 함수)
n = 100  # 데이터 개수
X = rand(n) * 10  # 0과 10 사이의 무작위 x 값
Y = 3 * X .+ 2  # y = 3x + 2
println(size(X))
println(size(Y))
# 데이터 타입 변환 (Float32)
X = X |> f32
Y = Y |> f32
# 2. 모델 정의: 간단한 신경망 (1개의 은닉층)
```

```
model = Chain(
Dense(1, 64, relu),  # 입력 1, 출력 64개의 뉴런을 가진 은닉층
Dense(64, 1)         # 출력 1개의 뉴런
)
# 3. 손실 함수 정의 (회귀 문제에서의 평균 제곱 오차)
loss(model, x, y) = Flux.mse(model(x), y)
# 4. 옵티마이저 설정 (Adam 옵티마이저 사용)
opt= Flux.setup(Adam(), model)
# 5. 데이터 훈련
epochs = 1000
for epoch in 1:epochs
    # 훈련 데이터로 모델 학습
    Flux.train!(loss, model, [(X', Y')], opt)
    # 100번마다 출력
    if epoch % 100 == 0
        println("Epoch: $epoch, Loss: ", loss(X', Y'))
    end
end
# 6. 예측 값
Y_pred = model(X')
Y_pred=Y_pred'
# 7. 결과 시각화
scatter(X, Y, label="True values", xlabel="X", ylabel="Y")
plot!(X, Y_pred, label="Predicted values", lw=2)

using Statistics
using CSV, DataFrames
using Random
using Flux
function read_csv_file(filepath::String)
    try
        df = CSV.read(filepath, DataFrame, header=false)
        y = df[!, end]  # 마지막 열을 레이블로 추출
        X = Matrix(df[!, 1:end-1])
        # 마지막 열을 제외한 나머지를 특징으로 추출
        # 특성 정규화 (0~1 스케일링)
        X = (X .- minimum(X, dims=1)) ./
```

```
            (maximum(X, dims=1) .- minimum(X, dims=1))
        # y를 one-hot 인코딩
        labels = unique(y)
        # ["setosa", "versicolor", "virginica"]
        y_encoded = Flux.onehotbatch(y, labels)
        return X, y_encoded'
    catch e
        println("Error: ", e)
    end
end
astring = joinpath(@__DIR__, "iris.csv")
X, y = read_csv_file(astring)
println(size(X))
println(size(y))
# 심층 신경망 모델 정의
model = Chain(
    Dense(4, 64, relu),  # 4개의 입력 특성, 64개의 뉴런
    Dense(64, 64, relu), # 64개의 뉴런을 가진 두 번째 은닉층
    Dense(64, 3),        # 3개의 출력 클래스
    softmax              # 출력에 소프트맥스 함수 적용
    )
# 손실 함수 정의
loss(model, x, y) = Flux.crossentropy(model(x), y)
# 최적화 함수 정의
opt = Flux.setup(Adam(), model)
# 훈련 루프 (100 epochs 동안 학습)
epochs = 100
for epoch in 1:epochs
    # 미니배치로 학습
    Flux.train!(loss, model, [(X', y')], opt)
    # 10번마다 출력
    if epoch % 10 == 0
        println("Epoch: $epoch, Loss: ", loss(X', y'))
    end
end
# 테스트 데이터로 모델 평가
predictions = model(X')
```

```
predictions=predictions'
println(size(predictions))
println(size(y))
# 최종 테스트 정확도 평가
f_acc = mean(Flux.onecold(model(X')) .== Flux.onecold(y'))
println("\nFinal Test Accuracy: $(round(f_acc*100,digits=2))%")
```

```
using Flux
using Statistics
# 간단한 신경망 모델 정의
model = Chain(
Dense(10, 20, relu),
Dropout(0.5), # Dropout 레이어 추가
Dense(20, 10)
)
# 입력 데이터 생성
x = randn(10, 1)
# MC dropout을 이용한 예측 함수
function mc_dropout_predict(model, x, n_samples=100)
    predictions = []
    for _ in 1:n_samples
        push!(predictions, model(x))
    end
    return predictions
end

# MC dropout 예측 수행
predictions = mc_dropout_predict(model, x)
# 예측 결과의 평균 및 표준편차 계산
mean_predictions = mean(predictions)
std_predictions = std(predictions)
println("평균 예측:")
println(mean_predictions)
println("표준편차 예측 (불확실성):")
println(std_predictions)
```

```
using Flux, CUDA
```

```
# CUDA 사용 가능 여부 확인
if CUDA.functional()
    println("CUDA is functional!")
else
    println("CUDA is not functional.")
end
# 데이터 생성
X = rand(Float32, 10, 100)
Y = rand(Float32, 5, 100)
# 모델 정의
model = Chain(
Dense(10, 20, relu),
Dense(20, 5)
)
# 모델 및 데이터 GPU로 이동
model = model |> gpu
X = X |> gpu
Y = Y |> gpu
# |> gpu 연산자를 사용하여 데이터와 모델을 GPU 메모리로 이동
# 손실 함수 및 옵티마이저 정의
loss(model, x, y) = Flux.mse(model(x), y)
optimizer = Flux.setup(Adam(), model)
# 학습
for epoch in 1:100
    Flux.train!(loss, model, [(X, Y)], optimizer)
    if epoch % 10 == 0
        println("Epoch $epoch, Loss: $(loss(model, X, Y))")
    end
end
# 모델 CPU로 이동 (선택 사항)
model = model |> cpu
```

```
using Flux
data = [(x, 2x-x^3) for x in -2:0.1f0:2]

model = let
    w, b, v = (randn(Float32, 23) for _ in 1:3)  # parameters
```

```
    x -> sum(v .* tanh.(w*x .+ b))             # callable
end
# model = Chain(vcat, Dense(1 => 23, tanh),
#     Dense(23 => 1, bias=false), only)

opt_state = Flux.setup(Adam(), model)
for epoch in 1:100
    Flux.train!((m,x,y) -> (m(x) - y)^2, model, data, opt_state)
end

using Plots
plot(x -> 2x-x^3, -2, 2, label="truth")
scatter!(model, -2:0.1f0:2, label="learned")
```

XOR(exclusive OR, 배타적 논리합)은 두 개의 입력 값이 서로 다를 때만 참(1 또는 true)을 출력하고, 같을 때는 거짓(0 또는 false)을 출력하는 기본적인 논리 연산이다. 하나의 직선(선형 경계)으로는 흰색 점들과 검은색 점들을 완벽하게 분리할 수 없다는 것을 알 수 있다. 즉, XOR 문제는 선형적으로 분리 불가능(linearly inseparable)한 문제이다. 단층 퍼셉트론이 XOR 문제와 같이 선형적으로 분리 불가능한 문제는 절대로 해결할 수 없다. 단층 퍼셉트론은 데이터를 가르는 '직선' 하나만을 그을 수 있기 때문이다. 선형 분리가 불가능한 XOR 문제는 심층학습 모델에게는 매우 기본적인 문제이다. 심층학습 모델은 여러 층을 거치며 데이터를 효과적으로 비선형 변환하여 XOR와 같은 비선형 문제를 쉽게 해결할 수 있다. 이는 심층학습이 복잡한 비선형 패턴을 학습하는 능력을 갖추고 있음을 보여주는 초기 증거 중 하나이다.

```
#using Pkg; Pkg.add(["Flux", "CUDA", "cuDNN", "ProgressMeter"])
using Flux, Statistics, ProgressMeter
using CUDA  # optional
device = gpu_device()
# function to move data and model to the GPU
# Generate some data for the XOR problem:
# vectors of length 2, as columns of a matrix:
```

```
noisy = rand(Float32, 2, 1000)
# 2×1000 Matrix{Float32}
truth = [xor(col[1]>0.5, col[2]>0.5) for col in eachcol(noisy)]
# 1000-element Vector{Bool}
# a multi-layer perceptron with one hidden layer of size 3:
model = Chain(
    Dense(2 => 3, tanh),
    BatchNorm(3),
    Dense(3 => 2)) |> device
# move model to GPU, if one is available
# The model encapsulates parameters, randomly initialised.
# Its initial output is:
out1 = model(noisy |> device)
# 2×1000 Matrix{Float32}, or CuArray{Float32}
probs1 = softmax(out1) |> cpu
# normalise to get probabilities (and move off GPU)
# To train the model, we use batches of 64 samples,
# and one-hot encoding:
target = Flux.onehotbatch(truth, [true, false])
# 2×1000 OneHotMatrix
loader = Flux.DataLoader((noisy, target), batchsize=64,
    shuffle=true);
opt_state = Flux.setup(Flux.Adam(0.01), model)
# will store optimiser momentum, etc.
# Training loop, using the whole data set 1000 times:
losses = []
@showprogress for epoch in 1:1_000
    for xy_cpu in loader
    # Unpack batch of data, and move to GPU:
        x, y = xy_cpu |> device
        loss, grads = Flux.withgradient(model) do m
# Evaluate model and loss inside gradient context:
        y_hat = m(x)
        Flux.logitcrossentropy(y_hat, y)
    end
    Flux.update!(opt_state, model, grads[1])
    push!(losses, loss)
```

```
# logging, outside gradient context
    end
end

opt_state
# parameters, momenta and output have all changed

out2 = model(noisy |> device)
# first row is prob. of true, second row p(false)
probs2 = softmax(out2) |> cpu
# normalise to get probabilities
mean((probs2[1,:] .> 0.5) .== truth)
# accuracy 94% so far!

using Plots
p_true = scatter(noisy[1,:], noisy[2,:], zcolor=truth,
title="True classification", legend=false)
p_raw =  scatter(noisy[1,:], noisy[2,:], zcolor=probs1[1,:],
title="Untrained network", label="", clims=(0,1))
p_done = scatter(noisy[1,:], noisy[2,:], zcolor=probs2[1,:],
title="Trained network", legend=false)

plot(p_true, p_raw, p_done, layout=(1,3), size=(1000,330))

plot(losses; xaxis=(:log10, "iteration"),
yaxis="loss", label="per batch")
n = length(loader)
plot!(n:n:length(losses), mean.(Iterators.partition(losses, n)),
label="epoch mean", dpi=200)
```

Flux.jl는 줄리아에서 제공하는 고수준의 딥러닝 프레임워크이다. TensorFlow나 PyTorch와 비슷한 기능을 제공하지만, 줄리아의 장점인 빠른 성능과 유연성을 제공한다. Flux는 모델 구축, 학습, 최적화 등을 매우 간단하게 구현할 수 있도록 설계되었다.

◇ Flux.jl의 주요 특징:

① 단순하고 직관적인 API: Flux는 모델을 설계하고 훈련하는 과정을

매우 직관적으로 처리할 수 있다. 필요한 기능을 최소화하고, 코드가 직관적이어서 빠르게 실험할 수 있다.

② 자동 미분과의 통합: Flux는 자동미분 라이브러리인 Zygote.jl와 통합되어, 모델의 파라미터에 대해 기울기를 자동으로 계산하여 손실 함수(loss function)를 최소화하는 데 필요한 역전파(backpropagation)를 자동으로 수행한다.

③ 유연성: Flux는 사용자 정의 모델을 만들 수 있도록 유연성을 제공한다. 예를 들어, 다양한 종류의 계층(layer)을 쌓거나, 기존의 딥러닝 모델에 자신만의 기능을 추가할 수 있다.

④ GPU 가속: Flux는 CUDA를 이용하여 GPU에서 모델 훈련을 할 수 있다. 이 덕분에 대규모 데이터를 빠르게 처리할 수 있다.

⑤ 독립성: Flux는 다른 패키지들에 의존하지 않으며, 줄리아의 표준 라이브러리만을 사용한다. 그래서 매우 가벼우며, 필요한 기능만을 추가하여 쓸 수 있다.

줄리아에서 Flux.jl과 같은 심층학습 프레임워크를 사용하여 GPU를 최대한 활용하려면 CUDA와 cuDNN을 모두 적절하게 설치하고 설정하는 것이 일반적인 권장 사항이다. 줄리아 언어에서 심층학습 모델을 학습하거나 실행할 때 GPU를 활용하려면 일반적으로 다음과 같은 소프트웨어 및 라이브러리 설치가 필요하다. CUDA(compute unified device architecture): NVIDIA에서 개발한 병렬 컴퓨팅 플랫폼 및 API 모델이다. NVIDIA GPU에서 범용 병렬 컴퓨팅을 수행할 수 있도록 해준다. 줄리아의 GPU 관련 패키지들은 CUDA 드라이버와 런타임 라이브러리를 사용하여 GPU와 통신한다. cuDNN(CUDA deep neural network library): NVIDIA에서 제공하는 GPU 가속화된 심층 신경망 라이브러리이다. 컨볼루션, 풀링, 활성화 함수 등 심층학습에서 자주 사용되는 연산들을 고도로 최적화하여 제공한다. Flux.jl과 같은 줄리아 심층학습 프레임워크는 cuDNN을 활용하여 GPU 상에서 모델 학습 및 추론 속도를 크게 향상시킬 수 있다.

Table 10.1에서 기계학습과 심층학습을 직접 비교했다.

Table 10.1: 기계학습과 심층학습의 비교.

구분	기계학습(machine learning)	심층학습(deep learning)
기반 기술	다양한 알고리즘	심층 신경망
특성 추출	수동	자동
데이터 요구량	상대적으로 적음	대량의 데이터 필요
모델 해석	비교적 용이	어려움
주요 활용 분야	다양한 분야	복잡한 인지 분야

딥러닝(심층학습)은 다수의 은닉층을 가지는 인공 신경망을 가정하고 있다. 2012년 딥러닝의 핵심 기술들이 모두 알려졌다. 활성화 함수로서 relu(rectifiled linear unit) 함수를 도입하는 것, 합성곱 신경망(convolutionanl neural network; CNN)을 적절히 활용하는 것[14], dropout 방법을 활용하는 것[13], 실제 데이터를 변환하여 보다 더 많은 데이터를 확보하는 데이터 증강 기법을 활용하는 것, CUDA 컴퓨팅을 활용하는 것 등을 들 수 있다. 이상의 조합을 이용하면 일반적으로 성능이 뛰어난 인공 신경망을 구축할 수 있다. 매우 많은 매개변수들을 활용할 수 있으면서도, 모델이 과적합되는 것을 막을 수 있으며, 모델 훈련을 안정적으로 수행할 수 있다. 머신러닝(기계학습) 그리고 딥러닝, 모두 줄리아 언어에서 가능하다.

[14]: LeCun, Bengio, et al. (1995), 'Convolutional networks for images, speech, and time series'
[13]: Srivastava et al. (2014), 'Dropout: a simple way to prevent neural networks from overfitting'

VAE(variational autoencoder)는 복잡한 데이터의 잠재 표현을 학습하는 생성 모델이다. 인코더와 디코더 신경망을 정의한다. 인코더는 입력 데이터를 잠재 공간의 평균과 분산으로 매핑하고, 디코더는 잠재공간의 샘플을 다시 입력 공간으로 매핑한다. 가장 이해하기 쉬운 잠재공간은 아마도 2차원일 것이다. VAE 모델의 훈련이 끝나면 데이터 갯수만큼 2차원에 많은 점들이 분포할 것이다.

줄리아에서 딥러닝을 구현하기 위해 주로 사용되는 패키지인 Flux.jl은 GPU 활용을 지원한다. 하지만 모든 딥러닝 관련 패키지가 기본적으로 GPU를 지원하는 것은 아니다. 다음은 줄리아에서 딥러닝 및 GPU 활용과 관련된 몇 가지 중요한 사항들이다.

Flux.jl:

Flux.jl은 줄리아에서 가장 인기 있는 딥러닝 라이브러리 중 하나이다. Flux.jl은 GPU 가속을 지원하며, CUDA.jl과 같은 패키지를 통해 NVIDIA GPU를 활용할 수 있다. Flux.jl을 사용하여 딥러닝 모델을 구축하고 학습할 때 GPU를 사용하여 성능을 크게 향상시킬 수 있다. CUDA.jl은 줄리아에서 NVIDIA의 CUDA 플랫폼을 사용할 수 있도록 해주는 패키지이다. CUDA.jl을 사용하면 줄리아 코드에서 GPU를 직접 제어하고 활용할 수 있다. 딥러닝 모델의 GPU 가속을 위해서는 CUDA.jl과 함께 Flux.jl을 사용하는 것이 일반적이다. 줄리아의 딥러닝 관련 패키지들은 GPU 지원 여부가 다를 수 있다. 일반적으로 Flux.jl과 같이 활발하게 개발되고 있는 주요 딥러닝 패키지들은 GPU 가속을 지원하는 경우가 많다. 하지만 일부 특정 목적의 패키지나 개발 초기 단계의 패키지들은 GPU 지원이 제한적일 수 있다. 따라서 줄리아에서 딥러닝을 위해 GPU를 활용하려면 Flux.jl과 CUDA.jl을 함께 사용하는 것을 권장한다. 또한 사용하려는 특정 패키지가 GPU를 지원하는지 여부를 해당 패키지의 문서를 통해 확인하는 것이 중요하다.

CUDA 기술은 심층학습의 발전에 필수적인 요소로 자리 잡았으며, 앞으로도 심층학습 기술의 혁신과 발전에 지속적인 영향을 미칠 것으로 예상된다. GPU는 CPU보다 훨씬 많은 코어를 가지고 있어 병렬 처리에 특화되어 있다. CUDA를 사용하면 심층학습 모델의 학습 및 추론에 필요한 행렬 연산, 컨볼루션(합성곱) 연산 등을 GPU에서 병렬로 처리하여 연산 속도를 획기적으로 향상시킬 수 있다. CUDA를 통한 GPU 가속 덕분에 연구자들은 이전에는 상상하기 어려웠던 깊고 복잡한 심층학습 모델을 개발하고 학습할 수 있게 되었다. 이는 이미지 인식, 자연어 처리, 음성 인식 등 다양한 분야에서 심층학습 모델의 성능을 크게 향상시키는 데 기여했다.

심층학습에서 데이터 증강은 모델의 성능을 향상시키기 위해 학습 데이터를 인위적으로 늘리는 기법이다. 충분한 양의 학습 데이터가 확보되지 않았을 때, 모델이 과적합(overfitting)되는 것을 방지하고 일반화 성능을 높이는 데 효과적이다.

◇ 주요 데이터 증강 기법

① 이미지 데이터 증강:

회전(rotation): 이미지를 특정 각도로 회전한다. 이동(translation): 이미지를 상하좌우로 이동한다. 반전(flipping): 이미지를 좌우 또는 상하로 반전한다. 크기 조정(scaling): 이미지의 크기를 확대 또는 축소한다. 자르기(cropping): 이미지의 일부분을 잘라낸다. 색상 변형(color jittering): 이미지의 밝기, 대비, 채도 등을 조절한다.

② 텍스트 데이터 증강:

단어 대체(word replacement): 동의어 또는 유사어를 사용하여 단어를 대체한다. 단어 삽입(word insertion): 문장 중간에 새로운 단어를 삽입한다. 단어 삭제(word deletion): 문장 중간의 단어를 삭제한다. 문장 재구성(sentence reordering): 문장 내 단어 또는 문장의 순서를 변경한다.

③ 오디오 데이터 증강:

시간 이동(time shifting): 오디오 신호를 시간 축으로 이동한다. 피치 변경(pitch shifting): 오디오 신호의 음높이를 변경한다. 속도 변경(speed shifting): 오디오 신호의 재생 속도를 변경한다. 잡음 추가(adding noise): 오디오 신호에 잡음을 추가한다.

◇ 데이터 증강 시 고려사항

적절한 증강 기법 선택: 문제의 특성에 맞는 적절한 증강 기법을 선택해야 한다. 과도한 증강 지양: 너무 과도한 증강은 오히려 모델의 성능을 저하시킬 수 있다. 데이터의 특성 유지: 증강 후에도 데이터의 핵심적인 특성이 유지되어야 한다.

◇ NVIDIA GPU에서 HBM(high bandwidth memory)은 다음과 같은 중요한 역할을 수행한다.

① 메모리 대역폭 향상:

HBM은 기존의 DRAM보다 훨씬 높은 대역폭을 제공한다. 이는 GPU가 대용량의 데이터를 빠르게 처리할 수 있도록 하여, 심층학습 모델의 학습 및 추론 속도를 향상시킨다. 특히, 대규모 언어 모델(LLM)과 같이 메모리 대역폭이 중요한 응용 분야에서 HBM은 필수적인 요소이다.

② 데이터 병목 현상 완화:

GPU의 연산 속도가 빨라짐에 따라, 메모리에서 데이터를 가져오는 속도가 병목 현상으로 작용할 수 있다. HBM은 이러한 병목 현상을 완화하여 GPU의 성능을 최대한 활용할 수 있도록 한다. 이는 인공지능 연산 속도와 학습 속도를 높여준다.

③ 전력 효율성 향상:
HBM은 기존의 DRAM보다 전력 효율성이 높아, GPU의 전력 소비를 줄이는 데 기여한다. 이는 데이터 센터와 같이 대규모 GPU를 사용하는 환경에서 중요한 장점이다.
④ 3D 적층 기술:
HBM은 여러 개의 DRAM 칩을 수직으로 쌓아 연결하는 3D 적층 기술을 사용하여, 작은 면적에 많은 용량의 메모리를 구현한다. 이러한 구조는 GPU의 메모리 용량을 늘리고, 데이터 전송 거리를 줄여 성능을 향상시키는 데 도움이 된다. 요약하자면, HBM은 NVIDIA GPU의 성능을 극대화하고, 심층학습과 같은 고성능 컴퓨팅 응용 분야에서 필수적인 역할을 수행한다.

오토인코더(autoencoder): 효율적인 표현 학습 및 특징 추출
차원 축소(dimensionality reduction): 고차원 데이터를 저차원의 잠재 공간(latent space)으로 압축하여 데이터의 핵심 특징을 보존하면서 정보의 양을 줄인다. 이는 저장 공간 및 계산 자원을 효율적으로 사용하고, 시각화에도 도움을 준다(예: 이미지 압축, 텍스트 데이터의 의미론적 표현). 특징 학습(feature learning): 비지도 학습 방식으로 데이터 자체에서 유용한 특징을 자동으로 추출한다. 이는 이미지 인식, 자연어 처리 등 다양한 다운스트림 작업의 성능 향상에 기여한다(예: 이미지 분류를 위한 특징 추출). 이상 감지(anomaly detection): 정상 데이터로 학습된 오토인코더는 비정상 데이터에 대해 높은 재구성 오류를 나타내는 경향이 있다. 이를 이용하여 이상 데이터를 탐지할 수 있다(예: 금융 거래 사기 감지, 제조 공정 불량 감지). 데이터 정제(denoising): 노이즈가 섞인 데이터를 입력으로 하여 깨끗한 원본 데이터를 재구성하도록 학습시켜 데이터 정제에 활용할 수 있다(예: 이미지 노이즈 제거, 오디오 신호 개선).

변분 오토인코더(variational autoencoder, VAE): 생성 모델링의 잠재력
VAE는 오토인코더의 구조를 확장하여 생성 모델(generative model)의 역할을 수행할 수 있도록 설계되었다. 잠재 공간의 확률 분포 학습: VAE는 입력을 고정된 벡터로 매핑하는 대신, 잠재 공간에서 확률 분포(일반

적으로 가우시안 분포)의 파라미터(평균과 분산)를 학습한다. 이를 통해 잠재 공간이 연속적이고 의미론적으로 부드러워진다. 새로운 데이터 생성: 학습된 잠재 공간에서 샘플링하여 원본 데이터와 유사하지만 새로운 데이터를 생성할 수 있다. 이는 이미지 생성, 텍스트 생성, 음악 생성 등 다양한 생성 모델링 task에 활용된다(예: 새로운 스타일의 이미지 생성, 텍스트 기반 이미지 생성). 데이터 보강(data augmentation): 기존 데이터를 변형하거나 잠재 공간에서 새로운 데이터를 생성하여 학습 데이터셋을 확장하고 모델의 일반화 성능을 향상시키는 데 사용될 수 있다. 데이터의 이해 및 표현: 학습된 잠재 공간을 분석하여 데이터의 핵심적인 요소들을 이해하고, 데이터를 더 나은 방식으로 표현할 수 있다.

오토인코더는 주로 데이터의 효율적인 표현 학습 및 특징 추출에 초점을 맞추어 다양한 비지도 학습 task에서 중요한 역할을 한다. 변분 오토인코더는 오토인코더의 장점을 활용하면서 생성 모델링이라는 강력한 능력을 추가하여 새로운 데이터 생성 및 데이터 이해 분야에서 핵심적인 역할을 수행한다. 이러한 이유로 오토인코더와 변분 오토인코더는 인공지능의 여러 분야에서 핵심적인 기술로 취급되며, 지속적인 연구와 발전을 통해 더욱 다양한 응용 분야에서 활용될 것으로 기대된다.

인공지능 분야에서 오토인코더와 변분 오토인코더는 모두 비지도 학습 기반의 신경망 모델이지만, 목적과 작동 방식에서 뚜렷한 차이를 보인다.

① 오토인코더(autoencoder)

목적: 입력 데이터를 저차원 표현으로 압축(인코딩)하고, 압축된 표현으로부터 원본 데이터를 다시 복원(디코딩)하는 것을 목표로 한다. 인코더(encoder): 입력 데이터를 저차원 잠재 공간(latent space)으로 매핑한다. 디코더(decoder): 잠재 공간의 표현을 다시 원본 데이터와 같은 차원으로 복원한다. 학습 과정에서는 원본 데이터와 복원된 데이터 사이의 오차(재구성 오차)를 최소화하도록 모델을 학습한다. 특징: 주로 차원 축소, 특징 추출, 데이터 잡음 제거 등에 사용된다. 잠재 공간이 연속적이지 않을 수 있으며, 새로운 데이터를 생성하는 데는 적합하지 않다.

② 변분 오토인코더(variational autoencoder, VAE)

목적: 입력 데이터의 분포를 학습하고, 학습된 분포로부터 새로운 데이터를 생성하는 것을 목표로 한다. 인코더(encoder): 입력 데이터를 잠재 공간의 확률 분포(평균과 분산)로 매핑한다. 잠재 공간 샘플링: 학습된 확률 분포로부터 잠재 변수를 샘플링한다. 디코더(decoder): 샘플링된 잠재 변수를 원본 데이터와 같은 차원으로 복원한다. 학습 과정에서는 재구성 오차와 함께 잠재 공간의 확률 분포가 사전 분포(일반적으로 정규 분포)에 가깝도록 하는 정규화 항을 최소화한다. 특징: 잠재 공간이 연속적인 확률 분포로 모델링되어 새로운 데이터 생성이 가능하다. 생성 모델로서 이미지 생성, 텍스트 생성 등 다양한 분야에서 활용된다.

Table 10.2에서 오토인코더와 변분 오토인코더를 비교하였다.

구분	오토인코더	변분 오토인코더
목적	데이터 압축 및 복원	데이터 분포 학습 및 생성
잠재 공간	불연속적일 수 있음	연속적인 확률 분포
데이터 생성	부적합	적합
활용 분야	차원 축소, 잡음 제거	이미지 생성, 텍스트 생성

Table 10.2: 오토인코더와 변분 오토인코더 비교.

```
using Flux, Statistics
# 데이터 생성 (예시)
X = randn(2, 1000)
# 오토인코더 모델 정의
encoder = Chain(
    Dense(2, 16, relu),
    Dense(16, 8, relu)
    )
decoder = Chain(
    Dense(8, 16, relu),
    Dense(16, 2)
    )
autoencoder = Chain(encoder, decoder)
# 손실 함수 정의
loss( x, y) = Flux.mse(autoencoder(x), y)
# 옵티마이저 정의
opt = Flux.setup(Adam(), autoencoder)
# 학습 에포크 수 및 배치 사이즈 설정
epochs = 100
```

```
batch_size = 32
# 학습 루프
for epoch in 1:epochs
    for i in 1:batch_size:size(X, 2)
        batch = X[:, i:min(i + batch_size - 1, size(X, 2))]
        Flux.train!(loss, autoencoder, [(batch, batch)], opt)
    end
println("Epoch $epoch, Loss: $(loss(X, X))")
end
# 재구성 결과 확인 (선택 사항)
X_reconstructed = autoencoder(X)
# 시각화 (Plots.jl 또는 PyPlot.jl 필요)
using Plots
scatter(X[1, :], X[2, :], label="Original")
scatter!(X_reconstructed[1, :], X_reconstructed[2, :],
    label="Reconstructed")

using Flux, Statistics
# 데이터 생성 (예시)
X = randn(2, 1000)

# VAE 모델 정의
encoder = Chain(
    Dense(2, 16, relu),
    Dense(16, 8)  # 평균과 로그 분산을 위한 출력
    )
decoder = Chain(
    Dense(4, 16, relu),
    Dense(16, 2)
    )
function sample_latent(μ, logσ²)
    σ = exp.(0.5 .* logσ²)
     = randn(Float32, size(μ))
    return μ + σ .*
end
function vae(x)
    h = encoder(x)
```

```
    μ, logσ² = h[1:4, :], h[5:8, :]
    z = sample_latent(μ, logσ²)
    x_reconstructed = decoder(z)
    return x_reconstructed, μ, logσ²
end
# 손실 함수 정의
function reconstruction_loss(x, x_reconstructed)
    return mean(Flux.mse(x_reconstructed, x))
end
function kl_divergence(μ, logσ²)
    return -0.5f0 * mean(1f0 .+ logσ² .- μ.^2f0 .- exp.(logσ²))
end
function loss(vae, x)
    x_reconstructed, μ, logσ² = vae(x)
t=reconstruction_loss(x,x_reconstructed)+kl_divergence(μ,logσ²)
    retrun t
end
# 옵티마이저 정의
opt = Flux.setup(Adam(), vae)
# 학습 에포크 수 및 배치 사이즈 설정
epochs = 100
batch_size = 32
# 학습 루프
for epoch in 1:epochs
    for i in 1:batch_size:size(X, 2)
        batch = X[:, i:min(i + batch_size - 1, size(X, 2))]
        Flux.train!(loss, vae, [(batch,)], opt)
    end
    println("Epoch $epoch, Loss: $(loss(vae, X))")
end
# 재구성 결과 확인 (선택 사항)
x_reconstructed, _, _ = vae(X)
# 시각화 (Plots.jl 또는 PyPlot.jl 필요)
using Plots
scatter(X[1, :], X[2, :], label="Original")
scatter!(x_reconstructed[1, :], x_reconstructed[2, :],
    label="Reconstructed")
```

Table 10.3에서 인공지능과 기계학습을 직접 비교했다.

Table 10.3: 인공지능과 기계학습 비교.

구분	인공지능(AI)	기계학습(ML)
정의	인간의 지능을 모방	데이터를 통해 컴퓨터가 학습/예측
관계	가장 넓은 개념, ML을 포함	AI의 하위 분야
기반 기술	알고리즘, 규칙 기반, ML 알고리즘 등	선형 회귀, 결정 트리, SVM 등
특성 추출	수동 또는 자동	수동(특성 공학 필요)
데이터 요구량	다양함	상대적으로 적음
모델 해석	다양함	비교적 용이
활용 분야	로봇, 자연어, 이미지, 게임	스팸 메일, 상품 추천, 신용 평가, 의료 진단
예시	알파고/시리/자율 주행	스팸 필터/뉴스 추천/질병 예측

줄리아에서 원-핫 인코딩(one-hot encoding)은 범주형(categorical) 데이터를 수치형 데이터로 변환하는 방식 중 하나이다. 특히 머신러닝 모델은 숫자 형태의 입력을 필요로 하기 때문에, 텍스트 레이블이나 명목형 변수를 모델이 이해할 수 있도록 바꿔주는 중요한 전처리 과정이다. 만약 "색상"이라는 범주형 변수가 있고, 가능한 값들이 ["빨강" , "파랑", "초록"]이라고 가정해 보자. 원-핫 인코딩을 적용하면 각 색상은 다음과 같은 벡터로 표현된다.

"빨강" → [1, 0, 0]

"파랑" → [0, 1, 0]

"초록" → [0, 0, 1]

범주 간의 순서 가정 방지: 명목형 변수의 경우 범주 간에 자연스러운 순서가 없는데, 원-핫 인코딩은 이를 명확하게 표현하여 모델이 잘못된 순서 정보를 학습하는 것을 방지한다. 모델 성능 향상: 많은 머신러닝 알고리즘은 수치형 입력을 기반으로 작동하므로, 원-핫 인코딩을 통해 범주형 데이터를 효과적으로 활용할 수 있다. 고유한 범주의 수가 매우 많을 경우, 원-핫 인코딩 대신 다른 인코딩 방법(예: 임베딩, 빈도 기반 인코딩)을 고려할 수 있다.

```
using Pkg
Pkg.add("Flux")
using Flux, MLDatasets, CUDA
using Flux: train!, onehotbatch
# Load training data (images, labels)

if false
x_train, y_train = MLDatasets.MNIST.traindata()
# Load test data (images, labels)
```

```
x_test, y_test = MLDatasets.MNIST.testdata()
end

# MNIST 데이터셋 로드 (split=:train으로 훈련 데이터 로드)
train_data = MNIST(split=:train)
test_data = MNIST(split=:test)

# 훈련 및 테스트 이미지와 레이블 분리
x_train, y_train = train_data[:]
x_test, y_test = test_data[:]

# 데이터 전처리: 0-255 범위의 픽셀 값을 0-1로 정규화
x_train = Float32.(x_train) ./ 255.0
x_test = Float32.(x_test) ./ 255.0

# 28x28 이미지를 1x784 벡터로 변환
x_train = reshape(x_train, 28*28, :)
x_test = reshape(x_test, 28*28, :)

# Convert grayscale to float
x_train = Float32.(x_train)
# Create labels batch
y_train = Flux.onehotbatch(y_train, 0:9)

model = Chain(
Dense(784, 256, relu),
Dense(256, 10, relu), softmax
)
loss(x, y) = Flux.Losses.logitcrossentropy(model(x), y)
optimizer = ADAM(0.0001)
parameters = params(model)
# flatten() function converts array 28x28x60000
# into 784x60000 (28*28x60000)
train_data = [(Flux.flatten(x_train), Flux.flatten(y_train))]
# Range in loop can be used smaller
for i in 1:400
    Flux.train!(loss, parameters, train_data, optimizer)
```

```
end
test_data = [(Flux.flatten(x_test), y_test)]
accuracy = 0
for i in 1:length(y_test)
    if findmax(model(test_data[1][1][:, i]))[2] - 1  == y_test[i]
        accuracy = accuracy + 1
    end
end
println(accuracy / length(y_test)) # Accuracy: 0.91
```

줄리아에서 TensorFlow를 사용하기 위해 TensorFlow.jl 패키지를 사용할 수 있다. TensorFlow.jl 패키지는 줄리아와 TensorFlow 간의 상호 운용성을 제공하여, 줄리아 코드 내에서 TensorFlow를 호출하고 사용할 수 있게 해준다. 줄리아에서 Keras를 불러올 수 있다. Keras는 주로 Python에서 사용하는 고수준 신경망 API이지만, 줄리아의 PyCall 패키지를 사용하여 Keras를 호출할 수 있다. PyCall은 줄리아와 Python 간의 상호 운용성을 제공하여 줄리아 코드 내에서 Python 패키지를 사용할 수 있게 해준다. 사실, Keras는 TensorFlow의 일부분이 되었다.

병렬 계산 11

11.1 병렬 계산 기초

병렬 계산이 효율적으로 이루어질 수 있는 중요한 이유 중 하나는 덧셈과 곱셈과 같은 기본적인 연산에서 교환 법칙과 결합 법칙이 성립하기 때문이다. 이 두 가지 법칙 덕분에 연산의 순서를 바꾸거나 묶는 방식을 변경해도 결과가 동일하므로, 여러 작업을 독립적으로 분할하여 동시에 처리하는 것이 가능해진다. 즉, 동원된 CPU들이 모두 동일한 계산 방식을 가지고 있다고 가정한 것이다. 병렬 계산은 일반적으로 단일 CPU로는 수행하기 힘든 계산이 필요할 때 사용하는 계산 방식이다. Figure 11.1에서 동일 시간대에 다수의 CPU가 가동되는 것을 확인할 수 있다. 메모리가 부족한 경우가 대표적인 경우이다. 또한, 더 쉬운 예제는 비슷하지만 인풋이 다른 거의 동일한 계산을 매우 많이 수행해야 하는 경우, 병렬 계산을 수행하면 계산 시간 단축 효과를 볼 수 있다. CPU와 달리 GPU는 태생적으로 병렬 계산을 지원한다. 병렬 계산은 매우 많은 계산 자원을 동시에 활용하여 더 빨리 전체 계산을 끝낸다는 의미를 가진다. 예를 들면, 하나의 계산이 일주일 걸리는데, 병렬 계산 방법을 동원하면, 하루만에 계산을 종료할 수 있다.

병렬 계산에서 주의해야 할 점은 밴드위쓰와 레이턴시이다. 이들은 본질적으로 컴퓨터 관련 통신 장비에 의해서 결정되는 것이다. 일반적으로 통신은 CPU 계산보다 느리다. 따라서, 가능한한 집중적으로 CPU 중심의 계산을 많이 수행한 후에 CPU 사이의 통신을 수행해야한다. 가능하면 통신의 횟수를 제한할 필요가 있다. 또한, 한 번의 통신에서 단위 시간당 많은 정보가 전송될 수 있으면 좋다.

레이턴시(latency)는 모든 통신에서 즉각적인 응답이 이루어지지 못하는 물리적 한계를 지칭하는 것이다. 밴드위쓰(bandwidth)는 단위시간에 얼마나 많은 정보의 전송이 가능한가에 대한 물리적 한계를 지칭하는 것이다. 두 가지 모두 장비의 특성에 속하는 것이다. 저가 장비, 고가 장비를 구별하게 해준다.

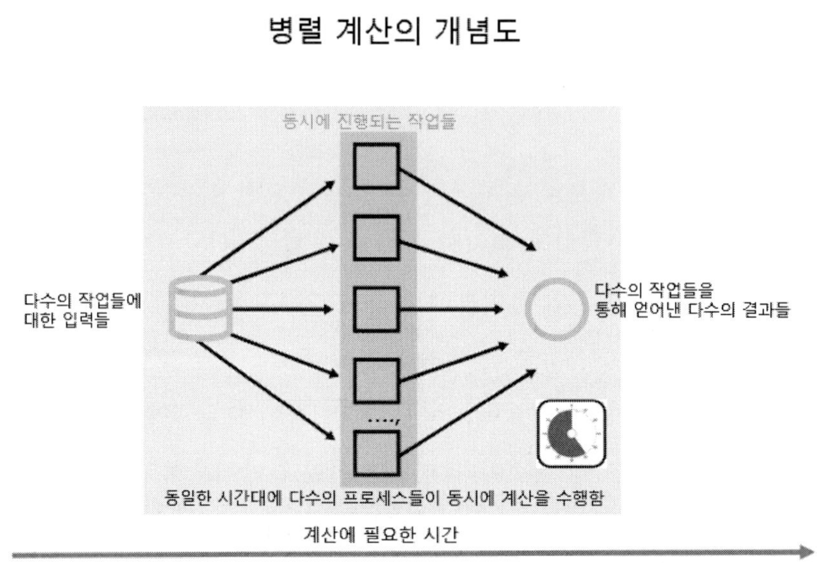

Figure 11.1: 일반적인 병렬 계산의 개념도. 병렬 계산의 종류는 크게 두 가지 나눌 수있다. 데이터 병렬 처리(data parallelism): 동일한 작업을 여러 데이터 조각에 동시에 적용한다. 작업 병렬 처리(task parallelism): 여러 개의 독립적인 작업을 동시에 실행한다.

Figure 11.2에서 동원된 CPU 개수의 함수로, 1개의 CPU가 동원된 경우와 비교하여, 병렬 계산이 얼마나 더 빨리 계산이 수행되는지를 비교한 예를 볼 수 있다. 각각의 병렬 계산 결과는 1개의 CPU를 사용할 때 얻은 것과 동일해야 한다.

◇ 병렬 계산은 여러 프로세서나 코어가 동시에 작업을 수행하여 계산 시간을 단축하는 방법이다. 효율성은 주로 다음 요소들로 측정된다.

① 스피드업(speedup) 정의: 순차 실행 시간 / 병렬 실행 시간. 이상적 스피드업: 프로세서 수에 비례(선형 스피드업).

② 암달의 법칙(Amdahl's law) 암달의 법칙은 병렬화 가능한 부분과 순차적으로만 실행 가능한 부분이 공존할 때 최대 가능한 스피드업을 계산한다.

수식: $S = 1/(f + (1 - f)/n)$

S : 스피드업

f: 순차적으로만 실행 가능한 부분의 비율

n: 프로세서 수

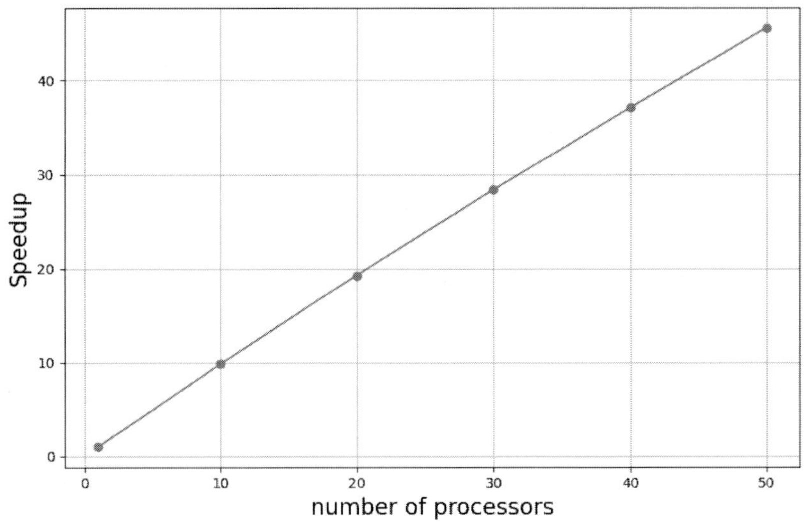

Figure 11.2: 병렬 계산에서 스피드업(speedup)은 병렬화로 인해 얻는 성능 향상을 나타내는 지표이다. 즉, 순차적으로 실행되는 프로그램에 비해 병렬로 실행될 때 얼마나 빨라지는지를 측정한다. 프로그램의 순차적인 부분 때문에 병렬화로 얻을 수 있는 최대 스피드업에는 한계가 있다. 따라서, 병렬 처리기의 수에 비례하여 스피드업이 증가하는 이상적인 경우는 현실에서 찾기가 힘들다.

예를 들어, 프로그램의 90%가 병렬화 가능하고($f = 0.1$) 10개의 프로세서를 사용한다면, $S = 1/(0.1 + 0.9/10) = 1/(0.1 + 0.09) = 1/0.19 \simeq 5.26$. 주어진 n에 대해서, 순차적으로만 실행 가능한 부분의 비율 f에 의해서 병렬 효율성이 결정된다.

◇ 병렬 계산 효율성 저하 요인

통신 오버헤드: 프로세서 간 데이터 교환에 따른 지연. 동기화 비용: 프로세서 간 조정에 필요한 시간. 로드 불균형: 프로세서 간 작업량 차이. 메모리 접근 병목: 여러 프로세서가 동시에 메모리에 접근할 때 발생하는 지연.

줄리아는 과학 및 수치 컴퓨팅을 위해 설계된 고성능 언어로, 병렬 컴퓨팅을 매우 효과적으로 지원한다. 간결하고 사용하기 쉬운 문법을 통해 다양한 수준의 병렬성을 활용할 수 있도록 설계된다.

◇ 줄리아의 주요 병렬 컴퓨팅 기능

① Threads.@threads 매크로(쓰레드 병렬성): 공유 메모리 환경에서 여러 쓰레드를 사용하여 작업을 병렬로 실행할 수 있다. for 루프와 함께 사용하여 각 반복을 독립적인 쓰레드에서 실행할 수 있어, 데이터 병렬 작업에 적합하다.[1] 사용하기 매우 간편하며, 쓰레드 관리를 대부분 줄리아가 알아서 처리해 준다.

1: Threads.nthreads() 함수를 호출하여 현재 쓰레드 수를 확인할 수 있다. 프로그램 내부에서 유용하다.

② Distributed.jl 모듈 프로세스 병렬성: 여러 프로세스를 사용하여 작업을 병렬로 실행할 수 있다. 이는 멀티코어 시스템뿐만 아니라 클러스터 환경에서도 활용 가능하다. 각 프로세스는 독립적인 메모리 공간을 가지므로, 공유 메모리 병렬성의 제약에서 벗어날 수 있다. addprocs(n): n개의 새로운 워커 프로세스를 로컬 머신에 추가한다. myid(): 현재 프로세스의 ID를 반환한다(메인은 1, 워커는 2 이상). @everywhere expr: expr을 모든 현재 및 이후에 생성될 워커 프로세스에서 실행한다. 주로 함수 정의나 패키지 로딩에 사용된다. @distributed for ... end: 반복 작업을 여러 워커 프로세스에 자동으로 분산하여 병렬로 실행한다. @sync와 함께 사용하여 모든 작업이 완료될 때까지 기다릴 수 있다. 프로세스 간의 데이터 통신을 위해 remotecall(), fetch(), put!(), take!() 등의 함수를 제공한다. pmap() 함수를 사용하여 함수를 데이터 컬렉션의 각 요소에 대해 병렬로 매핑할 수 있다.

③ 분산 메모리 병렬 컴퓨팅(distributed arrays): DistributedArrays.jl은 줄리아를 이용하여 분산 메모리 환경에서 대규모 배열 기반 병렬 컴퓨팅을 수행하는 강력한 도구를 제공한다. 메모리 제약을 극복하고 대규모 데이터 처리를 가속화해야 하는 과학 컴퓨팅 및 빅데이터 분석 분야에서 유용하게 활용될 수 있다. DistributedArrays.jl은 Distributed.jl을 기반으로 구축되었다.

④ SharedArrays.jl(공유 배열): 여러 프로세스 간에 공유할 수 있는 배열을 생성할 수 있다. 대규모 데이터를 여러 프로세스에서 효율적으로 공유하고 수정하는 데 유용하다. 공유 배열에 대한 동시 접근을 관리하기 위한 메커니즘도 제공한다. @sync와 @distributed for 루프를 함께 사용하여 SharedArray에 대한 병렬 연산을 수행할 수 있다. 비교적 작은 크기의 데이터를 여러 워커가 읽고 쓰는 빈도가 높을 때, 공유 메모리를 통한 빠른 접근이 필요한 경우에 유용하다.

⑤ GPU 병렬 컴퓨팅(CUDA, AMDGPU): CUDA.jl 및 AMDGPU.jl 패키지를 통해 NVIDIA 및 AMD GPU를 활용한 병렬 컴퓨팅을 지원한다. GPU의 방대한 병렬 처리 능력을 활용하여 과학 및 공학 분야의 복잡한 계산을 가속화할 수 있다. 커널 함수 작성 및 데이터 관리를 위한 인터페이스를 제공한다.

⑥ MPI: MPI.jl은 줄리아 언어에서 MPI(message passing interface) 라이브러리를 사용할 수 있도록 해주는 패키지이다[29]. MPI는 분산 메모리 병렬 컴퓨팅 환경에서 프로세스 간의 통신을 위한 표준 규약으로, 클러스터 환경이나 멀티노드 시스템에서 병렬 애플리케이션을 개발하는 데 널리 사용된다. MPI의 기본적인 통신 방식(점대점 통신, 집단 통신) 및 다양한 기능을 줄리아에서 활용할 수 있도록 인터페이스를 제공한다. MPI는 고성능 병렬 컴퓨팅을 위해 설계되었으며, MPI.jl 역시 효율적인 통신 성능을 제공하는 것을 목표로 한다. 대규모 클러스터 환경까지 확장 가능한 병렬 애플리케이션을 개발할 수 있다. MPI 초기화 및 종료: MPI 환경을 설정하고 해제하는 기능{MPI.Init(), MPI.Finalize()}. 커뮤니케이터(communicator): 통신에 참여하는 프로세스 그룹을 정의한다{MPI.COMM_WORLD, MPI.Comm_create()}. 프로세스 정보: 각 프로세스의 랭크(ID) 및 총 프로세스 수를 얻는 기능{MPI.Comm_rank(), MPI.Comm_size()}. 점대점 통신(point-to-point communication): 특정 두 프로세스 간의 데이터 송수신{MPI.Send(), MPI.Recv(), MPI.Isend(), MPI.Irecv()}. 집단 통신(collective communication): 커뮤니케이터 내의 모든(또는 일부) 프로세스가 참여하는 통신{MPI.Bcast(), MPI.Gather(), MPI.Scatter(), MPI.Allgather(), MPI.Reduce(), MPI.Allreduce()}. 데이터 타입 처리: 줄리아의 데이터 타입을 MPI 데이터 타입으로 변환하여 통신할 수 있도록 지원한다. 비동기 통신(non-blocking communication): 통신 작업이 완료될 때까지 기다리지 않고 다른 작업을 수행할 수 있도록 하는 기능(MPI.Request). 병렬 I/O: 여러 프로세스가 병렬로 파일 시스템에 접근하여 데이터를 읽고 쓰는 기능(MPI.File).[2]

[29]: Gropp et al. (1999), *Using MPI: portable parallel programming with the message-passing interface*

2: 본질적으로 데이터를 주고 받는 항목에만 집중할 수 있다. 초기화, 종료, 총 CPU개수, 그리고 ID 정보를 제공하는 함수들의 각자 역할은 매우 자명하다.

```
function process_item(i)
    # 각 항목을 처리하는 작업
    sleep(rand()) # 예시: 임의의 시간 동안 작업 시뮬레이션
    return i * 2
end
function parallel_processing(n)
    results = Vector{Int}(undef, n)
    Threads.@threads for i in 1:n
        results[i] = process_item(i)
```

```
    end
    return results
end
n = 10
results = parallel_processing(n)
println(results)

using Distributed
# 워커 프로세스 추가 (필요한 경우)
addprocs(3)
@everywhere function process_item_distributed(i)
    sleep(rand())
    return i * 3
end
function distributed_processing(n)
    results = pmap(process_item_distributed, 1:n)
    return results
end
n = 10
results = distributed_processing(n)
println(results)

using Distributed
using SharedArrays
addprocs(2)
n = 10
@everywhere using SharedArrays
@everywhere using Distributed

shared_array = SharedArray{Float64}((n,))
@sync @distributed for i in 1:n
    shared_array[i] = i^2 / myid() # 각 프로세스가 배열의 일부를 계산
end
println(shared_array)
```

```
# CUDA.jl 패키지 사용 예시 (CUDA가 설치되어 있어야 함)
using CUDA
```

```
if has_cuda()
    function gpu_multiply(a, b)
        c = similar(a)
        @cuda threads=256 blocks=(length(a) + 255) ÷ 256 kernel(c, a, b)
        return c
    end
    function kernel(out, a, b)
        idx = (blockIdx().x - 1) * blockDim().x + threadIdx().x
        if idx <= length(out)
            out[idx] = a[idx] * b[idx]
        end
        return nothing
    end
    n = 1024
    a = CUDA.rand(Float32, n)
    b = CUDA.rand(Float32, n)
    result_gpu = gpu_multiply(a, b)
    println(result_gpu[1:10])
else
    println("CUDA not available.")
end
```

데이터 병렬화(data parallelism): 큰 데이터셋을 여러 조각으로 나누고, 각 조각에 대해 동일한 연산을 여러 개의 처리 장치에서 동시에 수행한다. 예를 들어, 백만 개의 숫자를 모두 더해야 한다면, 10개의 코어를 가진 CPU에서 각 코어가 10만 개의 숫자의 합을 독립적으로 계산한 후, 그 결과를 다시 합치는 방식으로 병렬 처리가 가능하다. 교환 법칙과 결합 법칙 덕분에 어떤 순서로 부분 합을 계산하고 합치더라도 최종 결과는 동일하다.

태스크 병렬화(task parallelism): 서로 독립적인 여러 개의 작업을 동시에 실행한다. 각 작업 내에서의 연산은 순차적으로 이루어질 수 있지만, 전체적으로 여러 작업이 동시에 진행되므로 처리 시간을 단축할 수 있다. 각 작업이 독립적이기 때문에 교환 법칙이나 결합 법칙이 직접적으로 적용되지는 않지만, 전체 시스템의 병렬성을 높이는 데 기여한다.

줄리아는 MPI와 쓰레드 모두 강력하게 지원하므로, 해결하려는 문제의 특성과 사용 가능한 하드웨어 환경에 따라 적절한 병렬 처리 기법을 선택하여 활용할 수 있다. 때로는 MPI와 쓰레드를 혼합하여 사용하는 하이브리드 병렬 처리 방식이 효율적일 수도 있다.

◇ MPI vs. 쓰레드: 언제 무엇을 사용해야 할까요?

① MPI: 대규모 병렬 처리가 필요한 경우(클러스터 환경), 분산 메모리 아키텍처, 프로세스 간의 명시적인 데이터 교환 및 동기화가 가능한 작업. 여러 노드로 구성된 클러스터에서 대규모 병렬 처리에 적합하다.[3] 각 프로세스는 독립적인 메모리 공간을 가지므로 데이터 경쟁 문제를 방지할 수 있다. 많은 수의 프로세스를 활용하여 높은 수준의 병렬성을 달성할 수 있다. 랭크(rank): MPI 통신에 참여하는 각 프로세스를 식별하는 고유한 정수 ID이다. 커뮤니케이터(communicator): 통신에 참여하는 프로세스들의 그룹이다. 기본적으로 MPI.COMM_WORLD는 모든 MPI 프로세스를 포함한다. 메시지(message): 프로세스 간에 주고받는 데이터이다. 통신(communication): 메시지를 보내고 받는 동작이다(예: MPI.send, MPI.recv). 집단 통신(collective communication): 커뮤니케이터 내의 여러 프로세스가 참여하는 통신 패턴이다(예: MPI.Bcast, MPI.Reduce). 점대점 통신(point-to-point communication): 특정 랭크 간의 메시지 송수신이다. 브로드캐스트(MPI.Bcast): 하나의 루트 프로세스의 데이터를 모든 다른 프로세스에 전송한다. 리듀스(MPI.Reduce): 각 프로세스의 데이터를 특정 연산(예: 합계, 곱셈, 최댓값)을 사용하여 하나의 결과로 모은다.

② 쓰레드: 단일 노드 내에서의 병렬 처리, 공유 메모리 아키텍처, 병렬 루프와 같이 비교적 간단한 병렬화 패턴, I/O 바운드 작업의 병행성 향상. 쓰레드는 동일한 메모리 공간을 공유하므로 데이터 교환 비용이 저렴하다. 공유 메모리 모델을 사용하므로 MPI보다 상대적으로 프로그래밍이 쉽다. I/O 바운드 작업과 같이 CPU를 많이 사용하지 않는 작업의 성능을 향상시킬 수 있다. 락(lock) 및 동기화(synchronization)는 공유 자원에 대한 동시 접근을 제어하여 데이터 경쟁 및 예측 불가능한 동작을 방지하는 메커니즘이다. 매크로 @threads를 이용한 병렬 루프: for 루프를 여러 쓰레드에 분산하여 병렬로 실행한다. nthreads()를 이용하여 사용

3: 병렬 컴퓨팅 환경에서 노드(node)는 일반적으로 하나 이상의 CPU를 탑재하고 있다. 현대의 서버 및 고성능 컴퓨팅 시스템은 더욱 강력한 연산 능력을 위해 단일 노드 내에 여러 개의 CPU 소켓을 가지고 있으며, 각 CPU 소켓에는 또 여러 개의 코어(core)가 통합되어 있는 경우가 많다.

가능한 쓰레드 수를 확인한다. Threads.@spawn을 이용한 독립적인 작업 실행: 특정 함수 호출이나 표현식을 새로운 쓰레드에서 비동기적으로 실행한다.

공유 메모리 병렬 처리(shared memory parallelism): 여러 쓰레드가 하나의 공유된 메모리 공간을 통해 데이터를 공유하고 통신한다. OpenMP와 같은 API가 대표적이며, 줄리아의 쓰레딩 기능도 이 범주에 속한다. 분산 메모리 병렬 처리(distributed memory parallelism): 각 프로세스가 독립적인 메모리 공간을 가지며, 데이터 공유 및 통신을 위해 명시적인 메시지 전달(message passing) 방식을 사용한다. MPI가 대표적인 모델이다.

11.2 컴퓨팅 장비

CPU의 성능을 향상시키는 전통적인 방법은 클럭 속도를 높이는 것이었다. 하지만 클럭 속도를 무한정 높이는 데는 물리적인 한계(발열, 전력 소비 등)가 따른다. 이러한 한계를 극복하고 성능을 지속적으로 향상시키기 위한 대안으로 멀티코어 기술이 등장하게 되었다. 멀티코어 자원은 하나의 물리적인 중앙 처리 장치(CPU) 안에 여러 개의 독립적인 처리 코어를 내장한 형태를 의미한다. 과거에는 CPU 하나에 하나의 코어만 존재했지만, 기술 발전으로 인해 이제는 개인용 컴퓨터부터 서버, 모바일 장치까지 다양한 컴퓨팅 시스템에서 멀티코어 CPU를 흔히 찾아볼 수 있다. 운영체제와 애플리케이션은 멀티코어 자원을 효율적으로 활용하기 위해 다양한 기술을 사용한다. 쓰레드(Thread): 하나의 프로세스를 구성하는 실행 단위이다. 멀티코어 시스템에서는 여러 개의 쓰레드가 동시에 여러 코어에서 실행될 수 있다. 병렬 프로그래밍: 개발자는 애플리케이션이 여러 코어를 활용하여 작업을 병렬로 처리하도록 프로그래밍할 수 있다. OpenMP, MPI, CUDA 등의 기술이 사용된다. 운영체제 스케줄링: 운영체제는 실행 중인 프로세스와 쓰레드를 여러 코어에 적절하게 할당하여 시스템 자원을 효율적으로 관리한다. 줄리아는 처음부터 고성능 컴퓨팅을 염두에 두고 설계되었으며, 멀티코어 자원을 효과적으로 활용하기 위한 다양한 기능을 제공한다. Distributed 패키지와 @distributed 매크로 등이 줄리아에서 병렬 처리를 구현하는 주요 도구이다. Distributed 패키지: 분산 메모리 병렬 처리를 위한 기능을 제공한다. 여러 개의 독립적인 줄리아 프로세스(worker 프로세스)를 생성하여 작업을 분산 실행하고 결과를 수집할 수 있다. @distributed for 루프: for 루프의 각 반복 작업을 여러 worker 프로세스에 분산하여 병렬로 실행한다. pmap 함수: 주어진 함수를 컬렉션의 각 요소에 대해 병렬로 매핑하여 결과를 반환한다. 쓰레딩(Threads): 줄리아 1.3 버전부터 실험적으로 도입되었고, 이후 꾸준히 발전하고 있는 공유 메모리 병렬 처리 방식이다. 매크로 @threads를 사용하여 쓰레드를 기반으로 병렬 코드를 작성할 수 있다.

줄리아는 고성능 병렬 컴퓨팅을 지원하며, 이를 효과적으로 구현하기 위해서는 적절한 컴퓨팅 장비와 환경이 필요하다. 다음은 줄리아에서 고성능 병렬 컴퓨팅을 구현하기 위한 주요 컴퓨팅 장비 및 환경에 대한 설명이다.

① 멀티코어 CPU(multi-core CPU)

줄리아는 멀티코어 CPU를 활용하여 쓰레드 기반 병렬 처리를 지원한다. Threads.@threads 매크로를 사용하여 여러 쓰레드에서 작업을 분산 처리할 수 있다. 코어 수가 많을수록 더 많은 작업을 동시에 처리할 수 있어 성능 향상에 도움이 된다.

② GPU(graphics processing unit)

줄리아의 CUDA.jl 및 AMDGPU.jl 패키지를 사용하여 GPU를 활용한 병렬 처리를 구현할 수 있다. GPU는 CPU보다 훨씬 많은 코어를 가지고 있어 대규모 병렬 연산에 적합하다. 딥러닝, 과학 계산 등 대규모 행렬 연산이 필요한 작업에서 GPU를 사용하면 성능을 크게 향상시킬 수 있다.

③ 클러스터 컴퓨팅(cluster computing)

줄리아의 Distributed.jl 패키지를 사용하여 여러 대의 컴퓨터를 연결하여 병렬 처리를 수행할 수 있다. 클러스터 컴퓨팅 환경에서는 대규모 데이터 처리, 시뮬레이션 등 복잡한 작업을 분산 처리하여 효율적으로 수행할 수 있다. 고성능 컴퓨팅 클러스터(HPC 클러스터)를 구축하여 줄리아 기반의 고성능 병렬 컴퓨팅 환경을 구축할 수 있다.

④ 고성능 네트워크(high-performance network)
클러스터 컴퓨팅 환경에서 노드 간 통신은 성능에 큰 영향을 미친다. InfiniBand, RoCE 등 고성능 네트워크를 사용하여 노드 간 통신 속도를 향상시키면 전체적인 병렬 처리 성능을 높일 수 있다.[4]

⑤ 고성능 스토리지(high-performance storage)
대규모 데이터를 처리하는 병렬 컴퓨팅 환경에서는 고성능 스토리지 시스템이 필요하다. 병렬 파일 시스템(예: Lustre, GPFS)을 사용하여 데이터를 효율적으로 읽고 쓸 수 있다. SSD(solid state drive)를 사용하여 데이터 접근 속도를 향상시킬 수도 있다. 데이터 분석, 인공지능 학습 등 대량의 데이터를 사용하는 계산 작업에서는 SSD의 빠른 데이터 접근 속도가 전체 작업 시간을 단축시킬 수 있다. 즉, SSD는 데이터 입출력 병목 현상을 줄여 CPU가 계산에 집중할 수 있도록 돕는다.

4: RoCE(RDMA over converged Ethernet)는 이더넷 환경에서 RDMA(remote direct memory access)의 이점을 제공하여 고성능 네트워킹을 가능하게 하는 중요한 기술이다. RDMA는 한 서버의 애플리케이션이 다른 서버의 메모리에 CPU 개입 없이 직접 데이터를 읽고 쓸 수 있도록 하는 기술로, 고성능 컴퓨팅(HPC), 데이터 센터, 그리고 인공지능 환경에서 높은 대역폭, 낮은 지연 시간, 그리고 낮은 CPU 사용률을 달성하는 데 핵심적인 역할을 한다.

줄리아에서 고성능 병렬 컴퓨팅을 구현하기 위해서는 멀티코어 CPU, GPU, 클러스터 컴퓨팅 환경 등 다양한 컴퓨팅 장비를 활용할 수 있다. 또한, 고성능 네트워크와 고성능 스토리지를 사용하여 전체적인 병렬 처리 성능을 향상시킬 수 있다. 사용자의 작업 유형과 규모에 따라 적절한 컴퓨팅 장비와 환경을 선택하여 줄리아 기반의 고성능 병렬 컴퓨팅 시스템을 구축할 수 있다.

11.3 인피니밴드

인피니밴드와 기가비트 이더넷은 서로 다른 목표를 가진 기술이다. 인피니밴드는 최고의 성능을 요구하는 환경, 특히 고성능 컴퓨팅, 대규모 인공지능 클러스터, 초고속 스토리지를 위해 설계되었다. 높은 비용과 제한적인 호환성에도 불구하고, 성능이 중요한 워크로드에서는 여전히 강력한 선택지이다. 기가비트 이더넷은 보편성, 비용 효율성, 유연성을 강점으로 가지며, 대부분의 일반적인 네트워킹 요구 사항을 충족한다. 지속적인 발전을 통해 고속 이더넷 표준이 등장하면서, 일부 고성능 컴퓨팅 영역에서도 경쟁력을 확보하고 있다.

CPU 사이의 통신은 다양한 방식으로 이루어지며, 인피니밴드는 그중 고성능 컴퓨팅 환경에서 주로 사용되는 고속 상호 연결 기술이다. 인피니밴드의 성능은 매우 뛰어나며, 다음과 같은 특징을 가진다.

① 높은 대역폭과 낮은 지연 시간: 인피니밴드는 표준 Ethernet보다 훨씬 빠른 데이터 전송 속도와 낮은 지연 시간을 제공한다. 최신 버전의 인피니밴드는 1 Tbps 이상의 속도를 제공하며, 나노초 단위의 지연 시간을 자랑한다. 이는 대량의 데이터를 빠르게 처리해야 하는 고성능 컴퓨팅 환경에 매우 적합하다.

② RDMA(remote direct memory access) 지원: 인피니밴드는 RDMA 기술을 지원하여 CPU를 거치지 않고 시스템 간에 직접 메모리 액세스를 가능하게 한다. RDMA는 CPU의 부하를 줄이고 데이터 전송 효율을 높여준다.

③ 주요 사용 분야: 고성능 컴퓨팅: 슈퍼컴퓨터, 클러스터 컴퓨팅 등. 데이터 센터: 대규모 데이터 처리, 클라우드 컴퓨팅 등. 인공지능: 딥러닝, 머신러닝 등.

④ 인피니밴드와 Ethernet 비교: 인피니밴드는 고성능 컴퓨팅 환경에 최적화된 기술이며, Ethernet은 일반적인 네트워크 환경에 적합하다. 인피니밴드는 높은 대역폭과 낮은 지연 시간을 제공하지만, 비용이 비싸고 호환성이 제한적이다. Ethernet은 범용성이 뛰어나고 비용이 저렴하지만, 인피니밴드에 비해 성능이 낮다. 주로 수행하는 계산의 양식에 따라서는 Ethernet으로도 충분히 병렬 계산 작업을 효율적으로 진행할 수 있다.

⑤ 인피니밴드의 종류: HDR(high data rate): 초당 200 기가비트(Gbps)의 속도 제공. NDR(next data rate): 초당 400 기가비트(Gbps)의 속도 제공.

요약하자면, 인피니밴드는 CPU 사이의 고속 통신을 위한 매우 강력한 기술이며, 고성능 컴퓨팅 환경에서 필수적인 역할을 한다.

MPI.jl은 줄리아에서 MPI를 사용할 수 있도록 해주는 패키지이다. 이 패키지를 사용하면 C, FORTRAN 등 다른 언어에서 사용하던 MPI 기능을 줄리아에서도 사용할 수 있다. MPI.jl 패키지를 사용하려면 먼저 설치해야 한다. 줄리아 REPL(read-eval-print loop)에서 다음 명령어를 실행하여 설치할 수 있다. MPI.jl 패키지를 줄리아의 패키지 관리자인 Pkg를 통해 설치하면, MPI.jl 자체 라이브러리 파일뿐만 아니라 MPI 환경에서 줄리아 스크립트를 실행하는 데 필요한 래퍼 스크립트인 mpiexecjl도 함께 설치된다. MPI.jl을 설치하면 .julia 디렉토리 내의 특정 위치에 mpiexecjl이 저장된다.[5] mpiexecjl을 사용하면 줄리아의 강력함과 MPI의 병렬 처리 능력을 결합하여 고성능 컴퓨팅 작업을 효율적으로 수행할 수 있다. mpiexecjl은 병렬 컴퓨팅을 위해 MPI(message passing interface) 라이브러리를 사용하는 줄리아 프로그램을 실행하는 데 아주 유용한 도구이다. 만약 hello_mpi.jl이라는 이름의 줄리아 스크립트가 있다. 해당 스크립트를 4개의 프로세스로 실행하려면 터미널에서 다음과 같이 입력한다.

```
/.julia/bin/mpiexecjl -n 4 julia hello_mpi.jl
```

5: /.julia/bin/mpiexecjl

mpiexec과 mpiexecjl은 모두 MPI 기반의 병렬 프로그램을 실행하는 데 사용되는 명령어이지만, 몇 가지 중요한 차이점이 있다.

◇ mpiexec(일반적인 MPI 실행 명령어)

범용성: mpiexec은 다양한 프로그래밍 언어(C, C++, FORTRAN, Python 등)로 작성된 MPI 프로그램을 실행하는 데 사용되는 일반적인 MPI 실행 명령어이다. MPI 구현체 의존성: 시스템에 설치된 특정 MPI 구현체(예: Open MPI, MPICH, Intel MPI)의 일부로 제공된다. 어떤 mpiexec이 실행되는지는 시스템의 환경 설정 및 PATH 설정에 따라 달라질 수 있다. 프로젝트 독립성 부족: 특정 프로젝트의 환경이나 설정과는 독립적으로 작동한다. 여러 MPI 프로젝트를 관리할 때, 각 프로젝트에 맞는 MPI 구현체 및 라이브러리를 사용하는지 사용자가 직접 확인하고 관리해야 한다.

◇ mpiexecjl(MPI.jl 래퍼 스크립트)

줄리아 전용: mpiexecjl은 MPI.jl 패키지를 사용하는 줄리아 프로그램의 실행을 간편하게 하기 위해 제공되는 래퍼 스크립트이다. MPI.jl 연동: MPI.jl 패키지를 설치할 때 함께 설치되며, 특정 줄리아 프로젝트에서 사용되는 MPI.jl 버전에 연결된 mpiexec 실행 파일을 자동으로 찾아서

실행해 준다. 프로젝트 인식: –project 옵션을 통해 특정 줄리아 프로젝트 환경을 지정할 수 있다. 이렇게 하면 해당 프로젝트의 Manifest.toml 또는 Project.toml 파일에 정의된 MPI.jl 버전에 호환되는 mpiexec이 실행된다. 이는 여러 줄리아 MPI 프로젝트를 관리할 때 매우 편리하다. 환경 격리: 각 줄리아 프로젝트별로 다른 MPI 구현체 또는 버전을 사용할 수 있도록 환경을 격리하는 데 도움을 준다.

mpiexec: MPI-2 표준에서 제안하는 병렬 프로그램 실행 명령어이다. 비교적 명확한 옵션과 사용법을 가지며, MPI 구현체 간의 호환성을 목표로 한다. mpirun: 많은 MPI 구현체에서 제공하는 또 다른 실행 명령어이다. 때로는 mpiexec과 동일한 기능을 수행하거나, 특정 구현체에 특화된 추가적인 편의 기능이나 옵션을 제공하기도 한다. Open MPI 환경에서는 mpirun과 mpiexec은 완벽하게 동일하게 작동한다. 다른 MPI 구현체에서는 약간의 차이가 있을 수 있지만, 대부분의 기본적인 사용법은 유사하다. 어떤 명령어를 사용할지는 개인적인 선호나 특정 스크립트와의 호환성에 따라 결정할 수 있다.

```
using MPI
MPI.Init()
comm = MPI.COMM_WORLD
rank = MPI.Comm_rank(comm)
size = MPI.Comm_size(comm)
println("Rank: $rank, Size: $size")
MPI.Finalize()
```

MPI 프로그램을 실행하려면 mpiexec 또는 mpirun 또는 mpiexec 명령어를 사용해야 한다. 예를 들어, 4개의 프로세스로 프로그램을 실행하려면 다음 명령어를 실행한다.

```
mpiexec -n 4 julia your_program.jl
```

◇ MPI.jl의 주요 기능

① 통신: MPI.Send, MPI.Recv: 점대점(point-to-point) 통신

② MPI.Bcast, MPI.Scatter, MPI.Gather: 집단 통신

③ 통신 그룹: MPI.Comm_create, MPI.Comm_split: 통신 그룹 생성 및 분할

◇ 데이터 타입: 다양한 데이터 타입 지원(정수, 실수, 배열 등)

◇ MPI.jl의 장점

줄리아의 높은 성능을 활용하여 MPI 프로그램을 작성할 수 있다. 줄리아의 간결한 문법을 사용하여 MPI 프로그램을 쉽게 작성할 수 있다. 다양한 MPI 기능을 제공하여 복잡한 병렬 프로그램을 작성할 수 있다.

◇ MPI.jl의 활용 분야

과학 계산, 데이터 분석, 머신러닝(기계학습), 시뮬레이션.

MPI.jl 공식 문서: https://juliaparallel.org/MPI.jl/stable/ MPI 관련 자료: MPI에 대한 기본적인 지식이 있으면 MPI.jl을 사용하는데 도움이 된다. 줄리아와 MPI.jl을 사용하면 고성능 병렬 프로그램을 효율적으로 개발할 수 있다. MPI.jl은 줄리아를 사용하여 분산 메모리 환경에서 고성능 병렬 계산을 수행하기 위한 강력한 도구이다. 특히 대규모 클러스터 환경에서 복잡한 병렬 알고리즘을 구현하고 높은 수준의 제어를 필요로 하는 과학 및 공학 분야의 애플리케이션 개발에 유용하다. MPI는 오랫동안 사용되어 온 표준이므로, 다양한 병렬 환경에서 이식성이 높다. 프로세스 간의 통신을 세밀하게 제어할 수 있어 복잡한 병렬 알고리즘을 구현하는 데 유리하다. 클러스터 환경에서 수백, 수천 개의 코어를 활용하는 대규모 병렬 계산에 적합하다. MPI의 개념과 사용법을 익히는 데 시간이 걸릴 수 있다.

MPI 프로그래밍에서는 각 CPU(정확히는 각 프로세스) 입장에서 어떤 데이터를 처리해야 하는지를 명확하게 설계하고 구현하는 것이 매우 중요하다. 이는 분산 메모리 병렬 컴퓨팅의 핵심 원리이기 때문이다. 각 프로세스는 독립적인 메모리 공간을 가지므로, 전체 데이터셋이 여러 프로세스에 분산되어 저장될 가능성이 높다. 따라서 각 프로세스는 자신이 할당받은 데이터의 특정 부분에 대해서만 연산을 수행해야 한다.

데이터 분할, 각 프로세스의 역할 정의, 데이터 접근 및 처리 로직, 결과

통합 등을 면밀히 따져야 한다. 우선, 순열 프로그램을 완성한 후 병렬 프로그램을 개발한다. 핵심은 각 프로세스가 "자신의 책임 영역"을 명확히 이해하고, 필요한 경우 다른 프로세스와 협력하여 전체 작업을 완료하도록 프로그래밍하는 것이다. MPI 프로그래밍은 이러한 데이터 분할, 각 프로세스의 역할 정의, 통신 방식 설계 등을 신중하게 고려해야 효율적인 병렬 성능을 얻을 수 있다. 알고리즘이 허용하는 수준에서 CPU들 사이의 통신보다는 각자 CPU 계산에 집중해야 한다. 통신이 없으면 계산이 되지 않는다. 반드시 통신이 필요하다.

```
import MPI
MPI.Init()
comm = MPI.COMM_WORLD
N = 5
root = 0
if MPI.Comm_rank(comm) == root
    print(" Running on $(MPI.Comm_size(comm)) processes\n")
end
MPI.Barrier(comm)
if MPI.Comm_rank(comm) == root
    A = [i*(1.0 + im*2.0) for i = 1:N]
else
    A = Array{ComplexF64}(undef, N)
end
MPI.Bcast!(A, root, comm)
print("rank = $(MPI.Comm_rank(comm)), A = $A\n")
if MPI.Comm_rank(comm) == root
    B = Dict("foo" => "bar")
else
    B = nothing
end
B = MPI.bcast(B, root, comm)
print("rank = $(MPI.Comm_rank(comm)), B = $B\n")
if MPI.Comm_rank(comm) == root
    f = x -> x^2 + 2x - 1
else
    f = nothing
```

```
end
f = MPI.bcast(f, root, comm)
print("rank = $(MPI.Comm_rank(comm)), f(3) = $(f(3))\n")

using MPI, Statistics
MPI.Init()
const comm = MPI.COMM_WORLD
const root = 0
# Define a custom struct
# This contains the summary statistics
# (mean, variance, length) of a vector
struct SummaryStat
    mean::Float64
    var::Float64
    n::Float64
end
function SummaryStat(X::AbstractArray)
    m = mean(X)
    v = varm(X,m, corrected=false)
    n = length(X)
    SummaryStat(m,v,n)
end

# Define a custom reduction operator
# this computes the pooled mean, pooled variance and total length
function pool(S1::SummaryStat, S2::SummaryStat)
    n = S1.n + S2.n
    m = (S1.mean*S1.n + S2.mean*S2.n) / n
    v = (S1.n * (S1.var + S1.mean * (S1.mean-m)) +
    S2.n * (S2.var + S2.mean * (S2.mean-m)))/n
    SummaryStat(m,v,n)
end

# Register the custom reduction operator.
# This is necessary only on platforms
# where Julia doesn't support closures as cfunctions
# (e.g. ARM), but can be used
```

```
# on all platforms for consistency.
MPI.@RegisterOp(pool, SummaryStat)
X = randn(10,3) .* [1,3,7]'
# Perform a scalar reduction
summ = MPI.Reduce(SummaryStat(X), pool, comm; root)
if MPI.Comm_rank(comm) == root
    @show summ.var
end

# Perform a vector reduction:
# the reduction operator is applied elementwise
col_summ=MPI.Reduce(mapslices(SummaryStat,X,dims=1),pool,comm;root)

if MPI.Comm_rank(comm) == root
    col_var = map(summ -> summ.var, col_summ)
    @show col_var
end
```

```
using MPI
MPI.Init()
comm = MPI.COMM_WORLD
rank = MPI.Comm_rank(comm)
size = MPI.Comm_size(comm)
dst = mod(rank+1, size)
src = mod(rank-1, size)
N = 4
send_mesg = Array{Float64}(undef, N)
recv_mesg = Array{Float64}(undef, N)
fill!(send_mesg, Float64(rank))
rreq = MPI.Irecv!(recv_mesg, comm; source=src, tag=src+32)
print("$rank: Sending   $rank -> $dst = $send_mesg\n")
sreq = MPI.Isend(send_mesg, comm; dest=dst, tag=rank+32)
stats = MPI.Waitall([rreq, sreq])
print("$rank: Received $src -> $rank = $recv_mesg\n")
MPI.Barrier(comm)
```

```
using MPI
```

```

"""
split_count(N::Integer, n::Integer)

Return a vector of 'n' integers which are approximately
equally sized and sum to 'N'.
"""
function split_count(N::Integer, n::Integer)
    q,r = divrem(N, n)
    return [i <= r ? q+1 : q for i = 1:n]
end

MPI.Init()
comm = MPI.COMM_WORLD
rank = MPI.Comm_rank(comm)
comm_size = MPI.Comm_size(comm)
root = 0
if rank == root
    M, N = 4, 7
    test = Float64[i for i = 1:M, j = 1:N]
    output = similar(test)
# Julia arrays are stored in column-major order,
# so we need to split along the last dimension
# dimension
    M_counts = [M for i = 1:comm_size]
    N_counts = split_count(N, comm_size)
# store sizes in 2 * comm_size Array
    sizes = vcat(M_counts', N_counts')
    size_ubuf = UBuffer(sizes, 2)

# store number of values to send to
#  each rank in comm_size length Vector
    counts = vec(prod(sizes, dims=1))
    test_vbuf = VBuffer(test, counts)
    # VBuffer for scatter
    output_vbuf = VBuffer(output, counts)
    # VBuffer for gather
```

```
else
# these variables
# can be set to 'nothing' on non-root processes
    size_ubuf = UBuffer(nothing)
    output_vbuf = test_vbuf = VBuffer(nothing)
end
if rank == root
    println("Original matrix")
    println("================")
    @show test sizes counts
    println()
    println("Each rank")
    println("================")
end
MPI.Barrier(comm)
local_size = MPI.Scatter(size_ubuf,NTuple{2,Int},root,comm)
local_test = MPI.Scatterv!(test_vbuf,
    zeros(Float64, local_size), root, comm)
for i = 0:comm_size-1
    if rank == i
        @show rank local_test
    end
    MPI.Barrier(comm)
end
MPI.Gatherv!(local_test, output_vbuf, root, comm)
if rank == root
    println()
    println("Final matrix")
    println("================")
    @show output
end
```

병렬 계산을 이해하고 효율적으로 활용하기 위해서는 하드웨어의 CPU 분포 관점과 소프트웨어 개발자인 프로그래머의 관점 모두를 고려해야 한다. 프로그램이 더 많은 CPU 코어나 노드를 사용할수록 성능이 최대한 증가하도록 설계하는 것이 중요하다. 프로그래머는 추상화된 도구를 사용하지만, 그 이면에 있는 하드웨어 동작 방식을 염두에 두고 코드를 작성해야 병렬성의 잠재력을 최대한으로 발휘할 수 있다. 병렬 계산은 작업을 나누는 granularity(알갱이 크기)에 따라 크게 coarse-grained(粗粒度, 조립도) 병렬 계산과 fine-grained(細粒度, 세립도) 병렬 계산으로 분류된다. 이 두 가지 방식은 작업을 분할하고 병렬로 실행하는 단위의 크기, 통신 및 동기화 오버헤드, 그리고 적용 분야에서 뚜렷한 차이를 보인다.

◇ coarse-grained(粗粒度, 조립도) 병렬 계산

작업 분할 단위: 비교적 크고 독립적인 작업 단위로 프로그램을 분할한다. 각 작업은 상당한 양의 계산을 수행하며, 다른 작업과의 의존성이 적거나 통신 빈도가 낮다. 병렬성: 비교적 낮은 수준의 병렬성을 가진다. 전체 작업을 몇 개의 큰 덩어리로 나누어 병렬로 실행한다. 통신 오버헤드: 작업 간의 통신 빈도가 낮기 때문에 통신 오버헤드가 상대적으로 적다. 동기화 오버헤드: 작업들이 독립적인 경우가 많아 동기화 오버헤드 또한 적다. 로드 밸런싱: 작업 크기가 클 수 있으므로 로드 밸런싱이 어려울 수 있다. 특정 작업에 부하가 집중될 경우 전체 성능에 영향을 미칠 수 있다. 적용 분야: 데이터 병렬 처리(각 프로세스가 큰 데이터 블록 처리), 독립적인 시뮬레이션, 분산 시스템 등 비교적 독립적인 대규모 작업에 적합하다. 줄리아에서의 예시: -p 옵션을 사용하여 여러 프로세스를 시작하고, 각 프로세스가 배열의 서로 다른 큰 부분을 처리하는 방식이 coarse-grained 병렬 처리에 해당할 수 있다. @distributed for 루프를 사용하여 작업을 프로세스에 분산하는 것도 이에 해당한다.

◇ fine-grained(細粒度, 세립도) 병렬 계산

작업 분할 단위: 매우 작고 세밀한 작업 단위로 프로그램을 분할한다. 각 작업은 적은 양의 계산을 수행하며, 다른 작업과의 의존성이 높고 통신 빈도가 잦을 수 있다. 병렬성: 높은 수준의 병렬성을 가진다. 매우 많은 작은 작업들을 동시에 실행한다. 통신 오버헤드: 작은 작업들이 빈번하게 데이터를 공유하거나 결과를 합쳐야 하므로 통신 오버헤드가 상대적으로 크다. 동기화 오버헤드: 공유 데이터에 대한 접근을 관리하기 위해 동기화 오버헤드가 클 수 있다. 로드 밸런싱: 작업 크기가 작고 많기 때문에 로드 밸런싱이 비교적 쉽다. 작업 부하를 여러 프로세서에 균등하게 분배할 수

있다. 적용 분야: 병렬 루프(각 반복을 병렬로 실행), 벡터 연산, SIMD 연산 등 매우 세밀한 수준의 병렬 처리에 적합하다. SIMD는 하나의 명령어로 여러 개의 데이터를 동시에 처리하는 병렬 처리 방식이다. 마치 여러 명의 작업자에게 똑같은 지시를 내려서 각자 다른 물건을 동시에 처리하게 하는 것과 비슷하다고 생각하면 된다. 서로 다른 데이터를 동일한 방식으로 처리하는 것이 핵심이다. 예를 들어, 작업자를 조건문으로 선정할 수 있다. 줄리아에서의 예시: -t 옵션을 사용하여 여러 쓰레드를 시작하고, @threads for 루프를 사용하여 루프의 각 반복을 쓰레드에 분산하는 방식이 fine-grained 병렬 처리에 해당한다.

◇ -t와 -p 옵션과의 관계

일반적으로 -t(쓰레드) 옵션은 fine-grained 병렬 처리에 더 적합하다. 쓰레드는 공유 메모리 모델을 사용하므로 작은 작업들이 데이터를 빠르게 공유하고 동기화할 수 있지만, 과도한 공유는 성능 저하를 유발할 수 있다. -p(프로세스) 옵션은 coarse-grained 병렬 처리에 더 적합합다. 각 프로세스는 독립적인 메모리 공간을 가지므로 통신 비용이 크지만, 독립적인 작업을 안정적으로 처리할 수 있다. 물론 이는 일반적인 경향이며, 특정 문제와 알고리즘에 따라 두 가지 방식을 혼합하거나, 하나의 옵션을 사용하여 다양한 granularity의 병렬 처리를 구현할 수도 있다. 중요한 것은 해결하려는 문제의 특성과 병렬 처리 방식의 오버헤드를 고려하여 가장 효율적인 방법을 선택하는 것이다.

-machine-file 옵션은 여러 컴퓨터 노드로 구성된 클러스터 환경에서 분산 컴퓨팅을 설정하고 실행하는 데 핵심적인 역할을 한다. 이 옵션을 사용하면 사용할 원격 호스트들의 정보가 담긴 텍스트 파일을 지정하여, 줄리아가 해당 노드들에 작업 프로세스를 자동으로 생성하고 작업을 분산 처리할 수 있도록 한다. 줄리아를 실행할 때 -p 옵션 대신 -machine-file 옵션을 사용하고, 그 뒤에 사용할 머신 정보가 담긴 텍스트 파일의 경로를 지정한다. 원격 노드에도 동일하거나 호환 가능한 버전의 줄리아가 설치되어 있어야 한다. 로컬 시스템과 원격 노드 간의 네트워크 연결이 안정적이어야 한다. 작업에 필요한 데이터 파일이나 스크립트 파일이 원격 노드에서도 접근 가능하도록 설정해야 할 수 있다(예: 공유 파일 시스템

사용 또는 scp 등을 이용한 파일 복사). -machine-file 옵션은 줄리아를 사용하여 클러스터 환경에서 대규모 병렬 컴퓨팅 작업을 효율적으로 수행할 수 있도록 지원하는 강력한 기능이다. 복잡한 분산 환경을 쉽게 구성하고 관리할 수 있도록 돕는다.

11.4 파인 그레인드(fine-grained)

줄리아를 실행할 때 -p *n* 또는 –procs=*n* 옵션을 사용하면 병렬 처리를 활성화하고 *n*개의 작업 프로세스(worker processes)를 시작한다. 이는 멀티코어 또는 멀티프로세서 시스템에서 줄리아 코드를 더 빠르게 실행하는 데 매우 유용하다. 병렬 처리 활성화: -p 옵션을 사용하면 줄리아는 기본적으로 하나의 메인 프로세스 외에 지정된 개수의 작업 프로세스를 추가로 실행한다. 이 작업 프로세스들은 메인 프로세스와 통신하며 계산 작업을 분담하여 수행할 수 있다. 작업 프로세스 수 지정: -p 뒤에 오는 숫자 *n*은 시작할 작업 프로세스의 수를 나타낸다. -p 2: 메인 프로세스 외에 2개의 작업 프로세스를 시작하여 총 3개의 프로세스를 사용한다. -p 4: 메인 프로세스 외에 4개의 작업 프로세스를 시작하여 총 5개의 프로세스를 사용한다. -p auto: 시스템의 논리 코어 수만큼 자동으로 작업 프로세스를 시작한다. 이는 시스템의 모든 가용 자원을 활용하는 데 편리하다. 분산 컴퓨팅 지원: 여러 작업 프로세스를 활용하여 계산 집약적인 작업을 병렬로 처리함으로써 실행 시간을 단축할 수 있다. 특히 pmap, @spawn, @async, @distributed 등의 병렬 처리 관련 매크로 및 함수와 함께 사용될 때 그 효과가 두드러진다. 줄리아에서 foreach는 병렬 처리를 위한 도구이다. 컬렉션의 각 요소에 대해서 지정된 작업을 병렬로 수행하여 연산 속도를 향상시킬 수 있다. 스크립트 내에서 addprocs()를 사용하는 것과 -p 옵션을 사용하는 것 모두 유효하며, 상황에 따라 더 편리한 방법을 선택할 수 있다. nprocs() 함수는 현재 줄리아 세션에서 활성화된 worker 프로세스의 총 개수를 반환한다. 인자를 받지 않는다. 이 함수를 통해 메인 프로세스를 포함한 모든 worker 프로세스의 수를 알 수 있다. addprocs() 함수는 줄리아의 병렬 계산 능력을 확장하기 위해 새로운 worker 프로세스를 시작하는 역할을 한다. worker 프로세스는 메인 줄리아 프로세스와는 별개로 작업을 수행할 수 있으며, @distributed 루프나 pmap 등의 병렬 처리 구문을 사용하여 작업을 분산 실행하는 데 사용된다.

예를 들어 -p 3으로 실행했다면, 메인 프로세스도 포함되어 총 4개의 프로세스가 실행 중이다. nprocs()는 4를 반환한다. workers() 함수는 작업 프로세스의 ID인 2, 3, 4를 반환한다. 아래 프로그램에서 많은 것을 동시에 얻을 수 있다. 이 예제를 통해 줄리아에서 -p 옵션을 사용하여 병렬 처리를 어떻게 활성화하고 활용할 수 있다. pmap은 데이터 병렬 처리에 유용한 함수이며, @spawn과 @async 등의 다른 병렬 처리 관련 도구들도 있다. 1부터 1000까지의 정수를 담는 배열을 생성하고, 병렬 처리 함수를 사용하여 제곱 합을 계산한다. 비교를 위해 직렬 처리 방식(map과 sum 사용)으로도 동일한 계산을 수행한다. num_procs 설정: 명령행 인수를 통해 원하는 작업 프로세스 수를 지정할 수 있도록 한다. 인수가 없으면 기본적으로 2개의 작업 프로세스를 사용한다. addprocs: 현재 실행 중인 프로세스 수가 원하는 수보다 적으면 필요한 만큼 작업 프로세스를 추가한다. 이미 충분한 프로세스가 실행 중이면 이 부분은 무시된다. @everywhere square(x): 매크로 @everywhere는 square 함수를 모든 작업 프로세스에서 사용할 수 있도록 정의한다. 각 작업 프로세스가 이 함수를 독립적으로 실행할 수 있다. parallel_sum_of_squares(arr): pmap(square, arr): pmap 함수는 첫 번째 인자로 전달된 함수(square)를 두 번째 인자로 전달된 배열(arr)의 각 요소에 병렬로 적용한다. 결과는 순서대로 배열에 담겨 반환된다. 각 요소의 제곱 계산은 여러 작업 프로세스에 분산되어 수행된다. sum(squared_values): 병렬 처리된 결과 배열의 모든 요소를 합산한다.

```
# parallel_square_sum.jl

# 작업 프로세스 수를 명령행 인수로 받거나 기본값으로 설정
num_procs = length(ARGS) > 0 ? parse(Int, ARGS[1]) : 2
```

```
# 지정된 수의 작업 프로세스 시작 (이미 시작되었다면 무시)
if nprocs() < num_procs + 1
    addprocs(num_procs - (nprocs() - 1))
end
@everywhere function square(x)
    return x^2
end

function parallel_sum_of_squares(arr)
# 각 요소에 대해 병렬로 square 함수를 적용하고 결과를 모음
    squared_values = pmap(square, arr)
# 모아진 결과의 합 계산
    total_sum = sum(squared_values)
    return total_sum
end
# 테스트 배열 생성
data = 1:1000
# 병렬로 제곱 합 계산
result_parallel = parallel_sum_of_squares(data)
println("병렬 처리 결과: ", result_parallel)
# 직렬로 제곱 합 계산 (비교용)
result_serial = sum(map(x -> x^2, data))
println("직렬 처리 결과: ", result_serial)
println("총 프로세스 수: ", nprocs())
println("작업 프로세스 ID: ", workers())
```

-t 옵션(Threads): 쓰레드 기반 병렬 처리

-t n 또는 –threads=n 옵션을 사용하면 단일 줄리아 프로세스 내에서 n 개의 쓰레드를 활성화한다. 공유 메모리 모델: 여러 쓰레드가 같은 메모리 공간을 공유한다. 이는 데이터 통신이 빠르고 효율적일 수 있다는 장점이 있지만, 동시에 경쟁 조건(race conditions)과 동기화 문제를 야기할 수 있다. 따라서 쓰레드를 사용할 때는 데이터 접근 및 변경에 주의를 기울여야 한다. 가벼운 병렬성: 쓰레드는 프로세스보다 생성 및 관리 비용이 저렴하여 비교적 가벼운 병렬 처리에 적합하다. 최근 기능: 줄리아에서 쓰레드 기반 병렬 처리는 비교적 최근에 안정화된 기능이며, 아직 모든

라이브러리나 코드에서 완벽하게 최적화되어 있지 않을 수 있다. Threads 모듈: 쓰레드를 활용하기 위해서는 Threads 모듈을 명시적으로 사용해야 한다(using Threads). 매크로 @threads 등을 통해 쓰레드 병렬 루프를 구현할 수 있다.

-p 옵션(processes): 프로세스 기반 병렬 처리
-p *n* 또는 –procs= *n* 옵션을 사용하면 *n*개의 별도로 준비된 줄리아 프로세스(worker processes)를 시작한다. 분산 메모리 모델: 각 프로세스는 자신만의 독립적인 메모리 공간을 가진다. 따라서 데이터를 다른 프로세스와 공유하려면 명시적인 프로세스 간 통신(inter-process communication, IPC)이 필요하다. 강력한 격리: 각 프로세스가 독립적인 메모리 공간을 가지므로, 한 프로세스의 오류가 다른 프로세스에 영향을 미칠 가능성이 적다. Distributed 모듈: 프로세스 기반 병렬 처리를 위해서는 Distributed 모듈을 사용해야 한다(using Distributed). @spawn, pmap, @distributed 등의 매크로 및 함수를 통해 작업을 여러 프로세스에 분산할 수 있다. 높은 오버헤드: 프로세스 생성 및 관리, 그리고 프로세스 간 데이터 통신은 쓰레드보다 상대적으로 더 많은 오버헤드를 발생시킬 수 있다. 최근에는 줄리아의 쓰레드 기능이 발전하면서 공유 메모리 병렬성의 장점을 활용하려는 시도가 많아지고 있다. 하지만 여전히 안정성과 독립적인 작업 관리가 중요한 경우에는 프로세스 기반 병렬 처리(-p)가 더 적합할 수 있다. 상황에 따라 적절한 옵션을 선택하여 병렬성을 활용하는 것이 중요하다.

Table 11.1에서 두 가지 옵션을 직접 비교했다. -t 옵션과 -p 옵션 모두 for 루프의 계산을 병렬로 수행하여 효율성을 높일 수 있도록 해준다. 하지만 어떤 방식으로 병렬 처리를 하는지, 그리고 어떤 상황에 더 적합한지에 차이가 있다.

```
using MPI
MPI.Init()      # MPI 환경을 초기화
comm = MPI.COMM_WORLD   # 전체 프로세스 그룹의 통신 영역을 복사
rank = MPI.Comm_rank(comm)
```

특징	-t(쓰레드)	-p(프로세스)
실행 단위	단일 프로세스 내의 여러 쓰레드	여러 독립적인 줄리아 프로세스
메모리 모델	공유 메모리	분산 메모리
통신 방식	직접 메모리 접근 (동기화 필요)	명시적인 IPC
오버헤드	낮음	높음
격리성	낮음 (오류 전파 가능성 높음)	높음 (오류 격리)
활용 모듈	`Threads`	`Distributed`
적합한 작업	가벼운 병렬 작업	계산량이 많은 작업
	공유 데이터 활용	안정성 중요

Table 11.1: -t와 -p 비교. 쓰레드는 하나의 프로세스 내에서 독립적으로 실행될 수 있는 실행 흐름의 단위이다. 마치 하나의 프로그램 안에서 여러 개의 작은 프로그램이 동시에 실행되는 것과 유사하게 생각할 수 있다. 쓰레드는 반드시 하나의 프로세스 안에서 생성되고 관리된다. 하나의 프로세스는 여러 개의 쓰레드를 가질 수 있다.

```
# 각 프로세스의 랭크(순번)를 가져옴, 0, 1, 2, ..., size-1
size = MPI.Comm_size(comm) # 전체 프로세스 수를 가져옴

# 각 프로세스가 처리할 데이터 크기
data_size = 10
# 각 프로세스가 처리할 데이터 생성
local_data = collect(rank * data_size + 1 : (rank + 1) * data_size)
# 각 프로세스의 부분 합 계산
local_sum = sum(local_data)
# 모든 프로세스의 부분 합을 모아 전체 합 계산
global_sum = MPI.Reduce(local_sum, MPI.SUM, 0, comm)
# 모든 프로세스의 부분 합을 루트 프로세스(랭크 0)로 모아 전체 합을 계산
# 루트 프로세스(rank 0)에서 전체 합 출력
if rank == 0
    println("Total sum: ", global_sum)
end
MPI.Finalize()              # MPI 환경을 종료
# 터미널에서 다음 명령어를 실행하여 프로그램을 실행한다.
# (4개의 프로세스를 사용하는 경우)
# size = 4 인 계산:
# mpiexec -n 4 julia sum_mpi.jl
```

◇ 병렬 계산을 구현하기 전에 순차적 프로그램을 먼저 완성해야 하는 이유는 여러 가지가 있다.

① 이해와 검증

이해: 먼저 문제를 완전히 이해하고, 어떻게 해결할 것인지 명확하게 계획해야 한다. 순차적인 프로그램은 이러한 이해를 도와준다. 검증: 순차적 프로그램이 올바르게 동작하는지 확인할 수 있다. 이는 병렬화된 프로그

램에서도 동일한 결과를 기대할 수 있도록 보장한다.

② 디버깅의 용이성

단순함: 순차적 프로그램은 병렬 프로그램보다 일반적으로 더 간단하다. 따라서 문제를 디버깅하고 오류를 찾는 것이 더 쉽다. 기초적인 오류 해결: 병렬화 전에 모든 논리적 오류와 예외를 해결할 수 있다. 병렬 프로그램에서는 동시성 문제(경쟁 상태, 데드락 등)를 추가로 고려해야 하기 때문에, 기초적인 오류를 미리 해결하는 것이 중요하다.[6]

③ 병렬화의 기반

기준 성능 측정: 순차적 프로그램의 성능을 기준으로 삼아 병렬화의 성능 향상을 평가할 수 있다. 병렬화가 성능 향상을 가져왔는지 확인하는 데 도움이 된다. 작업 분할: 순차적 프로그램을 기반으로 병렬화할 작업을 나눌 수 있다. 어떤 부분을 병렬화할 수 있는지, 병렬화했을 때 성능 향상을 기대할 수 있는지를 판단할 수 있다.

④ 코드 유지보수성

코드의 가독성: 순차적 프로그램은 병렬 프로그램에 비해 구조가 더 명확하고 가독성이 높다. 이는 코드 유지보수와 이해에 도움이 된다. 점진적 개발: 순차적 프로그램을 먼저 작성하고, 이를 기반으로 점진적으로 병렬화를 도입할 수 있다. 이 접근 방식은 개발 과정에서 발생할 수 있는 문제를 단계별로 해결하는 데 도움이 된다.

6: 데드락(deadlock)은 두 개 이상의 프로세스 또는 쓰레드가 서로가 점유하고 있는 자원을 기다리면서 더 이상 진행하지 못하는 상태를 의미한다. 마치 교차로에서 서로 양보하지 않고 멈춰선 차량들처럼, 모든 프로세스가 묶여 영원히 멈춰 있게 된다. 데이터 경쟁 상태(data race)는 여러 개의 쓰레드가 공유 메모리 위치에 동시에 접근하고, 그 중 적어도 하나가 쓰기(write) 연산을 수행하며, 이 접근들이 동기화되지 않았을 때 발생하는 상황이다. 데이터 경쟁 상태가 발생하면 프로그램의 실행 결과가 예측 불가능하게 된다.

이 프로그램은 푸아송 방정식을 유한 차분법을 사용하여 풀고, MPI를 통해 병렬로 계산한다. 각 프로세스는 전체 도메인에서 일부 행을 계산하며, MPI.Allreduce!를 통해 각 프로세스의 결과를 동기화한다.

```
# 푸아송 방정식을 유한 차분법으로 해결하는 순차적 프로그램
function solve_poisson(N, max_iter, tolerance)
    L = 1.0
    dx = L / (N - 1)
    dy = L / (N - 1)
    phi = zeros(N, N)
    f = zeros(N, N)
    for iter in 1:max_iter
        residual = 0.0
```

```
        for i in 2:N-1
            for j in 2:N-1
                phi_new=0.25*(phi[i+1,j]+phi[i-1,j]
                  +phi[i,j+1]+phi[i,j-1]-dx^2 *f[i,j])
                residual = max(residual, abs(phi_new - phi[i, j]))
                phi[i, j] = phi_new
            end
        end
        if residual < tolerance
            break
        end
    end
    return phi
end
# 함수 호출
N = 100
max_iter = 10000
tolerance = 1e-6
phi = solve_poisson(N, max_iter, tolerance)

using MPI
using Random
using Printf
MPI.Init()
comm = MPI.COMM_WORLD
rank = MPI.Comm_rank(comm)
size = MPI.Comm_size(comm)
# 도메인 크기
N = 100
L = 1.0
dx = L / (N - 1)
dy = L / (N - 1)
# 각 프로세스의 작업 범위 설정
rows_per_process = div(N, size)
row_start = rank * rows_per_process + 1
row_end = min((rank + 1) * rows_per_process, N)

```

```
# 함수 f와 초기값 phi 설정
f = zeros(N, N)
phi = zeros(N, N)
# 경계 조건 설정 (여기서는 간단히 0으로 설정)
@inbounds for i in 1:N
    phi[i, 1] = 0.0
    phi[i, N] = 0.0
    phi[1, i] = 0.0
    phi[N, i] = 0.0
end
# 반복을 통해 포아송 방정식 풀기
tolerance = 1e-6
max_iter = 10000
global iter = 0
residual = 1.0
@inbounds while (iter < max_iter) && (residual > tolerance)
    residual = 0.0
    @inbounds for i in row_start:row_end
        for j in 2:N-1
            if i == 1 || i == N
                continue
            end
            phi_new=0.25*(phi[i+1,j]+phi[i-1,j]+phi[i,j+1]
                 +phi[i,j-1]-dx^2 *f[i,j])
            residual = max(residual, abs(phi_new - phi[i, j]))
            phi[i, j] = phi_new
        end
    end
# 각 프로세스의 결과를 모아 갱신
    MPI.Allreduce!(MPI.IN_PLACE, phi, MPI.MAX, comm)
    global iter += 1
    if rank == 0
        @printf("Iteration %d, Residual: %e\n", iter, residual)
    end
end
if rank == 0
    println("Solution:")
```

```
    println(phi)
end
MPI.Finalize()
```

다음은 매크로 @threads를 사용하여 배열의 각 요소에 제곱 연산을 병렬로 수행하는 예제이다.

```
using Base.Threads
function parallel_square!(arr::Vector{Int})
    @threads for i in 1:length(arr)
        arr[i] = arr[i] * arr[i]
    end
    return arr
end
# 사용 예시
my_array = [1, 2, 3, 4, 5]
parallel_square!(my_array)
println(my_array)  # 출력: [1, 4, 9, 16, 25]
```

매크로 @spawn은 새로운 쓰레드에서 작업을 생성하고 실행한다. @spawn을 사용하면 현재 실행 흐름과 독립적으로 동시에 실행되는 새로운 작업 단위를 만들 수 있다. @spawn을 호출하면 즉시 다음 코드로 진행되며, 생성된 태스크의 완료를 기다리지 않는다. 이는 메인 프로그램의 응답성을 유지하는 데 중요하다. @spawn으로 생성된 비동기 태스크의 결과를 얻거나, 태스크의 완료를 기다리기 위해 wait() 함수가 자주 함께 사용된다. 다음은 매크로 @spawn을 사용하여 두 개의 작업을 병렬로 실행하는 예제이다.

```
using Base.Threads
function parallel_tasks()
    task1 = @spawn begin
        println("Task 1 started")
        sleep(2)  # 2초 대기
        println("Task 1 finished")
    end
```

```
    task2 = @spawn begin
        println("Task 2 started")
        sleep(1)  # 1초 대기
        println("Task 2 finished")
    end
    wait(task1)
    wait(task2)
end
# 사용 예시
parallel_tasks()
```

쓰레드 지역 변수는 각 쓰레드마다 독립적인 값을 가지는 변수이다. Threads.threadid() 함수를 사용하여 현재 쓰레드의 ID를 얻을 수 있다.

```
using Base.Threads
function thread_local_example()
    thread_local_var = Dict{Int, Int}()
    @threads for i in 1:4
        thread_id = Threads.threadid()
        thread_local_var[thread_id] = i
        println("Thread $(thread_id): $(thread_local_var[thread_id])")
    end
end
# 사용 예시
thread_local_example()
```

채널은 쓰레드 간에 데이터를 안전하게 주고받을 수 있는 통신 수단이다. 내장된 동기화 메커니즘으로 데이터 경쟁을 방지한다. put!(데이터 쓰기)과 take!(데이터 읽기) 함수를 통해 직관적으로 데이터를 송수신할 수 있다. 다음은 채널을 사용하여 쓰레드 간에 데이터를 주고받는 예제이다.

```
using Base.Threads
function channel_example()
    channel = Channel{Int}(32)
    @threads for i in 1:4
        put!(channel, i * i)
```

```
    end
    for i in 1:4
        println("Received: $(take!(channel))")
    end
end
# 사용 예시
channel_example()
```

SharedArray는 멀티코어 시스템에서 최적화된 성능을 발휘한다. SharedArray를 사용하는 코드에서 실제 성능 개선을 확인하려면, 데이터 크기(n)가 커질수록 성능 차이를 명확하게 느낄 수 있다. SharedArray 생성: SharedArray{Float64}(n)는 크기 n인 Float64 타입의 배열을 생성한다. 이 배열은 여러 쓰레드에서 동시에 접근할 수 있으며, 메모리 공유를 통해 빠르게 병렬 처리할 수 있다. 병렬 처리: 매크로 @threads는 줄리아에서 멀티쓰레딩을 사용할 때 매우 유용하다. 이 매크로는 각 쓰레드가 병렬로 작업을 수행하도록 만든다. 예제에서는 A와 B 배열의 각 요소를 더하여 result 배열에 저장한다. 결과 출력: 배열의 첫 10개 항목만 출력하여 결과를 확인한다.

매크로 @threads를 사용하려면 줄리아가 멀티쓰레딩을 지원하는 환경에서 실행되어야 한다. 줄리아를 실행할 때 -t 옵션을 사용하여 쓰레드 수를 지정할 수 있다.

```
#   julia -t  4   myscript.jl
# 4개의 쓰레드를 사용하여 스크립트를 실행
using SharedArrays
using Base.Threads  # 병렬 처리 관련 함수들 제공

# 병렬 작업에서 사용할 데이터를 준비한다.
n = 10^7   # 데이터 크기
A = rand(n)   # 무작위 벡터 A
B = rand(n)   # 무작위 벡터 B
# 결과를 저장할 SharedArray를 만든다.
result = SharedArray{Float64}(n)
```

```
# 병렬로 벡터의 합을 계산한다.
@threads for i in 1:n
    result[i] = A[i] + B[i]
end
# 결과 확인
println("첫 10개의 결과: ", result[1:10])

using SharedArrays
using Base.Threads
# 행렬 크기 정의
const ROWS = 1000
const COLS = 1000
# 공유 행렬 생성 및 초기화
shared_matrix_a = SharedArray{Float64}((ROWS, COLS))
shared_matrix_b = SharedArray{Float64}((ROWS, COLS))
for i in 1:ROWS
    for j in 1:COLS
        shared_matrix_a[i, j] = rand()
    end
end
# 결과를 저장할 공유 행렬 생성
shared_result = SharedArray{Float64}((ROWS, COLS))
# 병렬로 각 요소의 제곱 계산
@threads for i in 1:ROWS
    for j in 1:COLS
        shared_result[i, j] = shared_matrix_a[i, j]^2
    end
end
# 결과의 일부 확인
println("결과 행렬의 첫 5x5 요소:")
for i in 1:min(5, ROWS)
    for j in 1:min(5, COLS)
        print("$(shared_result[i, j]) ")
    end
    println()
end
# (선택 사항) 원래 행렬 B에 shared_matrix_a 의 제곱을 더하는 병렬 연산
```

```
@threads for i in 1:ROWS
    for j in 1:COLS
        shared_matrix_b[i, j] += shared_matrix_a[i, j]^2
    end
end
println("\n행렬 B의 첫 5x5 요소 (A의 제곱이 더해짐):")
for i in 1:min(5, ROWS)
    for j in 1:min(5, COLS)
        print("$(shared_matrix_b[i, j]) ")
    end
    println()
end
```

@threads는 벡터나 배열과 같은 작업을 병렬로 처리할 때 매우 유용하다. 매크로 @threads는 루프의 반복 작업을 여러 쓰레드에 분배하여 동시에 실행하도록 한다. @threads는 루프를 여러 쓰레드에 분배하여 동시에 실행되도록 한다. 매크로 @threads는 루프를 자동으로 분할하고 각 쓰레드에서 병렬로 실행되도록 한다.

```
using Base.Threads  # 병렬 처리 관련 함수들 제공
# 데이터 준비
n = 10^7  # 벡터 크기
A = rand(n)  # 무작위 벡터 A
B = zeros(n)  # 결과를 저장할 벡터 B
# 병렬로 벡터 A의 각 요소 제곱 계산
@threads for i in 1:n
    B[i] = A[i]^2
end
# 결과 확인
println("첫 10개의 결과: ", B[1:10])

using Base.Threads
# 행렬 크기
n = 1000
A = rand(n, n)
B = rand(n, n)
```

```
C = zeros(n, n)
# 병렬 행렬 곱셈
@threads for i in 1:n
    for j in 1:n
        C[i, j] = sum(A[i, k] * B[k, j] for k in 1:n)
    end
end
println("첫 5x5 결과: ", C[1:5, 1:5])
```

멀티코어 시스템은 하나의 물리적 프로세서(즉, CPU) 내에 여러 개의 코어를 포함하는 시스템을 의미한다. 각 코어는 독립적으로 명령어를 실행할 수 있어, 여러 작업을 동시에 처리하는 능력을 제공한다. 현대의 대부분의 컴퓨터는 멀티코어 CPU를 사용하며, 이는 병렬 처리를 효율적으로 수행할 수 있게 해준다. 멀티코어 CPU는 여러 개의 독립적인 코어를 포함하고 있다. 각 코어는 자체적으로 명령을 실행할 수 있으며, 여러 코어가 동시에 작업을 처리할 수 있다. 예를 들어, 4개의 코어를 가진 CPU는 동시에 4개의 작업을 처리할 수 있다. 각 코어는 동일한 메모리 공간과 I/O 자원을 공유하지만, 각 코어는 독립적인 프로세서를 가지고 있어, 여러 작업을 독립적으로 실행할 수 있다. 일부 시스템에서는 코어들 간에 캐시 공유 또는 메모리 대역폭을 조정하여 성능을 최적화한다. 멀티코어 시스템에서 쓰레드(Thread)는 실행 단위로, 여러 쓰레드가 동시에 실행될 수 있다. 멀티코어 CPU는 여러 프로세스를 병렬로 실행할 수 있으며, 각 코어는 하나 이상의 쓰레드를 처리할 수 있다. 이를 통해 다수의 작업을 동시에 처리하는 병렬 처리가 가능해진다. 최신 컴퓨터 시스템에서 기본적으로 멀티코어를 지원하고 있다. 그러나 멀티코어 시스템을 효과적으로 활용하려면 병렬화가 가능한 작업을 찾아야 하고, 이를 적절히 분배하고 관리하는 소프트웨어 최적화가 필요하다.

비디오 편집, 렌더링, 인코딩 작업에서도 멀티코어 시스템을 활용하면 작업 시간을 대폭 줄일 수 있다. 멀티코어 시스템은 웹 서버와 데이터베이스와 같은 서버 애플리케이션에서 효율성을 높이는 데 사용된다. 여러 클라이언트 요청을 동시에 처리하고, 데이터베이스 쿼리를 병렬로 처리할 수 있다. 빅 데이터 분석이나 머신러닝 훈련에서 멀티코어 시스템의 장점을 극대화할 수 있다. 데이터를 여러 쓰레드에 분배하여 빠르게 처리하고, 모델 학습을 동시에 여러 코어에서 수행할 수 있다. 멀티코어 시스템은 대규모 과학적 시뮬레이션 및 수치 계산에 매우 유용하다. 예를 들어, 물리학, 화학, 생물학 등 다양한 분야에서 복잡한 시뮬레이션을 병렬 처리하여 계산 시간을 단축할 수 있다.

줄리아에서 쓰레드 프로그래밍은 공유 메모리 병렬 프로그래밍 모델을 사용한다. 따라서 데이터 경쟁 조건(race condition)을 방지하기 위해 동기화 메커니즘을 적절히 사용해야 한다. 매크로 @threads는 루프를 자동으로 병렬화하지만, 루프 내부의 작업이 독립적이어야 올바르게 작동한다. 매크로 @spawn는 새로운 쓰레드를 생성하므로, 쓰레드 생성 오버헤드를 고려해야 한다. 채널은 쓰레드 간에 데이터를 안전하게 주고받을 수 있지만, 성능 오버헤드가 발생할 수 있다. 쓰레드 프로그래밍은 디버깅이 어려울 수 있으므로, 신중하게 코드를 작성하고 테스트해야 한다.

줄리아에서 쓰레드를 사용하는 것은 OpenMP와 유사한 목적을 달성하지만, 몇 가지 중요한 차이점이 있다.

◇ OpenMP와 줄리아 쓰레드의 공통점

공유 메모리 병렬 프로그래밍: 둘 다 공유 메모리 모델을 사용하여 여러 쓰레드가 동일한 메모리 공간에 접근하고 작업을 수행한다. 병렬 루프: OpenMP의 #pragma omp parallel for와 줄리아의 @threads for는 모두 루프를 병렬로 실행하는 데 사용된다. 성능 향상: 둘 다 멀티코어 프로세서의 성능을 활용하여 프로그램의 실행 속도를 향상시킬 수 있다.

OpenMP와 줄리아 쓰레드의 차이점

◇ 언어 통합

OpenMP는 C, C++, FORTRAN과 같은 언어에 대한 확장 라이브러리이다. 즉, 기존 언어에 OpenMP 지시어를 추가하여 병렬화를 수행한다. 줄리아는 언어 자체에 쓰레드 기능을 내장하고 있다. 매크로 @threads와 같은 기능을 통해 언어 수준에서 쓰레드 프로그래밍을 지원한다. 유연성: 줄리아 쓰레드는 OpenMP보다 더 유연한 쓰레드 관리 기능을 제공한다.

매크로 @spawn을 사용하여 임의의 작업을 새로운 쓰레드에서 실행할 수 있다. 줄리아는 채널과 같은 쓰레드 간 통신 메커니즘을 제공하여 복잡한 병렬 프로그램을 작성하는 데 유용하다. 추상화 수준: 줄리아의 매크로 @threads는 OpenMP의 #pragma omp parallel for보다 더 높은 수준의 추상화를 제공한다. 즉, 개발자가 쓰레드 관리에 대한 세부 사항을 직접 처리할 필요가 적다. OpenMP는 컴파일러 지시어 기반으로 보다 직접적인 제어가 가능하다.

줄리아 쓰레드는 OpenMP와 유사하게 공유 메모리 병렬 프로그래밍을 지원하며, 병렬 루프를 쉽게 작성할 수 있도록 해준다. 줄리아는 언어 통합, 유연성, 추상화 수준 측면에서 OpenMP와 차별화된다. 줄리아의 쓰레드 기능은 OpenMP를 대체할 수 있는 강력한 대안이며, 줄리아 언어의 특성과 함께 사용하면 병렬 프로그래밍을 더욱 효율적으로 수행할 수 있다. Table 11.2에서 줄리아 쓰레드와 OpenMP를 직접 비교했다.

Table 11.2: 줄리아 쓰레드와 OpenMP 간단 요약 비교.

특징	줄리아 쓰레드 (`Base.Threads`)	OpenMP
추상화 수준	낮음	높음
병렬성 명시성	명시적	암시적 (지시어 기반)
사용 편의성	상대적으로 어려움	상대적으로 쉬움
제어 수준	높음	상대적으로 낮음
주요 사용 패턴	작업 기반, 명시적 동기화	반복문 병렬화, 섹션 분할
언어 지원	줄리아	C/C++/Fortran 등
이식성	줄리아 플랫폼	다양한 플랫폼 및 컴파일러

Threads.Atomic은 여러 쓰레드가 공유하는 메모리 위치에 대한 원자적(atomic) 연산을 제공하는 모듈이다. 연산이 분리 불가능한 하나의 단위로 실행된다는 것이다. 즉, 연산이 시작되면 중간에 다른 쓰레드의 간섭 없이 완전히 완료된다. Threads.Atomic은 경쟁 조건을 방지하고, 여러 쓰레드가 안전하게 공유 변수를 조작할 수 있도록 보장한다. 락(locks)과 같은 복잡한 동기화 메커니즘 없이 간단하게 쓰레드 안전한 연산을 수행할 수 있다.

```
using Base.Threads
function threaded_sum(arr)
    total = Atomic{Int}(0)
    @threads for i in arr
        atomic_add!(total, i)
```

```
        end
        return total[]
    end
```

11.5 매크로 @.와 LoopVectorization

매크로 @.(점 연산자, dot operator)

목표: 배열의 요소별(element-wise) 연산을 간결하게 표현하고, 자동으로 벡터화(auto-vectorization)를 시도한다. 줄리아 언어에서 @.은 '점 방송(dot broadcasting)'이라고 불리기도 한다. @.은 매크로이므로, 컴파일 시간에 코드를 변환하여 성능을 향상시킨다. @.은 다차원 배열에도 적용 가능하며, 복잡한 배열 연산을 간단하게 처리할 수 있다. 문법: 함수 이름이나 연산자 뒤에 점(.)을 붙여 사용한다. 작동 방식: 컴파일러는 점이 붙은 연산을 만나면, 해당 연산을 배열의 각 요소에 대해 독립적으로 수행하도록 변환한다. 이때, 컴파일러는 가능한 경우 SIMD를 활용하여 여러 요소를 동시에 처리하도록 최적화하려고 시도한다. 간결한 문법: 복잡한 배열 연산을 매우 짧고 직관적인 코드로 표현할 수 있다. 쉬운 사용: 별도의 패키지 설치 없이 줄리아 기본 기능으로 사용할 수 있다. 자동 벡터화 시도: 컴파일러가 알아서 벡터화를 시도하므로, 간단한 연산에서는 성능 향상을 기대할 수 있다. 벡터화 성능의 한계: 컴파일러의 자동 벡터화는 항상 최적의 결과를 보장하지 않는다. 특히 복잡한 루프 구조나 메모리 접근 패턴에서는 효율이 떨어질 수 있다. 명시적인 제어 불가: 프로그래머가 벡터화 방식을 직접적으로 제어할 수 없다. 루프 최적화 부족: 기본적인 요소별 연산에 초점을 맞추기 때문에, 루프 전체의 최적화(예: 루프 융합, 언롤링 등)는 제한적이다. @.은 매크로이므로, 뒤에 오는 전체 표현식을 평가하여 브로드캐스팅을 적용한다. 가독성 향상: 복잡한 브로드캐스팅 연산을 한눈에 파악하기 쉽게 만들어준다. .은 개별 연산자나 함수에, @.은 전체 표현식에 적용된다. 복잡한 표현식에 대해서는 @.이 더 읽기 쉬울 수 있다. .은 더 다양한 상황에 적용 가능하며, 함수형 프로그래밍 스타일에서 더 자연스럽게 사용될 수 있다. 기능적으로 . 브로드캐스팅과 @.

브로드캐스팅은 컬렉션의 요소별 연산을 수행한다는 점에서 동일하지만, 적용 범위와 문법적인 편의성에서 차이가 있다.

LoopVectorization 패키지

목표: 명시적으로 SIMD 벡터화를 수행하고, 더 세밀한 루프 최적화를 통해 배열 연산의 성능을 극대화한다. 문법: 매크로 @turbo를 사용하여 벡터화할 루프를 감싸는 형태로 사용한다. 작동 방식: 매크로 @turbo는 주어진 루프를 분석하여 SIMD 명령어를 최대한 활용하도록 코드를 변환한다. 이를 위해 데이터 정렬, 벡터 길이 조정, 루프 언롤링, 루프 융합 등 다양한 최적화 기법을 적용한다. 매크로 @turbo는 줄리아의 강력한 메타프로그래밍 기능을 활용하여 for 루프 코드를 분석하고 최적화된 SIMD 코드를 자동으로 생성하는 도구이다. 높은 성능: 컴파일러의 자동 벡터화보다 훨씬 공격적인 벡터화 및 루프 최적화를 수행하여, 복잡한 연산에서도 뛰어난 성능 향상을 보일 수 있다. 명시적인 제어: 매크로 @turbo의 옵션이나 코드 구조를 통해 벡터화 방식을 간접적으로 제어할 수 있다. 다양한 최적화 기법: SIMD 벡터화뿐만 아니라 루프 수준의 최적화도 함께 적용하여 전체적인 성능 향상을 도모한다. 추가 패키지 설치 필요: 사용하기 전에 LoopVectorization.jl 패키지를 설치해야 한다. 코드 복잡성 증가: 매크로 @turbo를 사용하기 위해 루프 구조를 특정 방식으로 작성해야 할 수 있으며, 최적화를 위한 추가적인 고려 사항이 발생할 수 있다. 학습 곡선: 매크로 @turbo의 사용법과 최적화 전략을 이해하는 데 시간이 걸릴 수 있다. 매크로 @turbo는 사용자가 작성한 for 루프 코드를 컴파일 시점에 분석하고, SIMD 벡터화 및 메모리 접근 최적화를 위한 새로운 저수준 코드로 변환한다. 이 과정은 메타프로그래밍의 핵심적인 작업인 "코드 변환"에 해당한다. 줄리아 매크로는 입력으로 주어진 코드의 AST(abstract syntax tree)를 받아서 처리한다. @turbo 역시 for 루프의 AST를 분석하여 어떤 연산이 수행되는지, 어떤 변수가 사용되는지 등을 파악하고, 최적화된 코드를 생성하기 위한 AST를 새로 구성한다. 분석 및 변환된 AST를 기반으로 @turbo는 실제 CPU에서 효율적으로 실행될 수 있는 LLVM IR(low-level virtual machine intermediate representation) 형태의 코드를 생성한다. 이 생성된 코드는 SIMD 명령어를 활용하여 여

러 데이터 요소를 병렬로 처리하고, 메모리 접근 패턴을 최적화한다. 지역 벡터화는 이 책 116페이지에서 확인할 수 있다.

```
# 예제 배열
A = [1, 2, 3]
B = [4, 5, 6]

# 스칼라 함수 적용 (예: sin 함수)
sin_A = sin.(A)  # sin(1), sin(2), sin(3) 결과를 배열로 반환
println("sin.(A) = ", sin_A)

# 두 배열 간의 요소별 연산 (예: 덧셈)
sum_AB = A .+ B  # [1+4, 2+5, 3+6] 결과를 배열로 반환
println("A .+ B = ", sum_AB)

# 요소별 연산과 스칼라 연산 혼합
result = 2 .* A .+ 1
# 각 요소에 2를 곱하고 1을 더함: [2*1+1, 2*2+1, 2*3+1]
println("2 .* A .+ 1 = ", result)

# 사용자 정의 함수 브로드캐스팅
my_func(x, y) = x * y + 1
func_result = my_func.(A, B)
# my_func(1,4), my_func(2,5), my_func(3,6)
println("my_func.(A, B) = ", func_result)
```

매크로 @.는 뒤에 오는 표현식 내부의 모든 함수 호출과 연산자에 자동으로 점(.)을 붙여준다. 이를 통해 코드를 훨씬 간결하게 만들 수 있다.

```
using Printf # 출력을 깔끔하게 하기 위해 사용

# 예제 배열 (위와 동일)
A = [1, 2, 3]
B = [4, 5, 6]
C = [10, 20, 30]

```

```
# 예제 1: 여러 함수와 연산자 조합
# 기존 방식: y = sin.(A) .+ cos.(B)
y = @. sin(A) + cos(B) # @. 매크로가 sin, cos, + 에 모두 점을 붙여줌
println("--- 예제 1 ---")
@printf "A = %s\n" A
@printf "B = %s\n" B
@printf "@. sin(A) + cos(B) = %s\n" y

# 예제 2: 복잡한 수식
# 기존 방식: z = A .* B .+ sqrt.(C) ./ 2.0
z = @. A * B + sqrt(C) / 2.0 # *, +, sqrt, / 에 모두 점이 붙음
println("\n--- 예제 2 ---")
@printf "A = %s\n" A
@printf "B = %s\n" B
@printf "C = %s\n" C
@printf "@. A * B + sqrt(C) / 2.0 = %s\n" z

# 예제 3: 가우시안 함수 계산 (수식이 길 때 효과 극대화)
x = [-1.0, 0.0, 1.0]
μ = 0.0
σ = 1.0
# 기존 방식: gaussian = exp.(-(x .- μ).^2 ./ (2 .* σ^2))
gaussian = @. exp(-(x - μ)^2 / (2 * σ^2))
println("\n--- 예제 3 ---")
@printf "x = %s, μ = %.1f, σ = %.1f\n" x μ σ
@printf "@. exp(-(x - μ)^2 / (2 * σ^2)) = %s\n" gaussian

# 예제 4: 할당(Assignment)과 함께 사용
# 결과 배열을 미리 생성
result_array = zeros(3)
# 기존 방식: result_array .= A .* B .+ 1
# (.= 은 결과를 새 배열이 아닌 기존 result_array에 저장)
@. result_array = A * B + 1
# A .* B .+ 1 계산 결과를 result_array에 요소별로 할당
# 위 코드는 result_array .= A .* B .+ 1 과 거의 동일하게 동작한다.
println("\n--- 예제 4 ---")
@printf "result_array (before) = %s\n" zeros(3)
```

```
@printf "A = %s\n" A
@printf "B = %s\n" B
@printf "@. result_array = A * B + 1\n"
@printf "result_array (after) = %s\n" result_array

# 예제 5: 비교 연산
# 기존 방식: flags = (A .> 1) .& (B .< 6)
flags = @. (A > 1) & (B < 6) # >, & 에 점이 붙음
println("\n--- 예제 5 ---")
@printf "A = %s\n" A
@printf "B = %s\n" B
@printf "@. (A > 1) & (B < 6) = %s\n" flags

# 배열의 각 요소에 제곱 연산 적용
x = [1, 2, 3, 4, 5]
y = @. x.^2 # y = [1, 4, 9, 16, 25]
# 배열의 각 요소에 함수 적용
f(x) = sin(x) + cos(x)
z = @. f(x)
# 다차원 배열 연산
A = [1 2; 3 4]
B = @. A .* 2 # B = [2 4; 6 8]
@time sum(1:1000000)
```

Table 11.3에서 두 가지 방법, @.와 LoopVectorization를 직접 비교했다.

특징	@.(점 연산자)	LoopVectorization.jl(@turbo)
주요 목표	간결한 요소별 연산 및 자동 벡터화 시도	명시적인 SIMD 벡터화 및 루프 최적화
사용 편의성	매우 쉬움	비교적 복잡함
성능 잠재력	중간 (자동 벡터화에 의존)	높음 (명시적 제어 및 다양한 최적화)
제어 수준	낮음 (컴파일러에 의존)	중간 (코드 구조 및 옵션을 통해 간접 제어)
적용 범위	기본적인 요소별 연산	복잡한 루프 기반 연산
패키지 필요 여부	불필요	필요

Table 11.3: @.와 LoopVectorization 비교.

```
using LoopVectorization

function vectorized_add!(dest, a, b)
    @turbo for i in eachindex(dest, a, b)
        dest[i] = a[i] + b[i]
    end
```

```
    return dest
end

a = [ i for i in 1:10000]
b = [-i for i in 1:10000]
c = zeros(length(a))
vectorized_add!(c, a, b)
println(c)
```

```
# 배열의 각 요소에 제곱 연산 적용
x = [1, 2, 3, 4, 5]
y = @. x.^2 # y = [1, 4, 9, 16, 25]
# 배열의 각 요소에 함수 적용
f(x) = sin(x) + cos(x)
z = @. f(x)
# 다차원 배열 연산
A = [1 2; 3 4]
B = @. A .* 2 # B = [2 4; 6 8]
@time sum(1:1000000)

using ProgressMeter
function long_running_task(n)
    @showprogress for i in 1:n
        sleep(0.1) # 각 반복에 0.1초의 지연 시간(실제 작업 대체)
    end
end

long_running_task(100)

using ProgressMeter
function long_running_task_with_options(n)
 @showprogress desc="Processing..." dt=0.5 color=:green for i in 1:n
        sleep(0.1)
    end
end
long_running_task_with_options(50)

```

```
using BenchmarkTools
function my_function(n)
    s = 0
    for i in 1:n
        s += i
    end
    return s
end
result = @btime my_function(1000000)
println("Result: $result")
```

항목	@time	@btime(BenchmarkTools.jl)
주요 목적	단일 실행 시간 측정	신뢰성 있는 벤치마킹
필요 패키지	Base(내장)	BenchmarkTools.jl(설치 및 using)
실행 횟수	1회	여러 번(통계적 안정성)
컴파일 시간	첫 실행 시 포함됨	일반적으로 제외됨(Warm-up 단계 후)
측정 대상	총 경과 시간, GC 시간, 메모리	최소/중앙/평균 시간, 메모리, GC 시간
출력 정보	단일 실행 결과	여러 실행 기반의 통계 정보
반환 값	평가된 표현식의 결과값	BenchmarkTools.Trial 객체(상세 결과)
주요 용도	개발 중 빠른 확인, 첫 실행 비용	함수/알고리즘 성능 최적화, 성능 비교
벤치마킹 신뢰성	낮음(컴파일, GC 등 변동성 요인)	높음(샘플링, 최소 시간 중시)

Table 11.4: '@time'과 '@btime' 비교.

줄리아에서 매크로 @time은 코드 실행 시간을 측정하고 메모리 할당 및 가비지 컬렉션 정보를 출력하는 데 사용된다. 코드 성능을 분석하고 최적화하는 데 유용한 도구이다. 줄리아에서 매크로 @showprogress는 ProgressMeter.jl 패키지에서 제공하는 기능으로, 반복 작업의 진행 상황을 시각적으로 보여주는 데 사용된다. 특히 시간이 오래 걸리는 반복 작업을 수행할 때 유용하게 활용된다. 매크로 @btime은 줄리아 코드의 성능을 정확하고 상세하게 측정하고 분석하는 데 매우 유용한 도구이다. 매크로 @btime은 줄리아의 강력한 성능 측정 패키지인 BenchmarkTools.jl에서 제공하는 매크로이다. 이 매크로는 주어진 줄리아 표현식의 실행 시간을 정밀하게 측정하고, 메모리 할당량, 가비지 컬렉션(GC) 통계 등 유용한 성능 정보를 함께 제공한다. Table 11.4에서 두 가지 형식의 실행 시간 측정 방법을 직접 비교했다.

11.6 코어스 그레인드(coarse-grained)

풀고 있는 문제에 따라서 병렬화가 상대적으로 쉬우면서도 병렬 효율성이 쉽게 달성되는 경우가 있다. 상당한 계산시간을 필요로 하는 단위 계산이 여러 개 있을 수 있다. 이들의 계산 순서 또한 그렇게 중요하지 않을 경우가 있다면 그야 말로 이상적인 병렬 계산이 될 수 있다. 가장 간단한 경우는 유사하지만 서로 다른 입력을 바탕으로 각기 다른 매우 오래 걸리는 계산이 있다고 하면, 그러한 계산은 쉽게 병렬화 할 수 있다, 전체 계산 시간에 비해서 CPU들 사이의 통신 시간 비중이 매우 작은 경우이다.

```
# 이 예는 벡터 데이터의 모든 구성 요소에 숫자 100을 추가하는 작업을
# 예약하는 방법을 보여 준다.
# 루트는 각 워커에 하나의 요소를 할당하여 연산을 계산한다.
# 워커가 작업을 완료하면 루트는 다른 엘리먼트를 취급한다.
using MPI
function job_queue(data,f)
    MPI.Init()
    comm = MPI.COMM_WORLD
    rank = MPI.Comm_rank(comm)
    world_size = MPI.Comm_size(comm)
    nworkers = world_size - 1
    root = 0
    MPI.Barrier(comm)
    T = eltype(data)
    N = size(data)[1]
    send_mesg = Array{T}(undef, 1)
    recv_mesg = Array{T}(undef, 1)

    if rank == root # I am root

        idx_recv = 0
        idx_sent = 1

        new_data = Array{T}(undef, N)
        # Array of workers requests
```

```
        sreqs_workers = Array{MPI.Request}(undef,nworkers)
        # -1 = start, 0 = channel not available, 1 = channel available
        status_workers = ones(nworkers).*-1

        # Send message to workers
        for dst in 1:nworkers
            if idx_sent > N
                break
            end
            send_mesg[1] = data[idx_sent]
            sreq = MPI.Isend(send_mesg,comm;dest=dst,tag=dst+32)
            idx_sent += 1
            sreqs_workers[dst] = sreq
            status_workers[dst] = 0
        print("Root: Sent number $(send_mesg[1]) to Worker $dst\n")
        end

        # Send and receive messages until all elements are added
        while idx_recv != N
        # Check to see if there is an available message to receive
            for dst in 1:nworkers
                if status_workers[dst] == 0
                    flag = MPI.Test(sreqs_workers[dst])
                    if flag
                        status_workers[dst] = 1
                    end
                end
            end
            for dst in 1:nworkers
                if status_workers[dst] == 1
                    ismessage = MPI.Iprobe(comm; source=dst,tag=dst+32)
                    if ismessage
                        # Receives message
                      MPI.Recv!(recv_mesg, comm; source=dst,tag=dst+32)
                        idx_recv += 1
                        new_data[idx_recv] = recv_mesg[1]
      print("Root: Received number $(recv_mesg[1]) from Worker $dst\n")
```

```
                        if idx_sent <= N
                            send_mesg[1] = data[idx_sent]
                            # Sends new message
                            sreq = MPI.Isend(send_mesg, comm; dest=dst,
                                tag=dst+32)
                            idx_sent += 1
                            sreqs_workers[dst] = sreq
                            status_workers[dst] = 1
        print("Root: Sent number $(send_mesg[1]) to Worker $dst\n")
                        end
                    end
                end
            end
        end

        for dst in 1:nworkers
            # Termination message to worker
            send_mesg[1] = -1
            sreq = MPI.Isend(send_mesg, comm; dest=dst,tag=dst+32)
            sreqs_workers[dst] = sreq
            status_workers[dst] = 0
            print("Root: Finish Worker $dst\n")
        end

        MPI.Waitall(sreqs_workers)
        print("Root: New data = $new_data\n")
    else # If rank == worker
    # -1 = start, 0 = channel not available, 1 = channel available
        status_worker = -1
        while true
            sreqs_workers = Array{MPI.Request}(undef,1)
            ismessage=MPI.Iprobe(comm;source=root,tag=rank+32)

            if ismessage
                # Receives message
            MPI.Recv!(recv_mesg,comm;source=root,tag=rank+32)
                # Termination message from root
```

```
                if recv_mesg[1] == -1
                    print("Worker $rank: Finish\n")
                    break
                end
                print("Worker $rank:
                   Received number $(recv_mesg[1]) from root\n")
                # Apply function (add number 100) to array
                send_mesg = f(recv_mesg)
        sreq = MPI.Isend(send_mesg, comm; dest=root,tag=rank+32)
                sreqs_workers[1] = sreq
                status_worker = 0
            end
   # Check to see if there is an available message to receive
            if status_worker == 0
                flag = MPI.Test(sreqs_workers[1])
                if flag
                    status_worker = 1
                end
            end
        end
    end
    MPI.Barrier(comm)
    MPI.Finalize()
end
f = x -> x.+100
data = collect(1:10)
job_queue(data,f)
```

```
using MPI, LinearAlgebra
using Statistics

function montecarlo(mc_eval::Function, mc_monitor::Function,
    comm::MPI.Comm,
    n_evals::Integer,
    n_returns::Integer,
    batchsize::Integer=1)
    rank = MPI.Comm_rank(comm)
```

```
    commsize = MPI.Comm_size(comm)
    if mod(n_evals, commsize-1) != 0
        if rank == 0
println("Error (montecarlo):")
println("    n_evals=$n_evals, commsize=$commsize")
println("Choose commsize so that n_evals/(commsize-1) is integer")
        end
        MPI.Finalize()
        exit(1)
    end
    n_pernode = div(n_evals, commsize-1)

    if mod(n_pernode, batchsize) != 0
        batchsize = div(n_pernode, commsize-1)
    end
    if mod(n_pernode, batchsize) != 0
        if rank == 0
println("Error (montecarlo):")
println("    n_pernode=$n_pernode, batchsize=$batchsize")
println("Choose commsize so that n_pernode/batchsize is integer")
        end
        MPI.Finalize()
        exit(1)
    end
    if rank > 0
# workers
        contrib = zeros(batchsize, n_returns)
        @inbounds for i in 1:div(n_pernode, batchsize)
# do work
            for j in 1:batchsize
                contrib[j,:] = mc_eval()
            end
            MPI.Send(contrib, 0, 0, comm)
        end
    else
# manager
        results = zeros(n_evals, n_returns)
```

```
        contrib = zeros(batchsize, n_returns)
        for nresults in 1:div(n_evals, batchsize)
            MPI.Recv!(contrib, MPI.ANY_SOURCE, 0, comm)
            i1=nresults*batchsize-batchsize+1
            i2=nresults*batchsize
            results[i1:i2,:] = contrib
            mc_monitor(nresults*batchsize, results)
        end
    end
end

function pi_wrapper()
    pihat = [4.0*float((norm(rand(2,1)) .< 1.))]
end

function pi_monitor(sofar, results)
    if mod(sofar,2.5e5)==0.
        m = mean(results[1:sofar,:],dims=1)
        println("reps so far: ", sofar)
        println("pihat: ", m)
        println()
#if sofar == size(results,1)
#    writedlm("mcresults.out", results)
#end
    end
end

function main()
    if !MPI.Initialized()
         MPI.Init()
    end
    comm = MPI.COMM_WORLD
    commsize = MPI.Comm_size(comm)
    reps = Int(1e6) *Int(commsize-1)
    nreturns = 1
    pooled = Int(1e5)
    montecarlo(pi_wrapper, pi_monitor, comm, reps, nreturns, pooled)
```

```
end
main()
```

Embarrassingly parallel(민망할 정도로 병렬적)은 병렬 컴퓨팅에서 나타나는 특별한 유형을 지칭할 때 사용하는 전문 용어이다. 이 용어는 문제를 작고 독립적인 여러 하위 작업으로 쉽게 분할할 수 있으며, 각 하위 작업이 다른 작업과 거의 또는 전혀 통신할 필요 없이 동시에 처리될 수 있는 상황을 설명한다. 이러한 유형의 문제는 병렬화를 적용하는 것이 너무나 명백하고 간단해서 "민망할 정도"라는 표현이 붙었다. 복잡한 의존성 분석이나 통신 최적화 없이도 쉽게 병렬 처리를 달성할 수 있기 때문이다. Embarrassingly parallel 작업의 예시는 다음과 같다. 이미지 처리: 이미지의 각 픽셀에 대해 독립적인 연산을 수행하는 작업(예: 색상 변환, 필터 적용). 각 픽셀의 처리는 다른 픽셀에 영향을 주지 않는다. 비디오 인코딩: 비디오의 각 프레임을 독립적으로 인코딩하는 작업. 각 프레임은 별도의 처리 단위가 될 수 있다. 몬테칼로 시뮬레이션: 수많은 독립적인 시뮬레이션을 동시에 실행하여 통계적 결과를 얻는 작업. 각 시뮬레이션은 서로 독립적으로 수행된다. SETI(search for extraterrestrial intelligence): 수많은 서로 다른 주파수 대역의 외계 신호 데이터를 독립적으로 분석하는 작업. 브루트 포스 암호 해독: 가능한 모든 키 조합을 독립적으로 시도하여 암호를 해독하는 작업. 각 키 시도는 독립적인 계산이다. 컴퓨터 그래픽스 렌더링: 3D 장면의 각 픽셀 또는 각 광선을 독립적으로 계산하여 최종 이미지를 생성하는 레이 트레이싱. 대규모 데이터 분석: 전체 데이터셋을 여러 부분으로 나누어 각 부분에 대해 동일한 분석 작업을 독립적으로 수행한 후 결과를 집계하는 작업. 약물 스크리닝: 수많은 화합물의 효과를 독립적으로 시뮬레이션하거나 실험하는 작업.

11.7 디렉토리 기반 병렬화

줄리아에서 run 함수는 외부 시스템 명령을 실행하는 데 사용된다. 이 함수는 운영 체제의 셸에서 명령을 실행하고, 명령의 실행 결과를 줄리아에서 처리할 수 있도록 한다. 줄리아에서 직접 처리하기 어려운 작업들을 외부 도구를 활용하여 수행할 수 있다. 가장 간단한 실행은 다음과 같은 예를 들 수 있다.

```
run(‘ls -l‘) # Linux/macOS
run(‘dir‘) # Windows
```

하지만, 실제 외부에서 실행될 수 있는 명령어는 제3의 프로그램 실행이 될 수 있다. 나아가, 배치 파일이 될 수 있다. 또한, 배치 파일은 단 한 가지의 일만 하는 것이 아니다. 여러 가지 일을 순서대로 처리할 수 있다. 배치 파일로 실행되는 프로그램은 단순히 순차적 프로그램일 필요가 없다. 이 또한 병렬 프로그램이 될 수 있다. 따라서, 디렉토리 기반 병렬화 계산은 초거대 계산으로 이어질 수 있다. 왜냐하면, 매우 많은 수의 디렉토리를 만들고 각각의 디렉토리에서 병렬 계산이 동시 다발적으로 이루어질 수 있기 때문이다. 소위, parallel-in-parallel 계산이 가능하다. 이러한 방법을 통해 줄리아 언어에서 여러 개의 디렉토리를 만들고 각 디렉토리에서 원하는 프로그램을 실행할 수 있다. 특정한 디렉토리에서 계산이 종료될 때, 계산 종료를 알리는 신호 파일을 해당 디렉토리에 만들 수 있다. 전체 계산을 주관하는 프로그램은 모든 디렉토리를 돌아 다니면서 계산 종료 신호 파일의 존재 여부를 확인할 수 있다. 존재를 확인할 경우, 해당 디렉토리 계산 결과를 회수하고 계산 종료 신호 파일을 삭제하고 새로운 계산을 동일한 디렉토리에서 진행할 수 있다.

```
# 폴더 이름을 숫자 --> 문자열로 변경할 수 있음.
function zfill_julia_lpad(num::Int, width::Int)
    return lpad(string(num), width, '0')
end
dirs = [ ]
for i in 1:3
    astring = "dir" * zfill_julia_lpad(i, 4)
    println(astring)
    push!(dirs, astring)
end
```

```
for i in 1:3
    mkdir(dirs[i])
end
println(dirs)
for dir in dirs
    cd(dir)
    try
        run(`julia -e 'println("현재 디렉토리: $(pwd())")'`)
        run(`touch STOP`)
        cmd=`sh -c 'echo "DONE" >> STATUS'`
        run(cmd)
    catch e
        println("오류 발생: ", e)
    end
    cd("..") # 상위 디렉토리로 이동
end
```

Linux 시스템에서 nohup과 nice를 함께 사용하는 것은 시스템 자원을 효율적으로 관리하면서 장시간 안정적인 작업 수행을 가능하게 하는 강력한 방법이다. nohup, nice와 같이 여러 명령어를 연속해서 사용하는 작업 수행은 백그라운드 실행, 우선순위 조정, 그리고 출력을 관리하는 데 유용하며, 다음과 같은 특징을 갖는다. nohup으로 실행된 프로세스는 사용자가 터미널에서 로그아웃하거나 연결이 끊어져도 계속해서 실행된다. 이는 장시간 실행해야 하는 작업에 매우 중요하다. 일반적으로 명령어 뒤에 &를 붙여 백그라운드로 실행하지만, nohup은 터미널과의 연결을 끊어도 안전하게 실행되도록 보장한다. 기본적으로 nohup은 실행 결과(표준 출력)와 에러 메시지(표준 에러)를 nohup.out이라는 파일에 저장한다. 사용자는 이 파일을 통해 작업 진행 상황이나 오류를 확인할 수 있다. nice 명령어를 사용하면 특정 프로세스의 CPU 사용 우선순위를 낮출 수 있다. 이는 시스템 자원을 효율적으로 관리하고, 다른 중요한 작업에 더 많은 CPU 시간을 할당하는 데 도움이 된다. CPU를 많이 사용하는 작업을 낮은 우선순위로 실행하면 시스템 전체의 응답성을 향상시킬 수 있다. 이것은 다수의 다른 사용자들에 대한 일종의 배려이다. 아래 명령어 조합은 한 가지 예이다. nice로 시스템 자원 부담을 줄이면서 nohup

으로 장기 실행 작업을 안정적으로 수행할 수 있다. 가장 낮은 우선순위 (19)로 백그라운드에서 실행하고, 터미널 연결이 끊어져도 계속 실행하며, 출력은 my_task.log 파일에 저장한다.

```
nohup nice -n 19 bash my_long_task.sh > my_task.log 2>&1 &

nohup nice  julia my_long_task.jl > my_task.log 2>&1 &

time ./serial_program.x
time mpirun -np 4 ./parallel_program.x
```

실시간으로 계산 상태와 자원 사용률을 지속적으로 확인하고 싶다면 top 또는 htop을 사용하는 것이 좋다. 특히 htop은 더 사용자 친화적인 인터페이스를 제공한다. 실행 중에 각 프로세스(또는 쓰레드)의 CPU 사용률을 실시간으로 확인할 수 있다. 모든 코어가 활발하게 사용되는지, 특정 코어에만 부하가 집중되는지 등을 파악하여 부하 불균형 여부를 짐작할 수 있다. 특정 시점의 프로세스 상태를 확인하거나 특정 프로세스에 대한 정보를 찾고 싶다면 ps 명령어를 다양한 옵션과 함께 사용하는 것이 유용하다. grep과 함께 사용하면 특정 이름이나 키워드를 포함하는 프로세스를 쉽게 찾을 수 있다.

sbatch는 Slurm workload manager라는 Linux 기반의 클러스터 관리 및 작업 스케줄링 시스템에서 사용되는 매우 중요한 명령어이다.[7] sbatch 명령어는 배치 스크립트를 Slurm에 제출하여 클러스터의 컴퓨팅 자원을 할당받고 작업을 실행하는 데 사용된다. 당연하게도 줄리아의 run 함수와 연계하여 사용될 수 있다. 이러한 연계는 하나의 줄리아 프로그램이 다수의 작업들을 동시에 실행할 수 있고 출력물을 관리할 수 있게하는 배경이된다. 여러 개의 디렉토리를 만들고 각각의 디렉토리에서 병렬 계산이 독립적으로 진행될 수 있다. 다시 말해서, 병렬속의 병렬(parallel-in-parallel) 계산이 가능하다.

◇ sbatch 명령어의 주요 기능

작업 스크립트 제출: 사용자는 쉘 스크립트 파일에 작업에 필요한 자원(CPU 코어 수, 메모리 양, 실행 시간 등)과 실행할 명령들을 명시한 후,

7: slurm.schedmd.com

sbatch 스크립트_파일_이름 명령어를 사용하여 Slurm에 작업을 제출한다. 자원 요청: 스크립트 내에서 #SBATCH로 시작하는 주석 라인을 통해 작업에 필요한 다양한 자원을 요청할 수 있다. 예를 들어, 노드 수, 작업 수, 각 작업당 CPU 코어 수, 메모리, 실행 시간, 사용할 파티션(큐) 등을 지정할 수 있다. 환경 설정: 스크립트 내에서 필요한 모듈을 로드하거나 환경 변수를 설정하여 작업 실행 환경을 구성할 수 있다. 출력 및 에러 처리: 표준 출력 및 표준 에러를 특정 파일로 리디렉션하도록 스크립트 내에서 설정할 수 있다. 작업 종속성 설정: 다른 작업이 완료된 후에 실행되도록 작업 간의 종속성을 설정할 수 있다. 배열 작업 제출: 동일한 작업을 여러 번 실행해야 할 경우, 배열 작업을 통해 효율적으로 관리할 수 있다. 아래와 같이 >>(추가 리디렉션)이 포함된 echo 명령어를 사용할 수 있다. 지정된 파일이 존재하지 않으면 새로 생성하고, 존재하면 파일의 내용 끝에 echo의 출력을 추가한다. 기존 내용은 보존된다. 이러한 간단한 출력 메시지는 배치 스크립트 마지막에 추가되어 질 수 있다. 배치 스크립트 속의 명령들이 모두 종료되었다는 메시지를 넣어줄 수 있다. 즉, 아래 파일의 내용을 확인함으로써 계산 종료 상태를 확인할 수 있다.

```
echo "파일에 이 내용을 추가합니다." >> my_file.txt
```

장비 구동 12

12.1 장비 구동의 기초

이공계 실험실에서 가장 많이 사용되는 장비 구동 소프트웨어는 실험실의 분야, 실험 장비의 종류, 실험 목적 등에 따라 다르다. 하지만 몇 가지 보편적으로 많이 사용되는 소프트웨어는 다음과 같다.
◇ LabVIEW: NI(national instruments)사에서 개발한 그래픽 기반 프로그래밍 환경이다. 다양한 계측 장비와의 호환성이 뛰어나고, 사용자 친화적인 인터페이스를 제공하여 실험 자동화 및 데이터 수집에 널리 사용된다. 특히, 전자, 기계, 물리 등 다양한 분야의 실험실에서 활용된다.
◇ MATLAB: MathWorks사에서 개발한 수치 해석 및 프로그래밍 환경이다. 데이터 분석, 시뮬레이션, 모델링 등 다양한 기능을 제공하며, 특히 공학 및 과학 분야에서 많이 사용된다. 다양한 툴박스를 통해 특정 분야에 특화된 기능을 제공한다.
◇ Python: 범용 프로그래밍 언어로, 다양한 과학 및 공학 관련 라이브러리(NumPy, SciPy, Pandas 등)를 제공한다. 데이터 분석, 머신러닝, 자동화 등 다양한 목적으로 사용되며, 최근 실험실에서 사용이 증가하고 있다. pyvisa등의 라이브러리를 통해 장비제어에도 많이 사용된다.
◇ 장비별 전용 소프트웨어: 많은 실험 장비 제조사들은 자사의 장비를 제어하고 데이터를 분석하기 위한 전용 소프트웨어를 제공한다. 예를 들어, 현미경, 분광기, 측정 장비 등 특정 장비에 특화된 소프트웨어가 있다. 이 외에도 실험실에서 사용되는 소프트웨어는 실험 분야와 목적에 따라 매우 다양하다.

줄리아는 고성능 컴퓨팅 및 기술 컴퓨팅 분야에서 뛰어난 성능을 발휘하도록 설계되었기 때문에, 특정 하드웨어 또는 장비와의 인터페이스를 위한 패키지 또는 라이브러리를 사용한다면 장비 구동이 가능하다. 다음과 같은 몇 가지 방법으로 줄리아를 사용하여 장비를 구동할 수 있다.

◇ 직렬 통신

줄리아는 직렬 포트를 통해 장비와 통신할 수 있는 패키지를 제공한다. 이를 통해 마이크로컨트롤러, 센서 또는 기타 직렬 통신을 사용하는 장비를 제어할 수 있다.

◇ 네트워크 통신

Ethernet 또는 기타 네트워크 프로토콜을 통해 장비와 통신할 수 있다. 예를 들어, TCP/IP 또는 UDP를 사용하여 네트워크 연결 장비를 제어할 수 있다.

◇ 하드웨어 인터페이스 라이브러리

특정 하드웨어 플랫폼 또는 장비에 대한 줄리아 라이브러리가 존재할 수 있다. 이러한 라이브러리는 하드웨어의 특정 기능을 제어하는 데 필요한 함수 및 인터페이스를 제공한다.

◇ 외부 라이브러리 연동

C/C++ 와의 호환성이 뛰어나기 때문에, C/C++로 작성된 장비 제어 라이브러리를 줄리아에서 호출하여 사용할 수 있다. 줄리아를 사용하여 장비를 구동하는 것은 가능하지만, 특정 장비 또는 하드웨어와의 호환성을 확인하고 필요한 라이브러리 또는 패키지를 찾아야 한다.

측정 장비와의 통신을 위해 적절한 라이브러리를 사용한다. 예를 들어, PySerial, SerialPorts와 같은 패키지를 이용해 시리얼 통신을 할 수 있다. 측정 장비로부터 데이터를 요청하고, 응답을 받는다. 받은 데이터를 처리하고, 필요한 형태로 출력하거나 저장한다. LibSerialPorts.jl은 줄리아에서 직렬 포트(serial port) 통신을 쉽게 사용할 수 있도록 해주는 강력한 라이브러리이다. 쉽게 말해, 컴퓨터와 외부 장치(예: 센서, 아두이노, 라즈베리 파이, 레거시 장비 등) 간에 RS-232, RS-485, USB 시리얼 등의 인터페이스를 통해 데이터를 주고받을 수 있도록 도와주는 도구 상자이다. Windows, Linux, macOS 등 다양한 운영체제에서 동일한 방식으로 직렬 포트를 제어할 수 있다.

```
using LibSerialPort

# Modify these as needed
```

```
portname = "/dev/ttyS0"
baudrate = 115200

# Snippet from examples/mwe.jl
LibSerialPort.open(portname, baudrate) do sp
sleep(2)

if bytesavailable(sp) > 0
    println(String(read(sp)))
end

write(sp, "hello\n")
sleep(0.1)
println(readline(sp))
end
```

줄리아에서 측정 장비와 통신하는 데 사용할 수 있는 여러 패키지가 있다. 일반적으로 측정 장비와의 통신은 직렬 포트, GPIB, TCP/IP 등 다양한 프로토콜을 통해 이루어지므로, 사용하려는 장비와 통신 방식에 따라 적절한 패키지를 선택해야 한다. 다음은 몇 가지 유용한 줄리아 패키지이다.

① SerialPorts.jl: 직렬 포트를 통해 측정 장비와 통신하는 데 사용된다.

② Sockets.jl: TCP/IP 또는 UDP를 통해 측정 장비와 통신하는 데 사용된다.

③ VISA.jl: VISA(virtual instrument software architecture) 라이브러리를 사용하여 GPIB, USB, Ethernet 등 다양한 인터페이스를 통해 측정 장비와 통신하는 데 사용된다.[1]

④ LibSerialPort.jl: LibSerialPort C 라이브러리에 대한 줄리아 인터페이스를 제공하여 직렬 포트 통신을 지원한다.

⑤ InstrumentConfig.jl: 측정 장비 설정을 관리하고 통신을 단순화하는 데 도움을 주는 패키지이다.

이 외에도 특정 측정 장비 제조사에서 제공하는 줄리아 패키지가 있을 수 있다. 따라서 사용하려는 장비의 제조사 웹사이트나 줄리아 패키지 저장소(Pkg)를 검색하여 관련 패키지를 찾아보는 것이 좋다.

1: 가장 권장되는 옵션이다. 특정 VISA 라이브러리에 종속되지 않아 시스템 환경 변화에 유연하게 대처할 수 있다.

줄리아 언어로 만들어진 프로그램을 활용하면 측정 장비 구동이 가능하다. 특히 VISA.jl과 같은 패키지들은 다양한 인터페이스(GPIB, USB, Ethernet 등)를 지원하는 VISA 표준을 활용하여 광범위한 측정 장비와의 통신을 가능하게 한다. VISA는 다양한 계측기 인터페이스(GPIB, USB, Ethernet, Serial 등)를 통해 컴퓨터와 계측기가 통신할 수 있도록 표준화된 API(application programming interface)이다. VISA를 사용하면 인터페이스 종류에 상관없이 일관된 방식으로 계측기를 제어하고 데이터를 주고받을 수 있다. 사용자가 원하는 방식으로 측정 장비에 입력을 주고 응답 출력을 받아 낼 수 있기 때문에 사용자는 계획된 특정한 측정을 계속해서 수행할 수 있다. 예를 들어, 요코가와(Yokogawa)는 많은 자사 장비에서 VISA를 통한 제어를 지원하며, 사용자는 VISA 인터페이스와 관련 소프트웨어를 사용하여 요코가와 장비를 효율적으로 통합하고 제어할 수 있다.

다음은 줄리아 언어로 측정 장비 구동이 가능하다는 것을 뒷받침하는 몇 가지 이유이다.

① 다양한 통신 프로토콜 지원: SerialPorts.jl, Sockets.jl, VISA.jl과 같은 패키지들은 직렬 통신, TCP/IP, GPIB 등 다양한 통신 프로토콜을 지원하여 다양한 종류의 측정 장비와 통신할 수 있다.

② 높은 성능: 줄리아는 높은 성능을 제공하는 언어이므로, 실시간 데이터 처리 및 고속 통신이 필요한 측정 장비 제어에 적합하다.

③ 과학 및 공학 분야 라이브러리: 줄리아는 과학 및 공학 분야에서 널리 사용되는 언어이며, 다양한 수치 해석, 신호 처리, 데이터 분석 라이브러리를 제공하여 측정 데이터 처리 및 분석에 유용하다.

④ 크로스 플랫폼: 줄리아는 Windows, macOS, Linux 등 다양한 운영체제에서 실행되므로, 다양한 환경에서 측정 장비 제어 시스템을 개발할 수 있다.

⑤ VISA 표준: VISA 표준은 다양한 측정 장비와 통신하기 위한 표준 인터페이스를 제공하며, VISA.jl 패키지를 통해 줄리아에서 VISA 표준을 사용할 수 있다. GPIB, USB, Ethernet, Serial 등 다양한 통신 인터페이스에 대해 동일한 함수 호출 방식을 제공한다. 따라서 사용자는 특정 인터페이

스에 종속되지 않고 코드를 작성할 수 있으며, 필요에 따라 인터페이스를 쉽게 변경할 수 있다. VISA 표준을 따르는 다양한 제조사의 계측기를 일관된 방식으로 제어할 수 있다. 특정 계측기의 세부적인 통신 프로토콜을 알 필요 없이 VISA API를 통해 기본적인 제어 및 데이터 교환이 가능하다. VISA 표준은 다양한 운영 체제(Windows, macOS, Linux 등) 및 프로그래밍 환경(LabVIEW, Python, C++, MATLAB 등)을 지원하도록 설계되어, 작성된 코드를 다른 플랫폼으로 쉽게 이식할 수 있다.

◇ 주요 기능

계측 장비 연결: GPIB(IEEE 488), 시리얼 포트, USB, Ethernet 등 다양한 인터페이스를 통해 계측 장비에 연결할 수 있다. 장치 검색: 시스템에 연결된 VISA 지원 장치를 검색하고 목록을 얻을 수 있다. 장치 열기 및 닫기: 특정 장치와의 통신 세션을 열고 닫을 수 있다. 명령 전송: 계측기에 SCPI(standard commands for programmable instruments) 또는 장치 고유의 명령을 전송할 수 있다. SCPI는 프로그래밍 가능한 계측기를 제어하기 위한 표준 명령 체계로, 다양한 계측기를 일관된 방식으로 다루고 자동화 시스템을 구축하는 데 필수적인 요소이다. 계측기를 사용하는 연구 개발, 산업 현장, 교육 분야 등에서 널리 활용된다. 데이터 수신: 계측기로부터 측정 데이터를 읽어올 수 있다. 설정 및 제어: 계측기의 설정을 변경하고 작동 상태를 제어할 수 있다.

◇ VISA.jl의 장점

줄리아의 강력한 기능 활용: 줄리아의 고성능 수치 계산, 데이터 분석, 시각화 기능을 활용하여 계측 데이터를 처리하고 분석할 수 있다. 다양한 인터페이스 지원: GPIB, 시리얼, USB, Ethernet 등 다양한 통신 인터페이스를 지원하여 폭넓은 계측 장비와의 호환성을 제공한다. 간결한 코드: 줄리아의 간결하고 표현력 있는 문법을 통해 계측 장비와의 통신 코드를 쉽게 작성할 수 있다. 오픈소스: 자유롭게 사용하고 수정할 수 있으며, 활발한 커뮤니티의 지원을 받을 수 있다. 따라서 줄리아 언어는 측정 장비 제어, 데이터 수집, 분석 및 시각화에 적합한 강력한 도구이다. 줄리아 언어는 높은 성능, 유연성, 다양한 라이브러리 지원을 통해 실제 장비 제어 분야(실험 자동화, 의료 영상, 산업 자동화, 항공우주, 천문학)에서 점차 활용 범위를 넓혀가고 있다.

◇ VISA를 이용한 일반적인 통신 과정

VISA 리소스 매니저 초기화: VISA 라이브러리를 사용하기 위해 리소스 매니저를 초기화한다. 계측기 검색(선택 사항): 특정 조건에 맞는 계측기를 검색한다. 계측기 연결(open): VISA 리소스 문자열을 사용하여 통신할 계측기에 연결한다. 이 과정에서 세션이 생성된다. 계측기 설정(선택 사항): 필요한 경우 계측기의 통신 파라미터(예: 타임아웃, 종료 문자) 또는 장비 자체의 설정을 변경한다. 명령 전송(write): SCPI 또는 계측기 고유의 명령어를 계측기로 보낸다. 응답 수신(read): 계측기로부터 측정 데이터 또는 상태 정보를 읽어온다. 에러 처리(선택 사항): 통신 과정에서 발생할 수 있는 에러를 처리한다. 계측기 연결 종료(close): 계측기와의 통신 세션을 닫는다. VISA 리소스 매니저 종료: VISA 라이브러리 사용을 완료한다.

◇ VISA 표준을 지원하는 주요 인터페이스

GPIB(general purpose interface bus): 병렬 통신 인터페이스로, 여러 계측기를 데이지 체인 또는 스타 형태로 연결하여 제어할 수 있다. USB(universal serial bus): 직렬 통신 인터페이스로, 대부분의 현대 계측기에서 지원한다. USBTMC(USB test and measurement class) 표준을 따르는 계측기는 VISA를 통해 쉽게 제어할 수 있다. Ethernet: TCP/IP 프로토콜을 사용하는 네트워크 기반 통신 인터페이스이다. HiSLIP(high-speed LAN instrument protocol) 또는 VXI-11 프로토콜을 통해 VISA로 제어할 수 있다. Serial(RS-232, RS-485): 직렬 통신 인터페이스로, 비교적 간단한 통신 방식이다.

12.2 GPIB

GPIB(general purpose interface bus)는 전자 계측기들을 컴퓨터와 연결하여 제어하고 데이터를 주고받기 위한 인터페이스 표준이다. IEEE 488 표준으로도 알려져 있으며, 주로 실험실 환경에서 다양한 측정 장비(오실로스코프, 멀티미터, 전원 공급기 등)를 자동화된 시스템으로 통합하는 데 사용된다. 줄리아 코드를 사용하여 GPIB 인터페이스를 통해 연결된 계측기를 제어하고, 측정 데이터를 수집하며, 이를 분석하고 시각화하는 것이 가능하다.

◇ GPIB와 줄리아를 활용하는 일반적인 시나리오

계측기 제어 자동화: 실험이나 측정 과정을 자동화하기 위해 줄리아 코드를 작성하여 GPIB를 통해 계측기의 설정을 변경하고 측정을 시작하도록 지시한다. 데이터 수집: GPIB를 통해 계측기로부터 측정 데이터를 줄리아 프로그램으로 전송받아 저장하거나 실시간으로 분석한다. 데이터 분석 및 시각화: 수집된 데이터를 줄리아의 강력한 수치 계산 및 데이터 분석 기능을 사용하여 처리하고, Plots.jl과 같은 라이브러리를 통해 그래프로 시각화한다. 실험 제어 및 결과 관리: 실험 조건을 줄리아 코드로 설정하고, 실험 과정을 제어하며, 측정 결과를 체계적으로 관리한다.

◇ GPIB와 줄리아를 연결하기 위한 일반적인 방볍

GPIB 인터페이스 카드: 컴퓨터에 GPIB 인터페이스 카드를 설치해야 한다. 이 카드는 GPIB 버스를 컴퓨터의 인터페이스(PCI, PCIe, USB 등)와 연결해준다. GPIB 드라이버: GPIB 인터페이스 카드 제조업체에서 제공하는 드라이버를 컴퓨터에 설치해야 한다. 이 드라이버는 운영체제와 GPIB 하드웨어 간의 통신을 담당한다. 줄리아 GPIB 라이브러리: 줄리아에서 GPIB 통신을 처리하기 위한 라이브러리를 사용해야 한다. 일반적으로 특정 GPIB 인터페이스 카드 제조업체에서 제공하는 API를 래핑한 줄리아 패키지를 사용하거나, 범용적인 GPIB 통신 라이브러리를 활용한다.

◇ 주요 줄리아 GPIB 관련 패키지

GPIB.jl: 범용적인 GPIB 통신을 위한 패키지이다. 특정 GPIB 인터페이스 카드에 종속되지 않고, 기본적인 GPIB 통신 기능을 제공한다. 사용하려는 GPIB 인터페이스 카드 드라이버와 연동하여 동작할 수 있다. 제조업체별 패키지: 특정 GPIB 인터페이스 카드 제조업체(예: National Instruments, Keysight 등)에서 줄리아용 라이브러리를 제공하거나, 커뮤니티에서 개발된 패키지가 있을 수 있다.

◇ GPIB와 줄리아를 활용하는 기본적인 단계

GPIB 인터페이스 카드 설치 및 드라이버 설치: 컴퓨터에 GPIB 카드를 설치하고, 해당 드라이버를 설치한다. 줄리아 패키지 설치: 줄리아 REPL에서 Pkg.add("GPIB")(또는 사용하려는 특정 패키지) 명령어를 사용하여 필요한 GPIB 관련 패키지를 설치한다. GPIB 장치 찾기: 줄리아 코드를 사용하여 연결된 GPIB 장치들의 주소를 확인한다. 각 장치는 고유한 GPIB 주소를 가지고 있다. 장치 연결: 줄리아 패키지를 사용하여 특정 GPIB 주소의 장치와 연결을 설정한다. 명령 전송: 줄리아 코드를 사용하여 GPIB 프로토콜에 따라 해당 장치에 명령을 전송한다. 각 계측기는 고유한 SCPI 명령 체계를 가지고 있다. 데이터 수신: GPIB를 통해 계측기로부터 데이터를 읽어온다. 데이터 처리 및 분석: 수신된 데이터를 줄리아의 기능을 사용하여 분석하고 처리한다. 결과 시각화: Plots.jl 등을 사용하여 분석 결과를 그래프로 시각화한다.

```
using VISA

# VISA 리소스 매니저 초기화
rm = ResourceManager()
# GPIB 주소 설정 (실제 장비 주소에 맞게 수정)
# 실제 장비의 GPIB 주소로 수정해야 한다. (예: "GPIB0::12::INSTR")
gpib_address = "GPIB0::12::INSTR"
instrument = nothing # 장비 객체를 미리 정의

try
# 장비 연결
    instrument = open(gpib_address)
# ResourceManager를 인자로 사용하지 않음
    println("장비와 연결되었습니다: $(instrument.resource_name)")

# 입력 값 설정 (예시)
    input1 = 10.0
    input2 = 20.0

# 장비에 입력 값 전송 (장비 매뉴얼 참조,개행문자 추가,flush)
    write(instrument, "INPUT1 $(input1)\n")
    flush(instrument)
    write(instrument, "INPUT2 $(input2)\n")
    flush(instrument)

# 결과 요청 (장비 매뉴얼 참조, 개행 문자 추가 및 flush)
    write(instrument, "OUTPUT?\n")
```

```
    flush(instrument)

# 결과 수신
    result = readline(instrument)

# 결과 출력
    println("결과: ", result)

# 장비 연결 해제
    if instrument !== nothing && isopen(instrument)
        close(instrument)
        println("장비 연결을 닫았습니다.")
    end

catch e
    println("에러 발생: ", e)
finally
# 리소스 매니저 종료
    if isopen(rm)
        close(rm)
        println("리소스 매니저를 닫았습니다.")
    end
end
```

```
using VISA

# VISA 리소스 매니저 초기화
rm = ResourceManager()
# GPIB 주소 설정 (실제 장비 주소에 맞게 수정)
gpib_address = "GPIB0::12::INSTR"
instrument = nothing # 장비 객체를 미리 정의

try
    instrument = open(gpib_address)
    # ResourceManager를 인자로 넘기지 않음
    println("장비와 연결되었습니다: $(instrument.resource_name)")

```

```
# 연속 측정 횟수 설정
    num_measurements = 10
    for i in 1:num_measurements
# 입력 값 설정 (예시)
        input1 = 10.0 + i * 0.5  # 입력 값을 변경하여 연속 측정
        input2 = 20.0 - i * 0.3
# 장비에 입력 값 전송 (장비 매뉴얼 참조, 개행 문자 추가)
        write(instrument, "INPUT1 $(input1)\n")
        write(instrument, "INPUT2 $(input2)\n")
        flush(instrument) # 데이터 전송 완료 보장

# 결과 요청 (명령어는 장비 매뉴얼 참조, 개행 문자 추가)
        write(instrument, "OUTPUT?\n")
        flush(instrument) # 데이터 전송 완료 보장
        result = readline(instrument)
        println("측정 $(i): 결과 = $(result)")

# 측정 간 간격 (필요에 따라 추가)
        sleep(0.5)    # 0.5초 대기
# 장비의 측정 속도와 통신 속도를 고려한다.
    end
    if instrument !== nothing && isopen(instrument)
        close(instrument)
        println("장비 연결을 닫았습니다.")
    end

catch e
    println("에러 발생: ", e)
finally
    if isopen(rm)
        close(rm)
        println("리소스 매니저를 닫았습니다.")
    end
end
```

```
using Sockets

```

```
# 장비 IP 주소 및 포트 설정 (실제 값으로 변경)
ip = parse(IPv4, "192.168.1.100")
port = 5025
socket = nothing # 소켓 객체를 미리 정의

try
# 소켓 연결
    socket = connect(ip, port)
    println("장비에 연결되었습니다.")

# 입력 데이터 1 설정 (예시: 채널 1의 전압 설정)
    command1 = "SOUR:VOLT:LEV 1.5\n"
    write(socket, command1)
    flush(socket) # 데이터 전송 완료 보장
    println("전송: ", command1)

# 입력 데이터 2 설정 (예시: 채널 2의 전류 설정)
    command2 = "SOUR:CURR:LEV 0.1\n"
    write(socket, command2)
    flush(socket) # 데이터 전송 완료 보장
    println("전송: ", command2)

# 출력 데이터 요청 (예시: 채널 3의 전력 측정)
    query = "MEAS:POW?\n"
    write(socket, query)
    flush(socket) # 데이터 전송 완료 보장
    println("전송: ", query)

# 응답 수신 (타임아웃 설정 고려)
    response = readline(socket)
    println("출력 데이터: ", response)

catch e
    println("오류 발생: ", e)
finally
# 소켓 연결 종료 (오류 발생 여부와 관계없이)
    if socket !== nothing && isopen(socket)
```

```
        close(socket)
        println("소켓 연결을 종료했습니다.")
    end
end
```

줄리아에서 socket.jl과 streams.jl은 네트워크 및 스트림 기반 입출력(I/O)을 다루는 핵심 라이브러리이다. 아래에서 각각의 역할과 특징을 설명한다.

◇ 줄리아의 소켓(socket.jl)

sockets.jl은 줄리아 표준 라이브러리의 일부로, TCP/UDP 소켓 통신을 지원한다. 소켓을 통해 네트워크 상의 다른 컴퓨터와 데이터를 주고받을 수 있다. listen(port): 지정한 포트에서 연결을 기다리는 서버 소켓을 생성한다. accept(server): 서버 소켓에서 클라이언트의 연결을 받아들인다. connect(host, port): 지정한 호스트와 포트로 클라이언트 소켓을 생성해 연결한다. write(sock, data), read(sock, type): 소켓을 통해 데이터 송수신이 가능하다. TCP와 UDP 모두 지원하며, 비동기(코루틴 기반) 방식으로도 동작할 수 있다.

◇ 줄리아의 스트림(streams.jl)

streams는 줄리아에서 파일, 터미널, 파이프, 소켓 등 다양한 입출력 대상을 추상화한 객체이다. 모든 스트림 객체는 최소한 read와 write 메서드를 제공한다. 스트림을 통해 데이터는 순차적으로 처리되며, 실제 시스템에서는 비동기적으로 동작하지만, 줄리아에서는 동기적으로 코드를 작성할 수 있다.

MySQL.jl은 줄리아에서 MySQL 데이터베이스와 연동할 수 있도록 지원하는 공식 패키지이다. 이 패키지는 MariaDB C 커넥터 라이브러리를 기반으로 하며, 줄리아에서 MySQL 서버에 접속하고 쿼리를 실행하며 결과를 다양한 형태로 받아올 수 있게 해준다. DBInterface.jl 및 Tables.jl과 연동되어 데이터 분석, 처리, 적재가 매우 유연하다. 쿼리 실행, 결과 처리, 데이터 적재 등 데이터베이스 작업을 줄리아 코드로 일관되게 처리할 수 있다.

12.3 아두이노

아두이노(Arduino)는 사용하기 쉬운 하드웨어와 소프트웨어를 기반으로 하는 오픈소스 전자 플랫폼이다. 즉, 간단한 전자 회로와 프로그래밍을 통해 다양한 장치를 제어하고 상호 작용하는 것을 목표로 하는 도구이다. 아두이노는 전자 회로와 프로그래밍에 대한 지식이 부족한 사람들도 쉽게 접근할 수 있도록 설계된 도구이다. 따라서 창의적인 아이디어를 현실로 구현하고자 하는 사람들에게 매우 유용한 도구이다. 줄리아를 사용하여 아두이노를 제어하는 것은 충분히 가능하다. 줄리아는 고성능 컴퓨팅에 특화된 언어이지만, 직렬 통신 라이브러리 등을 활용하면 아두이노와 같은 하드웨어 장치와도 효과적으로 상호작용할 수 있다. 아두이노는 작고 저렴하며 사용하기 쉬운 마이크로 컨트롤러 보드로, 다양한 프로젝트를 만들 수 있는 강력한 도구이다. 아두이노와 줄리아를 함께 활용하는 것은 주로 아두이노에서 수집한 데이터를 줄리아로 분석하고 시각화하거나, 줄리아에서 생성한 제어 명령을 아두이노로 전송하여 제어하는 방식으로 이루어진다. 직접적으로 아두이노 스케치를 줄리아로 작성하는 것은 일반적이지 않으며, 두 플랫폼의 역할이 다르다. 아두이노를 사용하여 할 수 있는 몇 가지 예시는 다음과 같다.

◇ 기본적인 전자 회로 제어

LED 제어: LED를 켜고 끄거나, 밝기를 조절하거나, 다양한 패턴으로 깜빡이게 할 수 있다. 버튼/스위치 입력 감지: 버튼이나 스위치의 상태를 감지하여 특정 동작을 수행하도록 프로그래밍할 수 있다. 모터 제어: DC 모터, 스테핑 모터, 서보 모터 등을 제어하여 로봇, 자동화 시스템 등을 만들 수 있다. 부저/스피커 제어: 부저나 스피커를 사용하여 소리를 내거나 음악을 연주할 수 있다.

◇ 센서를 이용한 데이터 수집 및 반응

온도 및 습도 측정: 온도 및 습도 센서를 연결하여 주변 환경의 온도와 습도를 측정하고 기록할 수 있다. 조도 측정: 조도 센서를 사용하여 주변 밝기를 감지하고, 이에 따라 LED 밝기를 조절하거나 알림을 보낼 수 있다. 거리 측정: 초음파 센서나 적외선 센서를 이용하여 물체와의 거리를

측정할 수 있다. 가스 감지: 특정 가스 농도를 감지하는 센서를 연결하여 위험 상황을 알릴 수 있다. 움직임 감지: PIR 센서를 사용하여 움직임을 감지하고, 보안 시스템이나 자동 조명 등에 활용할 수 있다.

◇ 통신 및 연결

시리얼 통신: 컴퓨터와 데이터를 주고받아 정보를 표시하거나 제어할 수 있다. 블루투스 통신: 블루투스 모듈을 연결하여 스마트폰이나 다른 기기와 무선으로 통신할 수 있다. Wi-Fi 통신: Wi-Fi 모듈을 연결하여 인터넷에 연결하고, 데이터를 송수신하거나 웹 기반 제어 시스템을 구축할 수 있다.[2] RFID/NFC: RFID/NFC 리더기를 연결하여 태그를 읽고 특정 동작을 수행할 수 있다.

2: 2.4 GHz, 5 GHz

◇ 창의적인 프로젝트

스마트 홈 시스템: 조명, 가전제품 등을 제어하는 스마트 스위치, 온도 조절기 등을 만들 수 있다. 로봇: 간단한 이동 로봇, 장애물 회피 로봇, 팔 로봇 등을 제작할 수 있다. 자동화 시스템: 식물 자동 물 공급 시스템, 자동 온도 조절 시스템 등을 만들 수 있다. 게임 컨트롤러: 아두이노를 이용하여 나만의 게임 컨트롤러를 만들 수 있다. 예술 작품: LED를 활용한 인터랙티브 아트 작품, 움직이는 조형물 등을 제작할 수 있다. 악기: 전자 드럼, 신디사이저 등 전자 악기를 만들 수 있다.

◇ 교육 및 학습

전자 공학 및 프로그래밍 학습: 아두이노는 전자 회로와 프로그래밍의 기초를 배우기에 매우 적합한 플랫폼이다. DIY 프로젝트: 자신의 아이디어를 직접 구현하고, 창의력을 키울 수 있다.

◇ 더 구체적인 예시

자동 쓰레기통: 센서를 이용하여 쓰레기통 뚜껑을 자동으로 열고 닫는 시스템. 스마트 화분: 토양 수분 센서를 이용하여 물이 부족하면 알림을 보내고 자동으로 물을 주는 시스템. 보안 경보 시스템: 움직임 감지 센서, 문/창문 열림 감지 센서 등을 이용하여 침입을 감지하고 경보를 울리는 시스템. 디지털 액자: SD 카드에 저장된 사진을 순차적으로 보여주는 디지털 액자. 음악 연주 로봇: 특정 음악에 맞춰 움직이거나 소리를 내는 로봇.

이 외에도 아두이노를 활용하여 무궁무진한 아이디어를 현실로 만들 수 있다. 아두이노 커뮤니티나 온라인 자료를 참고하면 더 많은 아이디어와 정보를 얻을 수 있다. 줄리아는 아두이노뿐만 아니라 다양한 하드웨어 및 소프트웨어 플랫폼과 결합하여 데이터를 수집, 분석, 처리하고 제어하는 데 활용될 수 있다. 사용하려는 프로젝트의 목적과 요구 사항에 따라 적절한 플랫폼을 선택하고 줄리아의 강력한 기능을 활용하여 원하는 결과를 얻을 수 있다. 라즈베리 파이와 줄리아는 매우 강력한 조합이며, 다양한 프로젝트를 성공적으로 수행할 수 있다. 라즈베리 파이의 하드웨어적인 유연성과 줄리아의 강력한 과학 기술 컴퓨팅 능력을 함께 활용하면 더욱 다채로운 아이디어를 실현할 수 있다.

```
using SerialPorts

try
    port_name = "/dev/ttyACM0" # 아두이노 시리얼 포트 (환경에 따라 다름)
    baud_rate = 9600

    serial_port = SerialPort(port_name, baudrate=baud_rate)
    println("Serial port opened successfully.")

# 아두이노로 데이터 보내기
    write(serial_port, UInt8['H']) # 아두이노에게 'H' 문자 전송 (바이트 배열로 변환)
    flush(serial_port) # 데이터가 즉시 전송되도록 버퍼를 비움

# 아두이노로부터 데이터 받기 (대기 시간 설정 필요)
    sleep(2) # 2초 대기
    if bytesavailable(serial_port) > 0
        num_bytes = bytesavailable(serial_port)
        received_data = read(serial_port, num_bytes)
        println("Received from Arduino: ", String(received_data))
    end

    close(serial_port)
    println("Serial port closed.")

```

```
catch e
    println("Error opening serial port: ", e)
end
```

독자 점검 사항들

이 책을 통해 줄리아 프로그래밍의 기초와 핵심 개념을 배우셨기를 바란다. 다음은 여러분이 줄리아 프로그래밍 여정을 계속하기 전에 스스로 점검해볼 수 있는 항목들이다. 모든 항목을 완벽하게 마스터할 필요는 없지만, 각 개념에 대한 이해도를 확인하고 부족한 부분을 복습하는 데 도움이 될 것이다.

◇ 기본 문법 및 데이터 타입(fundamentals)

① 줄리아의 기본 구문(변수 할당, 연산자, 주석 등)에 익숙한가?

② 기본적인 내장 타입(정수형 Int, 부동소수점형 Float64, 불리언 Bool, 문자 Char, 문자열 String)의 특징과 사용법을 이해하는가?

③ 복합 타입인 struct(구조체), Tuple, NamedTuple을 정의하고 사용할 수 있는가? 변경 가능한(mutable) struct와 불변(immutable) struct의 차이를 아는가?

④ 타입 계층 구조{앱스트랙 타입(Abstract type), 콘크리트 타입(Concrete type), 서브타입(<:)}의 개념을 이해하고 있는가? Any, Number와 같은 주요 앱스트랙 타입을 아는가?

⑤ 조건문(if/elseif/else, 삼항 연산자)과 반복문(for, while)을 사용하여 제어 흐름을 만들 수 있는가?

◇ 함수와 메서드(functions and methods)

① 함수를 정의하고, 다양한 종류의 인자(위치 인자, 키워드 인자, 기본값 인자, 가변 인자)를 활용할 수 있는가?

② 함수의 반환 값(return)과 여러 값을 반환하는 방법(튜플 활용)을 이해하는가?

③ 익명 함수(람다 함수)를 정의하고 map, filter, reduce 등과 함께 사용할 수 있는가?

④ 줄리아의 핵심 패러다임인 멀티디스패치란 무엇인지 설명할 수 있는가?
⑤ 동일한 함수 이름에 대해 인자의 타입 조합에 따라 다른 동작을 하는 메서드(method)를 정의할 수 있는가? 이것이 객체 지향 프로그래밍의 메서드 오버라이딩이나 일반적인 함수 오버로딩과 어떻게 다른지 이해하는가?

◇ 컬렉션과 자료구조(collections and data structures)
① 배열(Array, Vector, Matrix)을 생성하고, 인덱싱(1-based indexing)을 사용하여 요소에 접근하고 슬라이싱할 수 있는가?
② 배열 연산을 위한 브로드캐스팅(broadcasting) 구문(.)의 목적을 이해하고 사용할 수 있는가?(예: x .+ 1, sin.(x))
③ 딕셔너리(Dict)와 세트(Set)를 생성하고 관련 함수(추가, 삭제, 확인 등)를 사용할 수 있는가?
④ 배열, 딕셔너리 등 다양한 컬렉션에 적용할 수 있는 고차 함수(map, filter, foreach, collect 등)를 활용할 수 있는가?

◇ 모듈과 패키지 관리(modules and package management)
① 코드 구성을 위한 module의 역할을 이해하는가? 모듈을 정의하고 다른 파일에서 using 또는 import를 통해 가져올 수 있는가? using과 import의 차이를 아는가?
② 줄리아의 내장 패키지 매니저(Pkg)를 사용하여 패키지를 추가(add), 업데이트(update), 제거(rm)할 수 있는가?(] 키를 눌러 Pkg REPL 모드 진입)
② 프로젝트 환경(project environment)의 개념과 Project.toml, Manifest.toml 파일의 역할을 이해하는가? 환경을 활성화(activate)하고 관리할 수 있는가? 이것이 왜 코드의 재현성(reproducibility)에 중요한지 아는가?

◇ 성능과 메타프로그래밍(performance and metaprogramming)

① 줄리아가 고성능 언어인 이유(JIT 컴파일 등)를 대략적으로 이해하는가? 첫 실행 시 컴파일 오버헤드가 발생할 수 있음을 인지하는가?
② 타입 안정성(type stability)이 무엇이며, 왜 줄리아 코드의 성능에 중요한지 이해하는가? 함수가 타입 안정적인지 간단히 확인하는 방법(예: @code_warntype)을 아는가?
③ 기본적인 성능 측정 도구인 @time, @btime(BenchmarkTools.jl)을 사용하여 코드 실행 시간과 메모리 할당을 측정할 수 있는가?
④ 매크로(macro)가 무엇인지, 함수와 어떻게 다른지(코드 실행 전 변환) 이해하는가? @show, @assert 등 내장된 매크로를 사용할 수 있는가?(매크로 작성은 고급 주제)

◇ 개발 생태계와 실습(ecosystem and practice)
① 줄리아 공식 문서(docs.julialang.org)를 참조하여 필요한 정보를 찾는 방법을 아는가?
② 줄리아 커뮤니티(Discourse, Slack 등)가 활발하다는 것을 알고 있으며, 질문하거나 도움을 구할 수 있는 채널이 있음을 인지하는가?
③ 기본적인 테스트(Test 패키지 사용)의 중요성을 이해하고 간단한 @test 단언문(assertion)을 작성할 수 있는가?
④ 주석과 더불어 코드의 가독성을 높이는 방법(적절한 변수명, 함수 분리 등)의 중요성을 인지하는가?

◇ 현실적인 프로그램 개발 상황
① 줄리아 프로그래밍 언어를 설치할 수 있어야 한다.
② 자신에게 익숙한 줄리아 프로그램 개발 환경(Windows, Linux, macOS)을 구축할 수 있어야 한다.
③ 줄리아 언어로 간단한 입력과 출력을 할 수 있어야 한다.
④ 간단한 문자열 처리, 문자열 붙이기, 문자열 분할을 할 수 있어야 한다.
⑤ 크기가 정해진 배열 선언, 비어 있는 배열에 숫자 추가하기를 할 수 있어야 한다.

⑥ 모듈의 구성 요소와 사용 방법을 설명할 수 있어야 한다.

⑦ 줄리아 프로그래밍에 확신이 없을 경우, 이 책에 있는 예제들 중심으로, 다시 한 번 줄리아 문법을 익혀야 한다. 줄리아 언어 문법은 독자 여러분이 만든 것이 아니기 때문에 받아들이고 익혀야만 한다.

⑧ 필요한 줄리아 패키지를 탐색할 수 있어야 한다.

⑨ 자신이 개발하고 있는 줄리아 프로그램에서 필요한 패키지를 설치하고 해당 패키지 사용법을 예제 중심으로 익혀야 한다. 대부분의 패키지들은 독자 여러분이 만든 것이 아니기 때문에 해당 사용법을 익혀야만 한다.

⑩ 인공지능 프로그램(ChatGPT, Claude, Perplexity, Copilot, Gemini)를 활용한 줄리아 프로그래밍에 익숙해져야 한다. 인공지능 프로그램에게 특정한 단위의 줄리아 프로그램 초안 작성을 전문 용어를 사용하여 요청할 수 있어야 한다.

⑪ 인공지능 프로그램이 제안한 줄리아 프로그램을 복사하여 직접 실행해 보고 프로그램을 좀 더 개선할 수 있는 방법이 있는지 다시 질문 할 수 있어야 한다. 제안된 프로그램에서 오류가 발견될 경우, 오류 메시지를 복사한 상태에서 다시 질문할 수 있어야 한다. 오류에 해당하는 내용을 인터넷 검색으로 해결책을 찾을 수 있어야 한다.

⑫ 병렬 계산의 개념을 설명할 수 있어야 한다.

⑬ 레이턴시, 밴드위쓰를 각각 설명할 수 있어야 한다.

⑭ 쓰레드, CUDA, MPI 를 각각 설명할 수 있어야 한다.

⑮ 귀납적 사고를 설명할 수 있어야 한다.

⑯ 다수의 모델을 활용한 회귀와 분류를 수행할 수 있어야 한다.

⑰ 장비 구동에 필요한 패키지로는 무엇이 있는지 알아야 한다.

이 체크리스트를 통해 자신의 줄리아 학습 상태를 점검하고, 앞으로 어떤 부분을 더 깊이 학습할지 계획을 세우는 데 도움이 되기를 바란다. 즐겁고 생산적인 줄리아 프로그래밍 여정이 되시길 응원한다.

Bibliography

Bezanson, J., Edelman, A., Karpinski, S., & Shah, V. B. (2017). Julia: A fresh approach to numerical computing. https://doi.org/10.1137/141000671

Frigo, M., & Johnson, S. G. (1998). Fftw: An adaptive software architecture for the fft. *Proceedings of the 1998 IEEE International Conference on Acoustics, Speech and Signal Processing, ICASSP'98 (Cat. No. 98CH36181)*, *3*, 1381–1384.

Galton, F. (1886). Regression towards mediocrity in hereditary stature. *The Journal of the Anthropological Institute of Great Britain and Ireland*, *15*, 246–263.

Cristianini, N., Shawe-Taylor, J., et al. (2000). *An introduction to support vector machines and other kernel-based learning methods*. Cambridge university press.

Ho, T. K. (1995). Random decision forests. *Proceedings of 3rd international conference on document analysis and recognition*, *1*, 278–282.

Chen, T., He, T., Benesty, M., Khotilovich, V., Tang, Y., Cho, H., Chen, K., Mitchell, R., Cano, I., Zhou, T., et al. (2015). Xgboost: Extreme gradient boosting. *R package version 0.4-2*, *1*(4), 1–4.

Ke, G., Meng, Q., Finley, T., Wang, T., Chen, W., Ma, W., Ye, Q., & Liu, T.-Y. (2017). Lightgbm: A highly efficient gradient boosting decision tree. *Advances in neural information processing systems*, *30*.

Shahriari, B., Swersky, K., Wang, Z., Adams, R. P., & De Freitas, N. (2015). Taking the human out of the loop: A review of bayesian optimization. *Proceedings of the IEEE*, *104*(1), 148–175.

MacKay, D. J., et al. (1998). Introduction to gaussian processes. *NATO ASI series F computer and systems sciences*, *168*, 133–166.

Kennedy, J., & Eberhart, R. (1995). Particle swarm optimization. presented at proc. ieee int. conf. *Neural Networks.[Online]. Available: http://www. engr. iupui. edu/~ shi/Conference/psopap4. html.*

Goodfellow, I., Bengio, Y., & Courville, A. (2016). *Deep learning*. MIT press.

Nair, V., & Hinton, G. E. (2010). Rectified linear units improve restricted boltzmann machines. *Proceedings of the 27th international conference on machine learning (ICML-10)*, 807–814.

Srivastava, N., Hinton, G., Krizhevsky, A., Sutskever, I., & Salakhutdinov, R. (2014). Dropout: A simple way to prevent neural networks from overfitting. *The journal of machine learning research*, *15*(1), 1929–1958.

LeCun, Y., Bengio, Y., et al. (1995). Convolutional networks for images, speech, and time series. *The handbook of brain theory and neural networks*, *3361*(10), 1995.

Krizhevsky, A., Sutskever, I., & Hinton, G. E. (n.d.). Imagenet classification with deep convolutional neural networks (alexnet) imagenet classification with deep convolutional neural networks (alexnet) imagenet classification with deep convolutional neural networks.

Hopfield, J. J. (1982). Neural networks and physical systems with emergent collective computational abilities. *Proceedings of the national academy of sciences*, *79*(8), 2554–2558.

Hinton, G. E. (2012). A practical guide to training restricted boltzmann machines. *Neural Networks: Tricks of the Trade: Second Edition*, 599–619.

Jumper, J., Evans, R., Pritzel, A., Green, T., Figurnov, M., Ronneberger, O., Tunyasuvunakool, K., Bates, R., Žídek, A., Potapenko, A., et al. (2021). Highly accurate protein structure prediction with alphafold. *Nature*, *596*(7873), 583–589.

Baek, M., DiMaio, F., Anishchenko, I., Dauparas, J., Ovchinnikov, S., Lee, G. R., Wang, J., Cong, Q., Kinch, L. N., Schaeffer, R. D., et al. (2021). Accurate prediction of protein structures and interactions using a three-track neural network. *Science*, *373*(6557), 871–876.

Kingma, D. P., & Ba, J. (2014). Adam: A method for stochastic optimization. *arXiv preprint arXiv:1412.6980*.

Goodfellow, I. (2016). Nips 2016 tutorial: Generative adversarial networks. *arXiv preprint arXiv:1701.00160*.

Zhu, J.-Y., Park, T., Isola, P., & Efros, A. A. (2017). Unpaired image-to-image translation using cycle-consistent adversarial networks. *Proceedings of the IEEE international conference on computer vision*, 2223–2232.

Vaswani, A., Shazeer, N., Parmar, N., Uszkoreit, J., Jones, L., Gomez, A. N., Kaiser, Ł., & Polosukhin, I. (2017). Attention is all you need. *Advances in neural information processing systems*, *30*.

Kingma, D. P., & Welling, M. (2013). Auto-encoding variational bayes. *arXiv preprint arXiv:1312.6114*.

Kingma, D., Salimans, T., Poole, B., & Ho, J. (2021). Variational diffusion models. *Advances in neural information processing systems*, *34*, 21696–21707.

Ronneberger, O., Fischer, P., & Brox, T. (2015). U-net: Convolutional networks for biomedical image segmentation. *Medical Image Computing and Computer-Assisted Intervention–MICCAI 2015: 18th International Conference, Munich, Germany, October 5-9, 2015, Proceedings, Part III 18*, 234–241.

He, K., Zhang, X., Ren, S., & Sun, J. (2016). Deep residual learning for image recognition. *Proceedings of the IEEE conference on computer vision and pattern recognition*, 770–778.

Gal, Y., & Ghahramani, Z. (2016). Dropout as a bayesian approximation: Representing model uncertainty in deep learning. *international conference on machine learning*, 1050–1059.

Gropp, W., Gropp, W. D., Lusk, E., Skjellum, A., & Lusk, A. D. F. E. E. (1999). *Using mpi: Portable parallel programming with the message-passing interface* (Vol. 1). MIT press.

Alphabetical Index

이인호 (李仁浩, In-Ho Lee) • E-mail: ihlee@kriss.re.kr

교육 및 경력

1986년 3월~1990 2월 : 부산대학교 물리학과 (학사)
1990년 3월~1992 2월 : 한국과학기술원 물리학과 (석사, 응집물질이론)
1992년 3월~1996 2월 : 한국과학기술원 물리학과 (박사, 응집물질이론)
1996년 3월~1997 12월 : Beckman Inst., Univ. of Illinois at Urbana-Champaign (박사후)
1998년 1월~1998 6월 : 포항공대 (연구 과학자)
1998년 7월~2001 8월 : 고등과학원 (연구 펠로우)
2001년 11월~2005 2월 : 한국표준과학연구원 (선임 연구원)
2005년 3월~현재 : 한국표준과학연구원 (책임 연구원)
2009년 1월~2012년 : 고등과학원 인실리코 단백질과학연구단 (서브그룹 리더)

주요 연구 관심 사항

- 제일원리 분자동역학/전자구조 계산 방법 개발 및 응용 (실리콘 클러스터 구조, 비정질 실리콘 원자/전자구조, 양자점 전자구조, 실공간 전자구조 병렬 계산 방법 개발, 직접갭 실리콘, 초기능성 결정 구조 탐색, 위상물질, 초전도, 위상 초전도 물질 탐색, 데이터 기반 결정구조 탐색 방법 개발)
- 분자동역학이론 개발 및 응용 (작용유도 분자동역학이론 개발, 나노구조체 변형 기작, 단백질 접힘 기작, Onsager-Machlup action 응용)
- 단백질 3차원 구조 예측
- 초기능성 물질 설계/탐색 방법 개발 및 응용 [인공지능 기술 적용]
- 5G 통신용 주파수-선택 필터 설계 [특허 등록, 기술 이전]
- SCI/E 연구 논문 81편
- 학술대회 초청강연 137회

수상

- 2005년 슈퍼컴퓨터 경진대회 고성능컴퓨팅 부문 최우수상 수상 (부총리 및 과기부 장관상)
- 2006년 고등과학원 개원 10주년 기념 자랑스런 동문상
- 2021년 한국표준과학연구원, 4월, 이달의 KRISS인 상
- 2021년 한국표준과학연구원, 봉사 대상
- 2022년 한국표준과학연구원, 올해의 KRISS인 상

줄리아 프로그래밍 입문

초판 1쇄 인쇄 | 2025년 6월 10일
초판 1쇄 발행 | 2025년 6월 15일

지은이 | 이 인 호
펴낸이 | 조 승 식
펴낸곳 | (주)도서출판 북스힐

등 록 | 1998년 7월 28일 제 22-457호
주 소 | 서울시 강북구 한천로 153길 17
전 화 | (02) 994-0071
팩 스 | (02) 994-0073

홈페이지 | www.bookshill.com
이메일 | bookshill@bookshill.com

정가 35,000원

ISBN 979-11-5971-691-1

Published by bookshill, Inc. Printed in Korea.